Rechtswahlbeschränkungen zum Schutz des Schwächeren

Europäische Hochschulschriften

European University Studies

Publications Universitaires Européennes

Reihe II **Rechtswissenschaft**

Series II Law

Série II Droit

Band/Volume **5883**

Sandra Kühn

Rechtswahlbeschränkungen zum Schutz des Schwächeren

Wertungswidersprüche und Inkohärenzen im Internationalen Schuldrecht der Europäischen Union

PL ACADEMIC RESEARCH

Bibliografische Information der Deutschen Nationalbibliothek
Die Deutsche Nationalbibliothek verzeichnet diese Publikation in der Deutschen Nationalbibliografie; detaillierte bibliografische Daten sind im Internet über http://dnb.d-nb.de abrufbar.

Zugl.: Jena, Univ., Diss., 2016

27
ISSN 0531-7312
ISBN **978-3-631-69884-6** (Print)
E-ISBN **978-3-631-69945-4** (E-Book)
E-ISBN **978-3-631-69946-1** (EPDF)
E-ISBN **978-3-631-69947-8** (MOBI)
DOI 10.3726/**978-3-631-69945-4**

PL Academic Research ist ein Imprint der Peter Lang GmbH.
Peter Lang – Frankfurt am Main · Bern · Bruxelles · New York · Oxford · Warszawa · Wien

Diese Publikation wurde begutachtet.

www.peterlang.com

Meinen Eltern

Vorwort

Die vorliegende Arbeit ist während meiner Tätigkeit als wissenschaftliche Mitarbeiterin am Lehrstuhl von *Prof. Dr. Giesela Rühl* entstanden. Die Rechtswissenschaftliche Fakultät der Friedrich-Schiller-Universität Jena hat die Arbeit im Sommersemester 2016 als Dissertation angenommen.

Zunächst gilt mein besonderer Dank meiner Doktormutter, Frau *Prof. Dr. Giesela Rühl*, für die Anregung und Betreuung dieser Arbeit. Herrn Prof. Dr. Christian Alexander danke ich für die zügige Erstellung des Zweitgutachtens.

Danken möchte ich auch meinen Freunden und Kollegen, die mich während der Abfassung der Dissertation begleitet haben, sei es durch die fachlichen Gespräche oder die notwendige Ablenkung von der Arbeit gewesen.

Kaum genug danken kann ich meinem Freund *Tobias Gröschel* für sein unendliches Verständnis, seinen Rückhalt und den stets liebevollen Antrieb, den er mir während der Promotionsphase gab.

Schließlich gilt mein innigster Dank für ihre unerschöpfliche Hilfe und ihren stetigen Beistand meiner Familie, meinen Eltern *Marjam* und *Joachim Kühn* sowie meinem Bruder *Daniel Kühn*. Diese Arbeit widme ich meinen lieben Eltern, ohne deren Unterstützung und Förderung meiner Ausbildung diese Arbeit nicht möglich gewesen wäre.

Jena, im Juli 2016 *Sandra Kühn*

Inhaltsverzeichnis

Einleitung

A. Ausgangslage

Das Thema der Kohärenz im Internationalen Privatrecht beschäftigt seit einigen Jahren verstärkt die kollisionsrechtliche Debatte in Europa.[1] Unter Kohärenz im Internationalen Privat- und Verfahrensrecht ist dabei das Ziel zu verstehen, einen Zusammenhang zwischen den verschiedenen Rechtssätzen zu erreichen, um ein widerspruchsfreies, in sich stimmiges, geordnetes Ganzes zu schaffen.[2] Natürlicherweise konnte das Ziel der Kohärenz durch die zeitlich und inhaltlich divergierende Entstehung der einzelnen Verordnungen im Kollisions- und Verfahrensrecht nicht immer verwirklicht werden.[3] Vielmehr rückte der Gedanke der Kohärenz neben dringenderen Problemen und Fragen bei der Entstehung der einzelnen Verordnungen in den Hintergrund.[4]

Die aktuelle Debatte legt den Fokus dementgegen vornehmlich auf dieses Ziel.[5] Das Streben nach Kohärenz ist im europäischen Kollisionsrecht nicht nur verständlich, sondern auch notwendig. Innere Widerspruchsfreiheit und Stimmigkeit sind ein Gebot der Gerechtigkeit.[6] Außer in den Fällen, in denen sich eine Abweichung aufgrund von Besonderheiten rechtfertigen lässt, darf es in der praktischen Anwendung keine Lücken beziehungsweise sonstige Unstimmigkeiten geben.[7] Weiterhin sollen korrespondierende Fragen nicht unterschiedlich geregelt werden.[8] Bei einer näheren Betrachtung der einzelnen Verordnungen lässt sich jedoch eine Vielzahl von Inkohärenzen entdecken.[9]

---

1 Siehe dazu nur *von Hein/Rühl*, Kohärenz im Internationalen Privat- und Verfahrensrecht der Europäischen Union.

2 *Bumke*, JZ 2014, 641, 647; *Basedow*, in: v. Hein/Rühl, Kohärenz im Internationalen Privat- und Verfahrensrecht der Europäischen Union, 3, 8; *Crawford/Carruthers*, ICLQ 63 (2014), 1, 8 ff.

3 *Roth*, in: Wandt/Reiff/Looschelders/Bayer, Festschrift Lorenz, 631, 657.

4 *Basedow*, in: v. Hein/Rühl, Kohärenz im Internationalen Privat- und Verfahrensrecht der Europäischen Union, 3, 4.

5 Siehe dazu Näheres unter Teil 1 Kapitel 3B, S. 27 ff.

6 *Bumke*, JZ 2014, 641, 647.

7 *Basedow*, in: v. Hein/Rühl, Kohärenz im Internationalen Privat- und Verfahrensrecht der Europäischen Union, 3, 11.

8 *Bumke*, JZ 2014, 641, 647; *Basedow*, in: v. Hein/Rühl, Kohärenz im Internationalen Privat- und Verfahrensrecht der Europäischen Union, 3, 11.

9 Hier ist allein an die Unterschiede im Bereich der Rechtswahl zu denken, insbesondere im Rahmen des Zeitpunkts, der Formwirksamkeit und der Kriterien zur stillschweigenden Rechtswahl, im Detail dazu *Basedow*, in: v. Hein/Rühl, Kohärenz im Internationalen Privat- und Verfahrensrecht der Europäischen Union, 3, 11 ff.

Die Existenz solcher Inkohärenzen ist jedoch unbefriedigend. Sie führt zu Schwierigkeiten bei der Anwendung des europäischen Kollisionsrechts an sich, sowie zu Problemen für einen Gleichlauf zwischen der internationalen Zuständigkeit und dem anwendbaren Recht insgesamt. Beispielhaft hierfür sei nur auf die unterschiedlichen Regelungen zur Rechtswahl in der Rom I- und II-VO hingewiesen.[10] Die divergierenden Vorschriften zu der gleichen Frage – wie die Rechtswahl für die Parteien eines Rechtsverhältnisses ausgestaltet ist – zeigen, dass bereits innerhalb einer Rom-Verordnung unterschiedliche Ansätze gewählt wurden.[11] Bei einem Vergleich mit anderen Verordnungen des Europäischen Kollisionsrechts wird weiterhin deutlich, dass auch zwischen den Rom-Verordnungen Inkohärenzen allein in Bezug auf die Modalitäten der Rechtswahl bestehen.[12]

Die Rom I-VO[13] und die Rom II-VO[14] stehen zurzeit auf dem Prüfstand.[15] Dieser Umstand gibt Anlass dazu, einen Blick auf diese Verordnungen – unter dem Gesichtspunkt der Kohärenz – zu werfen. Im Mittelpunkt der Betrachtung sollen dabei allein der Schutz der schwächeren Partei und die diesbezüglich getroffenen Regelungen stehen.

B. Gegenstand und Ziel der Untersuchung

Die Schaffung des Binnenmarktes und die damit einhergehende Europäisierung der nationalen Märkte betrifft nicht nur die „großen“ Unternehmen, sondern auch „kleinere“ Marktakteure, allen voran Verbraucher und Arbeitnehmer. Der Gedanke, dass sozialpolitisch motivierte Zielsetzungen auch für das Internationale Privatrecht Wirkung entfalten sollten, nachdem ein solcher Schutz der schwächeren Partei in vielen nationalen Rechtsordnungen bereits gang und gäbe war, lag nicht

10 Daneben existiert eine Vielzahl weiterer Punkte, für die sich Inkohärenzen feststellen lassen. Hier ist beispielsweise an die Behandlung von nationalen beziehungsweise Sachverhalten mit Drittstaaten gegenüber grenzüberschreitenden Sachverhalten zu denken sowie die verschiedenen subjektiven und objektiven Anknüpfungspunkte zu denken. Hierzu umfassend *von Hein/Rühl*, Kohärenz im Internationalen Privat- und Verfahrensrecht der Europäischen Union.

11 Beispielsweise ist die Rechtswahl für Verbraucher und Arbeitnehmer grundlegend anders ausgestaltet als die Rechtswahl für Reisende und Versicherungsnehmer. Mieter hingegen unterliegen keinen besonderen Rechtswahlmodalitäten.

12 Die Rechtswahl für nicht-kommerziell tätige Parteien ist vor dem Eintritt des schadensbegründenden Ereignis komplett untersagt, andere schwächere Parteien in der Rom I-VO dürfen aber zuvor das anwendbare Recht wählen.

13 Verordnung (EG) Nr. 593/2008 des Europäischen Parlaments und des Rates vom 17. Juni 2008 über das auf vertragliche Schuldverhältnisse anzuwendende Recht („Rom I“), ABl. EU 2008, L 177/6.

14 Verordnung (EG) Nr. 864/2007 des Europäischen Parlaments und des Rates vom 11. Juli 2007 über das auf außervertragliche Schuldverhältnisse anzuwendende Recht („Rom II“), ABl. EU 2007, L 199/40.

15 Siehe Art. 27 I Rom I-VO; Art. 30 I Rom II-VO und Art. 20 I Rom III-VO.

fern.[16] Für Verbraucher und Arbeitnehmer besteht darüber hinaus eine besondere Rechtswahlbeschränkung, an die sie auf der Ebene des europäischen Kollisionsrechts gebunden sind.[17] Alle entsprechenden Regelungen werden dabei mit dem Schutz einer als schwächer empfundenen Partei begründet.[18] Durch die rasante Zunahme der grenzüberschreitenden Sachverhalte hat sich eine Entwicklung abgezeichnet, die beispielsweise Verbraucher,[19] Arbeitnehmer,[20] Versicherungsnehmer[21] und Reisende[22] von der allgemeinen Rechtswahlfreiheit ausnimmt, da diese nach den Wertungen der Verordnungsgeber als schwächer und damit als besonders schutzbedürftig einzustufen sind.[23] Die einzelnen Personengruppen sind allerdings sehr unterschiedlich geschützt. Das fällt schon bei einer Betrachtung der Regelungen in der Rom I-VO auf. Hier existiert zum einen der Schutz nach dem Günstigkeitsprinzip in Art. 6 und Art. 8 Rom I-VO.[24] Für Personenbeförderungsverträge und Massenversicherungsverträge bestimmt sich das anwendbare Recht hingegen nach der beschränkten Rechtswahl.[25] In den anderen Rom-Verordnungen lassen sich ebenfalls unterschiedliche Ansätze aufweisen, wie die schwächere Partei zu schützen sei.[26] In der Rom II-VO wird eine Rechtswahl beispielsweise von bestimmten Bedingungen abhängig gemacht.

Warum aber besteht gerade für diese Gruppen ein besonderer Schutz? Es ist nicht eindeutig, was eine schwächere Partei nach den Wertungen der Rom-Verordnungen ausmacht und warum nur ein Schutz für bestimmte Personengruppen existiert. Die vorliegende Arbeit soll sich genau mit dieser Fragestellung beschäftigen. Welche Gründe gibt es, einzelne Personengruppen anders zu behandeln als andere? Was unterscheidet also Verbraucher und Arbeitnehmer auf der einen Seite von Versicherungsnehmern und Reisenden sowie der nicht-kommerziell tätigen Partei auf der anderen Seite? Wie sieht die Rechtslage in den verschiedenen Verordnungen

16 IPR Botschaft 1982 – Botschaft zum Bundegesetz über das Internationale Privatrecht vom 10.12.1982 BBl. 1983 I 263 ff.; 312; *von Hippel*, Verbraucherschutz, 3 ff.; *Sachse*, Der Verbrauchervertrag, 14 ff.; *Gamillscheg*, Internationales Arbeitsrecht, 30.

17 Art. 6 II und Art. 8 I Rom I-VO.

18 So bereits die Erwägungsgründe 23 der Rom I-VO und 31 der Rom II-VO.

19 Art. 6 Rom I-VO.

20 Art. 8 Rom I-VO.

21 Art. 7 Rom I-VO.

22 Art. 5 Rom I-VO.

23 Erwägungsgründe 23 der Rom I-VO und 31 der Rom II-VO.

24 *Rühl*, in: Kronke/Thorn, Grenzen überwinden - Prinzipien bewahren, 364, 368 mit dem Begriff der „überlagerten" Rechtswahl.

25 *Heiss*, in: Baetge/von Hein/von Hinden, Die richtige Ordnung, 459, 465; *Mankowski*, IHR 2008, 133, 140; *Mankowski*, TransportR 2008, 339, 349.

26 Hier sind insbesondere Art. 14 Rom II-VO und Art. 5 Rom III-VO näher zu untersuchen, hier ist von der „bedingten" Rechtswahl zu sprechen, siehe dazu *Rühl*, in: Kronke/Thorn, Grenzen überwinden - Prinzipien bewahren, 364, 370; *Kadner Graziano*, in: Ahern/Binchy, The Rome II Regulation on the Law Applicable to Non-Contractual Obligations, 113, 120 ff.

aus? Warum ist es beispielsweise im Rahmen eines außervertraglichen Schuldverhältnisses ausreichend, die Rechtswahl von bestimmten Bedingungen abhängig zu machen, wohingegen die Rechtswahlmodelle der Rom I-VO eine Korrektur beziehungsweise eine Einschränkung der wählbaren Rechtsordnungen vorgeben? Hierfür sind die verschiedenen ausgemachten Rechtswahlmodelle gegenüberzustellen und zu bewerten.

Darüber hinaus muss sich die Frage gestellt werden, ob hinter den unterschiedlichen Rechtswahlmodellen ein System steht. Möglicherweise existieren Gemeinsamkeiten oder Unterschiede zwischen den Schutzgruppen, die eine einheitliche beziehungsweise eine verschiedenartige Anknüpfung erforderlich machen. Und wenn ein solches System festgestellt werden kann, wurde dieses System auch sinnvoll in den bestehenden Rom-Verordnungen umgesetzt oder gibt es Wertungswidersprüche? Wird durch die verschiedenen Rechtswahlmodelle ein gleichwertiger Schutz für die jeweils schwächere Partei erreicht? Sind alle Personengruppen, die möglicherweise eines besonderen Schutzes bedürfen auch tatsächlich bedacht worden oder fehlen einige?[27] Dabei ist beispielsweise an Mieter und Franchisenehmer zu denken.[28] Daneben ist der Frage nachzugehen, ob der Schutz für die Personengruppen ideal gestaltet ist oder ob es sich vielmehr um eine Einschränkung anstatt eines wirklichen Schutzes der schwächeren Partei handelt. Hier ist insbesondere an die beschränkte Rechtswahl zu denken, wonach die Parteien nur eine abschließende Auswahl an verschiedenen Rechten haben, zwischen denen sie wählen können. Möglicherweise ist der Katalog an wählbaren Rechtsordnungen jedoch zu eng ausgestaltet.

Auf die angesprochenen Fragen soll im Folgenden eingegangen werden. Die Rom-Verordnungen selbst halten keine oder nur spärliche Erklärungen für die verschiedenen Rechtswahlmodelle zum Schutz der schwächeren Partei bereit. Die Aufdeckung von Inkohärenzen und Wertungswidersprüchen im Europäischen Kollisionsrecht ist jedoch nicht nur für das Verständnis und die Auslegung der Rom-Verordnungen von Bedeutung. Das Europäische Kollisionsrecht wird sich in den nächsten Jahren und Jahrzehnten weiter entwickeln. Dafür ist die Schaffung von Kohärenz von ungemeiner Bedeutung. Dies wurde bereits im Stockholmer Programm des Europäischen Rates aus dem Jahr 2009 festgeschrieben.[29] Danach ist „das Unionsrecht durch eine Straffung der bestehenden Instrumente kohärenter [zu gestalten]. Ziel sollte es sein, die Kohärenz und die Nutzerfreundlichkeit der Rechtsinstrumente sicherzustellen und somit ihre effizientere und einheitlicher

27 Siehe auch *Rühl*, in: Möslein, Private Macht, 475, 488.

28 Zum Franchisenehmer als schwächere Partei siehe allgemein *Winkler von Mohrenfels*, ZVertriebsR 2014, 281, 286. Zur schwächeren Partei im Internationalen Vertriebsvertrag ausführlich *Valdini*, Der Schutz der schwächeren Vertragspartei; *Bratvogel*, Rechtswahlfreiheit, 208.

29 Stockholmer Programm des Europäischen Rates, ABl. Nr. C 115/1 vom 4. Mai 2010. Dazu auch *Kroll-Ludwigs*, Parteiautonomie, 9 ff.

Anwendung zu gewährleisten."[30] Unter diesem Gesichtspunkt soll die vorliegende Arbeit einen Beitrag dazu leisten, Wertungswidersprüche in Bezug auf die Rechtswahlbeschränkungen zum Schutz des Schwächeren aufzudecken und zu beseitigen.

C. Gang der Untersuchung

Im Rahmen der Untersuchung soll zunächst in einem Grundlagenteil der Begriff der schwächeren Partei definiert werden. Dafür ist der Begriff der schwächeren Partei auch vor den Gedanken der Gerechtigkeit und der Parteiautonomie näher zu bestimmen. Schließlich ist zu definieren, was einen Wertungswiderspruch ausmacht und woran ein solcher zu erkennen ist, um am Ende der Untersuchung einen einheitlichen Maßstab anlegen zu können.

Dem folgt eine detaillierte Untersuchung der verschiedenen Schutzgruppen in Hinblick auf potentielle Wertungswidersprüche. Dafür sind die einzelnen Personengruppen, die nach den Rom-Verordnungen besonders geschützt sind, vorzustellen. Die hier gewählte Reihenfolge, in der die unterschiedlichen Personengruppen untersucht werden, weicht von der gesetzlichen Aufzählung ab. Sie orientiert sich vielmehr daran, welche Personengruppen dem gleichen Rechtswahlmodell unterworfen sind. Im Anschluss an die Vorstellung der schwächeren Parteien wird die Ausgestaltung des jeweiligen Schutzes für die verschiedenen Personengruppen untersucht. Hierbei ist zwischen dem Schutzbereich der einschlägigen Kollisionsnormen und den jeweiligen Anknüpfungsregeln zu unterscheiden. Die Untersuchung, ob Begründungsansätze für die unterschiedlichen Schutzregelungen existieren, konzentriert sich dabei auf die Entwicklung der einzelnen Vorschriften sowie das Bestehen von Informationsasymmetrie und Abhängigkeitsverhältnissen in den jeweiligen Rechtsverhältnissen.[31] Hier wird auch die „Besonderheit" von Personenbeförderungs- und Massenversicherungsverträgen näher untersucht. Die gefundenen Ergebnisse werden anschließend zur Feststellung von Wertungswidersprüchen gegenübergestellt. Dabei ist auch der Frage nachzugehen, ob möglicherweise grundlegende Unterschiede zwischen den verschiedenen Schutzgruppen bestehen, die eine differenzierende Anknüpfung vorschreiben.

Im abschließenden Teil wird nach einer detaillierten Untersuchung der verschiedenen Rechtswahlmodelle auf ihre allseitige Anwendbarkeit hin ein Alternativvorschlag für eine kohärente Anknüpfung zum Schutz der schwächeren Partei vorgestellt.

30 Stockholmer Programm des Europäischen Rates, ABl. Nr. C 115/1 vom 4. Mai 2010, S. 13.

31 Insbesondere Informationsasymmetrien und Abhängigkeitsverhältnisse stellen die typischen Begründungsansätze für die schwächere Position einer Partei dar, siehe dazu ausführlich Teil 2 Kapitel 1C.II.

D. Eingrenzung der Untersuchung

Im Folgenden ist der Untersuchungsgegenstand der vorliegenden Arbeit näher einzugrenzen.

I. Ausschluss des Internationalen Verfahrensrechts

Die folgende Untersuchung umfasst allein Betrachtungen zum Internationalen Privatrecht. Vereinzelte Bezüge zum Internationalen Verfahrensrecht dienen allein einer umfassenderen Argumentation. Eine vollständige Untersuchung der Wertungswidersprüche sowohl im Internationalen Privat- als auch im Internationalen Verfahrensrecht würde den Rahmen der vorliegenden Arbeit sprengen.

II. Schwerpunkt im Internationalen Vertrags- und Deliktsrecht

Des Weiteren ist zwischen den einzelnen Verordnungen des materiellen Kollisionsrechts zu unterscheiden, da sich einige mehr, andere weniger für eine solche Untersuchung anbieten. Zu untersuchen sind allein die Vorschriften, die die Rechtswahl spezifisch zum Schutz der schwächeren Partei einschränken. Die Arbeit konzentriert sich daher auf das Internationale Schuldrecht, die Rom I- und II-VO. Ausschlaggebend hierfür ist, dass beide Verordnungen klar das Ziel „Schutz der schwächeren Partei" formulieren.[32]

1. Rom III-VO

Die Rom III-VO[33] stellt eine der jüngsten bisher in Kraft getretenen Rom-Verordnungen dar.[34] Art. 5 Rom III-VO gibt den Ehegatten die Möglichkeit, zwischen dem Recht ihres gewöhnlichen Aufenthaltes, ihres letzten gewöhnlichen Aufenthaltes zum Zeitpunkt der Rechtswahl (sofern eine der Parteien dort immer noch ihren gewöhnlichen Aufenthalt hat), dem Recht ihrer Staatsangehörigkeit zum Zeitpunkt der Rechtswahl oder dem Recht des Staates des angerufenen Gerichts zu wählen. Es handelt sich um das Modell der beschränkten Rechtswahl, welches bereits aus der Rom I-VO bekannt ist.[35] Anders als in den anderen beiden Rom-Verordnungen wird jedoch in der Rom III-VO trotz Rechtswahlbeschränkung nicht ausdrücklich vom Schutz der schwächeren Partei gesprochen. Nach Erwägungsgrund 15 soll die

---

32 Erwägungsgrund 23 der Rom I-VO und Erwägungsgrund 31 der Rom II-VO.

33 Verordnung (EU) Nr. 1259/2010 des Rates vom 20. Dezember 2010 zur Durchführung einer Verstärkten Zusammenarbeit im Bereich des auf die Ehescheidung und Trennung ohne Auflösung des Ehebandes anzuwendenden Rechts, ABl. EU 2010, L 343/10.

34 *Kroll-Ludwigs*, Parteiautonomie, 103. Siehe zur Entwicklung der Rom III-VO *Kohler*, FamRZ 2008, 1673 ff.; *Winkler von Mohrenfels*, ZEuP 2013, 699, 700 m.w.N.

35 Siehe dazu allgemein *Winkler von Mohrenfels*, in: Kronke/Thorn, Grenzen überwinden - Prinzipien bewahren, 527 ff.

„Verordnung die Parteiautonomie bei der Ehescheidung und Trennung ohne Auflösung des Ehebands stärken und den Parteien in gewissen Grenzen die Möglichkeit geben, das in ihrem Fall anzuwendende Recht zu bestimmen“; Erwägungsgrund 18 besagt allein, dass sich die Parteien über die rechtlichen und sozialen Folgen ihrer Rechtswahl im Klaren sein sollten und die Partner in ihren Rechten und Chancen durch eine einvernehmliche Rechtswahl nicht beeinträchtigt werden dürfen.

Die Parteien sollen das Recht wählen, zu dem sie einen besonderen Bezug haben, Erwägungsgrund 16 der Rom III-VO. Schwierigkeiten bereitet daher die Einordnung eines Ehepartners als die schwächere Partei. Die Verordnung geht demnach offensichtlich davon aus, dass zwischen den Parteien ein ausgewogenes Kräfteverhältnis bestehe, welches durch die Rechtswahl keinen Schaden nehmen dürfe. Die sich trennenden Parteien werden im Laufe einer Scheidung möglicherweise versuchen, jeweils einen Vorteil für sich selbst zu erlangen und dabei eine für sie günstige Rechtswahl in Betracht ziehen. Der Gesetzgeber ist aber offensichtlich nicht davon ausgegangen, dass tatsächlich ein wirtschaftliches oder soziales Machtgefälle zwischen den Ehepartnern bestehe, welches eine Partei bei der Rechtswahl benachteiligen könne.[36] Das Wohl beider Parteien lag vielmehr nach den Formulierungen der Rom III-VO immer im Blick der Verordnungsgeber.[37] Die neue Regelung des Art. 5 Rom III-VO vermeidet einen Wettlauf der Ehepartner um das anzuwendende Recht. Darüber hinaus ermöglicht sie ein Gleichlauf zwischen anzuwendenden Recht und zuständigen Gericht.[38] Eine tiefergehende Untersuchung der Rechtswahlbeschränkung in der Rom III-VO im Rahmen der vorliegenden Arbeit bietet sich daher nicht an.[39]

---

36 Von einem notwendigen Schutz der schwächeren Partei konnte vor der Reform des deutschen Internationalen Privatrechts von 1986 gesprochen werden: Bis dahin galt beispielsweise stets das Recht des Mannes als das Recht, welches auf den Sachverhalt Anwendung fand. Änderung brachte zunächst der „Spanier“-Beschluss des BVerfG 31, 58. Die Gleichberechtigung von Mann und Frau auch im Internationalen Privatrecht wurde aber erst 1986 in der IPR-Reform verankert, siehe dazu BT-Drs. 10/504, S. 20 ff. Für einen Überblick der Entwicklung im deutschen IPR, dass diesbezüglich eine „Vorreiterrolle“ in Europa innehatte *Rühl*, in: Fischer/Pauly, Höchstrichterliche Rechtsprechung in der frühen Bundesrepublik, 109, 123 ff.; *Winkler von Mohrenfels*, ZEuP 2013, 699, 707. Siehe dazu auch *Kroll-Ludwigs*, die nicht von einem strukturellen, sondern einem situativen Ungleichgewicht spricht, *Kroll-Ludwigs*, Parteiautonomie, 483 f.

37 Beispielsweise Erwägungsgrund 9: „den Bürgern in Bezug auf Rechtssicherheit, Berechenbarkeit und Flexibilität“; Erwägunsgrund 15; „den Parteien in gewissen Grenzen die Möglichkeit geben, das in ihrem Fall anzuwendende Recht zu bestimmen.“; Erwägungsgrund 18: „Die Rechte und die Chancengleichheit der beiden Ehegatten…“.

38 *Rühl*, in: Möslein, Private Macht, 475, 488; *Wagner*, RabelsZ 68 (2004), 119, 121.

39 *Pfütze*, ZEuS 2011, 35, 54.

2. *Unterhalts-VO*

Die Unterhalts-VO[40] ist als eine sektorale Gesamtregelung zu verstehen.[41] Nach Erwägungsgrund 8 haben die Gemeinschaft und ihre Mitgliedsstaaten 2007 im Rahmen der Haager Konferenz zum Internationalen Privatrecht das Haager Unterhaltsübereinkommen[42] und das Haager Unterhaltsprotokoll[43] angenommen. Diese beiden Instrumente sind daher bei einer Betrachtung der Unterhalts-VO zu berücksichtigen. Art. 15 der Verordnung, der einzige Artikel im Kapitel zum anwendbaren Recht, führt aus, das anwendbare Recht für die jeweiligen Mitgliedsstaaten richte sich allein nach dem Haager Protokoll von 2007.[44] Nach Art. 8 des Haager Protokolls gilt wiederum eine beschränkte Rechtswahlfreiheit für die Parteien. Es ist zwischen dem Recht der Staatsangehörigkeit einer der Parteien, dem Recht des gewöhnlichen Aufenthaltes einer der Parteien oder einer akzessorischen Anknüpfung entweder an das Güterrechtsstautut oder das Scheidungsstatut zu wählen.[45] Abs. 3 führt näher aus, die beschränkten Rechtswahlmöglichkeiten gelten nicht für Personen, die das 18. Lebensjahr noch nicht vollendet haben und solche „Erwachsenen, die aufgrund einer Beeinträchtigung oder der Unzulänglichkeit [ihrer] persönlichen Interessen nicht in der Lage [sind, ihre] Interessen zu schützen."[46] Schließlich gibt Abs. 5 als „Auffangklausel" vor, eine Rechtswahl solle keine Anwendung finden, wenn diese für eine der Parteien offensichtlich unbillige oder unangemessene Folgen hätte, außer die Parteien waren im Zeitpunkt der Rechtswahl umfassend unterrichtet und sich etwaiger Folgen vollständig bewusst.[47] Hier wird eine hohe Anwendungsgrenze aufgestellt, die in den anderen Verordnungen nicht zu finden ist.

Aus dem Rahmen der vorliegenden Untersuchung ist die Unterhalts-VO jedoch auszuklammern. Denn anders als die schuldrechtlich indizierte Position der schwächeren Partei – wie in der Rom I- oder II-VO – ist hier von grundsätzlich schwächeren

---

40 Verordnung (EG) Nr. 4/2009 des Rates vom 18. Dezember 2008 über die Zuständigkeit, das anwendbare Recht, die Anerkennung und Vollstreckung von Entscheidungen und die Zusammenarbeit in Unterhaltssachen, ABl. Nr. L 7/1 vom 10. Januar 2009 in Verbindung mit dem Protokoll über das auf Unterhaltspflichten anzuwendende Recht vom 23. November 2007.

41 Für ein Rechtsgebiet werden hier sowohl Regelungen für das Internationale Privatrecht als auch das Internationale Verfahrensrecht bereitgehalten.

42 Übereinkommen über die internationale Geltendmachung der Unterhaltsansprüche von Kindern und anderen Familienangehörigen, 23.11.2007.

43 Protokoll über das auf Unterhaltspflichten anzuwendende Recht, 23.11.2007.

44 *Kroll-Ludwigs*, Parteiautonomie, 105.

45 Siehe dazu *Gruber*, in: von Hein/Rühl, Kohärenz im Internationalen Privat- und Verfahrensrecht der Europäischen Union, 336, 342 f.

46 Als schwächere Partei sind daher Minderjährige und schutzbedürftige Erwachsene auszumachen, siehe dazu *Rühl*, in: Möslein, Private Macht, 475, 487.

47 *Andrae*, GPR 2010, 196, 200; *Andrae*, Internationales Familienrecht, 591 ff.

Personen auszugehen.[48] Es ist von einer „umfassenden Schwäche“ die Rede, die sich nicht allein auf ein Geschäft, eine Situation oder einen Lebensbereich bezieht.[49] Daher finden die Rechtswahlbeschränkungen der Unterhalts-VO in der weiteren Untersuchung keine Berücksichtigung, denn sie unterliegen anderen Erwägungen als denen im Internationalen Schuldrecht. Die vorliegende Arbeit konzentriert sich allein auf die Rechtswahlbeschränkungen im Internationalen Schuldrecht der Europäischen Union.

3. Erbrechts-VO

Im Vorschlag an die Kommission für eine Erbrechts-Verordnung[50] ist in den Erläuterungen zu Art. 17 angeführt, dass ein Hauptanliegen der Verordnung darin besteht, in den Rechtsordnungen der Mitgliedsstaaten verankerte Garantien aufrecht zu erhalten. Die Rechtswahl für den Erblasser sollte möglich sein, gleichzeitig aber der Schutz der Angehörigen des Erblassers – genauer deren berechtigte Erwartungen – gewahrt bleiben. Der Vorschlag sieht die Lösung darin, neben dem Regelstatut eine „freie Rechtswahl“ zuzulassen, die aber nur die Wahl des Heimatrechts des Erblassers umfasst. Darüber hinaus sollen strenge Formvorschriften gelten. Diese strikte „Entweder-Oder“-Ausgestaltung, die das Europäischen Parlament befürwortete, befriedige alle Interessen im ausreichenden Maße.[51] Im endgültigen Verordnungstext[52] blieb es bei dieser Lösung. Neben der Anknüpfung an den gewöhnlichen Aufenthalt kann der Erblasser das Recht wählen, dessen Staatsangehörigkeit er besitzt, die Rechtswahl erfolgt in der Regel einseitig durch den Erblasser ohne Beteiligung einer anderen Partei.[53]

---

48 Vgl. Erwägungsgrund 19 der Unterhalts-VO. Siehe dazu auch *Kroll-Ludwigs*, Parteiautonomie, 586 ff.; *Gruber*, in: von Hein/Rühl, Kohärenz im Internationalen Privat- und Verfahrensrecht der Europäischen Union, 336, 342 ff.; *Rühl*, in: Möslein, Private Macht, 475, 483.

49 Dies sieht man bereits daran, dass die schwache Position in der Rom I-VO erst durch das vertragliche Schuldverhältnis, in der Rom II-VO erst durch den Eintritt des schadensbegründenden Ereignisses zum Tragen kommt.

50 Vorschlag für eine Verordnung des Europäischen Parlaments und des Rates über die Zuständigkeit, das anzuwendende Recht, die Anerkennung und die Vollstreckung von Entscheidungen und öffentlichen Urkunden in Erbsachen sowie zur Einführung eines Europäischen Nachlasszeugnisses, KOM (2009), 154, S. 7.

51 Es wurde ausdrücklich darauf hingewiesen, dass dies „der Zielsetzung der Verordnung widersprochen“ hätte, KOM (2009), 154, S. 7; *Kroll-Ludwigs*, Parteiautonomie, 132 ff.

52 Verordnung (EU) Nr. 650/2012 des Europäischen Parlaments und des Rates vom 4. Juli 2012 über die Zuständigkeit, das anzuwendende Recht, die Anerkennung und Vollstreckung von Entscheidungen und die Annahme und Vollstreckung öffentlicher Urkunden in Erbsachen sowie die Einführung eines Europäischen Nachlasszeugnisses, ABl. Nr. L 201/107 vom 27. Juli 2012.

53 *Kroll-Ludwigs*, Parteiautonomie, 140 ff.

Durch die „Entweder-Oder"-Lösung ist sichergestellt, dass eine Verbindung zwischen dem Erblasser und dem gewählten Recht besteht. Darüber hinaus vermeidet es die „Entweder-Oder"-Lösung, berechtigte Erwartungen etwaiger Pflichtteilserben zu enttäuschen. Die Rechtswahl ist daher zwar ebenso wie in der Rom I- und II-VO von dem Gedanken getragen, berechtigte Erwartungen der Parteien eines Rechtsverhältnisses zu schützen.[54] Um nach einem System zum Schutz der schwächeren Partei zu fahnden, ist zuerst klarzustellen, welche Partei in Erbsachen als die schwächere Partei einzuordnen ist.[55] Der Erblasser kann hier wohl kaum gemeint sein. Ebenso gilt der Erbe *per se*, obwohl nicht in die Rechtswahl des Erblassers eingebunden, nicht als benachteiligt. Allein der Pflichtteilserbe, der durch eine entsprechende Rechtswahl des Erblassers möglicherweise um seinen Pflichtteil „gebracht" wird, kann als die schwächere Partei im Internationalen Erbrecht gelten. Doch der Pflichtteilserbe ist als Dritter einzuordnen, nicht als schwächere Partei.[56]

Das Verhältnis zwischen den Parteien eines Erbvertrags eignet sich ebenfalls nicht als Untersuchungsgegenstand. Zwischen den Parteien besteht kein typisches Machtgefälle, es sind keine Informationsasymmetrien oder Abhängigkeitsverhältnisse zu finden, die einen Schutzanspruch indizieren könnten. Die Rechtswahl erfolgt grundsätzlich allein durch den Erblasser.[57] Darüber hinaus fehlt es an einem strukturellen Ungleichgewicht zu Lasten einer Partei.[58] Die getroffene Regelung soll allein Rechtssicherheit und –klarheit schaffen, der Gedanke an eine schwächere Partei, die durch eine Beschränkung der Rechtswahl zu schützen ist, stand hier nicht zur Debatte. Daher findet auch die Rechtswahlbeschränkung der Erbrechts-VO keinen Eingang in die vorliegende Untersuchung.

4. *Vorschlag zur Ehegüterrechts-VO*

Im Kapitel III, Art. 15 ff. des Vorschlag für die Verordnung des Rates zum Ehegüterrecht[59] ist keine Rechtspaltung vorgesehen, der gesamte Güterstand soll allein einer Rechtsordnung unterstehen. Dieser Schritt ist vor dem Ziel der Rechtssicherheit und -klarheit allein richtig und daher zu begrüßen. Da die meisten Mitgliedsstaaten den Eheleuten die Wahl des anwendbaren Güterrechts überlassen, war der Konsens der Mitgliedsstaaten für eine Rechtswahlfreiheit (unter gewissen Einschränkungen) für

54 *Valdini*, Der Schutz der schwächeren Vertragspartei, 265.
55 *Mosbach*, in: Rühl/von Hein, Kohärenz im Internationalen Privat- und Verfahrensrecht der Europäischen Union, 380 ff.
56 *Kroll-Ludwigs*, Parteiautonomie, 145 f.; Max-Planck-Institute for Comparative and International Private Law, RabelsZ 74 (2010), 522, 619 f.
57 Siehe dazu *Wandt*, Rechtswahlregelungen im Europäischen Kollisionsrecht, 37; *Kroll-Ludwigs*, Parteiautonomie, 440 ff., hier auch zum Fall der Rechtswahl im Rahmen eines Erbvertrags.
58 *Gruber*, in: von Hein/Rühl, Kohärenz im Internationalen Privat- und Verfahrensrecht der Europäischen Union, 336, 344; *Keim*, in: Roth, Die Wahl ausländischen Rechts im Familien- und Erbrecht, 67, 87.
59 KOM (2011) 126 endg., 2011/0059 (CNS).

die neue Verordnung nicht weiter verwunderlich.[60] So soll nur ein Recht zu wählen sein, welches der „realen Lebenssituation des Ehepaars oder seiner Lebensplanung" entspricht.[61] Ebenso wie im Grünbuch wird eine Rechtswahl zwischen dem gewöhnlichen Aufenthalt und der Staatsangehörigkeit eines Ehegatten beziehungsweise eines künftigen Ehegatten favorisiert.[62]

In den Materialen sind ebenfalls keine Argumente zu finden, die eine beschränkte Rechtswahl zum Schutz der schwächeren Partei indizieren. Die Beschränkung der Rechtswahl wird in Erwägungsgrund 19 vielmehr mit der Erleichterung der Vermögensverwaltung begründet, weil das gewählte Recht dann einen engen Bezug zum Ehepaar hat. Es wird, ähnlich wie in der Rom III-VO,[63] keiner der Ehepartner als schwächere Partei eingeordnet. Vielmehr begründen Rechtssicherheit und –klarheit sowie Planbarkeit die Einschränkung der Rechtswahlfreiheit, um gleichzeitig der Mobilität der Bürger Rechnung zu tragen.[64] Natürlich handelt es sich hierbei um kein endgültiges Dokument. Das Europäische Parlament veröffentlichte zuletzt die legislative Entschließung vom 10. September 2013 zu dem Vorschlag für eine Verordnung des Rates über die Zuständigkeit, das anzuwendende Recht, die Anerkennung und die Vollstreckung von Entscheidungen im Bereich des Ehegüterrechts, deren Änderungsvorschläge bezüglich der Rechtswahl aber nur „kosmetischer" Natur waren. Daher ist zum jetzigen Zeitpunkt von keiner anderen Regelung auszugehen. Damit ist aber auch die geplante Ehegüterrechts-VO nicht geeignet, um sie bei der vorliegenden Untersuchung heranzuziehen.

5. *Weitere Eingrenzungen*

Neben der Rechtswahlbeschränkung existiert eine Vielzahl weiterer Regelungen, die mit dem Schutz der schwächeren Partei in Verbindung stehen. Beispielsweise wird dieses Ziel auch über europäische Richtlinien erreicht.[65] Darüber hinaus existieren

60 *Kroll-Ludwigs*, Parteiautonomie, 125 f.

61 KOM (2011) 126 endg., S. 8.

62 Für eingetragene Partnerschaften soll eine solche Rechtswahl allerdings nicht gelten. Die vermögensrechtlichen Folgen einer solchen sind dem Eintragungsstaat unterworfen. Dies ergibt sich daraus, dass die eingetragene Partnerschaft nicht in allen Mitgliedsstaaten bekannt ist und die Regelungen in den Mitgliedsstaaten, in denen eine Eintragung möglich ist, sich teilweise erheblich voneinander unterscheiden; *Kroll-Ludwigs*, Parteiautonomie, 125 f.

63 So die Mittteilung der Kommission an das Europäische Parlament, den Rat, den Europäischen Wirtschafts- und Sozialausschuss und den Ausschuss der Regionen, 16.3.2011, KOM (2011) 125 endg., S. 8.

64 Erwägungsgrund 8 des Verordnungsvorschlags.

65 Hier ist allein an die EU-Richtlinien zum Verbraucherrecht zu denken, im Folgenden werden nur die Richtlinien aufgeführt, die Beschränkungen zur Rechtswahl enthalten. Richtlinie 93/13/EWG des Rates vom 5. April 1993 über mißbräuchliche Klauseln in Verbraucherverträgen, ABl. Nr. L 95/29 (Klauselrichtlinie); Richtlinie 1999/44/ EG des Europäischen Parlaments und des Rates vom 25. Mai 1999 zu bestimmten

Regelungen im internationalen Einheitsrecht, die im Zusammenhang mit dem Schutz der schwächeren Partei stehen.[66] Schließlich könnte man im Rahmen der Untersuchung auch an den Schutz der schwächeren Partei über den *ordre public* beziehungsweise die Eingriffsnormen denken.[67] Um eine Beantwortung aller aufgeworfenen Problempunkte zu ermöglichen, ist eine umfassende Untersuchung hinsichtlich der verschiedenen Begriffe und Prinzipien vorzunehmen, die natürlicherweise nicht in den Grenzen der vorliegenden Untersuchung erfolgen kann. An entsprechenden Stellen ist jedoch auf einzelne Punkte zurückzukommen.

Da sich die vorliegende Arbeit ausschließlich mit den Vorschriften, deren Rechtswahlbeschränkungen auf den Schutz der schwächeren Partei abzielen, beschäftigt, sind die Vorschrift zum unlauteren Wettbewerb und den freien Wettbewerb einschränkendes Verhalten (Art. 6 Rom II-VO) sowie die Vorschrift zur Verletzung von Rechten des geistigen Eigentums (Art. 8 Rom II-VO) für die folgende Untersuchung

---

Aspekten des Verbrauchsgüterkaufs und der Garantien für Verbrauchsgüter, ABl. Nr. L 171/12 (Verbrauchsgüterkaufrichtlinie);Richtlinie 2002/65/EG des Europäischen Parlaments und des Rates vom 23. September 2002 über den Fernabsatz von Finanzdienstleistungen an Verbraucher und zur Änderung der Richtlinie 90/619/EWG des Rates und der Richtlinien 97/7/EG und 98/27/EG, ABl. Nr. L 271/16 (Finanzdienstleistungsfernabsatz-Richtlinie); Richtlinie 2008/48/EG des Europäischen Parlamentes und des Rates vom 23. April 2008 über Verbraucherkreditverträge und zur Aufhebung der Richtlinie 87/102/EWG des Rates, ABl. Nr. L 133/66 (Verbraucherkreditrichtlinie); Richtlinie 2008/122/EG des Europäischen Parlaments und des Rates vom 14. Januar 2009 über den Schutz der Verbraucher im Hinblick auf bestimmte Aspekte von Teilzeitnutzungsverträgen, Verträgen über langfristige Urlaubsprodukte sowie Wiederverkaufs- und Tauschverträgen, ABl. Nr. L 33/10 (Timesharingrichtlinie); Richtlinie 2011/83/EU des Europäischen Parlaments und des Rates vom 25. Oktober 2011 über die Rechte der Verbraucher, zur Abänderung der Richtlinie 93/13/EWG des Rates und der Richtlinie 1999/44/EG des Europäischen Parlaments und des Rates sowie zur Aufhebung der Richtlinie 85/577/EWG des Rates und der Richtlinie 97/7/EG des Europäischen Parlaments und des Rates, ABl. Nr. L 304/64 (neue Verbraucherrechterichtlinie).

66 Hier kann beispielsweise auf das Einheitsrecht für Beförderungsverträge hingewiesen werden, Montrealer Übereinkommen (Montrealer Übereinkommen zur Vereinheitlichung bestimmter Vorschriften über die Beförderung im internationalen Luftverkehr vom 28. Mai 1999, ABl. EG 2001 L 194/39), COTIF (Convention relative aux Transports International aux Ferroviaires), genauer dessen Anhang A (vom 9. Mai 1980, BGBl II 1985 S. 129, BGBl II 2002, S. 2149 und BGBl II 2010, S. 1246) mit CIV-Konvention (Einheitliche Rechtsvorschriften für den Vertrag über die internationale Eisenbahnförderung von Personen und Gepäck) mit Regelungen für den Beförderungsvertrag, das Übereinkommen über den Vertrag über die internationale Beförderung von Personen und Gepäck auf der Straße (CVR) vom 1. März 1973 (Rev. dr. unif. 1974 II 68).

67 Dazu *Renner*, in: von Hein/Rühl, Kohärenz im Internationalen Privat- und Verfahrensrecht der Europäischen Union, 359 ff.; *Bitterich*, GPR 2006, 161 ff.; *Leible*, ZVglRWiss 97 (1998), 286 ff.

nicht heranzuziehen. Ebenfalls keine Relevanz für die Zwecke dieser Arbeit haben die Art. 5 (Produkthaftung), Art. 7 (Umweltschädigung) und Art. 9 Rom II-VO (Arbeitskampfmaßnahmen), da es sich dabei um objektive Anknüpfungsregelungen handelt.

Eine letzte Eingrenzung der Thematik ist in Bezug auf die Frage vorzunehmen, ob die Vorschriften zum Schutz der schwächeren Partei vollständig sind. Damit ist gemeint, ob bestehenden Vorschriften Regelungen zum Schutz der schwächeren Partei mangeln oder Schutzregelungen für bestimmte Fallgruppen insgesamt fehlen. Eine eingehende Untersuchung aller möglicherweise zu Unrecht nicht aufgenommenen Regelungen korreliert mit der Frage, bei welchen Typen von Rechtsbeziehungen typischerweise eine Konstellation aus stärkerer und schwächerer Partei existiert, die eine Sonderkollisionsnorm erforderlich macht.[68] Da eine solche umfassende Ermittlung und Auswertung den Rahmen der vorliegenden Arbeit übersteigt, ist auf diese Problematik ebenfalls nicht einzugehen.

68 Hier könnte beispielsweise auch auf Wohnraummiet-, Franchise-, Vertriebs- oder Lizenzverträge sowie Handelsvertreter eingegangen werden, siehe *Kropholler*, RabelsZ 42 (1978), 634, 636; *Valdini*, Der Schutz der schwächeren Vertragspartei; *Herrfeld*, Die Abhängigkeit des Franchisenehmers.

Teil 1 Grundlagen

Wie bereits angesprochen, ist die Parteiautonomie als Grundpfeiler des europäischen Internationalen Privatrechts uneingeschränkt anerkannt.[69] Sie ist nicht als „Verlegenheitslösung“ zu betrachten, sondern Ausdruck des Parteiwillens.[70] Die Parteiautonomie darf sich jedoch nicht in ihr Gegenteil verkehren.[71] Ihr sind dort Schranken aufzuzeigen, wo sie abstrakt und konkret geeignet ist, den Schwächeren zu benachteiligen.[72]

Auf dieses Gestaltungsprinzip aufbauend nimmt der Gerechtigkeitsgedanke eine wichtige Rolle bei der Beschränkung der Parteiautonomie ein.[73] Denn bei der Schaffung des Privatrechts durch das Bekenntnis zum Rechtsstaatsprinzip verpflichtete man sich gleichzeitig auch zur materiellrechtlichen Gerechtigkeit. Einen Teilaspekt der materiellrechtlichen Gerechtigkeit stellt dabei der gesetzliche Schutz der schwächeren Partei dar.[74] Der Schutz des Schwächeren ist spätestens mit Inkrafttreten des Vertrags von Maastricht auch ein Unionsziel.[75]

So formulierte auch schon *Paul Neuhaus*: „Die Parteiautonomie verliert ihren Sinn, [...] wenn sie zur Herrschaft des Stärkeren über den Schwachen wird.“[76] Die Entscheidung zur Begrenzung der Rechtswahlfreiheit unterliegt einer Bewertung, in welchen Fallgestaltungen eine solche Benachteiligung einer schwächeren Partei typischerweise festzustellen ist.[77] Die unterschiedlichen Regelungen zur Rechtswahl

---

69 So bereits *Lando*, der die Parteiautonomie als „*common core of the world's legal system*“ bezeichnet, *Lando*, RabelsZ 38 (1974), 6, 11. Dazu auch *Rühl*, in: Baetge/von Hein/von Hinden, Die richtige Ordnung, 187 ff.

70 Siehe dazu m.w.N. *Leible*, in: Mansel/Pfeiffer/Kronke/Kohler/Hausmann, Festschrift für Erik Jayme, 485, 485 ff.; *Kegel*, in: Festschrift Hans Lewald, 274 f.

71 *Neuhaus*, Grundbegriffe des internationalen Privatrechts, 257 f.; *Gierke*, Die soziale Aufgabe des Privatrechts, 7 ff.

72 Siehe dazu nur *Neuhaus*, Grundbegriffe des internationalen Privatrechts, 257 f. So bereits *Gierke*, Die soziale Aufgabe des Privatrechts, 7 ff.

73 *Neuhaus*, Grundbegriffe des internationalen Privatrechts, 257 f.; *von Hoffmann*, RabelsZ 38 (1974), 396, 396 ff.; *Junker*, IPRax 1993, 1, 3.

74 *Neuhaus*, Grundbegriffe des internationalen Privatrechts, 257 f.; *Gierke*, Die soziale Aufgabe des Privatrechts, 7 ff.

75 Art. 2 des Vertrags über die Europäischen Union vom 7. Dezember 1992 (Vertrag von Maastricht); siehe auch *Bröcker*, Verbraucherschutz im europäischen Kollisionsrecht, 14. Nicht so eindeutig formuliert, aber bereits mit ersten Ansätzen findet sich dieser Grundsatz im Vertrag zur Gründung der Europäischen Wirtschaftsgemeinschaft, Art. 3 b) und e) sowie Art. 4 b), wieder.

76 *Neuhaus*, Grundbegriffe des internationalen Privatrechts, 257; siehe dazu auch *von Hoffmann*, RabelsZ 38 (1974), 396, 396 ff.; *Junker*, IPRax 1993, 1, 3.

77 Näheres dazu unter Teil 1 Kapitel 2B.II.

werden jeweils mit dem Schutz der schwächeren Partei begründet.[78] Der in den Rom-Verordnungen verankerte „Schutz des Schwächeren“ ist daher als eine mögliche Erklärung bezüglich der unterschiedlichen Behandlung näher zu betrachten.

Darüber hinaus ist der Begriff des Wertungswiderspruchs genauer einzuordnen. Dieser hat im Rahmen der Kohärenzdebatte im europäischen Kollisionsrecht einen neuen Stellenwert erreicht und ist daher vor deren Hintergrund am Ende dieses Abschnitts zu analysieren.

Kapitel 1 Der Begriff der „schwächeren Partei“

Der Begriff der schwächeren Partei beschreibt den Umstand, dass es einen als unfair empfundenen Vorteil-Nachteil-Transfer zu Lasten einer Partei gibt, die aufgrund ihrer Ausgangssituation in einem Rechtsverhältnis als benachteiligt anzusehen ist.[79] Was genau der Begriff der schwächeren Partei bedeutet und ob das Schutzkonzept zugunsten dieser tatsächlich als Begründung für die höchst unterschiedliche Behandlung verschiedener Fallgruppen innerhalb der Rom-Verordnungen heranzuziehen ist, gilt es zu untersuchen.

Bevor der „Schutz des Schwächeren“ als mögliche Erklärung fungieren kann, ist genau dazulegen, was sich dahinter verbirgt. Angesichts der Komplexität von Verhandlungsmacht und deren Auswirkungen sowie von persönlichen Faktoren, die auf diese Einfluss nehmen, verbietet es sich, den Begriff schwächere Partei zu verwenden, ohne eine nähere Betrachtung dessen vorzunehmen.

Dem ist vorauszuschicken, dass die Bezeichnungen schwächere und stärkere Partei immer relativ zu sehen ist.[80] Die Vorstellung, zwischen zwei Parteien bestehe ein in jeder Hinsicht ausgeglichenes Verhältnis, entspricht einer Utopie. Allerdings ist es nicht erforderlich, dass der Gesetzgeber in jedes denkbare Rechtsverhältnis regelnd eingreift. Nur wenn die Machtlage des Stärkeren gegenüber dem Schwächeren eine „kritische Grenze“ überschreitet, ist von einem erforderlichen Schutz der schwächeren Partei zu sprechen.[81]

Eine allgemeine Definition für den Schutz der schwächeren Partei findet sich nicht ohne Weiteres.[82] Vielmehr muss man, um eine allgemeingültige Erläuterung des Begriffes zu erhalten, verschiedene Quellen heranziehen. Bereits *Paul Neuhaus* macht deutlich, dass der Schutz der schwächeren Partei dem Ausgleich eines

78 Siehe dazu nur *Rühl*, J. Priv. Int'l L. 2014, 335, 340 ff.; *Rühl*, in: Kronke/Thorn, Grenzen überwinden - Prinzipien bewahren, 364, 370 ff.

79 *Wendenburg*, Der Schutz der schwächeren Partei in der Mediation, 46; *Furgler*, Die Anknüpfung der Vertragsform im internationalen Privatrecht, 14.

80 *Furgler*, Die Anknüpfung der Vertragsform im internationalen Privatrecht, 16.

81 Wo diese kritische Grenze liegt, kann nicht genau bezeichnet werden. Daher tendierte der Gesetzgeber dazu, bestimmte Fallgruppen zu schützen. Hier wird dann eine allgemeine Vermutung aufgestellt, dass die Rollen von stärker und schwächer typischerweise gleich verteilt sind; ibid.

82 *Kropholler*, RabelsZ 42 (1978), 634, 637; *von Hoffmann*, RabelsZ 38 (1974), 396, 399.

Machtungleichgewichts dient, welches eine Partei („der Stärkere") zu seinen Gunsten nutzt.[83] *Neuhaus* folgend gehen auch *Jan Kropholler* und *Bernd von Hoffmann* davon aus, dass die stärkere Partei die „Vereinbarung ihres Rechts"[84] durchsetzt beziehungsweise „diejenige Rechtsordnung aussucht, die ihm die geringste Bindung zum Schutz des Schwächeren vorschreibt."[85] Des Weiteren sei hier auf *Axel Flessner* verwiesen. Von einem Schutz der Schwachen und Unerfahrenen sei ihm zufolge dann auszugehen, wenn die Betroffenen „gegen unzulässige Beeinflussung und eigene Unterlegenheit, Unerfahrenheit oder Unbedachtheit" zu schützen sind.[86]

Das „Ungleichgewicht" zwischen den Parteien ist schwer fassbar. Im Fall der Parteiautonomie ergeben jedoch einige Faktoren einen Rahmen für die Beurteilung des Ungleichgewichts: Hier ist auf die Beschränkung der Entscheidungsfreiheit und der Selbstbestimmung zu verweisen.[87] Die mit der Entscheidung verbundenen Nachteile sowie die von der stärkeren Partei ausgehende Einflussnahme ergeben einen Maßstab, an dem das Ungleichgewicht der Kräfte deutlich wird.[88]

Zusammenfassend lässt sich daher feststellen: Der Schutz des Schwächeren dient zum einen der Beseitigung ungleicher Machtlagen, zum anderen ermöglicht er eine Ausgestaltung der Rechtsbeziehungen zwischen den Parteien auf Augenhöhe. Wenn also die Selbstbestimmung einer Partei über eine gewisse Grenze hinaus eingeschränkt wird, ist sie – relativ gesehen – als die schwächere Partei einzuordnen.[89]

In den Rom-Verordnungen und in deren Entstehungsmaterialien sind jedoch keine Unterschiede erkennbar, wenn von der schwächeren Partei gesprochen wird. Sie ist gleich benachteiligt, strukturell unterlegen sowie schutzbedürftig.[90] Der Begriff „Schutz der schwächeren Partei" wird auch in den Gesetzesmaterialien nicht unterschiedlich definiert.[91] Vielmehr versuchen die Verordnungsgeber mit weiteren Erläuterungen zu rechtfertigen, warum unterschiedliche Regelungen zum Tragen kommen.[92] Es muss daher eine über den Wortlaut hinausgehende Betrachtung des „Schutzes der schwächeren Partei" in den Rom-Verordnungen erfolgen, um eine Begründung für die unterschiedlichen Rechtswahlmodalitäten zu finden. Dafür wird im Folgenden untersucht, wie sich der Gerechtigkeitsbegriff im Internationalen Privatrecht entwickelt hat

---

83 *Neuhaus*, Grundbegriffe des internationalen Privatrechts, 257.
84 *Kropholler*, RabelsZ 42 (1978), 634, 637.
85 *von Hoffmann*, RabelsZ 38 (1974), 396, 399.
86 *Flessner*, Interessenjurisprudenz im internationalen Privatrecht, 109.
87 *von Hoffmann*, RabelsZ 38 (1974), 396, 399; *Kropholler*, RabelsZ 42 (1978), 634, 637.
88 *Pfütze*, ZEuS 2011, 35, 58.
89 *Uebersax*, Der Schutz der schwächeren Partei im internationalen Vertragsrecht. 19.
90 Die Erwägungsgründe der Rom-Verordnungen als Präambel stehen stellvertretend dafür.
91 Siehe dazu Erwägungsgrund 23 der Rom I-VO und Erwägungsgrund 31 der Rom II-VO.
92 Hier sei nur auf die „Besonderheit" der Versicherungs- und Personenbeförderungsverträge hingewiesen, die einer vom Günstigkeitsprinzip abweichenden Schutzregelung unterliegen, Erwägungsgrund 32 der Rom I-VO.

und wie der Gerechtigkeitsgedanke auf die Parteiautonomie und die Unterscheidung zwischen stärkerer und schwächerer Partei Einfluss nahm.

Kapitel 2 Die Entwicklung des Gerechtigkeitsbegriffs im IPR

Die Rom I- und II-VO dienen dem Schutz der schwächeren Partei.[93] Wie dieser Schutz zu verwirklichen ist und welchen Maßstäben dieser unterliegt, ist bei einer Untersuchung des Wertgehalts des Internationalen Privatrechtes beziehungsweise dem zugrunde liegenden und weiter reichenden Begriff der Gerechtigkeit im europäischen Kollisionsrecht zu klären.

A. Ursprünge des Gerechtigkeitsbegriffs

Einen maßgeblichen Einfluss auf den Gerechtigkeitsbegriff und damit auch die Aufgabe des Internationalen Privatrechts bilden die Lehren *Savignys,* wonach „bei jedem Rechtsverhältniß dasjenige Rechtgebiet aufgesucht werde, welchem dieses Rechtsverhältniß seiner eigenthümlichen Natur nach angehört oder unterworfen ist".[94] *Savigny* ging nicht mehr vom Inhalt eines Rechtsverhältnisses, sondern von einem bestimmten Rechtsverhältnis aus.[95] Es war daher ausreichend, den Schwerpunkt eines Rechtsverhältnisses auszumachen, welcher dann zur Ermittlung des anwendbaren Rechts führen soll.[96] Für *Savigny* galt dabei der Sitz des Rechtsverhältnisses, auch Heimat genannt, als ausschlaggebend.[97]

Daneben war er überzeugt, dass eine „gemeinsame christliche Gesinnung" existiert, die einer „völkerrechtlicher Gemeinschaft der mit einander verkehrenden Nationen" inne ist.[98] *Savigny* ging von einer grundsätzlichen Gleichbehandlung in- und ausländischen Rechts aus, für ihn existierte ein internationaler Entscheidungseinklang, wonach „die Rechtsverhältnisse, in Fällen der Collision der Gesetze,

---

93 Näheres dazu unter Teil 1 Kapitel 1A.

94 *Savigny,* System des heutigen römischen Rechts, Band 8, 28; ausführlich dazu *Schurig,* Kollisionsnorm und Sachrecht, 115 ff.; *Zweigert,* RabelsZ 37 (1973), 435, 436 ff.; *Bratvogel,* Rechtswahlfreiheit, 81 ff.

95 Damit änderte sich auch der Gebrauch des Wortes „Statut", siehe dazu *Kropholler,* Internationales Privatrecht, 13.

96 *Savigny,* System des heutigen römischen Rechts, Band 8, 28; *Schurig,* Kollisionsnorm und Sachrecht, 115 ff.; *Zweigert,* RabelsZ 37 (1973), 435, 436 ff.

97 *Savigny,* System des heutigen römischen Rechts, Band 8, 28, 108, 118; *Makarov,* Grundriß des internationalen Privatrechts, 40; *Lehmann,* in: Bernreuther, Festschrift für Spellenberg, 245, 246 ff.

98 *Savigny,* System des heutigen römischen Rechts, Band 8, 27; *Valdini,* Der Schutz der schwächeren Vertragspartei, 255.

dieselbe Beurtheilung zu erwarten haben, ohne Unterschied, ob in diesem oder jenem Staate das Urtheil gesprochen werde".[99]

Seine Lehre bildet bis heute einen der wichtigsten Einflüsse in der Entwicklung des Kollisionsrechts.[100] Mit seinem kollisionsrechtlichen Ansatz bei gleichzeitiger Überwindung der statuistischen Methode entsprach *Savigny* den Erwartungen seiner Zeit und ihrer politisch-gesellschaftlichen Entwicklungen.[101] *Savigny* wird mithin als „Schöpfer" des klassischen Systems des Internationalen Privatrechts bezeichnet, seine Ausführungen als „kopernikanische Wende" und das Internationale Privatrecht auch schon als „Savignys IPR" betitelt.[102] Seine Lehre ermöglichte es, das Privatrecht als vom Staat emanzipiert zu betrachten, der Weg war bereitet für ein vom Staat und seinen Zwecken grundsätzlich unabhängiges System des Internationalen Privatrechts.[103]

Vor dem Hintergrund, dass nach *Savigny* alle Privatrechtsordnungen als gleichwertig zu betrachten sind, war es auf diesem Wege möglich, alle in Frage kommenden kollisionsrechtlichen Interessen zu berücksichtigten, was den gerechtesten Ausgleich zwischen ihnen versprach.[104] Der Schutz der schwächeren Partei hat aber bei einem solchen wertungsfreien Verständnis der internationalprivatrechtlichen Gerechtigkeit keinen Platz: Der Schwächerenschutz wäre erst über die materiellrechtliche Stufe erreicht, auf der ein solcher über bestimmte Wertentscheidungen bereits etabliert sei.[105] Die kollisionsrechtliche, vorgelagerte Stufe würde bei einer Anknüpfung allein an das „räumlich" beste Recht eine völlig wertfreie Position einnehmen.[106]

Auch *Kegel* verfolgte die Idee einer „internationalprivatrechtlichen Gerechtigkeit" als eine Facette der Gerechtigkeit: Demnach erfolgt eine Normbildung von den

---

99 *Savigny*, System des heutigen römischen Rechts, Band 8, 27.

100 *Juenger*, Zum Wandel des internationalen Privatrechts, 8 ff.; *Schurig*, Kollisionsnorm und Sachrecht, 120; *Gutzwiller*, Der Einfluß Savignys auf die Entwicklung des Internationalprivatrechts, 40 ff.; *Neuhaus*, Grundbegriffe des internationalen Privatrechts, 94 f.; *Joerges*, Zum Funktionswandel des Kollisionsrechts, 16 f.; *Makarov*, Grundriß des internationalen Privatrechts, 48.

101 *Joerges*, Zum Funktionswandel des Kollisionsrechts, 9.; *Gutzwiller*, Der Einfluß Savignys auf die Entwicklung des Internationalprivatrechts, 40 ff.

102 *Schurig*, Kollisionsnorm und Sachrecht, 16 f.; *Joerges*, Zum Funktionswandel des Kollisionsrechts, 13; *Kropholler*, Internationales Privatrecht, 13 f.; *Bratvogel*, Rechtswahlfreiheit, 70.

103 *Schurig*, Kollisionsnorm und Sachrecht, 17 f.; 115 ff.; *Gutzwiller*, Der Einfluß Savignys auf die Entwicklung des Internationalprivatrechts, 40 ff.

104 *Neuhaus*, Grundbegriffe des internationalen Privatrechts, 165; *Kegel/Schurig*, Internationales Privatrecht, 131; *Valdini*, Der Schutz der schwächeren Vertragspartei, 256.

105 *Zweigert*, RabelsZ 37 (1973), 435, 443.

106 *Schurig*, Kollisionsnorm und Sachrecht, 136; *Valdini*, Der Schutz der schwächeren Vertragspartei, 256; *Neuhaus*, Grundbegriffe des internationalen Privatrechts, 165; *Schnitzer*, Handbuch des internationalen Privatrechts II, 639 f.

generalisierbaren Interessen, die in der Gesellschaft bestehen.[107] Obgleich sie sich widersprechen oder übereinstimmen können, bilden sie aber ein Gesamtsystem, das sich in Partei-, Verkehrs- und Ordnungsinteressen unterteilen lässt.[108] Zwar vertritt er dabei, den internationalprivatrechtlichen Gerechtigkeitsbegriff gehe das nach einem materiellrechtlichen Maßstab bessere Ergebnis „nichts an".[109] Er selbst bemerkt aber, dass die internationalprivatrechtliche Gerechtigkeit nicht unabhängig von sachrechtlichen Interessen betrachtet werden kann, diese gewissermaßen ihr „Rohstoff" wären und damit Einfluss auf den internationalprivatrechtlichen Gerechtigkeitsbegriff nehmen.[110]

Ab der zweiten Hälfte des 20. Jahrhunderts zwangen veränderte Realitäten sowohl in sozialer als auch rechtspolitischer Hinsicht zu einer Abkehr des kollisionsrechtlichen Grundverständnisses von der bis dahin eingenommenen wertneutralen Auffassung.[111] Langsam verbreitete sich die Idee, dass mit dem Internationalen Privatrecht und damit bereits auf kollisionsrechtlicher Stufe über die Parteiautonomie bestimmte Wertvorstellungen auf ein Rechtsverhältnis Einfluss nehmen können, was zu einem neuen Gerechtigkeitsverständnis des europäischen Kollisionsrechts beitrug.[112] Auf materiellrechtlicher Ebene war das Aufeinanderprallen von unterschiedlich starken Parteien bereits länger bekannt, weswegen nationale Regelungen bald normative Korrekturen erfuhren, um die grenzenlose Ausuferung von Gestaltungsfreiheit zu vermeiden.[113] Auf materieller Ebene sah sich die Jurisprudenz daher zum Handeln gezwungen.[114] Mit der Internationalisierung und Globalisierung wiederholte sich diese Entwicklung im Internationalen Privatrecht. Materielle und internationalprivatrechtliche Gerechtigkeit sind daher weder getrennt voneinander zu betrachten noch ist die internationalprivatrechtliche Gerechtigkeit als wertneutrale, überpositive Gerechtigkeitsentscheidung aufzufassen.[115]

---

107 *Kegel*, in: Festschrift Hans Lewald, 274 f.

108 *Schurig*, Kollisionsnorm und Sachrecht, 136; *Kegel*, in: Festschrift Hans Lewald, 274 f. Dazu auch *Weber*, Die Parteiautonomie außerhalb des internationalen Schuldvertragsrechts, 106 ff.

109 *Kegel*, in: Festschrift Hans Lewald, 271.

110 *Kegel/Schurig*, Internationales Privatrecht, 145.

111 Hier kann der interessenjuristische Ansatz im materiellen Recht herangezogen werden, dazu *Schröder*, Das Günstigkeitsprinzip im internationalen Privatrecht, 83.

112 *Kroll-Ludwigs*, Parteiautonomie, 451; *Kropholler*, Internationales Privatrecht, 29 f.

113 *Furgler*, Die Anknüpfung der Vertragsform im internationalen Privatrecht, 9; *Uebersax*, Der Schutz der schwächeren Partei im internationalen Vertragsrecht, 9 f.

114 Es setzte eine „gruppenbezogene" Gerechtigkeit ein, die sich vom bürgerlichrechtlichen System der situationsgebundenen Gerechtigkeit abwand. Siehe dazu *Junker*, Internationales Arbeitsrecht im Konzern, 81.

115 *Kroll-Ludwigs*, Parteiautonomie, 451; *Kropholler*, Internationales Privatrecht, 29 f. So auch Schröder, *Schröder*, Das Günstigkeitsprinzip im internationalen Privatrecht, 115, der beide Gerechtigkeiten „auf einer Stufe" sieht.

B. Der Gerechtigkeitsbegriff im heutigen Internationalen Privatrecht

Die Idee, sozialpolitische Gestaltungsziele sollten auch bei den Entwicklungen im Internationalen Privatrecht eine Rolle spielen, stammt bereits aus den 70er Jahren, als die Literatur die scharfe Trennung zwischen Kollisionsrecht und materiellem Recht in Frage stellte.[116] Dem Internationalen Privatrecht wurde vorgeworfen, ein solches „entpolitisiertes" Verständnis entspreche dem Stand des Privatrechts im 19. Jahrhundert, als man Staat und Gesellschaft noch strikt trennte.[117]

Für ein zeitgemäßes Internationales Privatrecht bedurfte es daher einer Annäherung an den Wandel, der sich auch im materiellen Recht vollzog. Diesen Bestrebungen folgte die Entwicklung des Europäischen Schuldvertragsübereinkommens und später der Rom I- und II-VO.

I. *Gesellschaftlicher, wirtschaftlicher und politischer Wandel*

Bis weit ins 20. Jahrhundert hinein fand man auf dem internationalen Markt allein Kaufleute, die ihre Geschäfte auf Augenhöhe ausübten;[118] der Verbraucher, der in seinem Urlaub unnötige Utensilien erstand, tauchte als umfassender Problemfall erst Ende des 20. Jahrhunderts auf.[119] Die vorherrschende Stellung von erfahrenen Kaufleuten gestattete eine Ausgestaltung des internationalen Vertrags- und Deliktsrechts, in der sich gleichstarke Vertragspartner mit gleicher Verhandlungsmacht gegenüberstanden.[120] Das wertneutrale Verständnis der kollisionsrechtlichen Gerechtigkeit[121] schien demnach angemessen, da es keine schwächere Partei zu schützen galt und etwaige Abweichungen von der Parteiautonomie möglicherweise einen Nachteil für den internationalen Handel bedeutet hätten.[122]

Ab Mitte des 20. Jahrhunderts wandelte sich dieses Verhältnis jedoch. Mit der immer weiter zunehmenden Europäisierung und Internationalisierung öffnete sich der grenzüberschreitende Verkehr auch für weniger versierte Marktteilnehmer, was zu einer Fortschreibung der ungleichen Machtverhältnisse zwischen verschiedenen Rechtssubjekten auf internationaler Ebene führte.[123] Gleiches galt für den Bereich

---

116 *Uebersax*, Der Schutz der schwächeren Partei im internationalen Vertragsrecht, 207 f.

117 *Furgler*, Die Anknüpfung der Vertragsform im internationalen Privatrecht, 9; *Rehbinder*, SJZ 1971, 373, 376; *Uebersax*, Der Schutz der schwächeren Partei im internationalen Vertragsrecht, 9 ff.

118 *Furgler*, Die Anknüpfung der Vertragsform im internationalen Privatrecht, 12.

119 *Valdini*, Der Schutz der schwächeren Vertragspartei, 257.

120 *Furgler*, Die Anknüpfung der Vertragsform im internationalen Privatrecht, 9.

121 Von Zweigert sogar als „Armut an sozialen Werten" und „keimfrei" bezeichnet, *Zweigert*, RabelsZ 37 (1973), 435, 443.

122 *Valdini*, Der Schutz der schwächeren Vertragspartei, 257; *Uebersax*, Der Schutz der schwächeren Partei im internationalen Vertragsrecht, 8.

123 *Juenger*, Zum Wandel des internationalen Privatrechts, 32.

der außervertraglichen Schuldverhältnisse: Mit dem Abbau von Handels- und Reisehemmnissen nahm die Zahl der grenzüberschreitenden außervertraglichen Schuldverhältnisse zu.[124] Mit zunehmender Zeit konnte man sich vor den einseitigen Machtlagen nicht mehr verschließen, welche sich durch die rasante Entwicklung in Technik und Wirtschaft auftaten.[125] Allerdings war es zunächst erstrebenswerter, deren weiteres Fortkommen nicht „zu Gunsten" einer Gerechtigkeitsvorstellung einzuschränken.[126]

Immer stärkere Parteien (Unternehmer, Arbeitgeber) konnten gegenüber den schwächeren Parteien (Verbraucher, Arbeitnehmer) ihren Willen frei diktieren. Die zunehmende Standardisierung von Verträgen tat ihr Übriges: Wer die Macht hatte, mit vorgefertigten Bedingungen zu arbeiten, tat dies zu seinen Gunsten.[127] Neben der Kostenersparnis durch Rationalisierung konnte die stärkere Partei nun leichter das Schuldverhältnis in ihrem Sinne bestimmen.[128] Mit der Zeit verloren zusätzlich die religiösen Schranken beziehungsweise die Schranke des sittlichen Empfindens ihre Bedeutung, die dieser Entwicklung noch hätten Einhalt gebieten können.[129] Das Idealbild des freien ausgeglichenen Markts gab es nicht mehr. Der Wunsch nach allgemeiner Gerechtigkeit wurde ein immer höherer Stellenwert zugemessen. Zusätzlich dazu nahmen auch die ökomischen Entwicklungen und deren Auswirkungen auf das Internationale Privatrecht an Fahrt auf.[130] Die Gesetzgeber standen nun vor einem Problem, das nicht mehr schlicht mit einem Verweis auf die (bestehende) Parteiautonomie und eine etwaige korrigierende Wirkung des *ordre public* zu lösen war.[131] Die Zielvorstellung, die faktische Ungleichheit zu beseitigen, verlangte nach einem Eingreifen im Sinne des „sozialen Gleichheitsideals".[132]

---

124 *Wagner*, EuZW 1999, 709, 709; *von Hein*, RabelsZ 64 (2000), 595, 597; *Heiss/Loacker*, JBL 2007, 613, 614 f.

125 *Furgler*, Die Anknüpfung der Vertragsform im internationalen Privatrecht, 9.

126 *Valdini*, Der Schutz der schwächeren Vertragspartei, 257; *Furgler*, Die Anknüpfung der Vertragsform im internationalen Privatrecht, 9.

127 *Kronke*, Rechtstatsachen, kollisionsrechtliche Methodenentfaltung und Arbeitnehmerschutz, 55; *Roth*, Internationales Versicherungsvertragsrecht, 446; *Rühl*, Statut und Effizienz, 445 f.

128 *Furgler*, Die Anknüpfung der Vertragsform im internationalen Privatrecht, 12; *Mankowski*, Interessenpolitik und europäisches Kollisionsrecht, 19.

129 *Uebersax*, Der Schutz der schwächeren Partei im internationalen Vertragsrecht, 7; *Furgler*, Die Anknüpfung der Vertragsform im internationalen Privatrecht, 13. Diese „moralischen" Schranken hatten Mitte des 20. Jahrhunderts noch eine größere Bedeutung als heute, auf dieser Ebene setzt mittlerweile nur noch das eigene Gewissen dem Handeln Grenzen. So auch *Wiedemann*, Das Arbeitsverhältnis als Austausch- und Gemeinschaftsverhältnis, 11.

130 *Furgler*, Die Anknüpfung der Vertragsform im internationalen Privatrecht, 9.

131 Dazu ausführlich *Kropholler*, RabelsZ 42 (1978), 634, 635. Er bezeichnet einen Schutz allein durch die Vorbehaltsklausel als „lückenhaft" und „unsicher".

132 *Rehbinder*, SJZ 1971, 373, 375 ff.

Die politische Lage trug ebenfalls dazu bei, um diese Entwicklung voranzutreiben. Die Weltkriege und die Krise zwischen 1929 und 1932 überwarfen den Aufwärtstrend der Wirtschaft. Nur durch staatliches Eingreifen war es danach möglich, die Wirtschaft wieder erstarken zu lassen.[133] Hierbei achtete man vermehrt auf die Bedürfnisse aller Marktteilnehmer. Beispiele dafür sind die Übernahmen der Preisbildung sowie Einführung von Mieterschutzbestimmungen.[134] Die Vielzahl an Maßnahmen, mit denen der Staat die Wirtschaft unterstützte, war enorm.[135] Damit setzte aber auch ein Wandel im Verständnis des Staates ein. Er stand der Wirtschaft vermehrt zur Seite, was längst nicht mehr als untypisch angesehen war. Vielmehr begann in diese Beziehung eine Normalität einzukehren.[136] Der Wandel des modernen Staats hin zu einem „sozialen Staat" machte vor dessen wirtschaftlichen Vorgaben und Entscheidungen keinen Halt.[137] Diese sozialstaatlichen Tendenzen flossen bald in die Gesetzgebung und Rechtsprechung mit ein und bahnten sich so ihren Weg in das Internationale Privatrecht.[138]

II. Umsetzung des kollisionsrechtlichen Schutzes des Schwächeren

Natürlich war es möglich, den Bedenken zur Anpassung des kollisionsrechtlichen Gerechtigkeitsbegriffs auch durch eine andere Lösung als der Schaffung von besonderen Kollisionsnormen zu begegnen. Möglicherweise wäre die Schaffung einer Generalklausel, wie sie in vielen nationalen IPR-Kodifikationen zu finden ist, ausreichend gewesen.[139] Die Rom-Verordnungen sollten neben der Gewährung eines Schutzstandards für die schwächere Partei aber vor allem Rechtssicherheit und Vorhersehbarkeit garantieren.[140] Eine Generalklausel wäre diesem Anliegen

---

133 *Furgler*, Die Anknüpfung der Vertragsform im internationalen Privatrecht, 10.

134 *Rehbinder*, SJZ 1971, 373, 377.

135 *Furgler*, Die Anknüpfung der Vertragsform im internationalen Privatrecht, 9 ff.

136 *Rehbinder*, SJZ 1971, 373, 377; *Uebersax*, Der Schutz der schwächeren Partei im internationalen Vertragsrecht, 233.

137 *Furgler*, Die Anknüpfung der Vertragsform im internationalen Privatrecht, 9 ff.; *Uebersax*, Der Schutz der schwächeren Partei im internationalen Vertragsrecht, 233.

138 *Furgler*, Die Anknüpfung der Vertragsform im internationalen Privatrecht, 9 ff.; *Uebersax*, Der Schutz der schwächeren Partei im internationalen Vertragsrecht, 233.

139 Hier ist vorderhand auf das *Second Restatement of the Law* zu verweisen. Die US-amerikanische Debatte nahm auch Einfluss auf die Diskussion im Europäischen Raum. Trotzdem herrschte ein Konsens, dass eine entsprechende Ausgestaltung für die Rom-Verordnungen nicht in Frage kam, siehe dazu *von Hein*, VersR 2007, 440, 441; *Valdini*, Der Schutz der schwächeren Vertragspartei, 259. Dazu auch *Kropholler*, Internationales Privatrecht, 26.

140 Diese Ziele stellten ein Hauptanliegen bei der Harmonisierung des europäischen Kollisionsrechts dar. Siehe dazu allein die Erwägungsgrund 1 der Rom I-, Rom II- und Rom III-VO.

gerade abträglich gewesen und fand deswegen insbesondere in der Literatur wenig Anklang.[141]

Es galt, eine angemessene Umsetzung des Schutzes der schwächeren Partei zu finden. Dieser war entweder über eine individuelle Betrachtung des Rechtsverhältnisses (Individualisierung) oder über eine Bestimmung von „Typen" für eine einheitliche Regelung (Typenbildung) zu verwirklichen.[142] Der Vorteil der Individualisierung besteht darin, die für den Einzelfall am besten geeignete Anknüpfung zu finden. So wird ein Höchstmaß an Gerechtigkeit erlangt.[143] Durch eine Typenbildung sind hingegen Rechtssicherheit und Prozessökonomie zu erreichen.[144]

Der Weg der Sonderanknüpfung, der mit der Entscheidung zum EWG-Übereinkommen über die gerichtliche Zuständigkeit und Vollstreckung gerichtlicher Entscheidungen in Zivil- und Handelssachen vom 27. September 1968[145] und einigen Vorentwürfen zur Rom II-VO eingeschlagen wurde,[146] trennt sich von einem wertungsfreien Verständnis der Gerechtigkeit im europäischen Kollisionsrecht. Man befreite sich von der Vorstellung des Internationalen Privat- und Verfahrensrechts als eine wertungsfreie Gerechtigkeitsordnung und erkannte das Bedürfnis für einen Schutz der schwächeren Partei auf der kollisionsrechtlichen Stufe an.[147] Die Umsetzung erfolgte durch besondere Regelungen für solche Fallgruppen, bei denen nach einer Gesamtbetrachtung der typischerweise vorliegenden Fähig- und Fertigkeiten zu vermuten ist, dass sie einen „maßgeblichen Referenzwert" unterschreiten und eines speziellen Schutzes bedürfen.[148]

C. Gerechtigkeit, Parteiautonomie und der Schutz des Schwächeren

Bei der Frage, ob die Rom-Verordnungen eine gerechte Lösung bereithalten, ist zu bedenken, dass zwischen zwei Stufen der Gerechtigkeit und damit auch zwei Stufen

---

141 *Valdini*, Der Schutz der schwächeren Vertragspartei, 259; *Lando*, RabelsZ 38 (1974), 6, 6 ff.

142 *Neuhaus*, Grundbegriffe des internationalen Privatrechts, 108 ff.; *Valdini*, Der Schutz der schwächeren Vertragspartei, 259 f.

143 *Kropholler*, RabelsZ 42 (1978), 634, 637.

144 *Neuhaus*, Grundbegriffe des internationalen Privatrechts, 110 ff.

145 Im Vorgänger der Brüssel I- und Ia-VO wurden Verbraucher und Arbeitnehmer bereits als die schwächere Partei eingeordnet Eine Übernahme dieser Einschätzung auch in das Internationale Privatrecht und kam daher nicht überraschend, siehe dazu Teil 2 Kapitel 1C.II.1(1).

146 Bereits der Professorenentwurf der GEDIP ging 1998 davon aus, eine Rechtswahl für die Parteien eines außervertraglichen Schuldverhältnisses nachträglich zuzulassen, siehe zur Entwicklung der Rechtswahlbeschränkung in der Rom II-VO Teil 2 Kapitel 1C.II.1.e).

147 *Neuhaus*, Grundbegriffe des internationalen Privatrechts, 43 f.; *Bratvogel*, Rechtswahlfreiheit, 61 ff.

148 *Valdini*, Der Schutz der schwächeren Vertragspartei, 259.

des Schwächerenschutzes zu unterscheiden ist.[149] Anders als auf materiellrechtlicher Ebene beschränkt sich der benachteiligende Einfluss der stärkeren Partei auf kollisionsrechtlicher Ebene darauf, durch eine bestimmte Rechtswahl, Gerichtsstandsklausel oder das Einwirken auf einen Anknüpfungspunkt ihre überlegene Position auszunutzen und weiter gestalten zu können.[150] Auf materiellrechtlicher Ebene hingegen bezieht sich die Benachteiligung auf den materiellen Inhalt des Rechtsverhältnisses.

Daher ist ein Schutz der schwächeren Partei auf der kollisionsrechtlichen Ebene anders zu beurteilen als auf sachrechtlicher Stufe. Die Probleme, die sich für die schwächere Partei ergeben, kulminieren in der Wahl einer für sie unbekannten Rechtsordnung: Entweder benachteiligt eine solche Rechtswahl die als schwächer einzuordnende Partei oder es existiert aufgrund der Fremdartigkeit des gewählten Rechts ein noch größeres und damit noch schwerer zu behebendes Ungleichgewicht als auf sachrechtlicher Ebene.[151] Die Vorstellung, dass nicht natürlicherweise ihr Heimatrecht zur Anwendung kommt und nicht zwingend heimisches Recht vor einem heimischen Gericht verhandelt wird, ist weiten Teilen der Bevölkerung fremd.[152] Die schwächere Partei wird also dahingehend in ihrer Erwartung enttäuscht, dass „ihr" Recht zur Anwendung kommt.[153] Für die schwächere Partei ist aber auch durch eine strikte Anwendung des objektiven Statuts kein wirklicher Schutz zu erreichen, da hier dann nicht die Rechtssubjekte im Vordergrund stehen, sondern deren Rechte und Pflichten.[154] Die Schutzwürdigkeit einer Partei hat jedoch nichts oder nur wenig mit den Rechten und Pflichten zu tun, die ihnen durch einen Vertrag entstehen[155] beziehungsweise dem Recht des Staates, in dem der Schaden eingetreten ist.[156]

Würden nun allein die Interessen der schwächeren Partei Beachtung finden, hätte dies sowohl Einfluss auf rechtsstaatliche Grundsätze wie Rechtssicherheit

---

149 *Neuhaus*, Grundbegriffe des internationalen Privatrechts, 43 f.; *Bratvogel*, Rechtswahlfreiheit, 61 ff.

150 *Valdini*, Der Schutz der schwächeren Vertragspartei, 263; *Rühl*, Statut und Effizienz, 445 ff.; *Schilling*, Das Internationale Privatrecht der Transportverträge, 228 f.

151 *Pfütze*, ZEuS 2011, 35, 38; bereits im „Spanierbeschluss" des BVerfG (BVerfGE 31, 58) wurde deutlich, dass nicht nur eine Diskriminierung auf sachrechtlicher Ebene möglich ist, sondern dass auch auf kollisionsrechtlicher Ebene eine Benachteiligung erfolgen kann, wenn auch mit anderen Ansatzpunkten als eine „typische" Diskriminierung" im Sachrecht.

152 *Kegel/Schurig*, Internationales Privatrecht, 118; *Keller*, in: Böckli/Eichenberger/Hinderling/Tschudi, Festschrift für Frank Vischer, 175, 183; *Kropholler*, Internationales Privatrecht, 150.

153 *Valdini*, Der Schutz der schwächeren Vertragspartei, 264 ff.

154 *Kropholler*, RabelsZ 42 (1978), 634, 639; *Valdini*, Der Schutz der schwächeren Vertragspartei, 264 ff.

155 *Kropholler*, RabelsZ 42 (1978), 634, 639.

156 *Kadner Graziano*, RabelsZ 73 (2009), 1, 13; *Sonnentag*, ZVglRWiss 105 (2006), 256, 274.

und Vorhersehbarkeit, aber auch die praktische Bedeutsamkeit ist nicht von der Hand zu weisen: Die als stärker einzuordnende Partei, zu der auch kleine und mittelständische Unternehmen gehören können, verliert einen Anreiz, grenzüberschreitend tätig zu werden, was wiederum einen schrumpfenden Wettbewerb und die Bildung von Monopolen begünstigen würde. Eine unbegrenzte Bevorteilung der schwächeren Partei soll nicht erfolgen. Nur die Interessen sind zu schützen, auf die die schwächere Partei berechtigterweise vertrauen darf. Sowohl in vertraglichen als auch in außervertraglichen Schuldverhältnissen ist damit das Recht gemeint, auf das der „Schwächere“ in diesen Situationen typischerweise vertraut.[157]

Verständlicherweise ist damit das Heimatrecht der schwächeren Partei gemeint: Hier hat sie gewöhnlich ihren Lebensmittelpunkt, hier kennt sie gängige Regelungen, hier ist sie im Zweifel bereits mit den entsprechenden Bestimmungen bekannt.[158] Dem folgend richtet sie ihr Verhalten danach aus.[159] Ob nun Verbraucher-, Arbeits-, Versicherungs- oder Beförderungsverträge, die schwächere Partei rechnet nicht bewusst ständig mit einem grenzüberschreitenden Bezug und noch seltener wird ein solcher von ihr forciert.[160] Gleiches gilt für die außervertraglichen Schuldverhältnisse.[161] Bei einer Rechtswahl nutzt darüber hinaus in der Regel die stärkere Partei ihre Position zu ihren Gunsten aus.[162] Der schwächeren Partei soll daher Schutz in dem Umfang zukommen, dass von einer Anpassung dieses Machtgefälles zu sprechen ist. Gleichzeitig darf keine unbillige Benachteiligung der schwächeren Partei erfolgen. Das Ziel ist es, eine tatsächliche Chancengleichheit herzustellen.[163]

---

157 *Valdini*, Der Schutz der schwächeren Vertragspartei, 265.

158 *Uebersax*, Der Schutz der schwächeren Partei im internationalen Vertragsrecht, 250; *Mankowski*, Interessenpolitik und europäisches Kollisionsrecht, 19.

159 *Valdini*, Der Schutz der schwächeren Vertragspartei, 265; *Kropholler*, Internationales Privatrecht, 150. Ob dies für beide Arten der Schuldverhältnisse aber auch das zu favorisierende Schutzrecht darstellt, soll an späterer Stelle näher betrachtet werden; Beispielsweise im außervertraglichen Schuldverhältnis liegen oft entsprechende gewerbliche Tendenzen vor oder es existiert bereits ein entsprechender Vertrag zwischen den Parteien, wenn auch vorher eine entsprechende Rechtswahl getroffen werden soll.

160 Auch dann ist gerade auszuschließen, dass die schwächere Partei eines entsprechenden Schutzes bedarf. Dies belegen für Verbraucherverträge verschiedene Statistiken, die auch von der Kommission Beachtung finden. Vgl. Green Paper on policy options for progress towards a European Contract Law for consumers and businesses, KOM (2010), 348 endg.; *Valdini*, Der Schutz der schwächeren Vertragspartei, 265.

161 *Sonnentag*, ZVglRWiss 105 (2006), 256, 274; *Kadner Graziano*, RabelsZ 73 (2009), 1, 13.

162 *Valdini*, Der Schutz der schwächeren Vertragspartei, 266; *Furgler*, Die Anknüpfung der Vertragsform im internationalen Privatrecht, 12.

163 *Uebersax*, Der Schutz der schwächeren Partei im internationalen Vertragsrecht, 20; *Furgler*, Die Anknüpfung der Vertragsform im internationalen Privatrecht, 9; *Zweigert*, RabelsZ 37 (1973), 435, 443.

D. Argumente gegen einen Schutz der schwächeren Partei

Ein Problempunkt am „Schutz des Schwächeren“ ist die Tatsache, dass es Kritikern zufolge zu einer partiellen Entmündigung kommt.[164] Darüber hinaus führt ein solcher Schwächerenschutz eine sozialpolitisch motivierte beschränkte Geschäftsfähigkeit ein, die auch leicht als sozial herabsetzende Unmündigkeit zu verstehen ist.[165] Immer mehr Regelungen wurden als „sozialer Schutz“ vorgegeben, ohne eine wirkliche Rückkopplung an die Schutzbedürftigkeit der Parteien vorzunehmen.[166] In der Literatur sah man das Problem des Paternalismus.[167] Mit diesem Vorwurf hatte der Verbraucherschutz bereits auf sachrechtlicher Ebene zu kämpfen, nun setzt sich diese Diskussion in einer kollisionsrechtlichen Variante fort.[168]

Die schwächere Partei gilt als schützenswert, weil sie die Risiken, die ein Rechtsgeschäft mit sich bringt, nicht überblicken kann.[169] Wenn nicht zu Gunsten der als schwächer angesehenen Partei besondere Regelungen bestehen, herrscht keine Autonomie, sondern Heteronomie. Die schwächere Partei muss dann die Gestaltungen akzeptieren, die ein stärkerer Vertragspartner eingebracht hat.[170] Es herrscht kein Kräftegleichgewicht, es gibt keine Verhandlungen zwischen den Parteien.[171] Die Praxis zeigt, dass es keine wirkliche Rechtswahlfreiheit in diesen Fällen gibt.[172] Daher kann der Vorwurf des Paternalismus nicht tragen: Die Rechtswahlbeschränkung zum Schutz der schwächeren Partei ist ein Versuch, die negativen Auswirkungen der Fremdbestimmung zu verhindern.[173]

---

164 Der schwächeren Partei spricht man demnach das nötige Verständnis und die erforderliche Einsichtsfähigkeit ab, eine für sie günstige Rechtswahl zu treffen, siehe dazu *Adomeit*, in: Dieterich/Gamillscheg/Wiedemann, Festschrift für Hilger und Stumpf, 1, 4 ff.

165 *Keller*, in: Böckli/Eichenberger/Hinderling/Tschudi, Festschrift für Frank Vischer, 175, 184 ff.; *Mankowski*, ZVglRWiss 105 (2006), 120, 158; *Lorenz*, RIW 1987, 569, 571; *Lorenz*, in: Musielak/Schurig, Festschrift Kegel, 303, 316.

166 *Adomeit*, in: Dieterich/Gamillscheg/Wiedemann, Festschrift für Hilger und Stumpf, 1, 5.

167 So *Mankowski*, ZVglRWiss 105 (2006), 120, 159, der sich allerdings dagegen ausspricht; *Engel/Stark*, ZEuP 2015, 32, 42 f.

168 *Mäsch*, Rechtswahlfreiheit und Verbraucherschutz, 63; so auch bereits *Gierke*, Die soziale Aufgabe des Privatrechts, 7 ff.

169 *Mäsch*, Rechtswahlfreiheit und Verbraucherschutz, 69; *Mankowski*, ZVglRWiss 105 (2006), 120, 159; *Kropholler*, RabelsZ 42 (1978), 634, 657; *Roth*, Internationales Versicherungsvertragsrecht, 497 f.; *Kroll-Ludwigs*, Parteiautonomie, 82 f.

170 *Mäsch*, Rechtswahlfreiheit und Verbraucherschutz, 69.

171 *Mankowski*, ZVglRWiss 105 (2006), 120, 159; *Kropholler*, RabelsZ 42 (1978), 634, 657; *Roth*, Internationales Versicherungsvertragsrecht, 497 f.

172 *Mankowski*, Interessenpolitik und europäisches Kollisionsrecht, 22.

173 *Mäsch*, Rechtswahlfreiheit und Verbraucherschutz, 69; *Mankowski*, ZVglRWiss 105 (2006), 120, 159; *Kropholler*, RabelsZ 42 (1978), 634, 657; *Roth*, Internationales Versicherungsvertragsrecht, 497 f.; *Kroll-Ludwigs*, Parteiautonomie, 82 f.;

Ein bedeutender Kritikpunkt betrifft die Kosten, welche durch den Schutz der schwächeren Partei entstehen.[174] Der Aufwand, das anzuwendende Recht zu ermitteln, lässt sich durch die schwächere Partei selbst nicht verwirklichen.[175] Es ist daher immer das Fachwissen Dritter, also entsprechender Institute und Rechtsanwälte heranzuziehen, um zunächst zur Klärung des anwendbaren Rechts zu gelangen.[176] Doch damit nicht genug: Die Ermittlung von Einzelfragen innerhalb des anwendbaren Rechts ist mit erneuten Kosten verbunden.[177] Sowohl der finanzielle Aufwand zur Vorbereitung und Durchführung des Rechtsstreits als auch die Gerichtskosten stehen in den meisten Fällen in keinem Verhältnis zu dem erwarteten Nutzen.[178]

Allerdings ist der Schutz des Schwächeren nicht mit einem bloßen Verweis auf dessen Kostenintensität abzutun. Es muss eine Ermittlung und Durchsetzung des Schutzes der schwächeren Partei möglich sein, da ansonsten der Schwächerenschutz obsolet wäre. Müsste die stärkere Partei aufgrund des Kostenarguments nicht mehr befürchten, dass sie die schwächere Partei in Anspruch nimmt, wäre die schwächere Partei ihr vollkommen ausgeliefert.[179] Daher ist, wenn der Schutz des Schwächeren bei einem Kosten-Nutzen-Vergleich auch nicht überzeugen kann, nicht deswegen insgesamt vom Schutz der schwächeren Partei abzusehen.

Die verschiedenen Einwände konnten entkräftet werden. Die aufgeführten Bedenken gegen einen Schutz der schwächeren Partei tragen daher nicht so schwer, dass sich eine Abkehr davon rechtfertigen ließe.

Kapitel 3 Wertungswidersprüche

Der Begriff des Wertungswiderspruches fand bisher zwar häufig Verwendung, aber noch keine genaue Definition. Zwar herrscht häufig eine Grundvorstellung davon,

---

Crawford/Carruthers, ICLQ 63 (2014), 1, 8 ff.; kritisch dazu *Engel/Stark*, ZEuP 2015, 32, 43.

174 *Kroll-Ludwigs,* Parteiautonomie, 82 f.; *Crawford/Carruthers,* ICLQ 63 (2014), 1, 8 ff.; *Rühl,* RabelsZ 71 (2007), 559, 579 ff.; *Basedow*, in: Mansel/Pfeiffer/Kronke/Kohler/Hausmann, Festschrift für Erik Jayme, 3, 16 f.

175 *Rühl,* RabelsZ 71 (2007), 559, 579 ff.; *Kroll-Ludwigs,* Parteiautonomie, 82 f.

176 *Rühl,* Statut und Effizienz, 558 f.; *Tamm,* Verbraucherschutzrecht, 203 f.; *Kroll-Ludwigs,* Parteiautonomie, 82 f.; *Crawford/Carruthers,* ICLQ 63 (2014), 1, 8 ff.

177 Hier ist unter anderem an Gerichtsgutachten zu denken. Die wachsende Bedeutung dieses Problems legt Basedow dar: Allein am Max-Planck-Institut für Internationales Privatrecht in Hamburg machen Gutachten des ausländischen Haftungsrechts bereits 20 % aller Gerichtsgutachten aus; *Basedow,* in: Mansel/Pfeiffer/Kronke/Kohler/Hausmann, Festschrift für Erik Jayme, 3, 16 f.

178 *Rühl,* Statut und Effizienz, 454; *Rühl,* in: BeckOGK Art. 6 Rom I-VO, Rn. 8. Siehe zu dem Problempunkt der Kosten ausführlich in Teil 3 Kapitel 1A.IV.3.

179 Siehe zu den Problemen der Anwendung ausländischen Rechts vor heimischen Gerichten *Rühl,* RabelsZ 71 (2007), 559, 579 ff.

was ein Wertungswiderspruch ist, für die vorliegende Arbeit jedoch ist der Begriff näher zu betrachten.

A. Der Begriff des Wertungswiderspruchs

Allgemein beschreibt ein Widerspruch eine Unvereinbarkeit, eine Diskrepanz oder eine Inkonsistenz aus verschiedenen Blickwinkeln.[180] Ob die Betrachtung anhand verschiedener Objekte oder ein und desselben Objekts aus unterschiedlicher Sicht erfolgt, ist irrelevant. Eine Wertung ist eine Einschätzung, eine Beurteilung oder eine Beschreibung.[181] Die vorliegende Arbeit untersucht die Regelungen zum Schutz des Schwächeren in der Rom I- und II-VO. Es wird sich die Frage gestellt, ob ein kohärentes Konzept hinter den Regelungen des Verordnungsgebers zu finden ist. Darauf bezogen ist festzustellen: Ein Wertungswiderspruch geht bereits bei seiner sprachlichen Zerlegung über einen „normalen" Widerspruch hinaus. Ein Wertungswiderspruch liegt demnach dann vor, wenn die Einschätzung, die Bewertung beziehungsweise der gesetzgeberische Wille, welcher hinter einer Regelung steht, bei einem Vergleich mit einer anderen Regelung nicht korreliert.[182] Entweder ist der Sinn und Zweck der Regelungen der Gleiche, Inkonsistenzen bestehen dann aber in der Ausgestaltung der Vorschrift beziehungsweise in deren Rechtsfolgen. Oder die Regelungen bezwecken eigentlich gegensätzliche Ziele, führen aber zu vergleichbaren Ergebnissen.[183]

Weiterhin muss Beachtung finden, dass es verschiedene Arten von Widersprüchen gibt: Wertungswidersprüche sind abzugrenzen von Normwidersprüchen.[184] Um solche handelt es sich, wenn zwei Normen für denselben Sachverhalt einander ausschließende Rechtsfolgen anordnen.[185] Dabei handelt es sich um nicht hinnehmbare Widersprüche, die zu beseitigen sind.[186] Normwidersprüche auf der einen Seite sind verhältnismäßig leicht zu lösen.[187] Wertungswidersprüche auf der anderen Seite widersprechen dem Prinzip der Gleichbehandlung des Gleichartigen und gleich zu Bewertenden und sind daher grundsätzlich zu vermeiden.[188]

---

180 *Eickhoff*, Duden - das Synonymwörterbuch, Begriff „Widerspruch".

181 Ibid., Begriff „Wertung".

182 *Larenz/Canaris*, Methodenlehre der Rechtswissenschaft, 155.

183 *Canaris*, Systemdenken und Systembegriff in der Jurisprudenz, 113 ff.

184 *Larenz/Canaris*, Methodenlehre der Rechtswissenschaft, 155 f.; *Canaris*, Systemdenken und Systembegriff in der Jurisprudenz, 116.

185 *Larenz/Canaris*, Methodenlehre der Rechtswissenschaft, 155; *Canaris*, Systemdenken und Systembegriff in der Jurisprudenz, 116.

186 *Larenz/Canaris*, Methodenlehre der Rechtswissenschaft, 155.

187 Die Anwendungsfolge kann sich aus dem Rang, der Spezialität oder der zeitlichen Reihenfolge der Normen ergeben.

188 Sie stören die „innere Folgerichtigkeit und Einheit der Rechtsordnung, ihre Harmonie", so *Canaris*, Systemdenken und Systembegriff in der Jurisprudenz, 116.

Dies als Prüfungsmaßstab vorgegeben, ist nun – aufbauend auf den bisherigen Ergebnissen – zu untersuchen, ob sich bei den Rechtswahlregelungen für Verbraucherverträge, Arbeitnehmerverträge, Versicherungsverträge, Personenbeförderungsverträge und für die Rechtswahl nach der Rom II-VO Wertungswidersprüche feststellen lassen.

B. Wertungswidersprüche vor dem Hintergrund der Kohärenzdebatte

Die Entstehung der einzelnen Verordnungen erfolgte nicht in einem „Guss", sondern zeitlich und inhaltlich unabhängig voneinander.[189] Mangels einer entsprechenden koordinierten Entwicklung ist es nicht überraschend, dass Lücken und Inkohärenzen bestehen, die Fragen aufwerfen und Probleme bereiten.[190] Der Wunsch nach mehr Kohärenz im Rahmen des Europäischen Kollisionsrechts ist angesichts dessen Tendenz, immer mehr Regelungsgebiete zu umfassen, verstärkt in den Fokus gerückt.[191] Denn Kohärenz fördert die Legitimität und Akzeptanz des Rechts.[192] Durch Kohärenz zwischen den verschiedenen Verordnungen kann das Rechtssystem des Europäischen Kollisionsrechts daher das Ziel, einen Raum der Freiheit, Sicherheit und des Rechts zu erhalten und weiterzuentwickeln sowie das reibungslose Funktionieren des Binnenmarkts zu gewährleisten, besser verwirklichen.[193]

Dieses Ziel wird auch von der Europäischen Kommission verfolgt.[194] Das ergibt sich beispielsweise aus einer Mitteilung zur Justizagenda der EU für die Jahre 2015 bis 2020.[195] Danach kann „[e]ine Kodifizierung existierender Gesetze und Praxis […] die Kenntnis, das Verständnis und die Anwendung von Rechtsvorschriften, das gegenseitige Vertrauen sowie die Kohärenz und Rechtssicherheit erhöhen und zu einer Vereinfachung […] beitragen. Die EU sollte prüfen, ob eine Kodifizierung der

189 *Roth*, in: Wandt/Reiff/Looschelders/Bayer, Festschrift Lorenz, 631, 657.

190 Hier sei nur beispielsweise auf die verschiedenen Modalitäten der Rechtswahl oder die unterschiedliche Behandlung von Drittstaatensachverhalten hingewiesen, siehe dazu nur *Rühl*, in: Kronke/Thorn, Grenzen überwinden - Prinzipien bewahren, 364, 364 ff.; *Brand*, IPRax 2013, 126, 126 ff.

191 Stockholmer Programm des Europäischen Rates, ABl. Nr. C 115/1 vom 4. Mai 2010. Dazu auch *Kroll-Ludwigs*, Parteiautonomie, 9 ff.

192 *Basedow*, in: v. Hein/Rühl, Kohärenz im Internationalen Privat- und Verfahrensrecht der Europäischen Union, 3, 5; *Bumke*, JZ 2014, 641, 647.

193 Erwägungsgrund 1 aller Verordnungen des Internationalen Privat- und Verfahrensrechts.

194 Stockholmer Programm des Europäischen Rates, ABl. Nr. C 115/1 vom 4. Mai 2010

195 Mitteilung der Kommission an das Europäische Parlament, den Rat, den Europäischen Wirtschafts- und Sozialausschuss und den Ausschuss der Regionen, Die EU-Justizagenda für 2020 – Stärkung von Vertrauen, Mobilität und Wachstum in der Union, KOM(2014) 144 final.

existierenden Rechtsinstrumente, insbesondere für den Bereich des Kollisionsrechts, nützlich sein könnte."[196]

Aktuell beschäftigt die Idee, das Europäische Kollisionsrecht in einer einheitlichen Kodifikation zusammen zu fassen und auf diesem Weg ein einheitliches, widerspruchsfreies Rechtssystem zu schaffen, die Kohärenzdebatte.[197] Dieser Frage wurde – neben vielen anderen – auch in einer Tagung nachgegangen, die im Oktober 2014 in Freiburg im Breisgau stattfand.[198] Dabei stellte sich das Internationale Privat- als auch das Verfahrensrecht als reformbedürftig in Bezug auf das Ziel der Kohärenz dar.[199] Ob ein Beibehalten des *status quo* – die Regelung der einzelnen Rechtsgebiete in getrennten Verordnungen – oder eine Gesamtkodifikation als Lösung zu favorisieren sind, konnte nicht abschließend geklärt werden.[200]

Die Kohärenz-Tagung machte einmal mehr deutlich, dass die Existenz von Wertungswidersprüchen dem Ziel der Kohärenz abträglich ist.[201] Insbesondere bei dem Schutz der schwächeren Person im Europäischen Kollisionsrecht ist daher zu versuchen, Wertungswidersprüche und Inkohärenzen zu beseitigen.

C. Zwischenergebnis

Der Schutz des Schwächeren als ein Ziel der Rom-Verordnungen stellt eine wichtige Aufgabe dar. Trotz der verschiedenen Kritikpunkte, denen sich der Schutz des Schwächeren gegenüber gestellt sieht, verbietet sich jedoch eine völlige Abkehr hiervon. Der Schutz des Schwächeren ist aus dem europäischen Kollisionsrecht nicht mehr wegzudenken. Es fehlt aber häufig an der nötigen Feinjustierung. Welche Inkohärenzen in den Rechtswahlbeschränkungen genau bestehen und ob beziehungsweise wie diese zu beseitigten sind, ist im Folgenden zu klären.

196 Mitteilung der Kommission an das Europäische Parlament, den Rat, den Europäischen Wirtschafts- und Sozialausschuss und den Ausschuss der Regionen, Die EU-Justizagenda für 2020 – Stärkung von Vertrauen, Mobilität und Wachstum in der Union, KOM(2014) 144 final, S. 9 ff.

197 *Basedow*, in: v. Hein/Rühl, Kohärenz im Internationalen Privat- und Verfahrensrecht der Europäischen Union, 3, 9 ff.

198 *von Hein/Rühl*, Kohärenz im Internationalen Privat- und Verfahrensrecht der Europäischen Union; *Beil/Kühn*, ZEuP 2015, 664, 664 ff.

199 Eine Überarbeitung der Verordnungen ist in entsprechenden Vorschriften festgelegt, aber noch nicht erfolgt. Siehe dazu auch *Brand*, IPRax 2013, 126, 126 ff.

200 *Basedow*, in: v. Hein/Rühl, Kohärenz im Internationalen Privat- und Verfahrensrecht der Europäischen Union, 3, 23.

201 *Beil/Kühn*, ZEuP 2015, 664, 667.

Teil 2 Eine detaillierte Untersuchung der Rom I- und II-VO im Hinblick auf potentielle Wertungswidersprüche

Die verschiedenen Rechtswahlbeschränkungen im System des europäischen Kollisionsrechts zeigen bereits, wie unterschiedlich die Rechtswahlmodalitäten für die einzelnen schwächeren Personengruppen sind. Diese Inkohärenzen gilt es im Folgenden anhand einer detaillierten Untersuchung der einzelnen Schutzgruppen und der Ausgestaltung der jeweiligen Schutzmechanismen genauer aufzuschlüsseln, um im Anschluss nach Gründen hinter den unterschiedlichen Rechtswahlmodellen zu suchen.

Kapitel 1 Der Schutz in der Rom I- und II-VO

Die Entwicklung der Rom I- und II-VO sind im Folgenden kurz zu skizzieren, um im Anschluss daran die jeweils geschützten Personengruppen zu beschreiben.

A. Die geschützte Person innerhalb der Rom I-VO

Den Anstoß für die Überarbeitung des Europäischen Schuldvertragsübereinkommens gab die im Juli 2001 veröffentlichte Mitteilung der Kommission zum europäischen Vertragsrecht.[202] Mit dieser Mitteilung leitete die Europäische Kommission einen Konsultations- und Diskussionsprozess ein, in dem sie die Probleme beseitigen wollte, die sich aus den Unterschieden im Vertragsrecht der EU-Mitgliedsstaaten ergaben.[203] Nach kontroversen Diskussionen zu Beginn stellte sich heraus, dass die meisten Vertreter der Mitgliedsstaaten nur an einer moderaten Überarbeitung ihres Vorgängers, des Europäischen Schuldvertragsübereinkommens (EVÜ),[204] interessiert waren, um die Lücken und Unsicherheiten zu beseitigen, die sich aus dem Text des Übereinkommens oder aus seiner Auslegung in den Vertragsstaaten ergeben

202 Mitteilung der Kommission an den Rat und das Europäische Parlament zum europäischen Vertragsrecht, KOM (2001) 389 endg. vom 11.7.2001 (ABl. C 255 vom 13.9.2001, S. 1).

203 Mitteilung der Kommission an das Europäische Parlament und des Rat – Ein kohärentes Europäisches Vertragsrecht – Ein Aktionsplan, KOM (2003) 68 endg., S. 5.

204 Übereinkommen von Rom über das auf vertragliche Schuldverhältnisse anzuwendende Recht vom 19. Juni 1980, ABl. Nr. C 27/34 vom 26. Januar 1998.

hatten.[205] Den von der Kommission präsentierten Vorschlag von 2005[206] mit seinen radikalen Änderungsansätzen schätzte die Mehrzahl der Mitgliedsstaaten kritisch ein.[207] Dies kann als Kompliment an die Väter des EVÜ gesehen werden, da sich dieses als „echtes Stück europäischer Wertarbeit“[208] erwiesen hat. Bereits zwei Jahre nach dem Verordnungsvorschlag der Kommission war man sich über die Inhalte der neuen Verordnung so weit einig, dass der Rat kurz nach der ersten Lesung im Parlament im Dezember 2007 eine Entscheidung treffen konnte.[209] Ein halbes Jahr später waren auch die Feinarbeiten an der Verordnung vollbracht, sodass die Rom I-VO im Juni 2008 endgültig verabschiedet werden konnte.[210] Am 17. Dezember 2009 trat dieser Meilenstein für das Internationale Vertragsrecht in Europa schließlich in Kraft. Dabei hat sich der Verordnungsgeber in den entscheidenden Fragen mehr am EVÜ als am Kommissionsvorschlag orientiert.[211]

Mit der Rom I-VO erfolgte nach überwiegender Meinung daher keine „Revolution“, so wie sie von einigen gefordert wurde.[212] Vielmehr konnte man von einer „echten Evolution“[213] sprechen. Zwei der wichtigsten Triebfedern hinter der Schaffung der Rom I-VO waren die Einbettung des EVÜ in einen Gemeinschaftsrechtsakt sowie mehr Rechtssicherheit im europäischen Internationalen Privatrecht.[214] Das erste Ziel erreichte die Rom I-VO unproblematisch. Im Zusammenhang mit dem zweiten Ziel der Verordnungsgeber zeichnen sich an manchen Stellen jedoch Inkohärenzen ab, die es näher zu untersuchen gilt. Dabei wird sich zeigen, ob bei den intensiven Verhandlungen um die Rom I-VO nicht doch Friktionen entstanden sind, die beispielsweise durch Kompromisslösungen ihren Weg in den endgültigen

205 *Magnus*, IPRax 2010, 27, 27; *Leible/Lehmann*, RIW 2008, 528, 529.

206 Vorschlag für eine Verordnung des europäischen Parlaments und des Rates über das auf vertragliche Schuldverhältnis anzuwendende Recht („Rom I“), KOM(2005) 650 endgültig; 2005/0261 (COD).

207 Hier seien nur die unter bestimmten Bedingungen zugelassene Wahl nichtstaatlichen Rechts, der völlige Ausschluss der Rechtswahl bei Verbraucherverträgen oder die Schaffung eines starren Anknüpfungssystems im Bereich der objektiven Anknüpfung genannt, *Leible/Lehmann*, RIW 2008, 528, 528 f.

208 So *Mankowski*, ZEuP 2003, 483, 484; *Mankowski*, IHR 2008, 133, 133.

209 Die Entstehung der Rom I-VO, mit der das Kollisionsrecht für grenzüberschreitende Verträge vergemeinschaftet wurde, vollzog sich in Ansehung der Erfahrung mit der Brüssel I-VO (Verordnung (EG) Nr. 44/2001 des Rates vom 22. Dezember 2000 über die gerichtliche Zuständigkeit und die Anerkennung und Vollstreckung von Entscheidungen in Zivil- und Handelssachen, ABl. EG 2001 L 12/1) oder der Rom II-VO außerordentlich zügig, vgl. IP/07/1872 vom 7. Dezember 2007. So auch *Mankowski*, IHR 2008, 133, 133.

210 ABl. EU 2008 L 177/6.

211 *Mankowski*, IHR 2008, 133, 133.

212 *Mankowski*, ZEuP 2003, 483, 484.

213 *Leible/Lehmann*, RIW 2008, 528, 529; *Mankowski*, ZEuP 2003, 483, 484.

214 Begründung zum Vorschlag für Rom I-VO v. 15.12.2005, KOM (2005), 650 endg., S. 3; *Magnus*, IPRax 2010, 27, 27.

Vertragstext gefunden haben. Um diese möglicherweise bestehenden Unregelmäßigkeiten aufzuzeigen, sind im Folgenden die einzelnen geschützten Personengruppen zu betrachten. Für die Rom I-VO umfasst dies die Verbraucher nach Art. 6, die Arbeitnehmer nach Art. 8, die zu befördernde Person nach Art. 5 sowie die Versicherungsnehmer nach Art. 7.

I. Der Verbraucher

Verbraucher im Sinne des Art. 6 Rom I-VO ist, wer als eine natürliche Person einen Vertrag schließt, welcher nicht ihrer beruflichen oder gewerblichen Tätigkeit zuzurechnen ist.[215] Mit den Begriffen „Verbraucher“ und „Unternehmer“ entschieden sich die Verordnungsgeber mithin für eine Terminologie, die europäisch-autonom aufzufassen ist und sich aus der Rechtsprechung des EuGH herleiten lässt.[216]

Ausschlaggebend für den Verbraucherbegriff ist zunächst die private Zweckrichtung des Vertrags.[217] Denn nur solche sind weder beruflichen oder gewerblichen Zwecken zuzuordnen. Wenn der Zweck der selbstständigen unternehmerischen Tätigkeit der vertragsschließenden Person zuzurechnen ist, handelt es sich um einen gewerblichen Zweck.[218] Von einem beruflichen Zweck wird hingegen gesprochen, wenn der Vertragszweck die Ausübung eines freien Berufs betrifft.[219] Es herrscht jedoch Uneinigkeit in Bezug auf die Frage, ob eine unselbstständige Tätigkeit dem beruflichen

---

215 *Ragno*, in: Ferrari/Leible, The Law Applicable to Consumer Contracts under the Rome I Regulation, 129, 133 ff.; *Tamm*, Verbraucherschutzrecht, 319 ff.; *Heiderhoff*, in: Rauscher, Art. 6 Rom I-VO, Rn. 19 ff.; *Leible*, in: Hüßtege/Mansel, Art. 6 Rom I-VO, Rn. 20. Diese Definition entspricht darüber hinaus auch der in Art. 15 I Brüssel I-VO (Art. 17 I Brüssel Ia-VO). Siehe hierzu auch die Rechtsprechung des EuGH in der Rechtssache Benincasa, EuGH Urteil vom 3.7.1997 – C-296/95, Slg. 1997, I-3767.

216 Siehe hierzu EuGH Urteil vom 3.7.1997 – C-296/95, Slg. 1997, I-3767 (Benincasa); EuGH Urteil vom 20.1.2005 – C-464/01, Slg. 2005, I-458 (Gruber). Daneben *Magnus*, IPRax 2010, 27, 38; *v. Calster*, European Private International Law, 64 f. Zur Brüssel I-VO auch EuGH C-419/11, 14. März 2013 = RIW 2013 292, Rn. 45.

217 *Rühl*, in: BeckOGK Art. 6 Rom I-VO, Rn. 61; *Leible*, in: Hüßtege/Mansel, Art. 6 Rom I-Vo, Rn. 21 ff.; *Kluth*, Die Grenzen des kollisionsrechtlichen Verbraucherschutzes, 40; *Loacker*, Der Verbrauchervertrag im Internationalen Privatrecht, 73; *Heiderhoff*, in: Rauscher, Art. 6 Rom I-VO, Rn. 20 f.

218 *Martiny*, in: MüKo, Art. 6 Rom I-VO, Rn. 7. Erfasst werden davon Tätigkeiten im Bereich des Handels, des Handwerks, der Landwirtschaft und der Kunst, *Rühl*, in: BeckOGK Art. 6 Rom I-VO, Rn. 59 m.w.N.

219 *Heiderhoff*, in: Rauscher, Art. 6 Rom I-VO, Rn. 20. Die typischen Fallgruppen umfassen Verträge von Ärzten, Rechtsanwälten oder Architekten im Rahmen ihrer beruflichen Tätigkeit.

Zweck eines Vertrags entgegensteht.[220] Bedeutsam ist diese Frage für Arbeitnehmer, die im Rahmen ihrer unselbstständigen Tätigkeit Verträge abschließen.[221]

Vom Verbraucherbegriff sind nur „Einzelpersonen" umfasst.[222] Juristischen Personen wird mit der negativen Begriffsbestimmung eine Verbrauchereigenschaft abgesprochen, weil sie in der Regel keiner strukturelle Benachteiligung ausgesetzt sind und damit eine geringere Schutzbedürftigkeit aufweisen.[223] Ebenfalls ausgenommen vom Verbraucherbegriff sind Vereinigungen und Personenzusammenschlüsse, auch wenn sie einen rein privaten Zweck verfolgen.[224] Denn trotz dessen stehen solche einer juristischen Person in ihrer Ausgestaltung näher als einer natürlichen Person.[225]

II. Der Arbeitnehmer

Der Arbeitnehmerbegriff ist ein „offener Begriff".[226] Zur Bestimmung des Arbeitnehmerbegriffs werden verschiedene Indikatoren bereitgehalten, damit auch im Einzelfall eine genaue Einschätzung möglich ist.[227] In diesem Sinne gibt es keinen genau definierten Arbeitnehmerbegriff.[228] Der EuGH hat sich mit der Frage der Begriffsbestimmung beschäftigt und eine autonome Auslegung vorgenommen.[229] Einigkeit scheint in

---

220 *Rühl*, in: BeckOGK Art. 6 Rom I-VO, Rn. 63; *Martiny*, in: MüKo, Art. 6 Rom I-VO, Rn. 7; *Calliess*, Grenzüberschreitende Verbraucherverträge, 44 f.

221 *Heiderhoff*, in: Rauscher, Art. 6 Rom I-VO, Rn. 20; *Rühl*, in: BeckOGK Art. 6 Rom I-VO, Rn. 63; *Limbach*, in: jurisPK, Art. 6 Rom I-VO, Rn. 14.

222 *Rühl*, in: BeckOGK Art. 6 Rom IVO, Rn. 58; EuGH Urteil vom 3.7.1997 – C-296/95, Slg. 1997, I-3767 (Benincasa). Allgemein zur Verbraucherrolle *Engel/Stark*, ZEuP 2015, 32, 32 ff.

223 *Leible*, in: Hüßtege/Mansel, Art. 6 Rom I-VO, Rn. 26; *Martiny*, in: MüKo, Art. 6 Rom I-VO, Rn. 6; *Birk*, ZIAS 2007, 91, 91 ff.

224 EuGH Urteil vom 3.7.1997 – C-296/95, Slg. 1997, I-3767 (Benincasa); EuGH Urteil vom 20.1.2005 – C-464/01, Slg. 2005, I-458 (Gruber); *Rühl*, in: BeckOGK Art. 6 Rom I-VO, Rn. 59 f.

225 *Limbach*, in: jurisPK, Art. 6 Rom I-VO, Rn. 13; *Rühl*, in: BeckOGK Art. 6 Rom I-VO, Rn. 60.

226 Im Gegensatz zum klassifikatorischen Begriff, siehe dazu *Rebhahn*, RdA 2009, 154, 161.

227 Zur Entwicklung des Arbeitnehmerbegriffes in den verschiedenen nationalen Rechtsordnungen, ibid., 154 ff.

228 Seit jeher bereitet es Schwierigkeiten, einen genauen Arbeitnehmerbegriff zu definieren, dazu bereits *Gamillscheg*, AcP 1976, 197, 211.

229 Einen kurzen Überblick über die nationalen Arbeitnehmerbegriffe *Deinert*, Internationales Arbeitsrecht, 50 ff. Siehe zum Arbeitnehmerbegriff des EuGH EuGH Slg. 1982, 1035, 1048 (D.M. Levin/Staatssecretaris van Justitie); EuGH Slg. 1986, 2121, 2144 (Deborah Lawrie-Blum/Land Baden-Württemberg); EuGH Slg. 1988, 3205, 3244 (Steve Malcolm Brown/Secretary of State for Scotland; EuGH Slg. 1992, I-1027, I-1059 (V.J.M. Raulin/Minister van Onderwijs en Wetenschappen); EuGH Slg. 1992, I-1071, I-1104 (M.J.E. Bernini/Minister van Onderwijs en Wetenschappen); EuGH Slg. 1999, I-3289, I-3310 (CPM Meeusen/Hoofddirectie van de Informatie Beheer Groep; EuGH

Bezug auf das Kriterium der Weisungsgebundenheit als Maßstab für die Einordnung als Arbeitnehmer zu herrschen.[230]

Die untergeordnete Stellung des Arbeitnehmers und damit ein organisatorisches Merkmal zur Definition zu nutzen, beruht hauptsächlich auf praktischen Erwägungen. Erst ab der zweiten Hälfte des 20. Jahrhunderts setzte eine Ausdifferenzierung in die verschiedenen Arten von Arbeitnehmern ein.[231] Bis dato war die einfachste und effektivste Methode zur Beurteilung der Arbeitnehmereigenschaft die, die Stellung einer Person in einem typischerweise streng hierarchisch geordneten Arbeitsfeld heranzuziehen.[232] Der Arbeitnehmerbegriff umfasste dabei ohnehin die Mehrzahl der Arbeitstätigen.[233] Da sich dieses Kriterium bewähren konnte, knüpfte man auch weiterhin an die untergeordnete Stellung des Arbeitstätigen an, um für ihn die besonderen Schutzbestimmungen des Arbeitsrecht zur Anwendung kommen zu lassen.[234] Der Aufschwung durch den „sozialen Staat" und der Ausbau des Arbeitsrechts in Europa in der Folgezeit des zweiten Weltkrieges hielten an dem Kriterium der Unterordnung als Bestimmungsmerkmal fest, ohne eine dezidierte Auseinandersetzung vor den neuen arbeitsrechtlichen Regelungen vorzunehmen.[235]

Damals wie heute existiert jedoch eine Vielzahl an Personengruppen, die schutzbedürftig sind und trotzdem nicht vom Arbeitnehmerbegriff umfasst sind.[236] Problematisch sind insbesondere die Arbeitstätigen, welche persönlich am Markt auftreten, keine abhängig Beschäftigten sind und für eine Vielzahl an Auftraggebern arbeiten, aber trotzdem eines Schutzes bedürfen.[237]

Slg. 2001, I-4265, I-4313 (Ghislain Leclere u Alina Deaconescu/Caisse nationale des prestations familiales; EuGH Slg. 2002, I-10691, I-10724 (Bülent Kurz, geb. Yüce/Land Baden-Württemberg); EuGH Slg. 2003, I-13187, I-13228 (Franca Ninni-Orasche/Bundesminister für Wissenschaft, Verkehr und Kunst); EuGH Slg. 2004, I-2703, I-2743 (Brian Francis Collins/Secretary of State for Work and Pensions); EuGH Slg. 2004, I-7573, I-7604 (Michel Trojani/Centre public d'aide sociale de Bruxelles (CPAS)); EuGH Slg. 2005, I-2421, I-2438 (Karl Robert Kranemann/Land Nordrhein-Westfalen); EuGH EuZW 2006, 126 Rn. 31 (Strafverfahren gegen Claude Nadin, Nadin-Lux SA u. Jean-Pascal Durré).

230 *Rebhahn*, RdA 2009, 154, 164 ff.; *Deinert*, Internationales Arbeitsrecht, 53 f.; *von Hein*, in: Rauscher, Art. 8 Rom I-VO, Rn. 18; *Martiny*, in: MüKo, Art. 8 Rom I-VO, Rn. 20.

231 *Hromadka*, NZA 1997, 569, 572.

232 *Rebhahn*, RdA 2009, 236, 241; *Deinert*, Internationales Arbeitsrecht, 57; *Wiedemann*, Das Arbeitsverhältnis als Austausch- und Gemeinschaftsverhältnis, 13 ff.

233 *Rebhahn*, RdA 2009, 236, 241.

234 *Hromadka*, NZA 1997, 569, 572.

235 *Rebhahn*, RdA 2009, 236, 241; *Wiedemann*, Das Arbeitsverhältnis als Austausch- und Gemeinschaftsverhältnis, 13 ff.

236 Hier kann beispielsweise auf die Diskussion zu Handelsvertreter verwiesen werden, siehe dazu *Deinert*, Internationales Arbeitsrecht, 57.

237 Ausführlich zu diesem Problem *Rebhahn*. Seine Vorschläge zur Umgehung dieses Problem reichen von der Einführung einer „dritten" Kategorie neben Arbeitgeber

Das alleinige Abstellen auf wirtschaftliche Abhängigkeit verwarf man daher bereits früh als Abgrenzungsmerkmal.[238] Weitere Kriterien zur Einordnung als Arbeitnehmer sind der Umstand, dass der Vertragspartner (Arbeitgeber) das wirtschaftliche und soziale Risiko der Tätigkeit trägt.[239] Der Arbeitgeber trägt im Falle eines Unfalls oder eines Krankheitsfalls seines Beschäftigten die Verantwortung für diesen.[240] Der Arbeitnehmer dagegen leistet fremdbestimmte Arbeit, er ist in eine Arbeitsorganisation eingebunden, die ihm von seinem Arbeitgeber vorbestimmt wird und unterliegt dessen ständiger Kontrolle.[241] Die Arbeit wird in der Regel mit fremden Mitteln geleistet und erfolgt auf fremde Rechnung.[242] Die Entgeltlichkeit des Vertragsverhältnisses als Voraussetzung ist abzulehnen, kann aber als Indikator für das Vorliegen eines Arbeitsverhältnisses dienen.[243]

Auszunehmen vom Arbeitnehmerbegriff sind Selbstständige.[244] Problematisch ist daneben die Einordnung von Organen juristischer Personen. Auch hier ist – unabhängig von der sachrechtlichen Beurteilung – vorrangig auf die Weisungsgebundenheit der Person abzustellen.[245] Arbeitsverhältnisse, die nach diesem Kriterium kollisionsrechtlich ebenfalls einen Arbeitnehmer als Vertragspartei aufweisen, sind der Handelsvertreter,[246] Leiharbeiter[247] sowie Beschäftigte im Staatsdienst (außer

---

und Arbeitnehmer bis hin zu einer widerleglichen Vermutung der Arbeitnehmereigenschaft, *Rebhahn*, RdA 2009, 236, 245 ff.

238 *Wiedemann*, Das Arbeitsverhältnis als Austausch- und Gemeinschaftsverhältnis, 13 ff. Siehe dazu ausführlich unter Teil 2 Kapitel 1C.II.3(2).

239 *Martens*, Die existentielle Wirtschaftsabhängigkeit, 8 ff.; *Deinert*, Internationales Arbeitsrecht, 55; *Ganglberger*, Der Übergang vom IPRG zum EVÜ bei Arbeitsverhältnissen mit Auslandsbezug, 19 ff. Zum Schutzgedanken im modernen Arbeitsrecht *Seifert*, ZEuP 2015, 242, 255 ff.

240 *Wank*, Arbeitnehmer und Selbständige, 122 ff.; *Bydlinski*, Arbeitsrechtskodifikaton und allgemeines Zivilrecht, 17.

241 *Rebhahn*, RdA 2009, 154, 166 ff.; *Zöllner*, AcP 1976, 221, 237.

242 *Rebhahn*, RdA 2009, 154, 156. Auf diesem Wege können auch die persönlich selbst tätigen Beschäftigten als Arbeitnehmer eingeordnet werden, wenn sie fremdbestimmt und der Arbeitsorganisation des Arbeitgebers untergeordnet tätig sind.

243 So auch EuGH, IPRax 1999, 365 – Rutten und Empfehlung der ILO Nr. 198. Siehe dazu *Deinert*, Internationales Arbeitsrecht, 55.

244 Hier ist auf die Differenzierung zu Scheinselbstständigen zu achten. Zu diesem Problem siehe *Wank*, Arbeitnehmer und Selbständige, 249 ff.; *Deinert*, Internationales Arbeitsrecht, 55.

245 Kollisionsrechtliche bedeutsam ist daneben die Wirkung von Vertrags- neben Gesellschaftsstatut, da das eine nicht losgelöst vom anderen betrachtet werden kann; *Wank*, Arbeitnehmer und Selbständige, 363 ff.

246 Dazu *von Hein*, in: Rauscher, Art. 8 Rom I-VO, Rn. 18; *Wank*, Arbeitnehmer und Selbständige, 256 ff.; *Doehner*, in: Hüßtege/Mansel, Art. 8 Rom I-VO, Rn. 6.

247 *Magnus*, in: Staudinger, Art. 8 Rom I-VO, Rn. 45; *Doehner*, in: Hüßtege/Mansel, Art. 8 Rom I-VO, Rn. 6.

Beamtenverhältnisse).[248] Auch arbeitnehmerähnliche Personen sind bei entsprechender Weisungsgebundenheit als Arbeitnehmer zu qualifizieren.[249]

III. Der Reisende

Die zu befördernde Person ist als natürliche Person zu verstehen; sie ist Vertragspartner der Partei, welche sich zur Beförderung verpflichtet hat.[250] Im Zusammenhang mit dem Begriff der zu befördernden Person tauchte die Frage auf, wie die Fälle zu handhaben sind, in denen die zu befördernde Person nicht Partei des Beförderungsvertrages ist. Hier ist an Geschäftsreisende zu denken, deren Arbeitgeber Reiserahmenverträge für sie schließen.[251] In diesen Fällen ist der Arbeitgeber Partei des Beförderungsvertrages. Wenn man aufgrund eines naturalistischen Verständnisses trotzdem auf den Geschäftsreisenden als Reisenden abstellt, würde es zu einer Verzerrung des Verbraucherschutzes kommen, der wohl hinter dieser Regelung steht.[252]

Denn auf den Verbraucherschutz kommt es nicht an, wenn die zu befördernde Person ein Geschäftsreisender ist, die eigentliche Partei des Beförderungsvertrages jedoch das anstellende Unternehmen.[253] Da sich aber keine Hinweise darauf finden lassen, dass der Reisende nicht begünstigter Dritter eines von einer anderen Partei geschlossenen Beförderungsvertrages sein kann, findet auch auf diese Verträge Art. 5 II Rom I-VO Anwendung.[254] Verständlicherweise gilt gleiches für Verbraucher, hier kann ebenfalls ein Dritter Vertragspartei sein.[255] Art. 5 II Rom I-VO und sein Begriff der reisenden Person ist daher weiter zu fassen als der Verbraucherbegriff des Art. 6 Rom I-VO.

---

248 *Magnus*, in: Staudinger, Art. 8 Rom I-VO, Rn. 47; *Doehner*, in: Hüßtege/Mansel, Art. 8 Rom I-VO, Rn. 6.

249 Dazu ausführlich *Rebhahn*, RdA 2009, 236, 236 ff; *Doehner*, in: Hüßtege/Mansel, Art. 8 Rom I-VO, Rn. 6.

250 *Thorn*, in: Rauscher, Art. 5 Rom I-VO, Rn. 34; *Martiny*, in: MüKo, Art. 5 Rom I-VO, Rn. 15; *Schilling*, Das Internationale Privatrecht der Transportverträge, 267 ff.

251 Unternehmen halten oft entsprechende Kontingente bereit, die sie über Rahmenverträge mit dem Beförderer geschlossen haben oder bieten ihren Mitarbeitern sowie auch Kunden und Geschäftspartnern „gesammelte Meilen" an; dazu Mankowski, in: *Reithmann/Martiny*, Internationales Vertragsrecht, 1103.

252 *Wagner*, TransportR 2008, 221, 223; Mankowski, in: *Reithmann/Martiny*, Internationales Vertragsrecht, 1103; *Schilling*, Das Internationale Privatrecht der Transportverträge, 264 f.

253 *Mankowski*, TransportR 2008, 339, 348; *Thorn*, in: Rauscher, Art. 5 Rom I-VO, Rn. 34; *Martiny*, in: MüKo, Art. 5 Rom I-VO, Rn. 15.

254 *Martiny*, in: MüKo, Art. 5 Rom I-VO, Rn. 25; *Thorn*, in: Rauscher, Art. 5 Rom I-VO, Rn. 73.

255 Mankowski, in: *Reithmann/Martiny*, Internationales Vertragsrecht, 1103.

IV. Der Versicherungsnehmer

Wer Versicherungsnehmer ist, definiert die Rom I-VO nicht abschließend. Das macht Sinn vor dem Hintergrund, dass die Rom I-VO auch Anwendung im Verhältnis zu Drittstaaten finden soll. Da diese die kollisionsrechtliche Schutzwürdigkeit und -bedürftigkeit der Versicherungsnehmer abweichend einschätzen und abgrenzen, erzeugt eine abschließende Bestimmung des schutzwürdigen Personenkreises nur unnötige Komplikationen.[256]

Vielmehr knüpft die Rom I-VO im Unterschied zu den übrigen bereits untersuchten Vertragsarten an das Risiko an, welches versichert ist. Die Rechtswahlbeschränkung des Art. 7 III Rom I-VO bezieht sich allein auf Versicherungsnehmer von Massenversicherungsverträgen.[257] Für solche geht man nach der Rom I-VO davon aus, dass der Versicherungsnehmer besonders schutzwürdig sei.[258]

Eine Definition für das Massenrisiko hält die Vorschrift nur indirekt in Abgrenzung zum Großrisiko nach Art. 7 II Rom I-VO bereit. Für die Definition des Großrisikos verweist Art. 7 II Rom I-VO auf Art. 5 lit. d) der Richtlinie 73/239/EWG.[259] Da diese Richtlinie jedoch seit November 2012 ihre Geltungskraft verloren hat, ist Art. 13 Nr. 27 der Solvabilität II-Richtlinie hierfür heranzuziehen.[260]

Zu unterscheiden ist bei Großrisiken grundsätzlich zwischen zwei Kriterien: Teilweise wird davon ausgegangen, dass bestimmte Versicherungsbereiche keinen Schutz nach Art. 7 III Rom I-VO brauchen.[261] Andererseits bestehe bereits auf Grund des Versicherungsumfangs kein Schutzbedürfnis für den Versicherungsnehmer.[262] Die Belegenheit des Risikos hat keinen Einfluss auf die Anwendung des

256 *Roth*, in: Wandt/Reiff/Looschelders/Bayer, Festschrift Lorenz, 631, 650; *Stehl*, Die Überwindung der Inkohärenz des Internationales Privatrechts der Bank- und Versicherungsverträge, 172 ff.

257 Der Begriff „Massenrisiko" selbst wird in der Rom I-VO nicht verwendet. Es wird allein von Versicherungsverträgen gesprochen, die keine nach Absatz 2 sind. Da aber der Begriff Massenrisiko in der versicherungsrechtlichen Sprache als Gegensatz zum Großrisiko Anwendung findet, hat sich in der Literatur dieser für Versicherungsverträge nach Art. 7 III Rom I-VO eingebürgert.

258 *Kroll-Ludwigs*, Parteiautonomie, 83.

259 Erste Richtlinie 73/239/EWG des Rates vom 24. Juli 1973 zur Koordinierung der Rechts- und Verwaltungsvorschriften betreffend die Aufnahme und Ausübung der Tätigkeit der Direktversicherung (mit Ausnahme der Lebensversicherung).

260 Richtlinie 2009/138/EG des europäischen Parlaments und des Rates vom 25. November 2009 betreffend die Aufnahme und Ausübung der Versicherungs- und der Rückversicherungstätigkeit (Solvabilität II), ABl. EU 2009 L 335/1.

261 Hierunter fallen Haftpflichtversicherungen verschiedener Transportsparten sowie die Kredit- und Kautionsversicherung, näher dazu *Fricke*, in: Rauscher, Art. 7 Rom I-VO, Fn. 8 (Fn. 59).

262 Es werden Obergrenzen für verschiedene Faktoren aufgezählt – Nettoumsatz von 12,8 Mio. Euro, 250 Beschäftige im Geschäftsjahr oder die Bilanzsumme von 6,2

Art. 7 II Rom I-VO.[263] Als Massenrisiko wird eingestuft, was nicht Großrisiko ist. Sowohl Verbraucher als auch kleinere und mittlere Unternehmen können daher mangels einer persönlichen Beschränkung den Schutz, den die beschränkte Rechtswahl bietet, in Anspruch nehmen.[264]

B. Die geschützte Person innerhalb der Rom II-VO

Die ersten Bestrebungen für eine Kodifizierung des Deliktsrechts auf internationaler Ebene beruhen auf dem Einheitsrecht der Beneluxstaaten für Internationales Privatrecht von 1969, an welchem bereits seit 1951 gearbeitet wurde.[265] Bereits 1966 war der Entwurf eines belgisch-luxemburgisch-niederländischen Vertrags zur Vereinheitlichung des Internationalen Privatrechts fertiggestellt, der den Versuch darstellte, ihr Verhältnis auf internationalprivatrechtlicher Ebene zu regeln.[266] Obwohl dieser nie in Kraft trat, wurde er als relativ modern eingestuft worden.[267] 1972 mündeten die Bestrebungen der Initiative der Benelux-Staaten in dem Vorentwurf eines EWG-Übereinkommens über das auf vertragliche und außervertragliche Schuldverhältnisse anzuwendende Recht.[268] Mit der Erweiterung der Gemeinschaft auf neun Mitgliedsstaaten 1973 verlangsamten sich die Arbeiten am Vorschlag des Übereinkommens, worauf hin sich die Mitgliedsstaaten im März 1978 schließlich einigten, dass die nicht-vertraglichen Regelungen herausgenommen und sich allein auf vertragliche Schuldverhältnisse konzentriert werden sollte.[269] Hierauf hatte insbesondere das Vereinigte Königreich hingewirkt, welches kurz nach seinem Beitritt am 1. Januar 1973 den Wunsch äußerte, den Anwendungsbereich des geplanten Übereinkommens auf vertragliche Schuldverhältnisse zu begrenzen.[270]

Mio. Euro. Sind zwei dieser Grenzen überschritten, wird das Risiko als Großrisiko eingestuft.

263 *Fricke*, in: Rauscher, Art. 7 Rom I-VO, Rn. 8 a.E.

264 Auch dies galt bereits unter dem Richtlinienkollisionsrecht, *Basedow/Scherpe*, in: Lorenz/Trunk/Eidenmüller/Wendehorst/Adolff, Festschrift Heldrich, 511, 514.

265 *Symeonides*, Am. J. Comp. L. 56 (2008), 173, 173; *Wilderspin*, NIPR 2008, 408, 408; *Heiss/Loacker*, JBL 2007, 613, 614. Ab Mitte des 20. Jahrhunderts erlebte das IPR der außervertraglichen Schuldverhältnisse eine „wahre Blüte". Probleme wie Straßenverkehrsunfälle im Ausland, grenzüberschreitende Produkthaftung, Persönlichkeitsverletzungen, Umweltschädigungen und das Wettbewerbsrecht machten deutlich, dass es auch einer entsprechenden Kodifikation auf europäischer Ebene bedurfte, *Kadner Graziano*, RabelsZ 73 (2009), 1, 4. Ausführlich zur Entstehungsgeschichte *Giuliano/Lagarde*, Bericht über das Übereinkommen über das auf vertragliche Schuldverhältnisse anzuwendende Recht, BT-Drucks. 10 / 503, S. 33 (36 ff.).

266 *Odendahl*, Internationales Deliktsrecht der Rom II-VO und die Haftung für reine Vermögensschäden, 51 ff.; *Heiss/Loacker*, JBL 2007, 613, 614 ff.

267 *Kreuzer*, RabelsZ 65 (2001), 383, 397.

268 Abgedruckt in RabelsZ 38 (1974), 211.

269 *Köthe*, Schranken der Parteiautonomie im internationalen Deliktsrecht, 29.

270 BT-Drs. 10/504, S. 28; *Schaub*, RabelsZ 66 (2002), 18, 20.

Neuen Aufwind erhielt die Idee einer Kodifizierung der außervertraglichen Schuldverhältnisse mit dem Vertrag von Maastricht aus dem Jahr 1993[271] und dem Vertrag von Amsterdam vom 2. Oktober 1997,[272] als die Kommission begann, Informationen über Möglichkeiten zusammenzutragen, um die Regelungen des Vertrag über die justizielle Zusammenarbeit in Zivilsachen (1996) in grenzüberschreitenden Fällen zu realisieren.[273] Im Jahr 1998 schließlich galt die Idee eines Übereinkommens für außervertragliche Schuldverhältnisse als endgültig beschlossen, es war aus dem „Schatten des IPR für Vertragsverhältnisse“[274] hervorgetreten und prompt in einem ersten Vorschlag durch die *Groupe européen de droit international privé* (GEDIP) umgesetzt.[275] Dieses Dokument stellte sich gleichsam als so fortschrittlich und flexibel heraus, dass es, wie an späterer Stelle zu sehen ist,[276] einen wichtigen Einfluss auf die Ausgestaltung der Rom II-VO darstellt.

Im Mai 2002 veröffentlichte die Kommission den vorläufigen Vorschlag zum Übereinkommen und regte eine Diskussion in der Bevölkerung an.[277] Zusätzlich zu den öffentlichen Anhörungen erreichte die Kommission eine Vielzahl an Kommentaren von interessierten Gruppen aus verschiedenen Bereichen.[278]

Die Rom II-VO beruht auf dem von der Kommission finalisierten „Vorschlag für eine Verordnung des Europäischen Parlaments und des Rates über das auf außervertragliche Schuldverhältnisse anzuwendende Recht“ vom 22. Juli 2003.[279] Die Berichterstatterin zur Rom II-VO, die Britin *Diana Wallis*, suchte verstärkt nach Kommentaren aus akademischen Kreisen, um diese auch in die parlamentarische Diskussion einfließen zu lassen.[280] Diese fanden auch in der ersten Lesung im Parlament Berücksichtigung, stießen aber im Rat und in der Kommission auf

271 Vertrag über die Europäische Union vom 7. Februar 1992 ("Maastrichter Vertrag"), BGBl II 1253.

272 Vertrag von Amsterdam zur Änderung des EUV, der EG-Verträge sowie einiger damit zusammenhängender Rechtsakte, vom 2. Oktober 1997, BGBl 1998 II 386.

273 *Junker*, NJW 2007, 3675, 3676.; *Fuchs*, GPR 2004, 100, 100; *Kreuzer*, RabelsZ 65 (2001), 383, 398.

274 *Kadner Graziano*, RabelsZ 73 (2009), 1, 4.

275 Der französische Text findet sich in IPRax 1999, 286. *Köthe*, Schranken der Parteiautonomie im internationalen Deliktsrecht, 29.

276 Siehe dazu Teil 2 Kapitel 1C.II.1.e).

277 http://lorenz.userweb.mwn.de/material/rom2e1.htm, zuletzt abgerufen am 30.07.2016; *Plender/Wilderspin*, The European Private International Law of Obligations, Rn. 17-001.

278 *Wallis*, in: Malatesta, The Unification of Choice of Law Rules on Torts and Other Non-Contractual Obligations in Europe, 3, 3.

279 KOM (2003) 427 endg., vgl. dazu *Leible/Engel*, EuZW 2004, 7 ff. Zu den vorangegangenen Entwürfen ein Überblick bei *von Hein*, VersR 2007, 440, 440.

280 Wallis plädierte seit jeher für ein flexibles System der Anknüpfung, welches nicht durch Sonderregelungen belastet wird, *Leible/Lehmann*, RIW 2007, 721, 721.

Widerstand.[281] In der zweiten Lesung orientierte sich das Parlament stärker an der Fassung der Kommission.[282]

Ein Komitee, welches aus Mitgliedern des Europäischen Parlaments, des Rates und der Kommission bestand, arbeitete schließlich an einer Kompromissfassung, welche das Europäische Parlament am 11. Juli 2007 in der dritten Lesung beschloss.[283] Geschaffen war eine Verordnung, die erstmals einheitliche europäische Kollisionsnormen für außervertragliche Schuldverträge bereithielt. Dieser Text ist das Ergebnis eines sich über vier Jahre erstreckenden schwierigen Gesetzgebungsverfahrens, dessen endgültige Fassung trotz erheblicher Differenzen zwischen den einzelnen Gesetzgebungsorgangen zustande kam und schließlich am 11. Januar 2009 in Kraft trat.[284]

In der Rom II-VO finden sich die ersten einheitlichen kollisionsrechtlichen Regelungen für außervertragliche Schuldverhältnisse aus unerlaubter Handlung, ungerechtfertigter Bereicherung, Geschäftsführung ohne Auftrag und Verschulden bei Vertragsverhandlungen.[285]

I. Die nicht-kommerziell tätige Partei

Im Hinblick auf das Gebot der einheitlichen Auslegung der Rom-Verordnungen in Erwägungsgrund 7 der Rom I- und II-VO ist Art. 14 I 1 Rom II-VO vor dem Hintergrund des Art. 6 Rom I-VO zu verstehen.[286] Der Begriff der nicht-kommerziell tätigen Partei ist in der Rom II-VO nicht definiert und daher negativ in Abgrenzung zu einer „kommerziellen Tätigkeit" zu bestimmen.[287]

Man kann sich nach ganz überwiegender Ansicht[288] bei der Auslegung des Begriffes der „kommerziellen Tätigkeit" am Unternehmerbegriff des Unionsprivatrechts

---

281 Die freie Rechtswahl fand sich unter Art. 3, eine vorherige Rechtswahl wurde unter dem Gesichtspunkt zugelassen, dass zuvor „eine unabhängige Geschäftsbeziehung zwischen Gewerbetreibenden mit vergleichbar starker Verhandlungsposition" besteht (damit sind Versicherungs-, Franchise- und Lizenzverträge gemeint). Für Arbeitnehmer war unter Absatz 2 festgelegt, dass ihm die unabdingbaren Schutzvorschriften seines Arbeitsortes erhalten bleiben, P6_TA(2005)0284.

282 *von Hein*, VersR 2007, 440, 440 f.; *Odendahl*, Internationales Deliktsrecht der Rom II-VO und die Haftung für reine Vermögensschäden, 52 f.; *Heiss/Loacker*, JBL 2007, 613, 614.

283 *von Hein*, VersR 2007, 440, 440 f.

284 Der im Verordnungsvorschlag eigentlich angestrebte Termin war bereits der 1.1.2005, dazu *Leible/Lehmann*, RIW 2007, 721, 721; *Fuchs*, GPR 2004, 100, 100.

285 Siehe dazu ausführlich *Unberath/Cziupka*, in: Rauscher, Art. 1 Rom II-VO, Rn. 22 ff.

286 *Rühl*, in: BeckOGK Art. 14 Rom II-VO, Rn. 13; *Crawford/Carruthers*, ICLQ 63 (2014), 1, 7.

287 *Wandt*, Rechtswahlregelungen im Europäischen Kollisionsrecht, 73 ff.

288 Die Begriffe werden zumeist gleichgesetzt, siehe dazu *Jakob/Picht*, in: Rauscher, Art. 14 Rom II-VO, Rn. 20; *Spickhoff*, in: Bamberger/Roth, Art. 14 Rom II-VO, Rn. 5; *von Hein*, ZEuP 2009, 6, 20; *Dickinson*, The Rome II Regulation, 13.37. Kritisch

beziehungsweise an dessen kollisionsrechtlichen Pendant in Art. 6 I Rom I-VO sowie an den materiellrechtlichen Verbraucherschutzrichtlinien orientieren.[289] Alle Parteien einer vorherigen Rechtswahl müssen in Ausübung ihrer beruflichen oder gewerblichen Tätigkeit handeln und die getroffene Rechtswahlvereinbarung muss in den Bereich dieser Tätigkeit fallen.[290] Die kommerzielle Tätigkeit ist dabei – ebenso wie die unternehmerische Tätigkeit – von der Partei auf eine gewisse Dauer und Häufigkeit angelegt sowie planmäßig und entgeltlich auszuüben.[291]

Kommerziell meint also nur das auf entgeltliche Transaktionen am Markt (im weitesten Sinne) gerichtete Verhalten.[292] Es geht bei Art. 14 I 1 lit. b) Rom II-VO vorrangig darum, die Sphäre des unternehmerischen Handelns von Tätigkeiten abzugrenzen, die privaten Zwecken folgen.[293] Im Hinblick auf den Schutz der schwächeren Partei kann der Begriff der „kommerziellen Tätigkeit" seinen Zweck also nur dann erfüllen, wenn der private Lebensbereich komplett aus der antizipierten Rechtswahl ausgeschlossen ist.[294] Abhängige wirtschaftliche Tätigkeiten müssen ausgespart bleiben, weil sonst Arbeitnehmer rechtswahlbefugt wären, deren Arbeitsleistung möglicherweise zum Gegenstand einer Transaktion gemacht wird.[295]

Der Art. 14 I Rom II-VO knüpft nicht an die „Rolle einer Partei" an, sondern es kommt für die „kommerzielle Tätigkeit" auf die spezifische Transaktion an.[296] Daher ist beispielsweise ein Unternehmer nach Art. 14 I 1 lit. a) Rom II-VO zu behandeln, wenn er außerhalb seiner üblichen Geschäftstätigkeit handelt.[297] Es braucht für eine Rechtswahl nach Art 14 I 1 lit. b) Rom II-VO einen gewissen Zusammenhang des außervertraglichen Schuldverhältnisses mit der kommerziellen Tätigkeit.[298] Weiterer Beachtung bedürfen die Fälle, in denen das Rechtsverhältnis sowohl private als auch berufliche Ziele umfasst.[299] Hier ist eine vorherige Rechtswahl nur dann

---

zu dieser Terminologie *Junker*, RIW 2010, 257, 266 f.; *Sonnentag*, ZVglRWiss 105 (2006), 256, 276; *Wagner*, IPRax 2008, 1, 13; *Ofner*, ZfRV 2008, 13, 21.

289 *Rühl*, in: BeckOGK Art. 14 Rom II-VO, Rn. 60; *Leible*, RIW 2008, 257, 260; *Dickinson*, The Rome II Regulation, Rn. 13.37.

290 *Dörner*, in: Schulze, Art. 14 Rom II-VO, Rn. 3. Näher dazu auch *Wagner*, IPRax 2008, 1, 13.

291 *Jakob/Picht*, in: Rauscher, Art. 14 Rom II-VO, Rn. 20; *Rühl*, in: BeckOGK Art. 14 Rom II-VO, Rn. 60.

292 *Jakob/Picht*, in: Rauscher, Art. 14, Rn. 20; *Rühl*, in: BeckOGK Art. 14 Rom II-VO, Rn. 61.

293 *Wagner*, IPRax 2008, 1, 13.

294 *Jakob/Picht*, in: Rauscher, Art. 14, Rn. 20.

295 *Wagner*, IPRax 2008, 1, 13; *Jakob/Picht*, in: Rauscher, Art. 14, Rn. 20.

296 *Rühl*, in: BeckOGK Art. 14 Rom II-VO, Rn. 61.

297 *Leible*, RIW 2008, 257, 259; *Reich*, in: Systembildung und Systemlücken, 481, 501 ff.; *von Hein*, ZEuP 2009, 6, 20; *Kadner Graziano*, RabelsZ 73 (2009), 1, 7 f.

298 *Jakob/Picht*, in: Rauscher, Art. 14 Rom II-VO, Rn. 21 f.; *Junker*, in: MüKo, Art. 14 Rom II-VO, Rn. 23; *Rühl*, in: BeckOGK Art. 14 Rom II-VO, Rn. 61.

299 *Jakob/Picht*, in: Rauscher, Art. 14 Rom II-VO, Rn. 20 f.

ausgeschlossen, wenn der kommerzielle Zweck eine klar untergeordnete Bedeutung hat.[300]

II. Fortgang der Untersuchung

Im Folgenden sind nun die einzelnen geschützten Personengruppen näher zu untersuchen. Dabei ist zunächst auf die Ausgestaltung des Schutzes für die als schwächer eingeordnete Partei näher einzugehen. Im Anschluss sind ausgesuchte Begründungsansätze heranzuziehen, um eine mögliche Erklärung für die bereits auf den ersten Blick erkennbaren, divergierenden Regelungen sowie für weitere ausgemachte Inkohärenzen zu finden.

C. Die Ausgestaltung des Schutzes nach der Rom I- und II-VO

Um eine Analyse des Schutzes der schwächeren Partei im Internationalen Schuldrecht zu ermöglichen, sind die spezifischen Schutzregelungen für die einzelnen Personengruppen im Folgenden detailliert aufzuführen. Diese Gegenüberstellung erleichtert die Einschätzung, welche Differenzen in der Behandlung der jeweiligen Schutzgruppen existieren und damit für die weitere Untersuchung relevant sind.

I. Die Voraussetzungen des Schutzes der schwächeren Partei

Zunächst ist dafür zu untersuchen, wie und unter welchen Voraussetzungen die verschiedenen Personengruppen geschützt sind. Im folgenden Abschnitt ist dabei zwischen dem Schutzbereich der einzelnen Kollisionsnormen sowie den spezifischen Anknüpfungsregeln zu unterscheiden.

Es soll sich dabei um eine wertungsneutrale Darstellung handeln. Inkonsistenzen – obschon an einigen Punkten darauf hingewiesen – sind an späterer Stelle genauer zu untersuchen.[301]

1. Der Schutzbereich der rechtswahlbeschränkenden Kollisionsnormen

Neben den allgemeinen Voraussetzungen, die die Anwendung der Rom I-VO und deren Sonderkollisionsnormen erfordern,[302] existieren für die verschiedenen geschützten Personengruppen weitere Besonderheiten, auf die im Folgenden allein einzugehen ist. Dabei ist der Schutzbereich der jeweiligen Sonderkollisionsnorm in persönlicher, sachlicher und situativer Hinsicht zu betrachten, um Gemeinsamkeiten und Unterschiede herauszuarbeiten.

---

300 *Leible*, RIW 2008, 257, 259; *Jakob/Picht*, in: Rauscher, Art. 14 Rom II-VO, Rn. 20 f.

301 Siehe dazu unter Teil 2 Kapitel 2.

302 Hierzu *von Hein*, in: Rauscher, Art. 1 Rom I-VO, Rn. 5 ff.; *Leible*, in: Hüßtege/Mansel, Art. 1 Rom I-VO, Rn. 4 ff.; *Martiny*, in: MüKo, Art. 1 Rom I-VO, Rn. 5 ff.

a) Anwendungsbereich des Art. 6 Rom I-VO

Der Anwendungsbereich für die verbraucherschützende Regelung des Art. 6 Rom I-VO weist sowohl im persönlichen, sachlichen als auch situativen Schutzbereich Besonderheiten auf, die bereits mehrfach Gegenstand europäischer Rechtsprechung waren.[303]

(1) Persönlicher Schutzbereich

Die Rom I-VO behob ein Problem,[304] der noch im EVÜ verankert war: Nunmehr gilt als Verbrauchervertrag ein solches Geschäft, in dem auf der einen Seite ein Verbraucher und auf der anderen Seite ein Unternehmer steht (zweiseitig funktionaler Verbraucherbegriff).[305] Unter dem EVÜ war es lediglich erforderlich, dass jemand eine Leistung an einen Verbraucher erbrachte.[306] Demnach fielen – wenn auch sehr umstritten – sogenannte „C2C"-Verträge unter die Regelung des Art. 5 EVÜ.[307] Durch die Rom I-VO erreichte man hier Klarstellung. Allein „B2C"-Verträge (und auch die weniger häufigen „C2B"-Verträge) fallen in den persönlichen Anwendungsbereich der kollisionsrechtlichen Verbraucherschutzvorschrift.[308]

Die Beurteilung der Zweckrichtung des Vertrages bestimmt sich hauptsächlich nach subjektiven Kriterien, diese legen die vertragsschließenden Personen selbst

303 Hier ist beispielsweise nur auf EuGH Urteil vom 20.1.2005 – C-464/01, Slg. 2005, I-458 (Gruber), EuGH NJW 2013, 3504, Rn. 21 ff. (Emrek) oder EuGH NJW 2011, 505 (Pammer und Alpenhof) hinzuweisen.

304 *Plender/Wilderspin*, The European Private International Law of Obligations, Rn. 9-007 ff.; *Heiderhoff*, in: Rauscher, Art. 6 Rom I-VO, Rn. 7; *Rühl*, in: BeckOGK Art. 6 Rom I-VO, Rn. 21.

305 *Leible*, in: Hüßtege/Mansel, Art. 6 Rom I-VO, Rn. 20; *Plender/Wilderspin*, The European Private International Law of Obligations, Rn. 9-006 ff.; *Rühl*, in: BeckOGK Art. 6 Rom I-VO, Rn. 21, 58; *Heiderhoff*, in: Rauscher, Art. 6 Rom I-VO, Rn. 16 ff.; *Martiny*, in: MüKo, Art. 6 Rom I-VO, Rn. 6a.

306 Obschon ging die herrschende Meinung davon aus, dass nur der Verbraucher den Schutz der Regelung genießen sollte, *Rühl*, in: BeckOGK Art. 6 Rom I-VO, Rn. 58; *Sachse*, Der Verbrauchervertrag, 79 f.; *Bröcker*, Verbraucherschutz im europäischen Kollisionsrecht, 45 ff.; *Nemeth*, Kollisionsrechtlicher Verbraucherschutz in Europa, 31 ff.

307 Dagegen *Mankowski*, wonach die Konstellation allein schon durch den Schutzgedanken, der hinter der Regelung steht, nicht gerechtfertigt sei. Daher sei auch die Diskussion um C2C-Verträge gegenstandslos, da nicht auf beiden Seiten ein Schutz garantiert werden kann, um ein nicht bestehendes Machtungleichgewicht zu verhindern. Der Verbraucherschutz macht nur dann Sinn, wenn der Verbraucher Leistungsnachfrager ist, Mit dem Gegensatzpaar Unternehmer-Verbraucher werden die auf dem Markt gegenüberstehenden Gewichte Angebot und Nachfrage gekennzeichnet, *Mankowski*, ZVglRWiss 105 (2006), 120, 149. Siehe auch *Rühl*, in: BeckOGK Art. 6 Rom I-VO, Rn. 58 ff.

308 *Solomon*, in: Ferrari/Leible, Ein neues Internationales Vertragsrecht für Europa, 89, 94. *Mankowski*, ZVglRWiss 105 (2006), 120, 149.

fest.[309] Bestehen Unsicherheiten, beispielsweise aufgrund eines nicht klar definierten Vertragszwecks, sind weitere Einschätzungen hinzuzuziehen.[310] Liegt die Ursache für die Unsicherheit in einem täuschenden Verhalten der Partei, ist diese nicht mit einer entsprechenden Besserstellung zu belohnen.[311] Art. 6 Rom I-VO findet in diesen Fällen vielmehr keine Anwendung.[312]

Ebenfalls Schwierigkeiten bereiten die Fälle des sogenannten „gemischten Vertrags". Hier lassen sich sowohl private als auch gewerbliche beziehungsweise berufliche Zwecke feststellen. Nach vormals herrschender Ansicht wurde hier im Sinne der sogenannten Schwerpunkttheorie entschieden.[313] Die Rechtsprechung des EuGH zum Verbrauchergerichtsstand nach Art. 13 I GVÜ (Art. 17 Brüssel Ia-VO)[314] hingegen sieht allein bei einer äußerst nebensächlichen beruflich-gewerblichen Zweckrichtung die Möglichkeit, von einem Verbrauchergeschäft auszugehen.[315] In der Gesamtbetrachtung des Geschäfts darf der beruflich-gewerbliche Zweck also nur eine untergeordnete Rolle spielen.[316]

(2) Sachlicher Schutzbereich

Der sachliche Anwendungsbereich des Art. 6 Rom I-VO wurde erheblich ausgeweitet, nunmehr sind nicht nur bestimmte Vertragstypen und Verbraucherverträge von der Vorschrift erfasst.[317] Anders als im EVÜ, wonach allein Verträge über die Lieferung beweglicher Sachen oder die Erbringung von Dienstleistungen unter den Schutz des Art. 5 EVÜ fielen, erfasst Art. 6 Rom I-VO nun Verbraucherverträge aller

309 *Rühl*, in: BeckOGK Art. 6 Rom I-VO, Rn. 61 ff.; *Martiny*, in: MüKo, Art. 6 Rom I-VO, Rn. 10; *Leible*, in: Hüßtege/Mansel, Art. 6 Rom I-VO. Rn. 25.

310 *Martiny*, in: MüKo, Art. 6 Rom I-VO, Rn. 10; *Heiderhoff*, in: Rauscher, Art. 6 Rom I-VO, Rn. 20 ff.; *Reithmann/Martiny*, Internationales Vertragsrecht, Rn. 4178.

311 *Heiderhoff*, in: Rauscher, Art. 6 Rom I-VO, Rn. 22; *Plender/Wilderspin*, The European Private International Law of Obligations, Rn. 9-015 ff.; EuGH Urteil vom 20.1.2005 – C-464/01, Slg. 2005, I-458 (Gruber); *v. Calster*, European Private International Law, 65 ff.

312 *Rühl*, in: BeckOGK Art. 6 Rom I-VO, Rn. 64; *Heiderhoff*, in: Rauscher, Art. 6 Rom I-VO, Rn. 22; *Magnus*, in: Staudinger, Art. 6 Rom I-VO, Rn. 46.

313 *Mankowski*, IPRax 2005, 503 ff.; *Heiderhoff*, in: Rauscher, Art. 6 Rom I-VO, Rn. 21.

314 Verordnung (EU) Nr. 1215/2012 des Europäischen Parlaments und des Rates vom 12. Dezember 2012 über die gerichtliche Zuständigkeit und die Anerkennung und Vollstreckung von Entscheidungen in Zivil- und Handelssachen, L 315/1.

315 EuGH NJW 1993, 1251.

316 EuGH Urteil vom 20.1.2005 – C-464/01, Slg. 2005, I-458 (Gruber); *Martiny*, in: MüKo, Art. 6 Rom I-VO, Rn. 9; *Loacker*, Der Verbrauchervertrag im Internationalen Privatrecht, 59 f.; dazu auch *Heiderhoff*, in: Rauscher, Art. 6 Rom I-VO, Rn. 21.

317 *Leible*, in: Hüßtege/Mansel, Art. 6 Rom I-VO, Rn. 32; *Plender/Wilderspin*, The European Private International Law of Obligations, Rn. 9-017 f.; *Heiderhoff*, in: Rauscher, Art. 6 Rom I-VO, Rn. 35 ff.

Art.[318] Diese Erweiterung des sachlichen Anwendungsbereichs ist in Hinblick auf den Schutz der schwächeren Partei zu begrüßen. Gleichzeitig löste man so viele Streitfragen und Unsicherheiten, die sich durch Art. 5 EVÜ in dieser Beziehung ergaben.[319]

Die Rom I-VO formuliert jedoch einige Ausnahmen vom breiten sachlichen Schutzbereich der Verbraucherverträge. Ausgenommen sind die internationalen Beförderungs- und Versicherungsverträge,[320] für welche besondere Vorschriften ein angemessenes Schutzniveau gewähren sollen.[321] Zu beachten gilt, dass es für beide Vertragsarten Gegenausnahmen gibt. Versicherungsverträge, die mit einem Verbraucher geschlossen werden und ein außerhalb der Europäischen Union belegenes Risiko versichern, fallen wieder unter den Anwendungsbereich des Art. 6 Rom I-VO.[322] Das Gleiche gilt bei Beförderungsverträgen, die als Teil einer Pauschalreise einzuordnen sind.[323]

Daneben gibt Abs. 4 des Art. 6 Rom I-VO einige weitere Ausnahmen vom Anwendungsbereich vor. Art. 6 Rom I-VO findet demnach keine Anwendung auf ausschließlich im Ausland zu erbringende Dienstleistungen (a), Immobiliarverträge (c), Kapitalmarktgeschäfte (d) und Börsenverträge (e). Lit. b) beschreibt noch einmal die Ausnahme von Beförderungsverträge mit der Rückausnahme für Pauschalreisen und ist dem Grunde nach eine unnötige Wiederholung zu Erwägungsgrund 32 und Art. 6 I Rom I-VO.[324]

(3) Situativer Schutzbereich

Schließlich entscheiden die Umstände des Vertragsschlusses, ob im jeweiligen Geschäft der Verbraucherschutz nach Art. 6 Rom I-VO zur Anwendung kommen kann. Der situative Anwendungsbereich der Vorschrift gibt vor, dass ein Verbraucher nur dann schützenswert ist, wenn der Unternehmer seine Absatztätigkeit auf den gewöhnlichen Aufenthalt des Verbrauchers ausgeweitet hat (dann handelt es sich

---

318 *Leible*, in: Hüßtege/Mansel, Art. 6 Rom I-VO, Rn. 32; *Heiderhoff*, in: Rauscher, Art. 6 Rom I-VO, Rn. 35 ff.

319 *Nemeth*, Kollisionsrechtlicher Verbraucherschutz in Europa, 34 ff.; *Bröcker*, Verbraucherschutz im europäischen Kollisionsrecht, 44 ff.; *Heiderhoff*, in: Rauscher, Art. 6 Rom I-VO, Rn. 35.

320 Zu Beförderungsverträge weiteres unter Teil 2 Kapitel 1C.II.1.c), zu Versicherungsverträgen unter Teil 2 Kapitel 1C.II.1.d).

321 Siehe dazu Erwägungsgrund 32 und die Einleitung des Art. 6 I Rom I-VO. Zur Frage, ob darüber ein ausreichender Schutz gewährt wird, siehe Teil 2 Kapitel 2D.II.

322 *Rühl*, in: BeckOGK Art. 6 Rom I-VO, Rn. 36; *Fricke*, in: Rauscher, Art. 7 Rom I-VO, Rn. 30 ff.

323 *Leible*, in: Hüßtege/Mansel, Art. 6 Rom I-VO, Rn. 48; *Plender/Wilderspin*, The European Private International Law of Obligations, Rn. 9-023 ff.

324 Ausführlich zu den einzelnen Ausnahmen *Rühl*, in: BeckOGK Art. 6 Rom I-VO, Rn. 102 ff.; *Plender/Wilderspin*, The European Private International Law of Obligations, Rn. 9-018 ff.

um einen sogenannten „passiven“ Verbraucher).[325] Der Verbraucher kann – im Gegensatz dazu – nicht erwarten, dass die günstigeren Bestimmungen auch dann für ihn Geltung entfalten, wenn er aus eigenem Antrieb im Ausland Waren kauft oder Dienstleistungen in Anspruch nimmt („aktiver“ Verbraucher).[326]

Der Unternehmer muss nach Art. 6 Rom I-VO seine beruflich-gewerbliche Tätigkeit im Heimatstaat des Verbrauchers ausüben beziehungsweise seine Tätigkeit auf irgendeine Weise auf den Staat des gewöhnlichen Aufenthalts des Verbrauchers ausgerichtet haben.[327] Ausüben meint dabei das Durchführen der beruflichen beziehungsweise gewerblichen Tätigkeit im Verbraucherstaat.[328] Für das Merkmal des Ausrichtens ist die Tätigkeit des Unternehmers weiter aufzufassen.[329] Hier ist neben der klassischen Werbung auf verschiedenen Kanälen auch auf den elektronischen Geschäftsverkehr hinzuweisen.[330] Insbesondere die Frage, ob das Betreiben einer Website ein Ausrichten der unternehmerischen Tätigkeit darstellt, wurde intensiv diskutiert.[331] Darüber hinaus beschreibt das „Ausrichten“ den Willen des Unternehmers, für einen Abschluss von Verbraucherverträgen in dem jeweiligen Verbraucherland bereit zu sein.[332] Durch die Voraussetzung „auf irgendeine Weise“

---

325 *Rühl*, in: BeckOGK Art. 6 Rom I-VO, Rn. 165; *Leible*, in: Hüßtege/Mansel, Art. 6 Rom I-VO, Rn. 3; *Martiny*, in: MüKo, Art. 6 Rom I-VO, Rn. 41; kritisch dazu *Heiderhoff*, in: Rauscher, Art. 6 Rom I-VO, Rn. 34.

326 *Rühl*, in: BeckOGK Art. 6 Rom I-VO, Rn. 165; *Leible*, in: Hüßtege/Mansel, Art. 6 Rom I-VO, Rn. 3; *Rühl*, Statut und Effizienz, 583 f.

327 *Rühl*, in: BeckOGK Art. 6 Rom I-VO, Rn. 170; *Heiderhoff*, in: Rauscher, Art. 6 Rom I-VO, Rn. 29; *Plender/Wilderspin*, The European Private International Law of Obligations, Rn. 9-037 ff.

328 *Leible*, in: Hüßtege/Mansel, Art. 6 Rom I-VO, Rn. 52; *Heiderhoff*, in: Rauscher, Art. 6 Rom I-VO, Rn. 29; *Martiny*, in: MüKo, Art. 6 Rom I-VO, Rn. 30; *Rühl*, in: BeckOGK Art. 6 Rom I-VO, Rn. 171; *Magnus*, in: Staudinger, Art. 6 Rom I-VO, Rn. 107; *Plender/Wilderspin*, The European Private International Law of Obligations, Rn. 9-037 ff.

329 *Heiderhoff*, in: Rauscher, Art. 6 Rom I-VO, Rn. 30; *Leible*, in: Hüßtege/Mansel, Art. 6 Rom I-VO, Rn. 53; *Martiny*, in: MüKo, Art. 6 Rom I-VO, Rn. 31.

330 *Rühl*, in: BeckOGK Art. 6 Rom I-VO, Rn. 181; *Leible*, in: Hüßtege/Mansel, Art. 6 Rom I-VO, Rn. 53; *Magnus*, in: Staudinger, Art. 6 Rom I-VO, Rn. 115; *Plender/Wilderspin*, The European Private International Law of Obligations, Rn. 9-039 f.; *v. Calster*, European Private International Law, 65 ff.

331 Siehe hierzu die Entscheidung des EuGH in der Rechtssache Pammer und Alpenhof (EuGH NJW 2011, 505). Darin ist zur Beurteilung des Kriteriums des Ausrichtens der Wille des Unternehmers heranzuziehen, der wiederum anhand einer Auslegung im Einzelfall zu ermitteln ist, siehe dazu *Leible*, in: Hüßtege/Mansel, Art. 6 Rom I-VO, Rn. 55 f. Mit der Entscheidung wurde die Unterscheidung zwischen passiven und aktiven Internetseiten aufgegeben (Rn. 79). Dazu auch *v. Calster*, European Private International Law, 67 ff.

332 *Martiny*, in: MüKo, Art. 6 Rom I-VO, Rn. 36; *Leible*, in: Hüßtege/Mansel, Art. 6 Rom I-VO, Rn. 54.

kommt ebenfalls zum Ausdruck, dass Art. 6 I lit. b) Rom I-VO als Auffangklausel zu verstehen ist.[333]

Der Verbrauchervertrag muss schließlich in den Bereich dieser Tätigkeit fallen.[334] Hier ist von einem kausalen Zusammenhang zwischen der Ausübung der Tätigkeit im Aufenthaltsstaat beziehungsweise dem Ausrichten der Tätigkeit auf diesen Staat und dem Abschluss des Vertrages auszugehen.[335] Dieser Punkt war Anlass für umfangreiche Diskussionen im Schrifttum und beschäftigte schließlich auch die Rechtsprechung.[336] Hervorzuheben ist hier die Rechtssache *Emrek*, in der das Kausalitätserfordernis keine Beachtung gefunden hat.[337]

(4) Zwischenfazit

Mit Art. 6 Rom I-VO versuchten die Verordnungsgeber, den Verbraucherschutz auszuweiten. Hierin liegt eine echte Neuerung im Vergleich zu Art. 5 EVÜ. Neben der Erweiterung des sachlichen Anwendungsbereichs war so beispielsweise auch ein Gleichklang mit Art. 15 I lit. c) Brüssel I-VO (jetzt Art. 17 I lit. c) Brüssel Ia-VO) erreicht.[338] Die Vorschrift beschreibt zwar keinen vollkommenen kollisionsrechtlichen Verbraucherschutz.[339] Trotzdem kann der Verbraucher als regelmäßig unterlegene Partei darauf vertrauen, dass seine Interessen grundsätzlich geschützt werden.

b) Anwendungsbereich des Art. 8 Rom I-VO

Der Schutzbereich des Arbeitnehmers umfasst keine besonderen persönlichen oder situativen Einschränkungen. Alleinige Voraussetzung ist, dass es sich um einen Individualarbeitsvertrag handelt. Weitergehende Fragen, ob beispielsweise

---

333 Der Erwägungsgrund 24 der Rom I-VO nimmt dabei ausdrücklich auf eine Erklärung des Rats und der Kommission hin, die bezüglich des Internetauftritts eines Unternehmens Klarstellung verschaffen soll. Die Diskussion um die Einordnung von „aktiven" und „passiven" Websites kann verfolgt werden bei *Ragno*, in: Ferrari/Leible, The Law Applicable to Consumer Contracts under the Rome I Regulation, 129, 144 ff.; *Martiny*, in: MüKo, Art. 6 Rom I-VO, Rn. 34.

334 *Rühl*, in: BeckOGK Art. 6 Rom I-VO, Rn. 186, 193; *Leible/Lehmann*, RIW 2008, 528, 538; *Leible*, in: Hüßtege/Mansel, Art. 6 Rom I-VO, Rn. 60; kritisch dazu *Heiderhoff*, in: Rauscher, Art. 6 Rom I-VO, Rn. 43.

335 EuGH NJW 2013, 3504, Rn. 21 ff. (Emrek).

336 EuGH NJW 2013, 3504 Rn. 21 ff. (Emrek); *Leible*, in: Hüßtege/Mansel, Art. 6 Rom I-VO, Rn. 55 f.; *Martiny*, in: MüKo, Art. 6 Rom I-VO, Rn. 37.

337 Siehe dazu *Rühl*, in: BeckOGK Art. 6 Rom I-VO, Rn. 193.

338 *Plender/Wilderspin*, The European Private International Law of Obligations, Rn. 9-005; *Rühl*, in: BeckOGK Art. 6 Rom I-VO, Rn. 57; *Heiderhoff*, in: Rauscher, Art. 6 Rom I-VO, Rn. 3.

339 Nicht geschützt werden soll vor allem der „dynamische Verbraucher", der sich aus eigenem Antrieb auf einen fremden Markt begibt, *Ragno*, in: Ferrari/Leible, The Law Applicable to Consumer Contracts under the Rome I Regulation, 129, 144 ff.; *Rühl*, in: BeckOGK Art. 6 Rom I-VO, Rn. 165.

ein Arbeitsortwechsel auch einen Statutenwechsel zur Folge hat, ergeben sich erst nach einer Rechtswahl im Arbeitsvertrag und sind daher nicht an dieser Stelle zu behandeln.[340]

(1) Sachlicher Schutzbereich

Für die Inanspruchnahme des Art. 8 Rom I-VO muss ein Individualarbeitsvertrag vorliegen. Für diesen Begriff ist eine europäisch-autonome Auslegung heranzuziehen.[341]

Unter einem Individualarbeitsvertrag ist ein rechtlich wirksamer Dienstvertrag zu verstehen, der eine fremdbestimmte und weisungsgebundene Tätigkeit des wirtschaftlich und persönlich abhängigen Arbeitnehmers gegen Vergütung zum Gegenstand hat und zugleich zur Einbindung des Verpflichteten in den Betrieb des Arbeitgebers führt.[342] Man kann erkennen, dass sich der Begriff im Wesentlichen aus der Arbeitnehmereigenschaft der schwächeren Vertragspartei herleiten lässt.[343]

Keine Auswirkungen auf den Begriff des Individualarbeitsvertrags hat die abgeänderte Formulierung von „Arbeitsverträgen und Arbeitsverhältnissen" in Art. 6 EVÜ zu „Individualarbeitsverträge" in Art. 8 Rom I-VO (beziehungsweise „Arbeitsverträgen" in Art. 6 Rom I-VO-E). Nur die deutsche Fassung des EVÜ differenzierte zwischen Arbeitsverträgen und -verhältnissen. Darüber hinaus ist auch aus den Materialien zum EVÜ ersichtlich, dass keine unterschiedliche Behandlung vorzunehmen war.[344]

Unschwer wird anhand der eindeutigen Terminologie erkennbar, dass internationale Kollektivvereinbarungen wie Tarifverträge oder Betriebsvereinbarungen nicht unter die Regelung fallen,[345] Gruppenverträge hingegen schon.[346] Daran wird deutlich, dass es problemlos möglich ist, einen standardisierten Arbeitsvertrag unter den Anwendungsbereich des Art. 8 Rom I-VO zu fassen.[347]

---

340 Siehe dazu Teil 2 Kapitel 1C.I(1).

341 Dazu näher *Ziegler*, Arbeitnehmerbegriffe im europäischen Arbeitsrecht, 385; *von Hein*, in: Rauscher, Art. 8 Rom I-VO, Rn. 18; *v. Calster*, European Private International Law, 74 ff.

342 *Doehner*, in: Hüßtege/Mansel, Art. 8, Rn. 6; *Plender/Wilderspin*, The European Private International Law of Obligations, Rn. 11-006 ff.; *von Hein*, in: Rauscher, Art. 8 Rom I-VO, Rn. 17 ff.; *Martiny*, in: MüKo, Art. 8 Rom I-VO, Rn. 18 ff.

343 *Knöfel*, in: BeckOGK, Art. 8 Rom I-VO, Rn. 14; *Doehner*, in: Hüßtege/Mansel, Art. 8 Rom I-VO, Rn. 6.

344 *Giuliano/Lagarde*-Bericht, 26; *Ziegler*, Arbeitnehmerbegriffe im europäischen Arbeitsrecht, 385.

345 Diese unterliegen grundsätzlich dem Recht nach Art. 3, 4 Rom I-VO.

346 *Ganglberger*, Der Übergang vom IPRG zum EVÜ bei Arbeitsverhältnissen mit Auslandsbezug, 115. Dies war bereits unter dem EVÜ so, obwohl die Formulierung in der Überschrift des Art. 6 EVÜ „von Einzelpersonen" Anderes vermuten ließ.

347 *von Hein*, in: Rauscher, Art. 8 Rom I-VO, Rn. 22; *Reithmann/Martiny*, Internationales Vertragsrecht, Rn. 4841.

(2) Zwischenfazit

Der Schutz des Arbeitnehmers wird unter der alleinigen Voraussetzung gewährt, dass es sich um einen Individualarbeitsvertrag handeln muss. Hieraus ergeben sich nur marginale Änderungen zu der Lage unter dem EVÜ.

c) Anwendungsbereich des Art. 5 Rom I-VO

Der Anwendungsbereich des Art. 5 Rom I-VO umfasst alle Beförderungsverträge mit grenzüberschreitenden Bezug. Relevant für die vorliegende Arbeit sind aber allein solche, die die Beförderung von Personen zum Gegenstand haben. Nur deren spezielle Ausprägungen im Anwendungsbereich sind daher im Folgenden aufgeführt.

(1) Persönlicher Schutzbereich

Für Personenbeförderungsverträge ist es ohne Bedeutung, ob eine Person privat oder geschäftlich reist.[348] Verbraucher-Beförderungsverträge fallen daher nach Art. 6 I sowie IV lit. b) Rom I-VO und Erwägungsgrund 32 unter den Anwendungsbereich des Art. 5 Rom I-VO.

Abzugrenzen ist die zu befördernde Person nach Art. 5 II Rom I-VO lediglich vom „typischen Touristen" – dem Pauschalreisenden.[349] Der „Urlaub" stellt spätestens seit den 1960er Jahren ein Massenkonsumgut dar.[350] Pauschalreisende sind dabei „Verbraucher-Reisende"; Pauschalreiseverträge sind als Verträge *sui generis* einzuordnen.[351] Ihre Begründung findet die Rückausnahme darin, dass Pauschalreisen zum einen ohnehin keine Beförderungsverträge sind.[352] Zum anderen sind bei Pauschalreisen – anders als für Reisende nach Art. 5 II Rom I-VO – keine Beförderungsunternehmen, sondern spezialisierte Anbieter auf den nationalen Märkten zu finden.[353] Mit der Rückausnahme für kombinierte Beförderungs- und Unterbringungsleistungen zum Pauschalpreis sollte daher der Massentourismus den Schutz des internationalen Verbraucherrechts genießen. Jedoch zeichnet sich hier eine

---

348 *Thorn*, in: Rauscher, Art. 5 Rom I-VO, Rn. 77; *Plender/Wilderspin*, The European Private International Law of Obligations, Rn. 8-035; *Leible*, in: Hüßtege/Mansel, Art. 5 Rom I-VO, Rn. 33.

349 Das Problem des Pauschalreisenden wird hier für eine bessere Verständlichkeit zusammenhängend dargestellt, obwohl hier eine Aufteilung zwischen persönlichen und sachlichen Schutzbereich möglich gewesen wäre. *Karsten*, VuR 2008, 201, 207; *Plender/Wilderspin*, The European Private International Law of Obligations, Rn. 9-024; 8-034; *Leible*, in: Hüßtege/Mansel, Art. 5 Rom I-VO, Rn. 35.

350 *Heinz*, Die Rechtsstellung des Reisenden nach Inkrafttreten der Reisevertragsnormen, 1.

351 *Leible*, in: Hüßtege/Mansel, Art. 5 Rom I-VO, Rn. 35; *Plender/Wilderspin*, The European Private International Law of Obligations, Rn. 8-033 f.

352 *Mankowski*, Seerechtliche Vertragsverhältnisse im internationalen Privatrecht, 397.

353 *Mankowski*, TransportR 2011, 70, 71.

Besonderheit des Transportrechts nach der Pauschalreise-Richtlinie im Gegensatz zum Verbraucherrecht ab: Der Reisende muss kein Verbraucher sein, auch Geschäftsreisende werden über die Richtlinie geschützt.[354] Zur genauen Begriffsbestimmung ist gemäß Art. 6 IV lit. b) Rom I-VO[355] die Pauschalreise-Richtlinie[356] heranzuziehen. Eine Pauschalreise ist nach Art. 2 Pauschalreise-Richtlinie eine „im Voraus festgelegte Verbindung von mindestens zwei [...] Dienstleistungen, die zu einem Gesamtpreis verkauft oder zum Verkauf angeboten wird, wenn diese Leistung länger als 24 Stunden dauert oder eine Übernachtung einschließt." Dienstleistungen in diesem Sinne umfassen jede Beförderung, Unterbringung oder andere touristische Dienstleistung, die nicht nur Nebenleistungen von Beförderung oder Unterbringung ist und einen beträchtlichen Teil der Gesamtleistung ausmacht.[357] Irrelevant ist es, ob der Verbraucher selbst oder der Reiseanbieter die Pauschalreise geplant hat,[358] es kommt allein darauf an, dass für ein Gesamtpaket an Leistungen eine einheitliche Zahlungspflicht besteht.[359]

(2) Sachlicher Schutzbereich

Art. 5 Rom I-VO hält selbst keine Definition für einen Personenbeförderungsvertrag bereit. Dieser ist daher in Abgrenzung zum Güterbeförderungstransport zu definieren.[360] Güterbeförderungsverträge sind nach Art. 5 I Rom I-VO zu behandeln und solche, „die in der Hauptsache der Güterbeförderung dienen". Diese Definition war bereits in Art. 4 III 3 EVÜ enthalten und findet sich auch in Erwägungsgrund 22 der Rom I-VO wieder. Als Personenbeförderungsverträgen sind solche Verträge erfasst, in denen sich eine Person in der Hauptsache zum Transport von einer oder mehreren Personen von einem Ort zu einem anderen Ort verpflichtet.[361] Reine Reisevermittlungsverträge hingegen sind nicht als Personenbeförderungsverträge einzustufen.[362] Es kommt dabei weder darauf an, welche Beförderungsart der

354 *Karsten*, VuR 2009, 213, 222.

355 *Magnus*, IPRax 2010, 27, 38.

356 Richtlinie 90/314/EWG des Rates vom 13. Juni 1990 über Pauschalreisen, ABl. L 158 vom 23.6.1990, S. 59.

357 Beispiele hierfür sind Sprach- und Sportkurse, Ausflüge oder die Miete eines Fahrzeugs; dazu näher *Mankowski*, in: *Reithmann/Martiny*, Internationales Vertragsrecht, 1112.

358 *Keiler/Binder*, RRa 2009, 210, 211; *Mankowski*, TransportR 2011, 70, 70.

359 *Keiler/Binder*, RRa 2009, 210, 214.

360 *Thorn*, in: Rauscher, Art. 5 Rom I-VO, Rn. 73; *Magnus*, in: Staudinger, Art. 5 Rom I-VO, Rn. 23.

361 *Leible*, in: Hüßtege/Mansel, Art. 5 Rom I-VO, Rn. 33; *Basedow*, Der Transportvertrag, 34.

362 *Thorn*, in: Rauscher, Art. 5 Rom I-VO, Rn. 73; *Leible*, in: Hüßtege/Mansel, Art. 5 Rom I-VO, Rn. 36; *Magnus*, in: Staudinger, Art. 5 Rom I-VO, Rn. 23.

Reisende wählte, noch welches Beförderungsmittel zum Einsatz kommt und ob die Beförderung entgeltlich oder unentgeltlich erfolgt.[363]

(3) Zwischenfazit

Der Anwendungsbereich des Art. 5 Rom I-VO ist in persönlicher Hinsicht weiter gefasst als Art. 6 Rom I-VO. Dafür umfasst die Vorschrift nur reine Personenbeförderungsverträge. Für Pauschalreisende ist die Rechtswahl, entgegen Erwägungsgrund 32 der Rom I-VO, über eine Rückausnahme nach Art. 6 Rom I-VO zu behandeln.

d) Anwendungsbereich des Art. 7 Rom I-VO

Der Schutzbereich für Versicherungsnehmer eines Massenrisikos stellt sich als hochkomplex dar und ist im Folgenden dezidiert darzustellen. Besondere Bedeutung entfaltet dabei der situative Anwendungsbereich des Art. 7 III Rom I-VO sowie die Behandlung eines Verbraucherversicherungsvertrages.

(1) Persönlicher Schutzbereich

Bereits die Entwicklung des persönlichen Schutzbereiches von Art. 7 III Rom I-VO zeigt deutlich, wie viele unterschiedliche Ansätze im Rahmen des Internationalen Versicherungsvertragsrecht diskutiert wurden.[364]

aa) Der Schutz unter dem Richtlinienrecht

Das Schutzsystem bei Versicherungsverträgen bis zur Umwandlung des EVÜ war äußerst kompliziert: Das Richtlinienkollisionsrecht war geprägt von dem Bestreben, den Schutz, den einige mitgliedsstaatliche Rechtsordnungen bereithielten, nicht zur freien Disposition zu stellen.[365] Weder für Nicht-Lebensversicherungen noch für Lebensversicherungen sollte der Grundsatz der freien Rechtswahl gelten.[366] Vielmehr stellte man die objektive Anknüpfung in den Vordergrund, die durch eine Rechtswahl der Parteien verdrängt werden konnte.[367] Dabei standen aber nur bestimmte Rechte zur Disposition.[368] Es gab hier Mehrfachdifferenzierungen bezüglich der Schutzbedürftigkeit von Versicherungsnehmern mit verschiedenen Ausnahmen, Rückausnahmen

---

363 *Leible*, in: Hüßtege/Mansel, Art. 5 Rom I-VO, Rn. 34; *Thorn*, in: Rauscher, Art. 5 Rom I-VO, Rn. 73; *Wiese*, in: BeckOGK, Art. 5 Rom I-VO, Rn. 4.

364 Siehe nur überblicksartig dazu *Plender/Wilderspin*, The European Private International Law of Obligations, Rn. 10-001 ff.

365 *Heiss*, ZVersWiss 2007, 503, 508.

366 *Fricke*, VersR 2005, 726, 736; *Plender/Wilderspin*, The European Private International Law of Obligations, Rn. 10-001 ff.

367 *Stehl*, Die Überwindung der Inkohärenz des Internationales Privatrechts der Bank- und Versicherungsverträge, 31 ff.

368 *Heiss*, ZVersWiss 2007, 503, 508; *Plender/Wilderspin*, The European Private International Law of Obligations, Rn. 10-001 ff.

und einer Öffnungsklausel für die Mitgliedsstaaten[369]. An dieser Stelle wirkt sich die Entscheidung der dritten Richtliniengeneration aus, die materielle Staatsaufsicht in Form der Vorweggenehmigung der Allgemeinen Versicherungsbedingungen abzuschaffen.[370] Diese begründet sich in dem Umstand, dass die Mitgliedsstaaten, die auf einen umfassenden Schutz der Versicherungsnehmer abgezielt hatten, den für erforderlich angesehenen Versicherungsnehmerschutz über die Staatsaufsicht realisierten.[371] Das Ziel der dritten Richtliniengeneration war es gewesen, diese Aufgabe in Zukunft allein über das Kollisionsrecht zu verwirklichen.[372] So kam es, wie von der Kommission festgestellt, zu einem marginalen Umfang des grenzüberschreitenden Versicherungsmarkts abgesehen von gewerblichen Großrisikoversicherungen.[373]

bb) Der Schutz unter dem EVÜ

Das EVÜ demgegenüber, dass nur bei Risiken zur Anwendung kommen sollte, die außerhalb des EWR belegen sind, sah eine schutzorientierte Anknüpfung von Versicherungsverträgen nur in solchen Fällen vor, in denen ein Verbraucher als Vertragspartner auftrat.[374] Andere Personengruppen wie Gewerbetreibende stufte man unter dem EVÜ nicht als entsprechend schutzbedürftig ein.[375] Diese Differenzierung ist damit zu begründen, dass man in den Drittstaaten, in denen ein Risiko belegen ist, von einer entsprechenden Staatsaufsicht ausging.[376] Denn nur wenn der jeweilige Mitgliedsstaat einen Schutz des Versicherungsnehmers wünscht, werden entsprechende Instrumente eingeführt, um diesen auch zu realisieren.[377] Einem kollisionsrechtlichen Versicherungsschutz hingegen standen solche Bedenken nicht entgegen.[378]

Für die Beurteilung des Versicherungsnehmerschutzes im EVÜ ist auch ein Blick auf die Regelungen zur Zuständigkeit zu werfen. Nach Art. 8–13 Brüssel I-VO (jetzt

---

369 *Fricke*, VersR 2005, 726, 736.

370 *Stehl*, Die Überwindung der Inkohärenz des Internationales Privatrechts der Bank- und Versicherungsverträge, 124 ff., 137.

371 Ibid., 89; dazu auch *Lüttringhaus*, in: BeckOGK, Art. 7 Rom I-VO, Rn. 193 ff.

372 *Stehl*, Die Überwindung der Inkohärenz des Internationales Privatrechts der Bank- und Versicherungsverträge, 124 ff., 89.

373 *Basedow*, in: Wandt/Reiff/Looschelders/Bayer, Festschrift Lorenz, 93, 96.

374 *Stehl*, Die Überwindung der Inkohärenz des Internationales Privatrechts der Bank- und Versicherungsverträge, 86 ff.

375 *Giuliano/Lagarde*-Bericht über das Übereinkommen über das auf vertragliche Schuldverhältnisse anzuwendende Recht, ABl. 1980 C 282/1, 13.

376 *Stehl*, Die Überwindung der Inkohärenz des Internationales Privatrechts der Bank- und Versicherungsverträge, 89; dazu auch *Lüttringhaus*, in: BeckOGK, Art. 7 Rom I-VO, Rn. 193 ff.

377 *Stehl*, Die Überwindung der Inkohärenz des Internationales Privatrechts der Bank- und Versicherungsverträge, 89.

378 *Roth*, in: Wandt/Reiff/Looschelders/Bayer, Festschrift Lorenz, 631, 638. So auch *Stehl*, Die Überwindung der Inkohärenz des Internationales Privatrechts der Bank- und Versicherungsverträge, 89.

Art. 10–16 Brüssel Ia-VO) ist neben dem Verbraucher auch der gewerblich und beruflich tätige Versicherungsnehmer als schutzwürdigere Partei anzusehen.[379] Die unterschiedlichen Wertungen zwischen Brüssel I-VO und dem EVÜ wurden im Grünbuch damit erklärt, dass die Brüssel I-VO auf einen umfassenden Schutz von Privatpersonen als Versicherungsnehmer abzielt.[380] Das Schuldvertragsübereinkommen hingegen wollte über seinen Art. 4 das Recht zur Anwendung kommen lassen, das die engste Verbindung mit dem Staat aufweist, in dem das Versicherungsunternehmen niedergelassen ist. Warum das EVÜ ein strikterer Ansatz zum Schutz der schwächeren Partei verfolgte, ist einer vergleichsweise einfachen Erklärung zuzuführen: Bei der Konzeption des Übereinkommens konzentrierte man sich auf den Schutz des Verbrauchers durch eine entsprechende objektive Anknüpfung sowie eine rechtswahlergänzende Anknüpfung.[381] Daher sah man im EVÜ keinen Raum für eine gesonderte Anknüpfung von Versicherungsverträgen.[382]

cc) Der Schutz in der Rom I-VO

Diese Haltung fand man auch im Vorschlag für eine Rom I-VO wieder. Noch im Entwurf eines Berichts über den Rom I-Vorschlag war es angedacht, dass es allein einen Verbraucher-Versicherungsnehmerschutz in der Verordnung geben sollte.[383] Nur der Versicherungsnehmer als privater Endverbraucher wurde als schützenswert angesehen, ein Unternehmer, der hinreichend Geschäftserfahrung hat, bedürfe keiner solchen Sonderanknüpfung.[384] Diese Begründung fand sich in der Stellungnahme des Europäischen Wirtschafts- und Sozialausschusses (EWSA) zum Rom I-Vorschlag vom 13. September 2006.[385] Eine Verkleinerung des persönlichen Anwendungsbereichs der Vorschrift war allerdings aus rechtssystematischen sowie rechtspolitischen Gründen nicht vertretbar.[386]

---

379 *Gottwald*, in: MüKo-ZPO, Art. 15 Brüssel I-VO, Rn. 1.

380 KOM (2002) 654 endg., 26.

381 *Roth*, in: Wandt/Reiff/Looschelders/Bayer, Festschrift Lorenz, 631, 647.

382 *Plender/Wilderspin*, The European Private International Law of Obligations, Rn. 10-007.

383 *Staudinger*, in: Ferrari/Leible, Ein neues Internationales Vertragsrecht für Europa, 225, 235.

384 *Fricke*, in: Rauscher, Art. 7 Rom I-VO, Rn. 30 ff.; *Lorenz*, in: Musielak/Schurig, Festschrift Kegel, 303, 315 ff.; *Fricke*, VersR 2006, 745, 746; *Heiss*, ZVersWiss 2007, 503, 503 ff.

385 *Heiss*, ZVersWiss 2007, 503, 514; Stellungnahme vom 13.09.2006 zum Vorschlag für eine Verordnung des Europäischen Parlaments und des Rates über das auf vertragliche Schuldverhältnisse anzuwendende Recht („Rom I"), KOM (2005) 0650 – 2005 / 0261 (COD), INT /307.

386 *Armbrüster*, in: Kronke/Thorn, Grenzen überwinden - Prinzipien bewahren, 23, 30; *Heiss*, in: Baetge/von Hein/von Hinden, Die richtige Ordnung, 459, 465 ff.; *Looschelders/Smarowos*, VersR 2010, 1, 4 f.

Zum einen gäbe es einen Bruch mit den Regelungen zur Zuständigkeit.[387] Eine Beschränkung auf Verbraucher-Versicherungsnehmer widersprach zudem der Schutzrichtung einiger Mitgliedsstaaten, wie beispielsweise dem deutschen oder französischen Kollisionsrecht. Beide Rechtsordnungen standen für ein breites Verständnis des zu schützenden Personenkreises.[388] Dieser Schutz der sachrechtlichen Ebene sollte im Kollisionsrecht nicht verloren gehen.[389] Mit Recht entschieden sich die Beteiligten daher nach einem entsprechenden Vorschlag – den beispielsweise auch die Projektgruppe *Restatement of European Insurance Contract Law* aufgriff, als sie einen gemeinsamen Referenzrahmen des europäischen Versicherungsvertragsrechts (PEICL, *Principles of European Insurance Contract Law*) formulierte – dafür, den bis dato üblichen Schutzstandard nicht auf private Endverbraucher zu reduzieren.[390]

Weitere Gründe sprachen für eine breite Anwendung der Vorschrift auch zu Gunsten eines Unternehmers: Das typischerweise vorliegende Machtgefälle, welches sich auf das gesamte Rechtsgeschäft auswirkt,[391] die Komplexität von Versicherungsverträgen sowie die durchaus existenzielle Bedeutung, die dem Produkt „Versicherung“ zukommt, treffen nicht nur auf den privaten Endverbraucher sondern auch auf kleine oder mittelständische Unternehmen zu.[392] Abzulehnen war der Vorschlag, das Richtlinienkollisionsrecht in die neue Verordnung zu übernehmen.[393] Zwar war es möglich, auf diesem Weg ein hohes Maß an Transparenz zu gewährleisten, doch stünde dies dem Ziel entgegenstehen, die Komplexität des Versicherungsvertragsrechts zu minimieren und mögliche Wertungswidersprüche zu vermeiden.[394] Eine Verordnung „aus einem Guss“ mit einheitlichen, allseitigen Kollisionsnormen wäre die bessere Lösung.[395]

Der spätere Änderungsantrag Nr. 68 des Europäischen Parlaments sah schließlich vor, dass sich der Schutz nach dem vorgeschlagenen Art. 5a nicht auf den privaten

387 Dazu bereits *Roth*, Internationales Versicherungsvertragsrecht, 707 f.

388 *Roth*, in: Wandt/Reiff/Looschelders/Bayer, Festschrift Lorenz, 631, 649; *Roth*, Internationales Versicherungsvertragsrecht, 707 f.

389 *Roth*, in: Wandt/Reiff/Looschelders/Bayer, Festschrift Lorenz, 631, 649.

390 *Restatement Group*, PEICL (zuletzt abgerufen am 30.07.2016 unter http://www.restatement.info) darf mangels einer Verabschiedung als optionales Instrument jedoch nur durch eine materiellrechtliche Verweisung herangezogen werden, *Leible*, in: Hüßtege/Mansel, Art. 7 Rom I-VO, Rn. 65.

391 Siehe dazu ausführlich unter Teil 2 Kapitel 1C.II.3(4).

392 *Heiss*, ZVersWiss 2007, 503, 515.

393 So *Staudinger*, in: Leible, Das Grünbuch zum Internationalen Vertragsrecht, 37, 48 ff.

394 Siehe dazu bereits *Heiss*, ZVersWiss 2007, 503, 508; *Stehl*, Die Überwindung der Inkohärenz des Internationales Privatrechts der Bank- und Versicherungsverträge, 31 ff.; *Plender/Wilderspin*, The European Private International Law of Obligations, Rn. 10-001 ff.

395 *Roth*, in: Wandt/Reiff/Looschelders/Bayer, Festschrift Lorenz, 631, 657.

Endverbraucher beschränkt, sondern sich auch auf Unternehmer bis zur Grenze der Rückversicherung und der Versicherungsverträge über Großrisiken bezieht.[396] Damit griff der Änderungsantrag die frühere Rechtslage wieder auf und ist damit rechtspolitisch und rechtssystematisch bedenkenlos zu begrüßen. Das weite Verständnis des persönlichen Anwendungsbereichs findet sich schließlich auch in der Rom I-VO wieder.[397] Die beschränkte Rechtswahl gilt für sämtliche Versicherungsverträge, also auch für Verträge mit Gewerbetreibenden unterhalb der Grenzwerte der Großrisiken. Die Rom I-VO schützt den Versicherungsnehmer also in einem weiteren Umfang, als dies beim „klassischen Dualismus zwischen Verbraucher und Unternehmer der Fall ist".[398]

(2) Situativer Schutzbereich

Im Rahmen des situativen Anwendungsbereichs ist zwischen zwei verschiedenen Fallkonstellationen zu unterscheiden. Zum einen werden die Fälle einer Risikobelegenheit innerhalb und außerhalb der EU beziehungsweise des EWR unterschiedlich angeknüpft.[399] Zum anderen ist in einem zweiten Schritt bei einer Risikobelegenheit außerhalb der EU zu beachten, ob es sich dabei um einen Verbraucher- oder einen Nichtverbrauchervertrag handelt.[400]

aa) Risikobelegenheit innerhalb des EWR

Zunächst ist auf die Differenzierung innerhalb des Europäischen Wirtschaftsraums zu verweisen. Risiken, die zwar im Binnenmarkt, aber außerhalb des räumlichen Anwendungsbereiches der Rom I-VO liegen, also in den EWR-Mitgliedsstaaten Liechtenstein, Island und Norwegen belegen sind, klammert Art. 7 Rom I-VO aus und unterwirft sie damit dem nicht für den Binnenmarkt gedachten Anknüpfungssystem der Art. 3, 4 und 6 Rom I-VO.[401] Demgegenüber kommt für Versicherungsnehmer aus den Mitgliedsstaaten der Rom I-VO die Regelung nach Art. 7 III Rom I-VO zur

---

396 Entwurf eines Berichts über den Vorschlag für eine Verordnung des Europäischen Parlaments und es Rates über das auf vertragliche Schuldverhältnisse anzuwendende Recht (Rom I) (KOM(2005)0650-C6-0441/2005-2005/0261 (COD) vom 7. Dezember 2006, S. 27.

397 Dazu unter *Fricke*, in: Rauscher, Art. 7 Rom I-VO, Rn. 16.

398 *Armbrüster*, in: Kronke/Thorn, Grenzen überwinden - Prinzipien bewahren, 23, 30.

399 *Fricke*, in: Rauscher, Art. 7 Rom I-VO, Rn. 27 ff.; *Looschelders/Smarowos*, VersR 2010, 1, 6; *Armbrüster*, in: Kronke/Thorn, Grenzen überwinden - Prinzipien bewahren, 23, 24 f.

400 *Fricke*, in: Rauscher, Art. 7 Rom I-VO, Rn. 28; *Plender/Wilderspin*, The European Private International Law of Obligations, Rn. 10-088; *Leible*, in: Hüßtege/Mansel, Art. 7 Rom I-VO, Rn. 65 ff.

401 *Fricke*, in: Rauscher, Art. 7 Rom I-VO, Rn. 27.

Anwendung.[402] Diese Regelung erzeugt indirekt eine Diskriminierung nach Staatsangehörigkeit, die gegen das Verbot des Art. 4 EWR-Abkommen[403] verstößt und auch nicht mit der Begründung zu rechtfertigen ist, dass sich diese Länder nicht an der Vergemeinschaftung des Kollisionsrechts beteiligen.[404]

Ausgenommen vom Anwendungsbereich der Rom I-VO sind nach Art. 1 II lit. j) Versicherungsverträge, die mit außerhalb des EWR ansässigen Versicherern abgeschlossen wurden (Art. 2 RL 2002/83/EG) und die dem Zweck der Leistungsgewährung von „Arbeitnehmern eines Unternehmens [...] oder den Angehörigen eines Berufes [...] im Todes- oder Erlebensfall oder bei der arbeitsbedingen Krankheit oder Arbeitsunfällen" dienen.[405]

bb) Risikobelegenheit innerhalb der EU

Daneben erkennt man bei einer Betrachtung des Art. 7 III Rom I-VO sehr schnell die Auffälligkeiten zwischen EU- und Nicht-EU-Fällen.[406]

Ein Verbraucherversicherungsvertrag über ein innerhalb der EU belegenes Massenrisiko wird nach Art. 7 III Rom I-VO angeknüpft.[407] Dieser Schluss kann daraus gezogen werden, dass Art. 6 Rom I-VO „unbeschadet" neben Art. 7 Rom I-VO anzuwenden ist, auch wenn Erwägungsgrund 32 eine klare Aussage über die Anwendbarkeit von Versicherungsverträgen und der Verbrauchervorschrift trifft. Andernfalls entzieht man dem Verbraucher-Versicherungsnehmer der Schutz, der ihm nach der grundsätzlichen Wertung des Art. 7 Rom I-VO zustehen würde.[408]

---

402 *Looschelders/Smarowos*, VersR 2010, 1, 6; *Armbrüster*, in: Kronke/Thorn, Grenzen überwinden - Prinzipien bewahren, 23, 24 f.

403 Beschluss des Rates und der Kommission vom 13. Dezember 1993 über den Abschluß des Abkommens über den Europäischen Wirtschaftsraum zwischen den Europäischen Gemeinschaften und ihren Mitgliedstaaten sowie der Republik Osterreich, der Republik Finnland, der Republik Island, dem Fürstentum Liechtenstein, dem Königreich Norwegen, dem Königreich Schweden und der Schweizerischen Eidgenossenschaft (94/ 1 / EGKS, EG).

404 *Heiss*, in: Baetge/von Hein/von Hinden, Die richtige Ordnung, 459, 463.

405 Diese Versicherungsverträge sind wohl aufgrund ihrer Nähe zu den Sozialversicherungssystemen der Mitgliedsstaaten ausgenommen, so auch *Perner*, IPRax 2009, 218, 219; *Fricke*, VersR 2008, 443, 444.

406 So bereits *Fricke*, in: Rauscher, Art. 7 Rom I-VO, Rn. 27 ff.; *Looschelders/Smarowos*, VersR 2010, 1, 6; *Armbrüster*, in: Kronke/Thorn, Grenzen überwinden - Prinzipien bewahren, 23, 24 f.

407 *Fricke*, in: Rauscher, Art. 7 Rom I-VO, Rn. 27 ff.; *Looschelders/Smarowos*, VersR 2010, 1, 6.

408 *Fricke*, in: Rauscher, Art. 7 Rom I-VO, Rn. 27 ff.; *Plender/Wilderspin*, The European Private International Law of Obligations, Rn. 10-094.

cc) Verbraucher- oder Nichtverbraucherversicherungsvertrag bei Risikobelegenheit außerhalb der EU

Eine weitere Diskrepanz besteht zwischen Verbraucher- und „normalen“ Versicherungsverträgen mit einer Risikobelegenheit außerhalb der EU. Die Nicht-EU-Fälle, die auch nicht in einem EWR-Mitgliedsstaat liegen, werden nach den allgemeinen Anknüpfungsregeln der Verordnung, also Art. 3 ff. Rom I-VO, gelöst.[409]

Bei einer Risikobelegenheit außerhalb der EU in Nicht-Verbraucherfällen bekommen die Vertragsparteien daher eine größere Rechtswahlfreiheit zugesprochen, da sie weder unter Art. 7 noch unter Art. 6 Rom I-VO fallen.[410]

Verbraucherversicherungsnehmer mit einem Risiko außerhalb der EU genießen dagegen nach Art. 6 I oder III Rom I-VO einen grundsätzlich anders konstruierten kollisionsrechtlichen Schutz.[411]

(3) Zwischenfazit

Das Regelungsregime für Versicherungsverträge ist von vielen verschiedenen Ansichten und Strömungen gezeichnet. Für Versicherungsverträge lässt sich der Schutzbereich nur mit erheblichen Schwierigkeiten feststellen. Hieran allein zeigt sich, wie schwierig es war, eine Lösung für eine Kollisionsnorm für Versicherungsverträge zu finden.

e) Schutz nach der Rom II-VO

Für den Schutzbereich der außervertraglichen Schuldverhältnisse ist neben der persönlichen Abgrenzung nach einer kommerziellen Tätigkeit, welche bereits an anderer Stelle näher betrachtet wurde, vor allem der sachliche Schutzbereich genauer zu umreißen.

(1) Sachlicher Schutzbereich

Art. 14 Rom II-VO findet auf alle außervertraglichen Schuldverhältnisse im Rahmen der Rom II-VO Anwendung.[412] Trotz der Formulierung des „schadensbegründenden Ereignisses“, an welches die unterschiedlichen Rechtswahlmöglichkeiten

---

409 *Fricke*, in: Rauscher, Art. 7 Rom I-VO, Rn. 28; *Plender/Wilderspin*, The European Private International Law of Obligations, Rn. 10-088; *Leible*, in: Hüßtege/Mansel, Art. 7 Rom I-VO, Rn. 65 ff.

410 *Plender/Wilderspin*, The European Private International Law of Obligations, Rn. 10-089 ff.; *Leible*, in: Hüßtege/Mansel, Art. 7 Rom I-VO, Rn. 65, 69.

411 *Fricke*, VersR 2008, 443, 448; *Armbrüster*, in: Kronke/Thorn, Grenzen überwinden - Prinzipien bewahren, 23, 24; *Plender/Wilderspin*, The European Private International Law of Obligations, Rn. 10-094 ff.; *Fricke*, in: Rauscher, Art. 7 Rom I-VO, Rn. 30 ff.

412 Siehe dazu allgemein *Martiny*, ZEuP 2015, 838, 862 ff.

angeknüpft werden,[413] gelten die Regelungen des Art. 14 Rom II-VO neben dem Deliktsrecht auch für Schuldverhältnisse aus Geschäftsführung ohne Auftrag[414], aus ungerechtfertigter Bereicherung[415] oder *culpa in contrahendo*.[416] Dafür sprechen der eindeutige Wortlaut sowie die Stellung des Art. 14 in der Rom II-VO.[417]

Die Terminologie des Art. 14 Rom II-VO mit dem „Eintritt des schadensbegründenden Ereignisses" passt jedoch nicht auf alle außervertraglichen Schuldverhältnisse.[418] Im Rahmen der nicht-deliktischen Schuldverhältnisse stellt die Rom II-VO daher auf vergleichbare Zeitpunkte ab. Für Schuldverhältnisse aus ungerechtfertigter Bereicherung ist nach Art. 10 II Rom II-VO der „Zeitpunkt des Ereignisses, dass die ungerechtfertigte Bereicherung zur Folge hat" heranzuziehen.[419] Bei der Geschäftsführung ohne Auftrag hingegen ist entscheidend, wann der Geschäftsführer die erste Geschäftsführungsmaßnahme vorgenommen hat.[420] Beide Institute knüpfen damit, im Gleichklang zu dem „schadensbegründenden Ereignis", an das Ereignis an, welches das außervertragliche Schuldverhältnis begründet.[421] Der maßgebliche Zeitpunkt für die *culpa in contrahendo* bestimmt sich gleichsam mit den deliktischen Schuldverhältnissen nach dem schadensbegründenden Ereignis.[422]

(2) Zwischenfazit

Der Anwendungsbereich des Art. 14 Rom II-VO außerhalb des Internationalen Deliktsrechts ist eng begrenzt. Neben den Art. 10, 11 und 12 Rom II-VO bleibt wenig

413 Dazu ausführlich *Rühl*, in: BeckOGK Art. 14 Rom II-VO, Rn. 53 ff.; *Jakob/Picht*, in: Rauscher, Art. 14 Rom II-VO, Rn. 9 ff.

414 *Rühl*, in: BeckOGK Art. 14 Rom II-VO, Rn. 58; *Jakob/Picht*, in: Rauscher, Art. 14 Rom II-VO, Rn. 11; *Junker*, in: MüKo, Art. 14 Rom II-VO, Rn. 19; *Crawford/Carruthers*, ICLQ 63 (2014), 1, 13 ff.

415 *Rühl*, in: BeckOGK Art. 14 Rom II-VO, Rn. 58; *Gebauer*, in: Hüßtege, Art. 14 Rom II-VO, Rn. 18; *Crawford/Carruthers*, ICLQ 63 (2014), 1, 13 ff.

416 *Rühl*, in: BeckOGK Art. 14 Rom II-VO, Rn. 53 ff.; *Jakob/Picht*, in: Rauscher, Art. Art. 14 Rom II-VO, Rn. 12; *Dickinson*, The Rome II Regulation, Rn. 13.34.

417 *Rühl*, in: BeckOGK Art., 14 Rom II-VO, Rn. 52; *Jakob/Picht*, in: Rauscher, Art. 14 Rom II-VO, Rn. 9 ff.; *Gebauer*, in: Hüßtege, Art. 14 Rom II-VO, Rn. 18.

418 *Dickinson*, The Rome II Regulation, Rn. 13.34; *Junker*, in: MüKo, Art. 14 Rom II-VO, Rn. 19; *Vogeler*, Die freie Rechtswahl, 239 f.

419 *Jakob/Picht*, in: Rauscher, Art. 14 Rom II-VO, Rn. 10; *Junker*, in: MüKo, Art. 14 Rom II-VO, Rn. 19; *Dickinson*, The Rome II Regulation, Rn. 13.34; *Rühl*, in: BeckOGK Art. 14 Rom II-VO, Rn. 56 ff.

420 *Jakob/Picht*, in: Rauscher, Art. 14 Rom II-VO, Rn. 11; *Junker*, in: MüKo, Art. 14 Rom II-VO, Rn. 19; *Ofner*, ZfRV 2008, 13, 22; *Dickinson*, The Rome II Regulation, Rn. 13.34.

421 *Jakob/Picht*, in: Rauscher, Art. 14 Rom II-VO, Rn. 10; *Rühl*, in: BeckOGK Art. 14 Rom II-VO, Rn. 56.

422 *Dickinson*, The Rome II Regulation, Rn. 13.34; *Rühl*, in: BeckOGK Art. 14 Rom II-VO, Rn. 53 ff.; *Jakob/Picht*, in: Rauscher, Art. 14 Rom II-VO, Rn. 12.

Raum für eine unmittelbare Rechtswahl bei außervertraglichen Schuldverhältnissen.[423] Trotz dessen ist der Art. 14 Rom II-VO aber nicht völlig ohne Bedeutung. Darauf ist an späterer Stelle noch ausführlicher zurückzukommen.[424]

2. *Die Anknüpfungsregeln der rechtswahlbeschränkenden Kollisionsnormen der Rom I und II-VO*

Im Folgenden sind nun die Anknüpfungsregelungen für die einzelnen geschützten Personengruppen gegenüberzustellen. Hierbei sind die in der Rom I- und II-VO gefundenen Rechtswahlformen mit ihren jeweiligen Besonderheiten und Ausprägungen für die einzelnen Vorschriften detailliert zu betrachten.

a) Die Anknüpfungsregeln des Art. 6 Rom I-VO

Das Regelungsmodell, welchem wohl die meiste Aufmerksamkeit zukommt,[425] bezeichnet man als „überlagerte Rechtswahl".[426] Verankert ist es in Art. 6 II und dient als sogenanntes „Günstigkeitsprinzip"[427] dem Schutz der schwächeren Partei.[428] Dem Verbraucher wird durch die Wahl eines Rechts nicht der Schutz der zwingenden Normen entzogen, welcher ihm ohne eine solche Rechtswahl zugestanden hätte. Es ist keinerlei Verbindung zu dem gewählten Recht erforderlich, die Parteien sind in dieser Hinsicht völlig frei gestellt.[429] Das objektiv anzuwendende Recht ist in der Regel das des Aufenthaltsstaates des Verbrauchers, wenn die Voraussetzungen des Art. 6 I lit. a) oder lit. b) Rom I-VO erfüllt sind. Liegen diese nicht vor, gibt Art. 6 III Rom I-VO vor, dass auf das Recht zurückzugreifen ist, welches nach Art. 3 beziehungsweise Art. 4 Rom I-VO Anwendung finden soll.

Aus diesem Zusammenspiel der Rechtsordnungen rührt auch die Bezeichnung dieses Regelungsmodells her: Die subjektive Rechtswahl der Parteien wird „überlagert" von den zwingenden Schutznormen des objektiv anzuwendenden Rechts.[430] Es soll in solchen Rechtsbeziehungen, an denen ein Verbraucher beteiligt ist, nur die jeweils günstigere Regelung zur Anwendung kommen. Über einen Günstigkeitsvergleich ist daher festzustellen, ob das von den Parteien gewählte Recht die

---

423 *Jakob/Picht*, in: Rauscher, Art. 14 Rom II-VO, Rn. 3.
424 Siehe zur Relevanz der Vorschrift Teil 2 Kapitel 1C.I.2(4).
425 Dies ist auf die dadurch begünstigten Schutzgruppen – Verbraucher und Arbeitnehmer – zurückzuführen.
426 So *Rühl*, in: Kronke/Thorn, Grenzen überwinden - Prinzipien bewahren, 364, 368.
427 Anstatt vieler: *Schröder*, Das Günstigkeitsprinzip im internationalen Privatrecht, 1 ff.
428 *Calliess*, AcP 2003, 575, 591; *Rühl*, in: Kronke/Thorn, Grenzen überwinden - Prinzipien bewahren, 364, 369; *Junker*, IPRax 1998, 65, 68 f.; *Rühl*, in: BeckOGK Art. 6 Rom I-VO, Rn. 212.
429 *Schröder*, Das Günstigkeitsprinzip im internationalen Privatrecht, 1 ff.; *Vogeler*, Die freie Rechtswahl, 285; *Nygh*, Autonomy in international contracts, 156 f.
430 So *Rühl*, in: Kronke/Thorn, Grenzen überwinden - Prinzipien bewahren, 364, 369.

schwächere Partei tatsächlich besser stellt.[431] Wenn sich dabei Regelungen finden, welche den Verbraucher schlechter stellen, sind diese durch die zwingenden Schutznormen des objektiv anzuwendenden Rechts zu ersetzen.[432] Insoweit findet dann die Rechtsordnung, auf die sich die Parteien geeinigt haben, keine Anwendung.[433]

Demzufolge markieren die Vorschriften des objektiv anzuwendenden Rechts das grundlegende Schutzniveau, auf das sich die besonders geschützte Partei verlassen kann.[434] Daher stellt der Günstigkeitsvergleich sicher, dass ein Verbraucher durch eine Rechtswahl nicht schlechter gestellt wird, sondern nur die „bessere Regelung" für ihn Anwendung findet.[435]

Durch die überlagernde Rechtswahl kommt es zu einem *law mix*.[436] Dabei setzt sich das anzuwendenden Recht aus der gewählten Rechtsordnungen sowie den zwingenden, den Verbraucher besser stellenden Regelungen seines Aufenthaltsrechts zusammen.[437] Zur genauen Ausgestaltung des Günstigkeitsprinzips mit seinen Vor- und Nachteilen ist an gegebener Stelle noch einmal genauer zurückzukommen.[438]

b) Die Anknüpfungsregeln des Art. 8 Rom I-VO

Für Art. 8 Rom I-VO wählten die Verordnungsgeber das gleiche Schutzprinzip wie für Verbraucher.[439] Eine Abweichung von den Bestimmungen des objektiv anzuwendenden Rechts ist nur dann zulässig, wenn das gewählte Recht den Arbeitnehmer besser stellt und damit günstiger ist.[440] Nach Art. 8 I 2 Rom I-VO ist es daher durch die Abwahl eines Rechts zwar möglich, dass die dispositiven Vorschriften des ohne Rechtswahl anzuwendenden Rechts nicht zur Anwendung kommen, die zwingenden

---

431 *Schröder*, Das Günstigkeitsprinzip im internationalen Privatrecht, 17 ff.

432 *Calliess*, AcP 2003, 575, 591; *Rühl*, in: Kronke/Thorn, Grenzen überwinden - Prinzipien bewahren, 364, 369; *Junker*, IPRax 1998, 65, 68 f.; *Rühl*, in: BeckOGK Art. 6 Rom I-VO, Rn. 212.

433 *Vogeler*, Die freie Rechtswahl, 285; *Nygh*, Autonomy in international contracts, 156 f.

434 *Calliess*, AcP 2003, 575, 591; *Rühl*, in: Kronke/Thorn, Grenzen überwinden - Prinzipien bewahren, 364, 369; *Junker*, IPRax 1998, 65, 68 f.

435 *Kroll-Ludwigs*, Parteiautonomie, 457 ff.

436 So *Basedow*, in: Mansel/Pfeiffer/Kronke/Kohler/Hausmann, Festschrift für Erik Jayme, 3, 15. Siehe dazu auch *Maultzsch*, RabelsZ 75 (2011), 60, 80.

437 *Rühl*, in: BeckOGK Art. 6 Rom I-VO, Rn. 233 ff.; *Leible*, in: Hüßtege/Mansel, Art. 6 Rom I-VO, Rn. 67 ff.; *Heiderhoff*, in: Rauscher, Art. 6 Rom I-VO, Rn. 51 f.

438 Siehe dazu unter Teil 3 Kapitel 1A.IV.

439 *Doehner*, in: Hüßtege/Mansel, Art. 8 Rom I-VO, Rn. 22 ff., *von Hein*, in: Rauscher, Art. 8 Rom I-VO, Rn. 41 ff.; *Plender/Wilderspin*, The European Private International Law of Obligations, Rn. 11-031 ff.

440 *von Hein*, in: Rauscher, Art. 8 Rom I-VO, Rn. 27 ff.; *Doehner*, in: Hüßtege/Mansel, Art. 8 Rom I-VO, Rn. 19 f.; *Plender/Wilderspin*, The European Private International Law of Obligations, Rn. 11-031 ff.

Bestimmungen hingegen bleiben anwendbar.[441] Zwingende Normen in diesem Sinne sind Arbeitnehmerschutzvorschriften des objektiv anzuwendenden Rechts; man spricht auch von einem *ordre public interne*.[442]

Anders als für Verbraucher knüpft Art. 8 II Rom I-VO jedoch nicht an den Aufenthaltsstaat des Arbeitnehmers als das grundsätzlich objektive Vertragsstatut an, sondern an das Recht des Staates, in dem oder andernfalls von dem aus der Arbeitnehmer in Erfüllung des Vertrages gewöhnlich seine Arbeit verrichtet.[443] Eine nur vorübergehende Entsendung ändert nichts an dem objektiv anzuwendenden Recht.[444] Die Folge dessen ist, ebenso wie im Internationalen Verbraucherrecht, ein *law mix* aus gewähltem Recht und zwingenden Bestimmungen des Arbeitsortes.[445]

Ausnahmen von diesem Grundsatz ergeben sich nur dann, wenn das Recht nicht nach Art. 8 II Rom I-VO bestimmt werden kann (Absatz III) oder sich nach der Gesamtheit der Umstände eine engere Verbindung zu dem Recht eines anderen Staates ergibt (Absatz IV).

c) Die Anknüpfungsregel des Art. 5 Rom I-VO

Das Rechtswahlmodell, welches nach Art. 5 II Rom I-VO auf Personenbeförderungsverträge Anwendung findet, bezeichnet man als „beschränkte Rechtswahl".[446] Auf diesem Weg soll die zu befördernde Person geschützt werden.[447] Die Rom I-VO legt in Art. 5 II die Rechtswahl auf einen bestimmten Katalog an Rechtsordnungen fest.[448] Die beschränkte Rechtswahl bei Personenbeförderungsverträgen ist in Erwägungsgrund 32 damit begründet, dass es für zu befördernde Personen zur Gewährleistung eines angemessenen Schutzniveaus besondere Vorschriften benötigt.[449] Ein Rückgriff

---

441 Aufgrund dessen wurde der Regelung für Arbeitsverträge auch vorgeworfen, keine wirkliche Parteiautonomie zu gewährleisten. Siehe dazu *Markovska*, RdA 2007, 352, 354.

442 *Deinert*, Internationales Arbeitsrecht, 123.

443 *Doehner*, in: Hüßtege/Mansel, Art. 8 Rom I-VO, Rn. 22 ff., *von Hein*, in: Rauscher, Art. 8 Rom I-VO, Rn. 41 ff.; *Plender/Wilderspin*, The European Private International Law of Obligations, Rn. 11-031 ff.

444 *Doehner*, in: Hüßtege/Mansel, Art. 8 Rom I-VO, Rn. 22 ff., *von Hein*, in: Rauscher, Art. 8 Rom I-VO, Rn. 41 ff.

445 *Doehner*, in: Hüßtege/Mansel, Art. 8 Rom I-VO, Rn. 15; *Knöfel*, in: BeckOGK, Art. 8 Rom I-VO, Rn. 35; *von Hein*, in: Rauscher, Art. 8 Rom I-VO, Rn. 30.

446 *Heiss*, in: Baetge/von Hein/von Hinden, Die richtige Ordnung, 459459, 465; *Rühl*, in: Kronke/Thorn, Grenzen überwinden - Prinzipien bewahren, 364, 369.

447 *Mankowski*, TransportR 2008, 339, 339 ff.

448 *Thorn*, in: Rauscher, Art. 5 Rom I-VO, Rn. 78 ff.; *Wiese*, in: BeckOGK, Art. 5 Rom I-VO, Rn. 32 ff.; *Plender/Wilderspin*, The European Private International Law of Obligations, Rn. 8-039 ff.

449 Dazu Näheres unter Teil 2 Kapitel 1C.II.1.a).

auf die Vorschrift zu Verbraucherverträgen wird ausdrücklich abgelehnt.[450] Dies begründet sich aus der „Besonderheit" von Beförderungsverträgen.[451]

Der Art. 5 II 2 Rom I-VO statuiert für Beförderungsverträge, dass nur das Recht des Staates gewählt werden kann, in dem der Reisende (lit. a) oder der Beförderer seinen gewöhnlichen Aufenthalt hat (lit. b), in dem sich die Hauptverwaltung des Beförderers befindet (lit. c) oder in dem der Abgangsort (lit. d) oder Bestimmungsort (lit. e) belegen ist. Wird keine Rechtswahl nach Art. 5 II Unterabsatz II Rom I-VO getroffen, findet die Auffangregel des Art. 5 II Unterabsatz 1 Rom I-VO Anwendung.[452] Demnach ist das Recht anzuwenden, in dessen Staat die zu befördernde Person ihren gewöhnlichen Aufenthalt hat sofern sich der Abgangs- oder Bestimmungsort ebenfalls in diesem Staat befindet. Sind auch diese Voraussetzungen nicht erfüllt, ist das Recht des Staates anzuwenden, in dem der Beförderer seinen gewöhnlichen Aufenthalt hat.

Das gewählte Recht findet uneingeschränkt Anwendung. Hier wird also – anders als bei Verbraucher- oder Arbeitnehmerverträgen – kein Günstigkeitsvergleich vorgenommen, die Rechtswahl der Parteien wird bei diesen Vertragsarten nicht von den günstigeren Vorschriften des objektiv anzuwendenden Rechts überlagert.[453]

d) Die Anknüpfungsregeln des Art. 7 Rom I-VO

Für Versicherungsnehmer, welche eine Versicherung über ein Massenrisiko abschließen, ist dezidiert zwischen den einzelnen Anknüpfungsmöglichkeiten zu unterscheiden.

Die für die Versicherungsverträge in Art. 7 Rom I-VO festgelegten Rechtswahlmöglichkeiten entstammen dem Richtlinienkollisionsrecht.[454] Grundsätzlich findet für Versicherungsverträge über Massenrisiken nach Art. 7 III Rom I-VO das Modell der beschränkten Rechtswahl Anwendung. Dies gilt allerdings nur für Versicherungsverträge mit einer Risikobelegenheit innerhalb der EU.[455] Die Parteien können nach Art. 7 III Rom I-VO entweder das Recht des Mitgliedsstaates, in dem das Risiko belegen ist (a), das Recht, in dem der Versicherungsnehmer seinen gewöhnlichen Aufenthalt hat (b)[456], für Lebensversicherungen das Recht des Mitgliedsstaates, dessen

450 Siehe dazu Erwägungsgrund 32 der Rom I-VO.

451 Ausführlich dazu Teil 2 Kapitel 1C.II.4(2).

452 *Thorn*, in: Rauscher, Art. 5 Rom I-VO, Rn. 78 ff.; *Plender/Wilderspin*, The European Private International Law of Obligations, Rn. 8-039 ff.

453 *Leible*, in: Hüßtege/Mansel, Art. 5 Rom I-VO, Rn. 37; *Thorn*, in: Rauscher, Art. 5 Rom I-VO, Rn. 76.

454 *Basedow/Scherpe*, in: Lorenz/Trunk/Eidenmüller/Wendehorst/Adolff, Festschrift Heldrich, 511, 513.

455 *Lüttringhaus*, in: BeckOGK, Art. 7 Rom I-VO, Rn. 101 ff.; *Fricke*, in: Rauscher, Art. 7 Rom I-VO, Rn. 15 ff.; *Plender/Wilderspin*, The European Private International Law of Obligations, Rn. 10-050.

456 Dieses Recht gilt ohnehin in den Fällen der Gebäude-, Fahrzeug-, Reise- oder Ferienversicherung, dazu *Fricke*, in: Rauscher, Art. 7 Rom I-VO, Rn. 17.

Staatsangehöriger der Versicherte ist (c)[457], in Fällen der Divergenz zwischen Risikobelegenheit und Ort der Risikoverwirklichung das Recht des Mitgliedsstaates der Risikobelegenheit (d)[458] sowie bei der Versicherung von Risiken aus der geschäftlichen Tätigkeit im Fall der Mehrfachbelegenheit das Recht eines betroffenen Mitgliedsstaates oder das Recht des gewöhnlichen Aufenthalts des Versicherungsnehmers (e)[459] wählen.

Teilweise wird die Regelung des Art. 7 III Rom I-VO durch die Öffnungsklausel des Art. 7 III Unterabsatz 2 Rom I-VO eingeschränkt.[460] Demnach ist bei einer Rechtswahl nach den Buchstaben a, b und e zu untersuchen, ob die betreffenden Mitgliedsstaaten eine größere Rechtswahl bezüglich des auf den Versicherungsvertrag anwendbaren Rechts einräumen. Dann ist es möglich, dass die Parteien von dieser Regelung anstelle der des Art. 7 III Rom I-VO Gebrauch machen.

Bei Verbraucherversicherungsverträgen mit einer Risikobelegenheit außerhalb der EU finden gemäß Art. 7 I Rom I-VO die Vorschriften des Art. 7 Rom I-VO keine Anwendung. Nach Erwägungsgrund 32 der Rom I-VO ist hier auf Art. 6 Rom I-VO Rückgriff zu nehmen. Demnach ist zu unterscheiden, ob es sich um einen Verbrauchervertrag nach Art. 6 I oder III Rom I-VO handelt oder nicht. Übt der Versicherer seine berufliche oder gewerbliche Tätigkeit im Versicherungsnehmerstaat aus oder hat er seine Tätigkeit auf diesen Staat ausgerichtet, findet das Günstigkeitsprinzip nach Art. 6 II Rom I-VO Anwendung, handelt es sich um einen Verbraucherversicherungsvertrag nach Art. 6 III Rom I-VO kommen nur die allgemeinen Anknüpfungsregeln der Art. 3 und 4 Rom I-VO in Betracht.[461] Diese Normen finden im Übrigen auch für Nicht-Verbraucher-Versicherungsnehmer bei einer Risikobelegenheit außerhalb der EU Anwendung.[462]

Schwieriger ist die Einordnung von gemischten Verbraucher/Nicht-Verbraucherversicherungsverträgen mit einer Risikobelegenheit außerhalb der Europäischen

457 Die Rechtswahloption für Lebensversicherungen soll dem Umstand Rechnung tragen, dass der Versicherungsnehmer außerhalb seines Heimatstaates lebt.

458 Hinter der Regelung bei einer Versicherung auf Schadensfälle nach lit. d) steht ebenfalls eine bessere Abstimmung mit dem Umfeld des abgesicherten Lebenssachverhalts sowie ein Gleichlauf in Deliktsfällen mit dem Vertragsstatut; *Fricke*, in: Rauscher, Art. 7 Rom I-VO, Rn. 20; *Martiny*, in: MüKo, Art. 7 Rom I-VO, Rn. 32.

459 Ein größeres Maß an Rechtswahlfreiheit wird den Parteien mit lit. e) gewährt. Diese Regelung knüpft damit an das unterstellte, geringere Schutzbedürfnis der Parteien (gewerbliche oder industrielle Tätigkeit beziehungsweise Freiberufler) an. Die Vorschrift führt jedoch in den Fällen zu einer Statutenspaltung, wenn einige der betroffenen Mitgliedsstaaten außerhalb der EU liegen. Hier findet wieder Art. 3 und 4 Anwendung, *Fricke*, in: Rauscher, Art. 7 Rom I-VO, Rn. 21; *Martiny*, in: MüKo, Art. 7 Rom I-VO, Rn. 32.

460 *Fricke*, in: Rauscher, Art. 7 Rom I-VO, Rn. 21.

461 Dazu ausführlich *Lüttringhaus*, in: BeckOGK, Art. 7 Rom I-VO, Rn. 163 ff.; *Fricke*, in: Rauscher, Art. 7 Rom I-VO, Rn. 27 ff.; *Leible*, in: Hüßtege/Mansel, Art. 7 Rom I-VO, Rn. 65 ff.

462 *Fricke*, in: Rauscher, Art. 7 Rom I-VO, Rn. 16.

Union. Hier ist wohl, in Anlehnung an die Rechtsprechung des EuGH[463], ebenfalls einer Anknüpfung nach der allgemeinen Rechtswahlfreiheit zu folgen.[464]

e) Die Anknüpfungsregeln des Art. 14 Rom II-VO

Die Rom II-VO weist ein weiteres Modell der Rechtswahlbeschränkung auf. Sie beschränkt die Parteien eines außervertraglichen Schuldverhältnisses in ihrer Parteiautonomie dahingehend, dass eine Rechtswahl nur beim Vorliegen bestimmter Bedingungen möglich ist.[465]

Art. 14 Rom II-VO gibt vor, dass eine Rechtswahl grundsätzlich nach Eintritt des schadensbegründenden Ereignisses möglich ist (Art. 14 I lit. a) Rom II-VO – gleichzeitig ein Rechtswahlausschluss für die nicht-kommerziell tätige Partei für die Zeit vor dem Eintritt des schadensbegründenden Ereignisses). Eine vorhergehende Rechtswahl ist nur dann möglich, wenn alle beteiligten Parteien einer kommerziellen Tätigkeit nachgehen und sie die Rechtswahl in einer frei ausgehandelten Vereinbarung treffen (Art. 14 I lit. b) Rom II-VO).[466]

(1) Art. 14 I 1 lit. a) Rom II-VO

Eine nicht-kommerziell tätige Partei kann vor Eintritt des schadensbegründenden Ereignisses keine Rechtswahl treffen. Für sie ist eine Rechtswahl nur nach Eintritt des schadensbegründenden Ereignisses zulässig.[467] Ab diesem Zeitpunkt sind allerdings keine besonderen Voraussetzungen mehr an die Rechtswahl gestellt.[468] Anders als bei der vorherigen Rechtswahl ist eine Rechtswahl *ex post* also für alle Parteien möglich.[469]

Die akzessorische Anknüpfung nach Art. 4 III Rom II-VO kann diese Regelung jedoch unterlaufen.[470] Nach Art. 4 III Rom II-VO ist vorgesehen, dass im Falle einer offensichtlich engeren Verbindung zu dem Recht eines anderen als des gewählten Staates das Recht dieses anderen Staates Anwendung finden soll.[471] Eine offensichtlich

463 EuGH Rs. C-464/01, Rn. 38 ff.

464 *Fricke*, in: Rauscher, Art. 7 Rom I-VO, Rn. 42 ff.

465 *Sonnentag*, ZVglRWiss 105 (2006), 256, 274; *Mandery*, Party Autonomy in Contractual and Non-Contractual Obligations, 106 ff.; *Jakob/Picht*, in: Rauscher, Art. 14 Rom II-VO, Rn. 20.

466 Beziehungsweise dessen Äquivalent, siehe dazu oben bereits unter Teil 2 Kapitel 1B.I.

467 *Sonnentag*, ZVglRWiss 105 (2006), 256, 274; *Mandery*, Party Autonomy in Contractual and Non-Contractual Obligations, 106 ff.

468 *Jakob/Picht*, in: Rauscher, Art. 14 Rom II-VO, Rn. 16 ff.

469 *von Hein*, in: Calliess, Art. 14 Rome II Regulation, Rn. 18.

470 Dazu Näheres unter Teil 2 Kapitel 1C.II.1.c).

471 Es ist umstritten, wie sich im Falle einer vorhergehenden Rechtswahl nach Art. 6 und 8 Rom I-VO das Günstigkeitsprinzip auf das außervertragliche Schuldverhältnis auswirkt. Zu diesem Problem *Rühl*, in: BeckOGK Art. 14 Rom II-VO, Rn. 29 f.

engere Verbindung ist beispielsweise dann anzunehmen, wenn zwischen den Parteien ein bereits bestehendes Rechtsverhältnis existiert.[472] Ausdrücklich ist dabei die Möglichkeit eines bestehenden vertraglichen Verhältnisses genannt.[473]

(2) Art. 14 I 1 lit. b) Rom II-VO

Die kommerziell tätige Partei hingegen ist in ihrer Möglichkeit zur vorherigen Rechtswahl insoweit beschränkt, als das eine „bedingte Rechtswahl" erfolgen kann.[474] Hiermit soll der vom Eintritt des schadensbegründenden Ereignisses Betroffene – der Geschädigte – vor einer nachteiligen Rechtswahl geschützt werden.[475] Die bedingte Rechtswahl schränkt die Rechtswahlfreiheit der Parteien – anders als im Internationalen Vertragsrecht – über verschiedene Voraussetzungen ein. Es kommt auf den Zeitpunkt der Rechtswahl, die Betätigung der Parteien und die Form der Vereinbarung an.[476]

aa) Der Zeitpunkt der Rechtswahl und die kommerzielle Tätigkeit der Parteien

Welche Voraussetzungen an die kommerzielle Tätigkeit der Parteien gestellt sind und was der Eintritt des schadensbegründenden Ereignisses für Art. 14 Rom II-VO bedeutet, wurde bereits an anderer Stelle dargelegt.[477]

bb) Frei ausgehandelte Vereinbarung

Als weitere Bedingung verlangt Art. 14 I 1 lit. b) Rom II-VO ein freies Aushandeln der Rechtswahl durch die Parteien.[478]

Die Frage, ob damit allein eine individualvertragliche Vereinbarung gemeint ist oder eine Rechtswahl auch durch Allgemeine Geschäftsbedingungen möglich sein soll, ist immer noch hoch umstritten.[479] Neben diesen beiden Positionen wird auch vertreten, dass die Voraussetzung der frei ausgehandelten Vereinbarung gar keine

---

472 *Unberath/Cziupka*, in: Rauscher, Art. 4 Rom II-VO, Rn. 98 ff.

473 Der Wortlaut des Art. 4 III 2 Rom II-VO.

474 *Mandery*, Party Autonomy in Contractual and Non-Contractual Obligations, 110 ff.

475 *Wagner*, IPRax 2008, 1, 13; *Mankowski*, IPRax 2010, 389 ff.

476 *Mandery*, Party Autonomy in Contractual and Non-Contractual Obligations, 110 ff.; *Wagner*, IPRax 2008, 1, 13; *Mankowski*, IPRax 2010, 389 ff.

477 *Jakob/Picht*, in: Rauscher, Art. 14 Rom II-VO, Rn. 20.

478 Hierzu *Wagner*, IPRax 2008, 1, 13; *Kadner Graziano*, RabelsZ 73 (2009), 1, 8; *Wandt*, Rechtswahlregelungen im Europäischen Kollisionsrecht, 79 ff.

479 *Jakob/Picht*, in: Rauscher, Art. 14 Rom II-VO, Rn. 23 ff.; *Dickinson*, The Rome II Regulation, Rn. 13.08 ff.; *Gebauer*, in: Hüßtege, Art. 14 Rom II-VO, Rn. 35 f.; *Rühl*, in: BeckOGK Art. 14 Rom II-VO, Rn. 64 ff.; *Wandt*, Rechtswahlregelungen im Europäischen Kollisionsrecht, 79 ff.

Bedeutung habe[480] oder das eine frei ausgehandelte Vereinbarung dann vorliege, wenn ihr individuell von den Parteien zugestimmt wird.[481] Schließlich sei eine Vereinbarung als frei ausgehandelt anzusehen, wenn keine Täuschung über die Rechtswahl erfolgt.[482]

Wenn man tatsächlich eine individuelle ausgehandelte Vereinbarung fordert, wäre der praktische Anwendungsbereich der Vorschrift marginal, denn Allgemeine Geschäftsbedingungen nehmen eine nicht wegzudenkende Rolle im internationalen Geschäftsverkehr ein.[483] Die Anforderung sei daher als bloße Missbrauchskontrolle zu verstehen,[484] bei einer übereinstimmenden Bezugnahme auf eine Rechtsordnung durch Allgemeine Geschäftsbedingungen sei demnach unproblematisch auf eine ausreichende Wahrung aller Interessen zu schließen.[485]

Dennoch ist der strengen Auffassung zu folgen, die eine individualvertraglich ausgehandelte Rechtswahlvereinbarung fordert und Allgemeine Geschäftsbedingungen nicht als ausreichend erachtet.[486] Dies ist aus der Entstehungsgeschichte der Vorschrift zu schließen.[487] Bereits im Jahr 2002 forderte eine Legislative Entschließung des Europäischen Parlaments zum Vorschlag für eine Rom II-VO[488], dass eine Rechtswahl „mittels einer frei ausgehandelten Vereinbarung" möglich sein soll. Ausgeschlossen werden sollten damit Rechtswahlklauseln in standardisierten Verträgen.[489] Diese Formulierung griff der Kommissionsvorschlag vom Februar 2006 auf, welcher erneut deutlich machte, dass allein individuell ausgehandelte Rechtswahlvereinbarungen gemeint sind.[490] Der Kommissionsvorschlag gab vor,

---

480 Diese Ansicht ist bereits anhand des unterschiedlichen Wortlauts der Varianten in Art. 14 Rom II-VO abzulehnen, so auch *Gebauer*, in: Hüßtege, Art. 14 Rom II-VO, Rn. 36; *Junker*, in: MüKo, Art. 14 Rom II-VO, Rn. 34; *Nehne*, Methodik und allgemeine Lehren des europäischen Internationalen Privatrechts, 244 ff.

481 *Kadner Graziano*, in: Ahern/Binchy, The Rome II Regulation on the Law Applicable to Non-Contractual Obligations, 113, 121; *Kadner Graziano*, RabelsZ 73 (2009), 1, 8.

482 *Wagner*, IPRax 2008, 1, 13 f.; *Kroll-Ludwigs*, Parteiautonomie, 91 f.; *Jakob/Picht*, in: Rauscher, Art. 14 Rom II-VO, Rn. 22 f.; *Pfütze*, ZEuS 2011, 35, 66 ff.; *Vogeler*, Die freie Rechtswahl, 177 f.

483 *Jakob/Picht*, in: Rauscher, Art. 14 Rom II-VO, Rn. 23; *Gebauer*, in: Hüßtege, Art. 14 Rom II-VO, Rn. 35; *Kroll-Ludwigs*, Parteiautonomie, 92.

484 *Jakob/Picht*, in: Rauscher, Art. 14 Rom II-VO, Rn. 23.

485 *Kroll-Ludwigs*, Parteiautonomie, 91 f.

486 *Jakob/Picht*, in: Rauscher, Art. 14 Rom II-VO, Rn. 23.

487 Dazu ausführlich unten Teil 2 Kapitel 1C.II.1.e).

488 Legislative Entschließung des Europäischen Parlaments zu dem Vorschlag für eine Verordnung des Europäischen Parlaments und des Rates über das auf außervertragliche Schuldverhältnisse anzuwendende Recht („Rom II"), PA_TA (2005)0284.

489 *Rühl*, in: BeckOGK Art. 14 Rom II-VO, Rn. 65 (insbesondere Fn. 179).

490 *Jakob/Picht*, in: Rauscher, Art. 14 Rom II-VO, Rn. 23; *Rühl*, in: BeckOGK Art. 14 Rom II-VO, Rn. 65.

dass zwischen Gewerbetreibenden auch eine Rechtswahl Bestandteil eines „frei zwischen ihnen ausgehandelten Vertrags" sein kann.[491]

(3) Sonstige Voraussetzungen

Für beide Personengruppen gilt schließlich, dass die Rechtswahl ausdrücklich erfolgen oder sich mit hinreichender Sicherheit aus den Umständen des Falles ergeben muss. Sind die jeweiligen Voraussetzungen von Art 14 I 1 lit. a) oder lit. b) Rom II-VO bei der Rechtswahl erfüllt, ist diese wirksam. Andere Beschränkungen gelten nicht. Da diese Voraussetzungen an die „Form" der Rechtswahl, jedoch nicht spezifisch dem Schutz der schwächeren Partei dienen, wird darauf nicht weiter eingegangen.

(4) Relevanz der Vorschrift

Teilweise besteht der Vorwurf, die Regelung des Art. 14 I lit. a) Rom II-VO habe keinerlei Anwendungsbereich und sei damit überflüssig.[492] Wenn die Parteien sich vor dem schadensbegründenden Ereignis nicht kennen, sind sie wahrscheinlich nachträglich nicht bereit, sich zu einer Rechtswahl hinreißen zu lassen. Dies sei auf die großen Unterschiede in den einzelnen nationalen Kodifikationen zurückzuführen, sodass eine Partei natürlicherweise bei einer solchen Vereinbarung benachteiligt werden könnte.[493] Wenn wiederum zwischen den Parteien bereits eine – beispielsweise vertragliche – Beziehung besteht, ist das Recht, dem diese unterliegt, auch für das außervertragliche Schuldverhältnis heranzuziehen (Art. 4 III Rom II-VO).[494]

Die Interessengegensätze der Parteien verhindern nach Entstehen des außervertraglichen Schuldverhältnisses das Zustandekommen einer Rechtswahl nicht zwingend.[495] Viel eher entspricht es der Praxis, dass die Parteien im Rahmen eines Prozesses die Rechtwahl zu Gunsten der *lex fori* gestalten, um Schwierigkeiten zu vermeiden, die mit der Anwendung ausländischen Rechts durch das erkennende Gericht verbunden sein können.[496]

---

491 Geänderter Vorschlag für eine Verordnung des Europäischen Parlaments und des Rates über das auf außervertragliche Schuldverhältnisse anzuwendende Recht („Rom II"), KOM (2006) 83 endg. S. 3.

492 *Jakob/Picht*, in: Rauscher, Art. 14 Rom II-VO, Rn. 3; *Junker*, in: MüKo, Art. 14 Rom II-VO, Rn. 6; *Garcimartín Alférez*, EuLF 2007, I-77, I-82.

493 *Kadner Graziano*, RabelsZ 73 (2009), 1, 7; *Leible*, RIW 2008, 257, 261; *Mankowski*, IPRax 2010, 389, 399.

494 *Kadner Graziano*, in: Ahern/Binchy, The Rome II Regulation on the Law Applicable to Non-Contractual Obligations, 113, 114.

495 *Jakob/Picht*, in: Rauscher, Art. 14 Rom II-VO, Rn. 3; *Kadner Graziano*, RabelsZ 73 (2009), 1, 6.

496 *Jakob/Picht*, in: Rauscher, Art. 14 Rom II-VO, Rn. 3; *Kadner Graziano*, RabelsZ 73 (2009), 1, 6.

Die Relevanz der Vorschrift Art 14 I lit. b) Rom II-VO wurde ebenso bezweifelt.[497] Es gibt aber eine Anzahl von Situationen, in denen eine vorherige Rechtswahl für die Parteien wünschenswert sein kann.[498] Beispielsweise kennen sich die Parteien vor Eintritt des außervertraglichen Schuldverhältnisses und erwarten den Eintritt eines solchen.[499] Oder es soll ein Vertrag durchgeführt werden und es besteht ein erhebliches Risiko, dass außervertragliche Schuldverhältnisse entstehen, für welche die Parteien gerade Vorsorge treffen wollen.[500] Dies gilt gleichermaßen für nichtdeliktische außervertragliche Schuldverhältnisse, die aus einem engen und keineswegs streitbehafteten Kontakt der Parteien herrühren können.[501] Löst man sich also von der Vorstellung, ein außervertragliches Schuldverhältnis entstehe allein aus einem unerwartetem Aufeinandertreffen oder aufgrund einer vorherigen vertraglichen Beziehung zwischen den Parteien, lassen sich verschiedene Anwendungsbereiche für die vorherige Rechtswahl im Bereich der außervertraglichen Schuldverhältnisse finden.[502] Hier ist beispielsweise an außervertragliche Beziehungen von Subunternehmern in komplexen Großvorhaben[503] sowie an reine Gefälligkeitsverträge zu denken.[504] Generell dient die antizipierte Rechtswahl daher dazu, alle außervertraglichen Schuldverhältnisse im Voraus dem Recht zu unterstellen, welches zwischen den Parteien gewählt wurde.[505] Die Parteien eines außervertraglichen Schuldverhältnisses haben daher anerkanntermaßen ein legitimes Interesse daran,

497 Vgl. etwa *Garcimartín Alférez*, EuLF 2007, I-77, I-82; *Leible/Lehmann*, RIW 2007, 721, 726; *Junker*, in: MüKo, Art. 14 Rom II-VO, Rn. 6.

498 *Jakob/Picht*, in: Rauscher, Art. 14 Rom II- VO, Rn. 3; *Leible/Engel*, EuZW 2004, 7, 15; *Wagner*, IPRax 2006, 372, 387; *Wandt*, Rechtswahlregelungen im Europäischen Kollisionsrecht, 89 ff.

499 *Jakob/Picht*, in: Rauscher, Art. 14 Rom II-VO, Rn. 3.

500 Vgl. bei Straßenverkehrsunfällen bei Personenbeförderung *Junker*, JZ 2008, 169, 173; *Kadner Graziano*, RabelsZ 73 (2009), 1, 7.

501 Vgl. zu Rechtswahl im Anwendungsbereich des HStVÜbk 1971, *Ofner*, ZfRV 2008, 13, 22.

502 *Jakob/Picht*, in: Rauscher, Art. 14 Rom II-VO, Rn. 18. A.A. Hamburg Group for Private International Law, RabelsZ 67 (2003), 1, 35; Stellungnahme der 2. Kommission des Deutschen Rates für Internationales Privatrecht zum Vorentwurf eines Vorschlags der Europäischen Kommission für eine Verordnung des Rates über das auf außervertragliche Schuldverhältnisse anzuwendende Recht (Fn. 51 mit Link); *Rugullis*, IPRax 2008, 319, 322; *Kadner Graziano*, RabelsZ 73 (2009), 1, 9.

503 *von Hoffmann*, RabelsZ 64 (2000), 595, 601 f.; *Jakob/Picht*, in: Rauscher, Art. 14 Rom II-VO, Rn. 18.

504 *Kadner Graziano*, Gemeineuropäisches internationales Privatrecht, 185 f.; *Jakob/Picht*, in: Rauscher, Art. 14 Rom II-VO, Rn. 18

505 *Kadner Graziano*, RabelsZ 73 (2009), 1, 7; *Jakob/Picht*, in: Rauscher, Art. 14 Rom II-VO, Rn. 18; *Wagner*, IPRax 2008, 1, 6. Siehe zur akzessorischen Rechtswahl Teil 2 Kapitel 1C.II.1.c).

die anwendbare Rechtsordnung von Beginn an selbst zu bestimmen.[506] Denn den Parteien ist so die Möglichkeit gegeben, ein Recht zur Anwendung kommen zu lassen, auf welches sich beide geeinigt haben.[507]

Der Rechtswahlvorschrift in Art. 14 Rom II-VO ist daher eine herausragende Rolle bei der Frage nach dem anwendbaren Recht in der Rom II-VO zu attestieren. Art. 4 III Rom II-VO ist hier ebenfalls als Argument heranzuziehen.[508] Das Problem der akzessorischen Anknüpfung wird häufig mit der Formulierung einer Rechtswahl „durch die Hintertür" umschrieben.[509] Die Verordnungsgeber haben sich aber bewusst für die Möglichkeit einer vorherigen Rechtswahl und gegen das alleinige Wirken des Art. 4 III Rom II-VO entschieden. Die Variante einer direkten Rechtswahlmöglichkeit ist unter Umständen einer Rechtswahl „auf Umwegen" vorzuziehen, da sie für die Parteien die notwenigen Informationen bereithält, ihre Beziehungen in einer klaren und effizienten Weise zu regeln. Darüber hinaus gibt es Konstellationen, in denen die Parteien zwar zusammenarbeiten, aber keine direkte vertragliche Beziehung zwischen ihnen besteht. Eine akzessorische Anknüpfung wäre in diesen Fällen nicht möglich. Ein weiterer Anwendungsbereich der vorherigen Rechtswahl sind solche Beziehungen, die einheitlichem Vertragsrecht (CISG)[510] oder nicht-staatlichen Regelungen (PETL oder UNIDROIT-Prinzipien)[511] unterliegen. Das Gleiche gilt in der Zukunft für solche Fälle, in denen sich die Parteien für die Anwendung eines

---

506 Hier kann beispielsweise auch an versicherungstechnische Gründe gedacht werden. So auch *Thorn*, in: Palandt, Art. 14 Rn. 7. Hier wird der internationale Anlagenbau als Beispiel herangezogen. Mangels vertraglicher Beziehungen unterliegt die Haftung verschiedener Subunternehmer dem Deliktsstatut und damit verschiedenen Möglichkeiten einer Auflockerung. Hier kann durch eine vorherige Rechtswahl Rechtssicherheit geschaffen werden. Das Gleiche gilt für den Wettbewerb zwischen den teilnehmenden Parteien. *Leible/Lehmann*, RIW 2007, 721, 726 m.w.N.

507 *Thorn*, in: Palandt, Art. 14 Rom II-VO, Rn. 7; *Sonnentag*, ZVglRWiss 105 (2006), 256, 276.

508 *Mankowski*, IPRax 2010, 389, 399; *Leible/Lehmann*, RIW 2007, 721, 725; *Odendahl*, Internationales Deliktsrecht der Rom II-VO und die Haftung für reine Vermögensschäden, 131 ff.; *Mandery*, Party Autonomy in Contractual and Non-Contractual Obligations, 122 ff.

509 *Kadner Graziano*, Gemeineuropäisches internationales Privatrecht, 186.

510 Übereinkommen der Vereinten Nationen über Verträge über den Internationalen Warenverkauf vom 11. April 1980, BGBl. 1989 II, S. 588. Dies begründet sich aus dem Umstand, dass im CISG keine deliktischen Fragen geregelt werden. Siehe auch *von Hein*, RabelsZ 64 (2000), 595, 601 f.; *Jakob/Picht*, in: Rauscher, Art. 14 Rom II-VO, Rn. 18.

511 Principles of European Tort Law (http://www.egtl.org/, zuletzt abgerufen am 30.07.2016) and Principles for International Commercial Contracts (http://www.unidroit.org/english/principles/contracts/principles2010/integralversionprinciples2010-e.pdf zuletzt abgerufen am 30.07.2016).

künftigen optionalen Gemeinschaftsinstruments entscheiden.[512] Keine der zuvor genannten Kodifikationen hält Regelungen für außervertragliche Schuldverhältnisse bereit und auch eine akzessorische Anknüpfung an das Recht des Staates, dem die Beziehung der Parteien unterliegt, ist nicht möglich.

Die Vorschrift des Art. 14 Rom II-VO darf daher nicht vorschnell als überflüssig abgetan werden.[513]

II. Begründungsansätze für die unterschiedlichen Schutzregelungen

Als ein möglicher Begründungsansatz für die unterschiedliche Behandlung der schwächeren Partei im Internationalen Schuldrecht sind rechtshistorische Aspekte heranzuziehen.[514] Daneben existieren weitere Ansätze, die für eine unterschiedliche Behandlung der einzelnen Personengruppen sprechen könnten. Hierbei handelt es sich zum einen um die Informationsunterlegenheit,[515] unter der die schwächere Partei zu leiden hat und die wohl als schwerwiegendster Faktor gilt.[516] Weiterhin ist die Dominanz der stärkeren Partei vor allem durch die Abhängigkeit gekennzeichnet,[517] in welcher sich die unterlegene Partei zu ihr befindet.[518] Einige dieser Einflüsse bedingen sich aber auch gegenseitig, was die Benachteiligung der schwächeren Partei erheblich potenzieren kann.

Im Folgenden sind die einzelnen Personengruppen anhand der drei genannten Kriterien (Entwicklungsgeschichte, Informationsasymmetrien, Abhängigkeitsverhältnisse) gegenüberzustellen. Möglicherweise ergibt sich dabei eine Begründung dafür, warum unterschiedliche Anknüpfungsregelungen für die jeweils schwächere Partei in der Rom I- und II-VO zur Anwendung kommen. Eine detaillierte Auswertung der hier vorgenommenen Gegenüberstellung erfolgt im nächsten Abschnitt.

---

512 Wie zum Beispiel den (Draft) Common Frame of Reference (http://ec.europa.eu/justice/policies/civil/docs/dcfr_outline_edition_en.pdf, der jedoch zurückgenommen wurde, zuletzt abgerufen am 30.07.2016).

513 *Jakob/Picht*, in: Rauscher, Art. 14 Rom II-VO, Rn. 3 ff.

514 Dazu beispielsweise *Joerges*, Verbraucherschutz als Rechtsproblem, 133 ff.; *von Hippel*, Verbraucherschutz, 183 ff.

515 *Kroll-Ludwigs*, Parteiautonomie, 453 ff.; *Rühl*, Cornell Int'l L.J. 2011, 569, 573; *Haupt*, Germ. L. J. 2003, 1137, 1139; *Akerlof*, Quart. J. Econ. 1970, 488, 490; *Fleischer*, Informationsasymmetrie im Vertragsrecht, 19 ff.; *Lüscher*, Zur Konzeptualisierung von Verbrauchervertragsrecht, 18; *Schäfer*, in: Grundmann, Systembildung und Systemlücken, 559, 560.

516 Diese Einschätzung beruht auf der schieren Masse an Literatur zu diesem Thema, siehe allein *Fleischer*, Informationsasymmetrie im Vertragsrecht; *Rühl*, Statut und Effizienz, 558; *Tamm*, Verbraucherschutzrecht, 15.

517 *Rühl*, in: Möslein, Private Macht, 475, 482; *Calliess*, Grenzüberschreitende Verbraucherverträge, 93; *Tamm*, Verbraucherschutzrecht, 16.

518 *Dichtl/Berekoven*, Verbraucherschutz in der Marktwirtschaft, 1 ff; *Martens*, Die existentielle Wirtschaftsabhängigkeit, 1 ff.

1. Die Entwicklungen der einzelnen Vorschriften

Eine mögliche Begründung für die unterschiedliche Behandlung der schwächeren Partei könnte in der Entstehung der jeweiligen Schutzvorschrift liegen. Dafür sind die einzelnen Personengruppen vor dem Hintergrund ihrer Entwicklungsgeschichte zu betrachten.

a) Die Entwicklung des Internationalen Verbraucherschutzes bis hin zu Art. 6 Rom I-VO

Die Tendenzen des Verbraucherschutzes lassen sich gleichsam auf der Ebene des Kollisionsrechts und des materiellen Rechts wiederfinden. Durch den Einfluss des Verbraucherschutzgedankens auf die nationalen Rechtsordnungen und dessen verstärkte Wahrnehmung auch in der europäischen Politik wurden die anfänglichen Bestrebungen recht bald zu einem Grundsatz in allen kollisionsrechtlichen Regelwerken und überflügelten damit die ursprünglich nationalen Entwicklungen.[519] Das Ziel „Verbraucherschutz" ist daher wahrlich keine neue Entdeckung, auch wenn es auf dem europäischen und internationalen Parkett erst verhältnismäßig spät Einzug hielt.[520]

(1) Die Entwicklung des Verbraucherschutzes

Die Anknüpfung von Verbraucherverträgen hat trotz dessen bereits eine wechselvolle Geschichte hinter sich.[521] Erste Vorschriften, denen bereits eine verbraucherschützende Intention zuzusprechen war, stammen aus dem Bereich des Wirtschaftsverwaltungsrechts und des Wettbewerbsrechts.[522] Deren Entwicklung ist teilweise sogar bis ins Mittelalter zurückzudatieren und prägte auch im 19. Jahrhundert noch die Gesetzgebung.[523]

Grundlegend ging man immer – ein marktwirtschaftliches Verständnis vorausgesetzt – davon aus, dass sich bei einer Transaktion zwei gleich starke Partner gegenüberstehen.[524] Doch die Realität strafte dieses Verständnis als Irrglaube und Utopie ab. Der Umstand, dass Verbraucher nahezu keine Information über die erworbenen Produkte hatten und insgesamt wesentlich kenntnisärmer waren als heute, zeichnete

---

519 *von Hippel*, Verbraucherschutz, 17 ff.; *Tamm*, Verbraucherschutzrecht, 195. Dazu auch *Alexander*, Verbraucherschutzrecht.

520 *Kropholler*, RabelsZ 42 (1978), 634, 634 ff.; *von Hoffmann*, RabelsZ 38 (1974), 396, 396 ff.; *Nygh*, Autonomy in international contracts, 143 ff.; *Sachse*, Der Verbrauchervertrag, 18 ff.; *Rudisch*, in: Schnyder/Heiss/Rudisch, Internationales Verbraucherschutzrecht, 191, 195.

521 *Rühl*, Statut und Effizienz, 546; *Kropholler*, RabelsZ 42 (1978), 634 ff.; *von Hoffmann*, RabelsZ 38 (1974), 396 ff.

522 *Tamm*, Verbraucherschutzrecht, 181.

523 *Sachse*, Der Verbrauchervertrag, 13.

524 *Kroeger*, Der Schutz der „marktschwächeren" Partei, 5; *Dichtl/Berekoven*, Verbraucherschutz in der Marktwirtschaft, 23 ff.

den Verbraucher seit jeher als unterlegene Partei aus.[525] Aufgrund der Masse an Angeboten und Informationen, die es einzuholen und zu vergleichen gibt, um eine fundierte Entscheidung bezüglich einer Transaktion treffen zu können, brauchte es Kenntnisse, die der durchschnittliche Verbraucher nicht hatte. Der Markt war durch suggestive Einflussnahme, fragwürdige Werbemethoden und neue Vertriebsformen allein darauf ausgerichtet, seine Produkte „an den Mann zu bringen". Teilweise nahm man keine Rücksicht darauf, auf mögliche Gefahren für die Sicherheit und Gesundheit der Kunden hinzuweisen.[526] Selbst wenn ein Verbraucher einen Anspruch gegen einen Unternehmer hatte, fiel es ihm in der Regel dann schwer, diesen auch durchzusetzen.[527] Das sich an dieser Lage etwas ändern musste, war klar.[528]

1959 wurde daher in Großbritannien eine Kommission ins Leben berufen, die mögliche Reformen für einen besseren Schutz der Verbraucher entwickeln sollte. Einen Entwurf präsentierte die Kommission im Jahre 1962, in welchem sie verschiedene Empfehlungen im Bereich des Warenkaufs unterbreitete.[529] Vorschläge zur Verbesserung der Lage der Verbraucher waren zum einen die Errichtung einer zentralen Verbraucherschutzinstitution sowie der Aufbau eines lokalen Netzes an Verbraucherberatungsstellen.

Auch in Deutschland nahm die Entwicklung des Verbraucherschutzes an Fahrt auf: In den 50er und 60er Jahren gab es verschiedene Bewegungen, die die Lage der Verbraucher verbessern sollten.[530] Trotzdem war weiten Teilen der Bevölkerung das Wort „Verbraucherschutz" unbekannt.[531]

Wichtige Impulse zum Verbraucherschutz kamen vor allem aus den Vereinigten Staaten.[532] Hier traten ein Anwalt und ein Präsident für die Grundrechte von Verbrauchern in Aktion. In der legendären Verbraucherbotschaft, die *John F. Kennedy* am 15. März 1962 an die amerikanische Bevölkerung richtete,[533] skizzierte er ein

---

525 *Dichtl/Berekoven*, Verbraucherschutz in der Marktwirtschaft, 23 ff.

526 *von Hippel*, Verbraucherschutz, 4; *Dichtl/Berekoven*, Verbraucherschutz in der Marktwirtschaft, 45.

527 *Basedow*, RabelsZ 75 (2011), 32, 48; *Dichtl/Berekoven*, Verbraucherschutz in der Marktwirtschaft, 72; *Tamm*, Verbraucherschutzrecht, 17 f.

528 *von Hippel*, Verbraucherschutz, 5.

529 Vgl. Final Report of the Commitee on Consumer Protection, 1962 (auch bekannt unter dem Titel „Molony Report").

530 *Tamm*, Verbraucherschutzrecht, 184 ff.

531 *von Hippel*, Verbraucherschutz, 26 ff.; *Dichtl/Berekoven*, Verbraucherschutz in der Marktwirtschaft, 30 ff.

532 Hier ist auf zwei Autoren hinzuweisen, die den amerikanischen Verbraucher auf die bestehenden Probleme aufmerksam machten: Vance Packard (*Packard*, The Waste Makers; *Packard*, Die geheimen Verführer. Der Griff nach dem Unbewussten in Jedermann) und John Kenneth Galbraith (*Galbraith*, The Affluent Society; *Galbraith*, Economics and the Public Purpose).

533 Special Message to the Congress on Protecting the Consumer Interest, http://www.presidency.ucsb.edu/ws/?pid=9108 zuletzt abgerufen am 30.07.2016; *von Hippel*, Verbraucherschutz, 6.

Programm zum Schutze der Verbraucher, das auf verschiedenen Pfeilern basiert. Darin benannte er ausdrücklich vier Grundrechte, die dem Verbraucherschutz immanent sein sollen.[534]

Ähnliche Forderungen nach einer Verbesserung des Verbraucherschutzes verfolgten auch die künftigen Präsidenten der Vereinigten Staaten.[535] Maßgeblich für die Entwicklung des Verbraucherschutzes in den Vereinigten Staaten war daneben der politisch engagierte Verbraucheranwalt *Ralph Nader*, der immer noch als Volksheld gefeiert wird.[536]

Das ursprünglich allein inländisch abgewickelte Verbrauchergeschäft veränderte sich durch die Globalisierung und die Entwicklung neuer Technologien grundlegend, was eine signifikante Umstellung des Konsumverhaltens mit sich brachte.[537] Mit dem Aufblühen eines internationalen Verbrauchermarktes war die Stellung der Verbraucher stärker zu berücksichtigen. Denn trotz der Entwicklung der modernen Gesellschaft mit der Steigerung des Wohlstands und der vergrößerten Nachfragemöglichkeit an Waren und Dienstleistungen war der Verbraucher eher als der „Verlierer" als der „Gewinner" dieser Bewegung einzuordnen.[538] Der „internationale"

---

534 Das Recht auf sichere Produkte, das Recht auf Information, das Recht auf freie Wahl sowie das Recht auf eine politische Interessenvertretung, *Gasteiger*, Der Konsument, 128; *von Hippel*, Verbraucherschutz, 6.

535 Präsident *Johnson* berief einen Sonderberater für Verbraucherfragen ein. Präsident *Nixon* versuchte die Lage für Verbraucher durch die *Buyer's Bill of Rights* zu verbessern. Im Zuge dessen wurden mehrere neue Institutionen zum Verbraucherschutz erschaffen wie das *Office of Consumer Affairs* oder die *Division of Consumer Protection*. Präsident *Ford* setzte sich für die stärkere Berücksichtigung von Verbraucherrechten bei der Verwaltung ein und Präsident Carter garantierte die Finanzierung einer *Agency for Consumer Advocacy*, siehe dazu unter http://www.presidency.ucsb.edu/ws/?pid=2299, http://www.presidency.ucsb.edu/ws/?pid=7301, zuletzt abgerufen am 30.07.2016. In den folgenden Jahren wurden zahlreiche weitere Rechtsakte zur Stärkung des Verbraucherschutzes erlassen. Insbesondere ist hier auf den *National Traffic and Motor Vehicle Act*, den *Consumer Credit Protection Act* und den *Consumer Product Safety Act* hinzuweisen, siehe dazu *von Hippel*, Verbraucherschutz, 7. Aktuellere Beispiele für den Verbraucherschutz in den Vereinigten Staaten ist die Vielzahl an Institutionen (http://www.gtai.de/GTAI/Navigation/DE/Trade/Recht-Zoll/wirtschafts-und-steuerrecht,did=708600.html, zuletzt abgerufen am 30.07.2016) sowie in jüngerer Zeit ins Leben gerufene Rechtsakte, die eine umfassende Absicherung des Verbraucherschutzes sicherstellen sollen (Health Insurance Portability and Accountability Act (1996); Digital Millennium Copyright Act (1996)).

536 Teilweise wird auch die Beschreibung „militant" gebraucht. Nach einer Umfrage stand Nader bei einer Gallup-Umfrage im Jahr 1973 auf der Liste der „am meisten bewunderten Männer" an siebter Stelle. Vgl. die Würdigung seines Wirkens auch bei ibid., 6.

537 *Hill*, Cross-border consumer contracts, 1.14.

538 *Furgler*, Die Anknüpfung der Vertragsform im internationalen Privatrecht, 9, 14 ff.

Verbraucher wurde, nachdem sich der Schutz des Verbrauchers im materiellen Recht durchgesetzt hatte,[539] zunehmend auch im Internationalen Privatrecht geschützt.[540] Hierfür wurden verschiedene Gründe verantwortlich gemacht: Zum einen galten das rasche Emporkommen vieler Unternehmen auf dem internationalen Markt, aber auch die zur Regel werdenden „wettbewerbsbeschränkenden Vereinbarungen oder Verhaltensweisen“ dieser als Ursache für die Benachteiligung der Verbraucher.[541]

Durch die erhöhte Aufmerksamkeit, die dem Verbraucherschutz durch die Parteien, Verbände, der Wissenschaft und der Justiz in den verschiedenen Ländern zukam,[542] fand dieser seinen Weg auch zunehmend auf supranationaler, insbesondere der europäischen Ebene.[543] Der Schutz der Verbraucher war Thema in der Europäischen Gemeinschaft, dem Europarat, der Organisation für wirtschaftliche Zusammenarbeit und Entwicklung (OECD) sowie der UNO.[544] Auf europäischer Ebene schlossen sich Verbraucherverbände der EG-Staaten zusammen und betrieben Lobby-Arbeit in Brüssel.[545] Erste verbraucherschützende Regelungen waren bald geschaffen, viele weitere nahm man in der folgenden Zeit in Angriff.[546] Die EG-Kommission schuf verschiedene Institutionen wie beispielsweise den „Dienst für Verbraucherfragen“, der 1968 in die „Generaldirektion Wettbewerb“ eingebettet wurde.[547] Auf dem Pariser Gipfel 1972, der als Ursprung des Europäischen Rates anzusehen ist, regte man ebenfalls die Einrichtung spezieller Beratungsstellen und

---

539 *Reichert-Facilides*, in: Schnyder/Heiss/Rudisch, Internationales Verbraucherschutzrecht 1, 3; *von Hippel*, Verbraucherschutz, 3 ff.; *Sachse*, Der Verbrauchervertrag, 12 ff.

540 *Kroeger*, Der Schutz der „marktschwächeren“ Partei, 4 ff.; *Uebersax*, Der Schutz der schwächeren Partei im internationalen Vertragsrecht, 1 ff.; *von Hoffmann*, RabelsZ 38 (1974), 396 ff.; *Kropholler*, RabelsZ 42 (1978), 634 ff.

541 *Nawrocki*, Komplott der ehrbaren Konzerne, 314 ff.; *von Hippel*, Verbraucherschutz, 4.

542 Die Entwicklung des Verbraucherschutzes ist nun auf nationaler Ebene nicht mehr aufzuhalten, Verbraucherschutzgesetze wurde ab dem Ende der 60er Jahre beispielsweise in Japan, Schweden, Mexiko, Frankreich sowie Israel, Portugal, Luxemburg und Spanien erlassen, näher dazu *von Hippel*, Verbraucherschutz, 8 ff.

543 *Kroeger*, Der Schutz der „marktschwächeren“ Partei, 44 ff.; *Leible*, in: Leible, Das Grünbuch zum Internationalen Vertragsrecht, 133, 133 ff.; *Nygh*, Autonomy in international contracts, 143 ff.

544 *Tamm*, Verbraucherschutzrecht, 189 ff.

545 Siehe dazu *Sachse*, Der Verbrauchervertrag, 18 ff.

546 *Dichtl/Berekoven*, Verbraucherschutz in der Marktwirtschaft, 113 ff.; *von Hippel*, Verbraucherschutz, 17 f.

547 Nur fünf Jahre später wurde dieser „Dienst“ zu einer besonderen Dienststelle für Umweltfragen und Verbraucherschutz umgewandelt. 1981 erfolgte dann die Umwandlung dieser in eine eigene Generaldirektion für „Umwelt und Verbraucherschutz“. Die Ausdifferenzierung des Verbraucherschutzes in die verschiedenen Institutionen in der europäischen Union findet sich unter http://europa.eu/pol/cons/index_de.htm, zuletzt abgerufen 30.07.2016.

Ausschüsse an.[548] Ein „Beratender Verbraucherausschluss" wurde 1973 ins Leben gerufen.[549] Hier fanden Vertreter der verschiedenen europäischen Verbraucherorganisationen mit unabhängigen Experten zusammen.[550] Daneben gründete sich ein Ausschuss für entsprechende Sachverständige in den Mitgliedsstaaten, dessen Aufgabe in der überwachenden Umsetzung der verschiedenen, bereits getroffenen Verbraucherschutzmaßnahmen lag.[551] 1974 verabschiedete die Kommission schließlich das erste verbraucherpolitische Programm, welches sie in den kommenden Jahren immer weiter fortsetzte.[552] In Anlehnung an die Verbraucherrede von *Kennedy* formulierte dieses erste Programm eine „Charta" mit den fünf Rechten von Verbrauchern:[553]

1. Das Recht auf Schutz der Gesundheit und Sicherheit,
2. das Recht auf Schutz der wirtschaftlichen Interessen,
3. das Recht auf Wiedergutmachung erlittenen Schadens,
4. das Recht auf Unterrichtung und Aufklärung sowie
5. das Recht auf Vertretung.

Die Kommission strebte einen umfassenden Verbraucherschutz an.[554] Der Europarat verabschiedete zusätzlich mehrere Empfehlungen und verschiedene weitere Akte[555] zum Thema, um die Bürger für den Verbraucherschutz zu sensibilisieren. Die Entfaltung des Verbraucherschutzes auf europäischer Ebene sollte allerdings nicht losgelöst von den nationalen Entwicklungen vorangetrieben werden.[556] Daher

---

548 *Tamm*, Verbraucherschutzrecht, 190; *von Hippel*, Verbraucherschutz, 19.

549 Der Ausschuss wurde 1989 in „Verbraucherrat" umbenannt und auch auf nationale Verbraucherorganisationen ausgeweitet. 1995 und 2000 erfolgten weitere Umstrukturierungen im Ausschuss. Die heutige Aufgabe des Verbraucherrats ist hauptsächlicher beratender Natur an der Seite der Kommission; ABl. EG 1973 Nr. C 283/18.

550 *von Hippel*, Verbraucherschutz, 19.

551 *Tamm*, Verbraucherschutzrecht, 190; *von Hippel*, Verbraucherschutz, 18.

552 Bis heute werden solche Programme beziehungsweise Aktionspläne erlassen, aktuelle Ziele finden sich in der verbraucherpolitischen Strategie 2014–2020, Verordnung (EU) Nr. 254/2014 des Europäischen Parlaments und des Rates vom 26. Februar 2014 über ein mehrjähriges Verbraucherprogramm für die Jahre 2014–2020 und zur Aufhebung des Beschlusses Nr. 1926/2006/EG. Einen Überblick über die bisherigen Programme bietet *Tamm*, Verbraucherschutzrecht, 195 ff.

553 Council of Europe, Consultative Assembly, Resolution 543 (1973) vom 17.5.1973 on a Consumer Protection Charter.

554 *Tamm*, Verbraucherschutzrecht, 195.

555 Beispielsweise die Konvention zur Produkthaftung sowie die Resolution über den Umgang mit Allgemeinen Geschäftsbedingungen. Bei den Empfehlungen handelte es sich um eine mit dem Ziel der Verbrauchererziehung in Schulen sowie eine zum Schutz vor unlauterer Werbung; *von Hippel*, Verbraucherschutz, 21 ff.

556 *Tamm*, Verbraucherschutzrecht, 193; *Kroeger*, Der Schutz der „marktschwächeren" Partei, 44 ff.; *von Hippel*, Verbraucherschutz, 20.

forderte der Europarat 1973 die Mitgliedsstaaten auf, die Grundsätze der entworfenen „Charta der Verbraucherrechte" ins nationale Recht zu überführen.[557] Die Mitgliedsstaaten schufen daraufhin verschiedene nationale gesetzliche Verankerungen zum Verbraucherschutz auf der Ebene des internationalen Privatrechts.[558] Hierbei ist insbesondere auf § 41 des österreichischen IPRG von 1978, Art. 120 des schweizerischen IPRG von 1987 und natürlich Art. 5 EVÜ zu verweisen.[559]

Auch von der europäischen Rechtsprechung ging ein wichtiger Anstoß für den Verbraucherschutz aus, etwa die *Cassis de Dijon*-Rechtsprechung.[560] Hierin stufte der EuGH den Verbraucherschutz als zwingender Grund ein, der eine Beschränkung der Grundfreiheiten rechtfertigen könne.[561] Die Rechtsprechung des EuGH erhob den Verbraucherschutz damit in den Rang einer Schranke der Grundfreiheiten.[562]

Der Vertrag von Maastricht 1993 erhob den Verbraucherschutz schließlich zu einem Verfassungsziel der EU, welches weitgehend unabhängig von der Binnenmarktzielsetzung zu verfolgen war.[563] Der Amsterdamer Vertrag formulierte das Ziel inhaltlich klarer.[564] In diesen nahm man auch die fünf Rechte der Verbraucher ausdrücklich auf, die sich nur marginal von der Charta des ersten verbraucherpolitischen Programms unterschieden.[565]

(2) Die Entstehungsgeschichte des Art. 6 Rom I-VO

Eine eigenständige Vorschrift für Verbraucherverträge fand sich erst relativ spät in den Materialen für ein Europäisches Schuldvertragsübereinkommen. Im Vorentwurf der Kommission von 1972 existierte allein eine Vorschrift für Arbeitsverträge.[566] Erst zwei Jahre später nahm man nach Drängen der dänischen Delegation – mutmaßlich unter dem Einfluss *Ole Landos* – das Günstigkeitsprinzip für Verbraucherverträge im Vorschlag zum Übereinkommen auf.[567]

---

557 *Tamm*, Verbraucherschutzrecht, 193; *von Hippel*, Verbraucherschutz, 20.

558 *Kroeger*, Der Schutz der „marktschwächeren" Partei, 44 ff.; *Rühl*, Statut und Effizienz, 548 ff.

559 *Rühl*, Statut und Effizienz, 547; *Leible*, in: Leible, Das Grünbuch zum Internationalen Vertragsrecht, 133, 133 ff; *Kroeger*, Der Schutz der „marktschwächeren" Partei, 1 ff.

560 EuGH, Urt. V. 20.2.1979, Rs. C-120/78 – *Cassis de Dijon*.

561 *Lurger*, in: Streinz (Hrsg.) EUV/AEUV, Art. 153 EUV, Rn. 4.

562 *Tamm*, Verbraucherschutzrecht, 191.

563 Vertrag über die Europäische Union vom 7. Februar 1992 ("Maastrichter Vertrag"), BGBl II 1253 (Art. 2, 3. Spiegelstrich).

564 Vertrag von Amsterdam zur Änderung des EUV, der EG-Verträge sowie einiger damit zusammenhängender Rechtsakte, vom 2. Oktober 1997, BGBl 1998 II 386 (Art. 129a); dazu auch *Tamm*, Verbraucherschutzrecht, 193 f.

565 *Lurger*, in: Streinz (Hrsg.) EUV/AEUV, Art. 153 EGV, Rn. 9.

566 Abgedruckt in RabelsZ 38 (1974), 211 ff. Dazu auch *Vogeler*, Die freie Rechtswahl, 22.

567 *Mäsch*, Rechtswahlfreiheit und Verbraucherschutz, 22.

Für die Verbraucherverträge war es im Vorschlag der Kommission zur Rom I-VO von 2005 jedoch geplant – angelehnt an das Modell des Art. 120 II schweizerisches IPRG[568] – einen völligen Rechtswahlausschluss einzuführen.[569] Dies sollte zugunsten einer rein objektiven Anknüpfung an den gewöhnlichen Aufenthalt des Verbrauchers erfolgen.[570] Darin lag wohl die radikalste Änderung, die die geplante Rom I-VO mit sich bringen sollte. Noch im Februar 2005 favorisierten die Verordnungsgeber eine andere Lösung.[571] Im damaligen Diskussionspapier sollte eine Wahl des Rechts des Unternehmers dominieren.[572] Diese sollte allerdings nur dann gelten, wenn bestimmte, sehr komplexe Voraussetzungen erfüllt waren.[573] Auch ein Vorschlag aus dem Grünbuch schien viel Zuspruch zu erhalten: Hier stand ein sehr kompliziertes Informationsmodell mit erheblichen Nachweisobliegenheiten des Unternehmers im Mittelpunkt.[574]

Beide Vorschläge stellte man aber im Verordnungs-Vorschlag zugunsten eines völligen Ausschlusses der Rechtswahlmöglichkeit zurück.[575] Maßgeblich für diesen

568 Schweizerisches Bundesgesetz über das Internationale Privatrecht vom 18. Dezember 1987.

569 Der Kommissionsvorschlag hatte zwar keinen ausdrücklichen Ausschluss der Rechtswahl vorgesehen, ein solcher ergab sich aber indirekt aus dem Schweigen der Vorschrift zur Möglichkeit der Rechtswahl sowie aus einem Umkehrschluss aus Art. 6 Rom I-VO-E; siehe dazu auch *Rühl*, Statut und Effizienz, 553; *Mankowski*, ZVglRWiss 105 (2006), 120, 150; *Kroll-Ludwigs*, Parteiautonomie, 80.

570 *Kroll-Ludwigs*, Parteiautonomie, 80; *Rühl*, in: BeckOGK Art. 6 Rom I-VO, Rn. 19; *Solomon*, in: Ferrari/Leible, Ein neues Internationales Vertragsrecht für Europa, 89, 90 ff.; *Leible/Lehmann*, RIW 2008, 528, 538.

571 Art. 5 III Discussion Paper for the Expert Meeting on the Conversion of the Rome Convention in a Community Instrument and Its Modernisation ("Rome I"), Brussels 17 February 2005.

572 Art. 5 III Discussion Paper for the Expert Meeting on the Conversion of the Rome Convention in a Community Instrument and Its Modernisation ("Rome I"), Brussels 17 February 2005, S. 6 f.

573 Art. 5 III Discussion Paper for the Expert Meeting on the Conversion of the Rome Convention in a Community Instrument and Its Modernisation ("Rome I"), Brussels 17 February 2005, S. 6 f. Demnach musste der Unternehmer seinen gewöhnlichen Aufenthalt in einem Mitgliedsstaat haben, das Recht dieses Staates musste gewählt werden, die Rechtswahl musste ausdrücklich erfolgen und der Unternehmer musste nachweisen, dass er alles nötige getan hatte, damit der Verbraucher seine Vorteile aus dem gewählten Recht versteht, dieses Recht keine Rechtswahl mit dem Verbraucher verbietet und es keine nachteiligen Regel im Vergleich zum Heimatrecht des Verbrauchers enthält.

574 Dazu *Leible*, in: Leible, Das Grünbuch zum Internationalen Vertragsrecht, 133, 148 ff.

575 *Rühl*, in: BeckOGK Art. 6 Rom I-VO, Rn. 19; *Solomon*, in: Ferrari/Leible, Ein neues Internationales Vertragsrecht für Europa, 89, 90 ff.; *Leible/Lehmann*, RIW 2008, 528, 538; *Mankowski*, ZVglRWiss 105 (2006), 120, 158; *Leible*, in: Hüßtege/Mansel, Art. 6 Rom I-VO, Rn. 68.

Entschluss war das verbreitete Unbehagen, an der nach geltendem Recht grundsätzlich bestehenden Notwendigkeit, im Falle einer Rechtswahl sowohl die zwingenden Bestimmungen des gewählten Rechts als auch die zwingenden Bestimmungen des Rechts zu beachten, die am gewöhnlichen Aufenthalt des Verbrauchers gelten.[576] Mit der vorgeschlagenen Lösung sollten die Probleme, die der *law mix* mit sich bringt, umgangen werden.[577] In der Literatur nahm man diesen Vorschlag durchaus positiv auf, da er eine einfache und berechenbare Regelung darstellte, der auch die Kommission zunächst den Vorzug gab.[578] Darüber hinaus sollten die Kosten bei Rechtsstreitigkeiten verringert und ein Gleichlauf mit den Regelungen zur Zuständigkeit erreicht werden, welche in Art. 15 Brüssel I-VO (jetzt Art. 17 Brüssel Ia-VO)[579] bereits den Gerichtsstand beim Verbraucher verortet.[580]

Die Abkehr vom Günstigkeitsprinzip war neben breiter Befürwortung im Schrifttum[581] jedoch auch Gegenstand einiger kritischer Diskussionen, die vor allem die Praktikabilität und den Vorteil dieses Modell in Frage stellten.[582]

Schließlich entschied sich der Verordnungsgeber nach starken Protesten,[583] unter anderem auch von Seiten der Verbraucherverbände,[584] dagegen; es war eine

---

576 *Solomon*, in: Ferrari/Leible, Ein neues Internationales Vertragsrecht für Europa, 89, 90; *Mankowski*, ZVglRWiss 105 (2006), 120, 150.

577 *Rühl*, in: BeckOGK Art. 6 Rom I-VO, Rn. 19; *Mankowski*, ZVglRWiss 105 (2006), 120, 158.

578 Siehe dazu auch die Stellungnahme des Max-Planck-Insittuts, abgedruckt in RabelsZ 71 (2007), 225, 298 f. Dazu auch *Leible*, in: Leible, Das Grünbuch zum Internationalen Vertragsrecht, 133, 146 f.; *Kroll-Ludwigs*, Parteiautonomie, 80.

579 Verordnung (EU) Nr. 1215/2012 des Europäischen Parlaments und des Rates vom 12. Dezember 2012 über die gerichtliche Zuständigkeit und die Anerkennung und Vollstreckung von Entscheidungen in Zivil- und Handelssachen, ABl. EU L 351/1.

580 *Leible*, in: Leible, Das Grünbuch zum Internationalen Vertragsrecht, 133, 146 f.; *Kroll-Ludwigs*, Parteiautonomie, 80.

581 *Mäsch*, Rechtswahlfreiheit und Verbraucherschutz, 68 f.; *Leible*, in: Leible, Das Grünbuch zum Internationalen Vertragsrecht, 133, 146; *Mankowski*, ZVglRWiss 105 (2006), 120, 158; *Solomon*, in: Ferrari/Leible, Ein neues Internationales Vertragsrecht für Europa, 89, 91.

582 *Loacker*, Der Verbrauchervertrag im Internationalen Privatrecht, 185 ff.; *Clausnitzer/Woopen*, BB 2008, 1798, 1801; *Briggs*, Agreements on Jurisdiction and Choice of Law, 391 f.; *Rühl*, Statut und Effizienz, 553; *Mankowski*, ZVglRWiss 105 (2006), 120, 150 f.; *Leible*, in: Leible, Das Grünbuch zum Internationalen Vertragsrecht, 133, 148 ff. Ausführlich zu den Vor- und Nachteilen der verschiedenen Rechtswahlmodelle Teil 3 Kapitel 1A.

583 *Woopen*, EuZW 2007, 495, 496 f.

584 Vergleichbar äußerten sich Eurocommerce (Dachorganisation von Handelsverbänden aus 29 Ländern), emota (*European Distance Selling Trade Association*, Dachverband für 22 Länder), ESBA (*European Small Business Alliance*, die ca. 1 Million Kleinunternehmer aus 35 europäischen Ländern vertritt), SME Union (*Small and Medium Entrepreneurs Union of the EPP*, European People's Party), FSB (*Federation of Small Businesses*, UK, über 20000 Mitglieder). Hinzu kommen zahlreiche

moderatere Lösung als der völlige Ausschluss der Rechtswahl vorzuziehen.[585] Der Vorschlag der Kommission wurde daher Ende 2007 abgelehnt. Es blieb schließlich bei der bereits im EVÜ gefundenen Lösung der Rechtswahl unter Einschränkung durch das Günstigkeitsprinzip. Als ein Grund für die „Rückkehr“ zur Regelung des Art. 5 EVÜ und gegen den völligen Ausschluss der Rechtswahlfreiheit wurden die bereits dargelegten Argumente angeführt.[586]

Durch die Wahrung der Alternativanknüpfung vermied man also die revolutionären Neuerungen des Kommissionsvorschlags, mit Art. 6 II Rom I-VO behauptete sich vielmehr der Günstigkeitsvergleich.

b) Die Entwicklung des Internationalen Arbeitnehmerschutzes bis hin zu Art. 8 Rom I-VO

Die Entwicklung des materiellen Arbeitsrechts hatte auch Einfluss auf das Kollisionsrecht zum Arbeitsschutz.[587] Durch die zunehmende Internationalisierung der Arbeitsmärkte gewann, genauso wie für den internationalen Güterverkehr, die Frage nach dem anwendbaren Recht in Fällen mit einer Auslandsberührung immer mehr an Gewicht.[588] Natürlich ist das internationale Arbeitsrecht und seine Schutzbestimmungen nicht völlig losgelöst von kollektivarbeitsrechtlichen Regelungen oder dem Einfluss öffentlich-rechtlicher Bestimmungen zu betrachten.[589] Trotzdem soll der Fokus dieser Arbeit auf dem internationalen Individualarbeitsrecht liegen. Etwaige Bezüge zu den genannten Rechtsbereichen werden an den entsprechenden Stellen genannt.

(1) Die Entwicklung des Arbeitnehmerschutzes

Der Arbeitnehmerschutz bezeichnete man in der Literatur oft als *das* Beispiel für den „Schutz des Schwächeren“.[590] Er lässt sich bis in das 19. Jahrhundert zurückverfolgen: Die „soziale Frage“ ist heutzutage als der Ausgangspunkt der modernen staatlichen

---

Zusammenschlüsse auf nationaler Ebene, hier seien nur der ZDH (Zentralverband des deutschen Handwerks), WKÖ (Wirtschafskammer Österreich) und der luxemburgische Verbraucherverband ULC genannt.

585 Eine solche hätte beispielsweise so aussehen können, Ausnahmen vom Aufenthaltsprinzip zugunsten des Internethandels zu entwickeln. Vgl. auch *Kroll-Ludwigs*, Parteiautonomie, 81.

586 *Woopen*, EuZW 2007, 495, 496 f.

587 *Junker*, Internationales Arbeitsrecht im Konzern, 75; *Gamillscheg*, Internationales Arbeitsrecht, 4; *Kronke*, RabelsZ 45 (1981), 301, 302.

588 *Deinert*, Internationales Arbeitsrecht, 1; *Schnitzler*, Das Günstigkeitsprinzip im internationalen Arbeitsrecht, 52 f.

589 Siehe dazu *Deinert*, Internationales Arbeitsrecht, 45 m.w.N.

590 *von Hippel*, Der Schutz des Schwächeren, 2; *Gamillscheg*, Internationales Arbeitsrecht, 31 f.

Sozialpolitik anzusehen.[591] Mit der industriellen Revolution ging die prekäre Lage der zahlreichen besitzlosen Arbeitnehmer einher, die von ihren Arbeitgebern ausgebeutet wurden, aber die miserablen Löhne und Arbeitsbedingungen akzeptieren mussten, um überleben zu können.[592] Übermäßige Frauen- und Kinderarbeit gehörte zum Alltag, bereits kleine Kinder mussten mitarbeiten, um die Familie zu ernähren.[593] Gedanken an eine wirtschaftliche Sicherung der Arbeitnehmer vor existenziellen Risiken wie Krankheit, Alter oder Arbeitsunfällen waren im 19. Jahrhundert unbekannt.[594]

Zwar erfolgten nach einiger Zeit erste gesetzgeberische Veränderungen.[595] Diese waren aber nicht getragen vom Gedanken an Humanität oder dem Schutz des Arbeitnehmers, sondern beruhten vielmehr auf militärischen, wirtschaftlichen und politischen Überlegungen.[596] So entstand das Arbeitsrecht, ein neues Rechtsgebiet, welches dem Schutz der Arbeitnehmer dienen sollte. Preußen erließ man beispielweise 1839 ein Regulativ, mit dem die Kinderarbeit beschränkt wurde.[597] Das Regulativ gilt als das erste deutsche Gesetz zum Arbeitsschutz. Sein Vorbild fand sich im „*Factory Act*" von 1833,[598] mit dem bereits einige Jahre zuvor Großbritannien den

---

591 So bereits *Zöllner*, AcP 1976, 221, 229; *von Hippel*, Der Schutz des Schwächeren, 2; *Arthurs*, in: Davidov/Langille, The Idea of Labour Law, 13, 14; *Weitnauer*, Der Schutz des Schwächeren im Zivilrecht, 19 f.

592 *Rieble*, in: Staudinger, Vorbemerkungen zu § 611 BGB, Rn. 106 ff.

593 *von Hippel*, Der Schutz des Schwächeren, 2; *Rieble*, in: Staudinger, Vorbemerkungen zu § 611 BGB, Rn. 110 f.

594 *Bydlinski*, System und Prinzipien des Privatrechts, 540; *Wiedemann*, Das Arbeitsverhältnis als Austausch- und Gemeinschaftsverhältnis, 11; *Fuchs/Marhold*, Europäisches Arbeitsrecht, 19.

595 *Rieble*, in: Staudinger, Vorbemerkungen zu § 611 BGB, Rn. 109 ff.

596 Es wurde befürchtet, dass der schlechte Gesundheitszustand vieler Arbeitnehmer die Schlagkraft des Militärs schwächen würde. Darüber hinaus wurden Maßnahmen gegen Krankheiten und Arbeitsunfälle getroffen, da aus ökonomischen Gesichtspunkten ein „gesunder Arbeitnehmer" mehr und besser arbeitet als ein „kranker". Schließlich war aber auch der Druck durch eine aufbegehrende Arbeitnehmerbewegung zu groß geworden, um ignoriert werden zu können. Es wurde zunehmend deutlich, dass allein Repressionen diese Bewegung nicht bremsen konnten. Doch auch später setzten sich diese Motive fort, siehe dazu KOM (1988) 73, ABl. EG 1988 C 141/1; *Kronke*, RabelsZ 45 (1981), 301, 307 m.w.N.

597 „Regulativ über die Beschäftigung jugendlicher Arbeiter in Fabriken" oder „Preußische Regulativ" vom 9. März 1839, erlassen durch den preußischen König Friedrich Wilhelm III.

598 http://www.parliament.uk/about/living-heritage/transformingsociety/livinglearning/19thcentury/overview/factoryact/; *Rieble*, in: Staudinger, Vorbemerkungen zu § 611 BGB, Rn. 111 ff.

Schutz von Kindern und Frauen festschrieb.[599] Es folgten viele weitere nationale Gesetze zum Schutz der Arbeitnehmer.[600]

Auf internationaler Ebene nahmen die Entwicklungen zum Arbeitnehmerschutz ebenso an Fahrt auf: Die erste Konferenz zum Internationalen Arbeitsrecht fand 1890 in Berlin statt.[601] Die Bestrebungen der einzelnen Staaten, was den Arbeitsschutz anging, klafften jedoch noch zu weit auseinander.[602] Mehr Erfolg brachte die zweite Konferenz in Bern 1906. Hier traf man zum ersten Mal internationale Regelungen für Fragen des Arbeitsrechts.[603] 1913 folgte eine dritte Konferenz, deren Beschlüsse (die zeitliche Begrenzung des Arbeitstages von Frauen und Jugendlichen) jedoch durch das Ausbrechen des Ersten Weltkrieges nicht mehr ratifiziert wurden.[604]

Nach Kriegsende widmete man den Problemen der Arbeitswelt im Versailler Vertrag unter „XIII. Arbeit" ein eigenes Kapitel. Aufbauend darauf wurde die Internationale Arbeitsorganisation (ILO) geschaffen.[605] Ihre Gründung erfolgte 1919, seit 1946 besteht sie als Sonderorganisation der UNO.[606] Einen Schwerpunkt ihrer Arbeit legt die Organisation auf die Umsetzung von Übereinkommen und Empfehlungen in nationales Recht.[607] Allein die Existenz einer solchen weltweit agierenden

---

599 *Deinert*, Internationales Arbeitsrecht, 325.

600 Zum Beispiel die Gewerbeordnung für den Norddeutschen Bund, Bundesgesetzblatt des Norddeutschen Bundes Band 1869, Nr. 26, 245–282 vom 21. Juni 1869, Bekanntmachung am 1. Juli 1869. Der Arbeitsschutz für Frauen und ein gänzliches Verbot von Kinderarbeit (*Ambrosius*, in: Stahl, Historische Streiflichter, 5, 20.) sowie der 8-Stunden-Tag, Erstmals gefordert von Robert Owen zwischen 1830 und 1834 in Großbritannien, für Deutschland verwirklicht mit der Satzung für die Arbeitsgemeinschaft der industriellen und gewerblichen Arbeitgeber und Arbeitnehmer Deutschlands (Stinnes-Legien-Abkommen) vom 15. November 1918, Reichs-Arbeitsblatt (XVI. Jahrgang – Nr. 12) 1918, S. 874 f.

601 *Kaskel*, Das neue Arbeitsrecht, 285; *Fuchs/Marhold*, Europäisches Arbeitsrecht, 21 f.

602 Der Anspruch der Länder mit einem höher entwickelten Schutzstandard war es, diesen auch auf Länder mit einem niedrigeren Standard zum Arbeitsschutz zu übertragen. Diese wehrten sich jedoch gegen einen solchen paternalistischen Eingriff. Hier spielten neben politischen Forderungen auch wettbewerbsrechtliche Bestrebungen eine Rolle. Denn ein höherer Schutzstandard ist aus ökonomischer Sicht unvorteilhaft, *Kaskel*, Das neue Arbeitsrecht, 285.

603 Zum einen das Verbot einer Verwendung von weißem (gelben) Phosphor in der Zündholzindustrie, zum anderen ein Verbot der gewerblichen Nachtarbeit von Frauen.

604 *Kaskel*, Das neue Arbeitsrecht, 286.

605 http://www.versailler-vertrag.de/vv-i.htm, Abschnitt XIII, zuletzt abgerufen am 30.07.2016.

606 http://www.ilo.org/public/english/standards/relm/ctry-ndx.htm, zuletzt abgerufen 30.07.2016.

607 *Martiny*, in: MüKo, Art. 8 Rom I-VO, Rn. 8.

Organisation[608] zeigt aber, dass der Schutz der Arbeitnehmer ein gesellschaftliches Ziel von hohem Stellenwert ist,[609] wenn auch die Übereinkommen der ILO eher als *soft law* einzuordnen sind, die internationale Mindeststandards festlegen wollen.[610]

Neben dem Ziel eines kollisionsrechtlichen Schutzes geht es im Internationalen Arbeitsrecht[611] um den Interessenausgleich zwischen den Parteien und der Gewährleistung von Würde und der Grundrechte der Arbeitnehmer.[612] Das Internationale Individualarbeitsrecht findet seine Ursprünge in den 60er Jahren, als die Kommission der Europäischen Wirtschaftsgemeinschaft sich mit der Absicht trug, eine europäische Regelung des Arbeitskollisionsrechts voranzubringen.[613] Hierfür gab die Kommission zunächst einige Studien in Auftrag.[614] Die erste Regelung auf kollisionsrechtlicher Ebene stellte jedoch das EVÜ dar, womit gleichzeitig eine eigenständige völkerrechtliche Regelung geschaffen war.[615]

Doch der wachsende Arbeitnehmerschutz wurde ebenso kritisch beurteilt. Die Ablehnung stammte vorrangig aus dem wirtschaftswissenschaftlichen Ressort.[616] Durch zwingende Vorgaben des Arbeitnehmerschutzes würde demnach das Arbeitsrecht erheblich an Flexibilität einbüßen. Insbesondere durch den „Kollektivzwang“ wären Arbeitnehmer von der Möglichkeit eigenverantwortlichen

608 Einzig eine Studie gab die ILO 1984 zum Arbeitskollisionsrecht in Auftrag: Felice Morgenstern, International Conflicts of Labour Law (International Labour Office 1984), 1-119. Siehe dazu *Junker*, Internationales Arbeitsrecht im Konzern, 12.

609 Erklärung über die Ziele und Zwecke der Internationalen Arbeitsorganisation von 1944 („Erklärung von Philadelphia“). http://www.ilo.org/wcmsp5/groups/public/---europe/---ro-geneva/---ilo-berlin/documents/normativeinstrument/wcms_193728.pdf zuletzt abgerufen am 30.07.2016.

610 *Deinert*, Internationales Arbeitsrecht, 24 f.

611 Teilweise wird auch vom „Internationalen Privatrecht auf dem Gebiet des Arbeitsrechts“ gesprochen. Gamillscheg wählte die Formulierung „Arbeitsverweisungsrecht“. Siehe dazu ibid., 4; *Junker*, Internationales Arbeitsrecht im Konzern, 10.

612 So bereits *Gamillscheg*, Internationales Arbeitsrecht, 4; siehe auch *Deinert*, Internationales Arbeitsrecht, 8. Teilweise wird auch vom „Internationalen Privatrecht auf dem Gebiet des Arbeitsrechts“ gesprochen. Gamillscheg wählte die Formulierung „Arbeitsverweisungsrecht“. Siehe dazu *Junker*, Internationales Arbeitsrecht im Konzern, 10; *Deinert*, Internationales Arbeitsrecht, 4.

613 *Däubler*, AWD/RIW 1972, 1, 3 ff; *Gamillscheg*, Internationales Arbeitsrecht, 1 ff; *Bydlinski*, Arbeitsrechtskodifikaton und allgemeines Zivilrecht, 1 ff.

614 1965 die Studie zur „Anwendung von Arbeitsbedingungen auf Arbeitnehmer außerhalb ihres Heimatlandes und die Integration des gemeinsamen Marktes“ (KOM V/8.845/65-D von *Gerhard Schnorr*) sowie eine Studie von 1969 zum Thema der „Festlegung des auf Arbeitsverhältnisse mit Auslandsberührung anzuwendenden Rechts“ (KOM 14.097/V/69-D ebenfalls von *Gerhard Schnorr*).

615 *Gamillscheg*, ZfA 1983, 307, 309 ff. Ein vorhergehende Entwurf des Übereinkommens von 1972 und sowie ein Vorschlag des Rates von 1976 traten nie in Kraft.

616 Daneben erhoben sich auch rechtswissenschaftliche Stimmen gegen den wachsenden Arbeitnehmerschutz, dazu *Zöllner*, AcP 1976, 221, 230 ff.

Handelns beraubt.[617] Aus grundlegend positiven Absichten könnten daher Wachstums- und Beschäftigungssperren erwachsen.[618] Diese Befürchtungen haben sich jedoch nicht bewahrheitet. Dem Arbeitnehmer ist ein grundlegendes Schutzniveau zugesichert, ihm steht es dabei frei, ein für ihn günstigeres Recht zu vereinbaren. Sicherlich wäre eine rigide Schutzpolitik nachteilhaft für die Parteien eines internationalen Arbeitsvertrages. Von einer solchen ist wohl bei der heutigen Regelung in der Rom I-VO nicht auszugehen.[619]

(2) Die Entwicklungsgeschichte des Art. 8 Rom I-VO

Die Frage, ob die Rechtswahlfreiheit überhaupt im Internationalen Arbeitsvertragsrecht Geltung finden sollte, stellte sich seit dem Beginn der Diskussion in den 60er Jahren.[620] Als eine der stärksten Verfechter der Parteiautonomie auch im Internationalen Arbeitsrecht gilt *Franz Gamillscheg*, der davon ausging, dass das Wirkungsstatut des Arbeitsvertrags sich nach den allgemeinen Regelungen des Internationalen Privatrechts richten sollte, wozu auch der Grundsatz der Rechtswahlfreiheit gehörte.[621] Er vertrat die These, dass ein Arbeitgeber, der seine überlegene Stellung missbräuchlich ausnutzen würde, ein Phänomen der „Frühzeiten des Arbeitsrechts" wäre.[622] „Mittlerweile" stelle dies allerdings kein Problem mehr dar.[623] Er war vielmehr der Ansicht, dass insbesondere dem Arbeitnehmer bei einem Ausschluss der Rechtswahlfreiheit die Möglichkeit genommen werde, dass für ihn bessere Recht zur Anwendung zu bringen.[624] Einen weiteren Vorteil der Parteiautonomie erkannte er in der „Stetigkeit des Vertragsstatuts", die damit einherging.[625]

---

617 *Hanau*, in: Rewi-Fakultät, Freiheit und Gleicheit bei der Gestaltung des Arbeitsrechts, 183. 194 ff.; *Zöllner*, AcP 1976, 221, 230 ff.

618 *Hanau*, in: Rewi-Fakultät, Freiheit und Gleicheit bei der Gestaltung des Arbeitsrechts, 183. 194 ff. m.w.N.

619 A.A. *Adomeit*, in: Dieterich/Gamillscheg/Wiedemann, Festschrift für Hilger und Stumpf, 1, 5. Seines Erachtens nach beraubte sich das Arbeitsrecht bereits früh seiner Entwicklungsmöglichkeit, da keine emanzipierten Entscheidungen der Beteiligten zugelassen wurden, sondern jegliche Errungenschaft sofort als Gedanke des sozialen Schutzes festgeschrieben wurde.

620 *Gamillscheg*, Internationales Arbeitsrecht, 114; m.w.N.; *Schnorr von Carolsfeld*, Arbeitsrecht, 52 f.

621 *Gamillscheg*, Internationales Arbeitsrecht, 113 ff.; *Gamillscheg*, AcP 1956, 49, 58 ff.

622 *Gamillscheg*, Internationales Arbeitsrecht, 113 ff.; *Gamillscheg*, AcP 1956, 49, 58 ff.

623 *Deinert*, Internationales Arbeitsrecht, 98; *Gamillscheg*, Internationales Arbeitsrecht, 115 ff. Seiner Ansicht nach ist die Rechtskenntnis beider Parteien ausreichend, aber nicht so ausgeprägt, dass sich der Arbeitgeber darüber einen Vorteil bei der Vertragsgestaltung und der dazugehörigen Rechtswahl verschaffen könnte.

624 *Gamillscheg*, Internationales Arbeitsrecht, 113 ff.

625 So würde auch mehr Rechtssicherheit für den Fall geschaffen, wenn der Arbeitnehmer den Arbeitsort wechselt. *Gamillscheg*, RIW 1979, 225, 228; *Gamillscheg*, ZfA 1983, 307, 323.

Die Gegner der Parteiautonomie vertraten hingegen,[626] dass die Anknüpfung an den Betriebssitz die bessere Lösung sei.[627] Auf diesem Wege sei eine Rechtssicherheit und Stetigkeit der Anknüpfung garantiert.[628] Missbrauchsfälle seien bis dato zwar nicht bekannt.[629] Trotzdem sei dies nicht als Beweis heranzuziehen, dass ein Missbrauch im Arbeitsverhältnis nicht möglich ist.[630] Insbesondere, da der Arbeitgeber häufig die wichtigsten Vertragsinhalte vorgibt und auch die Rechtswahl zu seinem Vorteil gestaltet.[631]

Teilweise zog man auch das – bis dahin vorherrschende – Territorialitätsprinzip heran, um die Anwendbarkeit einer Rechtswahl im Arbeitsrecht zu verneinen.[632] Als Territorialitätsprinzip wird die Beschränkung des räumlichen Anwendungsbereichs öffentlich-rechtlicher Normen im Arbeitsrecht auf das „Territorium" bezeichnet.[633] Zu Recht verneint *Gamillscheg*, dass dieses Prinzip etwas über die Anwendbarkeit der Rechtswahlfreiheit im Bereich des Internationalen Arbeitsvertragsrechts aussagen kann.[634] Denn durch das Territorialitätsprinzip wird allein eine Anwendung öffentlich-rechtlicher Normen durch die Judikative und Exekutive bezeichnet, nicht aber deren tatsächliche inhaltliche Anwendbarkeit auf ein privatrechtliches Rechtsverhältnis.[635]

Letztendlich lässt sich die Frage der Zulassung einer Rechtswahlfreiheit im Internationalen Arbeitsrecht darauf zurückführen, ob der Arbeitnehmer als die schwächere Partei auch auf kollisionsrechtlicher Ebene eines besonderen Schutzes bedarf oder ob der sachrechtliche Schutz in dem zur Anwendung kommenden Arbeitsrecht ausreichend ist.[636] Aus der Literatur kam der Vorschlag[637] – ähnlich

---

626 Hauptargumente gegen die Parteiautonomie waren zum einen die fehlende „Gleichrangigkeit der Rechtsordnungen", zwischen denen die Parteien wählen konnten und zum anderen die Einschätzung, dass Arbeitgeber dem Arbeitnehmer Rechtswahlklauseln im Vertrag „mehr oder weniger" auferlegen, so Junker, *Junker*, Internationales Arbeitsrecht im Konzern, 80 ff.

627 *Deinert*, Internationales Arbeitsrecht, 134, 478.

628 *Junker*, Internationales Arbeitsrecht im Konzern, 41.

629 *Gamillscheg*, RIW 1979, 225, 228; *Deinert*, Internationales Arbeitsrecht, 101.

630 Siehe dazu allein *Nygh*, Autonomy in international contracts, 162 ff.; *Mankowski*, in: Ferrari/Leible, Employment Contracts under Article 8 of the Rome I Regulation, 171 ff.; *Valdini*, Der Schutz der schwächeren Vertragspartei, 283 ff.

631 *Deinert*, Internationales Arbeitsrecht, 101.

632 *Däubler*, AWD/RIW 1972, 1, 3.

633 *Kronke*, Rechtstatsachen, kollisionsrechtliche Methodenentfaltung und Arbeitnehmerschutz, 23; *Däubler*, AWD/RIW 1972, 1, 3.

634 *Gamillscheg*, Internationales Arbeitsrecht, 121 f.; *Gamillscheg*, AcP 1956, 49, 58 ff.

635 *Gamillscheg*, Internationales Arbeitsrecht, 121; *Deinert*, Internationales Arbeitsrecht, 98; *Däubler*, AWD/RIW 1972, 1, 3.

636 *Gamillscheg*, RIW 1979, 225, 228; *Däubler*, AWD/RIW 1972, 1, 3 f.; *Zöllner*, AcP 1976, 221, 229 ff.; *Hergenröder*, ZfA 1999, 1, 11 ff.

637 Dazu *Beitzke*, in: Hueck/Richardi, Gedächtnisschrift für Rolf Dietz, 127, 131; *Zöllner*, AcP 1976, 221, 246.

wie im Verbraucherrecht – durch eine alleinige objektive Anknüpfung dem Schutz der Arbeitnehmer besser dienen zu können.[638] Weitere Vorschläge umfassten eine Rechtswahlfreiheit in Verbindung mit einer entsprechenden Tarifautonomie beziehungsweise eine Rechtswahl zu gestatten, die sich auf ein gegenüber dem Recht des Arbeitsorts günstigeres Recht bezieht.[639]

Dabei ist jedoch die Realität in Bezug auf die Rechtswahlfreiheit nicht aus den Augen zu verlieren sowie die Missbrauchsgefahr mit Rechtswahlklauseln im Arbeitsrecht nicht zu unterschätzen.[640] Weltweit agierende Unternehmen sind eher dazu bereit und in der Lage, sich durch eine entsprechende rechtliche Beratung einen Vorteil über die Rechtswahl zu verschaffen und diese durchzusetzen.[641] Ein Missbrauchspotential in der Arbeitgeber-Arbeitnehmer-Beziehung lässt sich daher nicht ausschließen, auch wenn dieses bei einer objektiven Anknüpfung an den Arbeitsort geringer zu sein scheint.[642]

Die Rechtswahlfreiheit im Arbeitskollisionsrecht ist zwar heute weitestgehend in Rechtsprechung und Literatur anerkannt,[643] gilt aber aufgrund der angeführten Kritik nicht schrankenlos.[644] Viele nationale Rechtsordnungen halten daher bereits Sonderregelungen für diese Vertragsart bereit.[645] So hat sich – auch vor dem Hintergrund des „Schutzes der schwächeren Partei" – das Günstigkeitsprinzip im Internationalen

---

638 So auch die Präambel zum Entwurf der VO Nr. 1612/69 (Entwurf vom 7. April 1967, ABl. EWG vom 8. Juli 1967, Nr. 145/11.

639 *Deinert*, Internationales Arbeitsrecht, 99, m.w.N. Hier findet sich ebenfalls ein Überblick zu den verschiedenen Rechtswahlvarianten im in den nationalen IPR-Rechtsordnungen.

640 Dazu *Junker*, RIW 2006, 401, 405 sowie *Däubler*, AWD/RIW 1972, 1, 7, der von einem „naiven Wunschdenken" spricht, wenn eine echte Arbeitnehmermitbestimmung allein durch die Parteiautonomie angenommen wird. Eine empirische Studie zur Häufigkeit von vorgefertigten Rechtswahlklauseln findet sich bereit bei *Kronke*, Rechtstatsachen, kollisionsrechtliche Methodenentfaltung und Arbeitnehmerschutz, 55. Dieser untersuchte bereits 1980 die Arbeitsverträge verschiedener Unternehmen und kam zu dem Schluss, dass nur 3 % dieser individuell vereinbart waren. Seine Untersuchung war jedoch auch kritisch eingeschätzt worden. Trotzdem kann diese als Hinweis auf die tatsächliche Lage am Arbeitsmarkt herangezogen werden.

641 *Däubler*, AWD/RIW 1972, 1, 7; *Junker*, Internationales Arbeitsrecht im Konzern, 54 f.

642 Gamillscheg, ZfA 1983 307, 325; RIW/AWD 1979, 225, 228.

643 *Junker*, Internationales Arbeitsrecht im Konzern, 54 f.

644 *Deinert*, RdA 2009, 144, 148; *Zöllner*, AcP 1976, 221, 229 m.w.N.

645 Eine umfassende Untersuchung der verschiedenen nationalen Rechtsordnungen und deren Arbeitnehmerbegriff im Zusammenhang mit verschiedenen Schutzbestimmungen findet sich bei *Rebhahn*, RdA 2009, 154 ff. sowie *Rebhahn*, RdA 2009, 236 ff.

Arbeitsrecht in Europa durchgesetzt.[646] Der Einfluss des staatlichen Sozialgedankens auf das Privatrecht war nicht zu leugnen.[647] Das Arbeitsrecht ist dabei nicht nur als Teil dieser Entwicklung, sondern als deren Motor zu bezeichnen.[648]

Doch zunächst folgte die Sonderanknüpfung im internationalen Arbeitskollisionsrecht anderen Maßstäben. Im Konfliktrechts-Entwurf von 1972[649] verwirklichte man die Sonderanknüpfung von Arbeitsverträgen beispielsweise nicht über das Günstigkeitsprinzip, sondern beschränkte den Abschluss einer parteiautonomen Rechtswahl. Nur Arbeitnehmer, die in einen anderen Staat versetzt wurden oder die häufiger ihren Arbeitsort wechseln, durften das anwendbare Recht wählen. Als besondere formelle Voraussetzung bedurfte die Vereinbarung der Schriftform.[650] Zusätzlich gab der Entwurf einen Katalog zwingender Vorschriften vor, welcher durch eine Rechtswahl nicht berührt werden durfte.[651] Durch die zunehmende Verwirklichung der Freizügigkeit für Arbeitnehmer[652] hatte es sich die geplante Verordnung zum Ziel gemacht, auf diesem Wege mehr Rechtssicherheit für die grenzüberschreitenden Arbeitsbeziehungen sicherzustellen, da die nationalen Kollisionsrechte zu große Unterschiede aufwiesen.[653] Teilweise war eine freie Wahl

---

646 Diesen Gedanken vertrat bereits *Geppert*, DRdA 1970, 124, 128 ff.; dazu auch *Schlachter*, NZA 2000, 57, 58; *Deinert*, Internationales Arbeitsrecht, 102. Sehr eindrucksvoll dazu *Adomeit*: „Der Sozialgedanke ist der Lebenssaft, schon fast das Herzblut des Arbeitsrechts. Die großen Regeln und Prinzipien des Arbeitsrechts – Arbeitnehmerschutz, Günstigkeitsprinzip – sind von diesem Gedanken bestimmt.", so *Adomeit*, in: Dieterich/Gamillscheg/Wiedemann, Festschrift für Hilger und Stumpf, 1, 1.

647 *Adomeit*, in: Dieterich/Gamillscheg/Wiedemann, Festschrift für Hilger und Stumpf, 1, 4, *Deinert*, Internationales Arbeitsrecht, 102.

648 *Junker*, Internationales Arbeitsrecht im Konzern, 75. So auch bereits 1983 *Adomeit*, in: Dieterich/Gamillscheg/Wiedemann, Festschrift für Hilger und Stumpf, 1, 4, der meint, im Arbeitsrecht habe man sich „so gewöhnt [an das Günstigkeitsprinzip], als sei [es] anders gar nicht denkbar."

649 Vorschlag einer Verordnung (EWG) des Rates über das auf Arbeitsverhältnisse innerhalb der Gemeinschaft anzuwendende Konfliktrecht, ABl. 1972 C 49/26, abgedruckt in RabelsZ 37 (1973) 585.

650 Art. 4 I Nr. 2 des Entwurfs. Der Katalog umfasste beispielsweise die Vorschriften über Arbeitsverbote an Sonn- und Feiertagen, über die tägliche und wöchentliche Maximalarbeitszeit sowie die Arbeitsverbote für Kinder, Jugendliche und Frauen.

651 Art. 4 I Nr. 1 des Entwurfs.

652 Beispielsweise durch die Verordnung des Rates (EWG) Nr. 1612/68 vom 15.10.1968 und die Richtlinie des Rates Nr. 68/360/EWG ebenfalls vom 15.10.1968. Kritisch zu dieser Begründung des Entwurfs *Gamillscheg*, RabelsZ 37 (1973), 284, 290.

653 So die Präambel des Verordnungsvorschlags: „Beim gegenwärtigen Stand des jeweiligen Rechts in den Mitgliedsstaaten sind die das Kollisionsrecht betreffenden Bestimmungen des internationalen Privatrechts dermaßen verschieden, daß die gleichen Arbeitsbeziehungen durch mehrere Rechtsordnungen unterschiedlich geregelt werden können."

des anzuwendenden Rechts üblich[654], teilweise waren die zwingenden Vorschriften des innerstaatlichen Arbeitsrechts weitestgehend als *lois de police et de sûreté* qualifiziert,[655] was eine Anwendung des innerstaatlichen Arbeitsrechts auf innergemeinschaftliche Arbeitsverhältnisse zur Folge hatte.[656] Ein Vorschlag sollte diese Hindernisse – in Bezug auf die Rechtswahl der Parteien – beseitigen: In seinem Art. 4 I Nr. 2 gab der Konfliktrechts-Entwurf verschiedene Bereiche vor, die von einer Rechtswahl unberührt bleiben mussten. Ansonsten galt die freie Rechtswahl.[657] Gleichzeitig waren aber auch die *lois de police et de sûreté* des Staates, in dem der Arbeitnehmer zeitweise tätig ist, als unabdingbar einzustufen. Der Vorschlag des Rates scheiterte allerdings, genauso wie eine veränderte Fassung des Konfliktsrechts für Arbeitsverhältnisse von 1976.[658]

Mit dem Europäischen Schuldvertragsübereinkommen gab es 1980 erstmals eine einheitliche Regelung, die sich aber (nicht nur in Bezug auf die entsprechenden Rechtswahlbestimmungen) stark von dem Konfliktrechts-Entwurf unterschied.[659] Mit seinem Art. 6 I ließ das EVÜ eine Rechtswahl zu, allerdings durch das Günstigkeitsprinzip beschränkt.[660] Ursprünge des Günstigkeitsprinzip für das Arbeitsrecht finden sich in den 1960 Jahren[661] in Italien[662] und Frankreich.[663] Die ersten internationalen Ansätze für das Günstigkeitsprinzip fanden sich im Konfliktrechts-Entwurf von 1976.[664] Gegen das Günstigkeitsprinzip erhoben sich auch im Arbeitskollisionsrecht

---

654 So in Deutschland oder in den Niederlanden.

655 Polizei- und Sicherheitsvorschriften.

656 So in Frankreich, Belgien, Italien und Luxemburg, RabelsZ 37 (1973) 585, 589.

657 Siehe dazu auch *Junker*, Internationales Arbeitsrecht im Konzern, 15.

658 Geänderter Vorschlag einer Verordnung (EWG) des Rates über das auf Arbeitsverhältnisse innerhalb der Gemeinschaft anzuwendende Konfliktrecht, KOM (75) 653, abgedruckt in RdA 1978, 57; ibid., 15. Zusätzlich wurde in dieser Fassung auch leitenden Angestellten eine Rechtswahl zugestanden, auch hier galt ein besonderer Formzwang. Gamillscheg bewertet die Vorschläge negativ aufgrund ihrer sklavischen Kettung an den Arbeitsort sowie eine Misstrauensbekundung gegenüber der Rechtswahl, so *Gamillscheg*, RabelsZ 37 (1973), 284, 315; *Engels*, RdA 1978, 52, 52 ff.; *Deinert*, Internationales Arbeitsrecht, 16.

659 *Däubler*, AWD/RIW 1972, 1, 3.

660 Begründung des Regierungsentwurfs, BT-Drucks. 10/504, 81.

661 Eine Übersicht der Literatur aus Frankreich und Italien dazu bei *Däubler*, AWD/RIW 1972, 1, 3.

662 Hier war das Günstigkeitsprinzip als Lösung für kollisionsrechtliche Probleme im Arbeitsrecht von den Gerichten angewendet worden. Siehe dazu *Junker*, Internationales Arbeitsrecht im Konzern, 98.

663 Hier galt das Günstigkeitsprinzip bereits in der praktischen Anwendung des Kollisionsrechts als Anwendungsprinzip. Von einer herausragende Bedeutung dieses Prinzips für die Anknüpfung im Arbeitsrecht kann jedoch nicht ausgegangen werden, *Däubler*, AWD/RIW 1972, 1, 3.

664 Geänderter Vorschlag einer Verordnung (EWG) des Rates über das auf Arbeitsverhältnisse innerhalb der Gemeinschaft anzuwendende Konfliktrecht, KOM (75) 653,

kritische Stimmen,[665] wenn die Debatte auch nicht mit der gleichen Intensität wie im internationalen Verbraucherrecht erfolgte.[666] Zum einen kritisierte man den Rückgriff auf soziale Mindeststandards am Arbeitsort.[667] Denn der Ort der Niederlassung, an dem der Arbeitnehmer eingestellt war, stelle nicht zwangsläufig ein vorzugswürdiges, den Interessen des Arbeitnehmers entgegenkommendes Recht dar.[668] Zum anderen brachte man auch hier die Argumente der Übervorteilung des Arbeitnehmers sowie der Einbuße an Rechtssicherheit und des *law mix* vor.[669]

Trotzdem hielt der Entwurf der Rom I-VO an der Rechtswahlbeschränkung durch das Günstigkeitsprinzip für Arbeitsverträge fest. Die einzige erkennbare Veränderung der Rom I-VO im Vergleich zum EVÜ war die Neugliederung des Artikels.[670] Aus Art. 6 II lit. a) EVÜ entstand Art. 8 II Rom I-VO. Art. 6 II lit. b) EVÜ galt fortan als Art. 8 III Rom I-VO. Weiterhin verankerte nun Art. 8 IV Rom I-VO die Ausweichklausel anstelle des Art. 6 II a.E. EVÜ.[671] In Art. 8 Rom I-VO schrieben die Verordnungsgeber das Günstigkeitsprinzip schließlich auch für das geltende Arbeitskollisionsrecht fest.

c) Die Entwicklung des Schutzes der zu befördernden Person bis hin zu Art. 5 Rom I-VO

In Art. 5 Rom I-VO findet sich eine der bedeutendsten Neuerungen im Vergleich zum EVÜ: Anders als im völkerrechtlichen Übereinkommen wurde hier erstmals eine kollisionsrechtliche Vorschrift für Beförderungsverträge geschaffen.[672]

Es lässt sich – anders als für die anderen Schutzvorschriften – keine Entwicklung des Schutzes der zu befördernden Person allgemein nachzeichnen. Erst mit der Rom I-VO trat eine entsprechende Schutzintension deutlich hervor. Daher liegt der Schwerpunkt des folgenden Abschnitts auf der Entwicklung des Art. 5 Rom I-VO.

---

abgedruckt in RdA 1978, 57. Für die im Katalog aufgezählten Bedingungen, die von einer Rechtswahl der Parteien unberührt bleiben sollten, gilt dies nur, wenn sie dem Arbeitnehmer einen günstigeren Schutz gewähren, Art. 8 des Entwurfs von 1976. Grundsätzlich gilt aber die freie Rechtswahl, Art. 7. Ausführlich zu diesem Entwurf *Kronke*, RabelsZ 45 (1981), 301, 308 ff.; *Gamillscheg*, RIW 1979, 225, 234 ff.

665 *Deinert*, Internationales Arbeitsrecht, 137.

666 Siehe dazu Teil 2 Kapitel 1C.II.1.a).

667 Zu den Problemen, die sich aus einer Anknüpfung an den Arbeitsort ergeben *Plender/Wilderspin*, The European Private International Law of Obligations, Rn. 11-041.

668 *Deinert*, Internationales Arbeitsrecht, 137; *Junker*, RIW 2006, 401, 406.

669 *Martiny*, in: MüKo, Art. 8 Rom I-VO, Rn. 41 f.; *von Hein*, in: Rauscher, Art. 8 Rom I-VO, Rn. 27 ff.

670 *Mankowski*, IHR 2008, 133, 145; *Mankowski*, in: Ferrari/Leible, Employment Contracts under Article 8 of the Rome I Regulation, 171, 172.

671 Dass hier keine offensichtlich engere Verbindung verlangt wird, lässt auf einen flexibleren Einsatz der Ausweichklausel schließen. *Doehner*, in: Hüßtege/Mansel, Art. 8 Rom I-VO, Rn. 34.

672 *Mankowski*, in: *Reithmann/Martiny*, Internationales Vertragsrecht, 1108.

(1) Das Internationale Transportrecht im EVÜ

Die Entwicklung des Art. 5 Rom I-VO lässt sich nicht allzu weit zurückverfolgen. Eine eigene Regelung für Beförderungsverträge war dem EVÜ als Vorgänger der Rom I-VO fremd.[673] Allein die objektive Anknüpfung von Güterbeförderungsverträgen war in Art. 4 IV EVÜ geregelt. Güterbeförderungsverträge seien als „besondere Verträge“ zu bewerten, welche eine eigene Anknüpfungsregel benötigen.[674] Personenbeförderungsverträge hingegen wurden nach der Vermutungsregel des Art. 4 II EVÜ objektiv angeknüpft. Im *Giuliano/Largarde*-Bericht findet sich jedoch der Hinweis, dass man über eine Sonderanknüpfung für Personenbeförderungsverträge bereits damals nachdachte.[675] Die Mehrheit entschied sich jedoch dagegen, weil Art. 4 IV EVÜ so gut wie nie für Personenbeförderungsverträge heranzuziehen war.[676] Eine eigene Vorschrift wurde auch angesichts des vorrangig einschlägigen internationalen Einheitsrechts abgelehnt, welches für das Transportrecht bereits vorhanden war.[677]

Eine subjektive Anknüpfung für Personenbeförderungsverträge erfolgte allgemein nach dem Grundsatz des Art. 3 EVÜ, allerdings ohne besondere Rechtswahlbeschränkung, wie sie heute besteht. Pauschalreisen waren bereits im EVÜ der Verbrauchervorschrift zugeordnet.[678] Die Begründung, die hinter der besonderen Anknüpfung für Güterbeförderungsverträge stand, lag in der „Internationalität“ der Güterbeförderung.[679] Diese Verträge standen oft in keiner Verbindung zu dem Staat, in dem der Beförderer seine Hauptniederlassung hatte.[680] Eine Anknüpfung nach der Vermutungsregel nach Art. 4 II EVÜ führte daher zu unrechtmäßigen Ergebnissen.[681] Für Personenbeförderungsverträge sah man dieses Problem nicht: Hier erfolgte die Anknüpfung mangels einer Rechtswahl nach Art. 4 II EVÜ an das Recht des Staates, in dem der Beförderer seine Hauptniederlassung besaß. Der Einwand, dass damit unter Umständen nicht immer eine sachgerechte Lösung erzielbar sei, wurde überstimmt.[682] Die Vermutung konnte nur durch die Auffangklausel des

---

673 *Mankowski*, TransportR 2008, 339, 339 f.

674 So im *Giuliano/Lagarde*-Bericht, Nr. C 282/21. Dazu auch *Schilling*, Das Internationale Privatrecht der Transportverträge, 111 ff.

675 *Giuliano/Lagarde*-Bericht, Nr. C 282/22.

676 *Giuliano/Lagarde*-Bericht, Nr. C 282/22.

677 Die Gruppe zur Erörterung der Beförderungsprobleme hatte anscheinend eindringlich auf den Vorrang des Einheitsrechts verwiesen, so dass keine eigene Regelung in Angriff genommen wurde.

678 Art. 5 V EVÜ, siehe dazu *Nielsen*, in: Ferrari/Leible, Rome I Regulation - The Law Applicable to Contractual Obligations in Europe, 99, 102.

679 *Mankowski*, TransportR 2008, 339, 341; *Nielsen*, in: Ferrari/Leible, Rome I Regulation - The Law Applicable to Contractual Obligations in Europe, 99, 102.

680 *Mankowski*, TransportR 2008, 339, 341.

681 *Nielsen*, in: Ferrari/Leible, Rome I Regulation - The Law Applicable to Contractual Obligations in Europe, 99, 103.

682 Giuliano/Lagarde Bericht Nr. C 282/22.

Art. 4 V EVÜ widerlegt werden.[683] Des Weiteren waren Beförderungsverträge nach Art. 5 IV lit. a) EVÜ ausdrücklich vom Anwendungsbereich der Verbraucherverträge ausgeschlossen.[684] Verbraucher-Personenbeförderungsverträge mussten sich daher nach Art. 3 und 4 EVÜ beurteilen lassen.[685]

Für das EVÜ lässt sich daher feststellen, dass in Bezug auf Personenbeförderungsverträge eindeutig keine Schutzbestimmungen (mit Ausnahme der Pauschalreisen) vorgesehen waren.

(2) Der Beförderungsvertrag nach dem Entwurf der Rom I-VO

Als die Kommission sich mit der Umwandlung des EVÜ in die Rom I-VO beschäftigte, entschied sie sich zunächst gegen eine eigene Vorschrift für Beförderungsverträge.[686] Man war der Ansicht, dass hier eine Anknüpfung nach den allgemeinen Grundsätzen ausreichend sei.[687] Im offiziellen Vorschlag mit Art. 4 I lit. c) Rom I-VO-E 2005 behandelte die Kommission den Beförderungsvertrag wie einen „normalen" Vertrag.[688] Von einer Regelung aus Kombination und Voraussetzungskumulation war keine Rede mehr.[689] Diese Ausgestaltung stieß auf Applaus, da man sich von der „Abnormität des Art. 4 IV EVÜ" zu befreien schien.[690] Zu diesem Zeitpunkt sprach auch niemand von der möglicherweise bestehenden „Besonderheit" der Beförderungsverträge. Die Kommission gab keine Erklärung dazu ab, warum die Regelung des EVÜ zu „verbessern" war oder warum eine Differenzierung zwischen Güter- und Personenbeförderungsverträgen nun überflüssig zu sein schien. Mit dem Art. 4 Rom I-VO-E führte sie ein neues Grundprinzip ein, basierend auf strikteren Regeln und einer Anknüpfung an das Recht der Partei, die die charakteristische Leistung erbringt.[691] Damit wollte die Kommission die der Vermutungsregel nach Art. 4 IV EVÜ zu Grunde liegende „Besonderheit" von Güterbeförderungsverträgen aufgeben.[692] Ein verbraucherrechtlicher Schutz wurde abgelehnt.[693] Hierfür gab es zwei Gründe: Zum einen wäre das (Personen)Beförderungsrecht zumeist im Einheitsrecht geregelt und benötige

683 *Thorn*, in: Rauscher, Art. 5 Rom I-VO, Rn. 3 ff.
684 *Wiese*, in: BeckOGK, Art. 5 Rom I-VO, Rn. 3.
685 *Thorn*, in: Rauscher, Art. 5 Rom I-VO, Rn. 5; *Wiese*, in: BeckOGK, Art. 5 Rom I.VO, Rn. 3.2.
686 KOM 2005, 650 endg., Art. 3; *Nielsen*, in: Ferrari/Leible, Rome I Regulation - The Law Applicable to Contractual Obligations in Europe, 99, 106.
687 KOM 2005, 650 endg., Art. 3.
688 *Hartenstein*, TransportR 2008, 143, 157; *Nielsen*, in: Ferrari/Leible, Rome I Regulation - The Law Applicable to Contractual Obligations in Europe, 99, 106.
689 *Hartenstein*, TransportR 2008, 143, 157; *Nielsen*, in: Ferrari/Leible, Rome I Regulation - The Law Applicable to Contractual Obligations in Europe, 99, 106.
690 So *Mankowski*, TransportR 2008, 339, 345.
691 Siehe dazu *Kessedjian*, in: Basedow/Baum/Nishitani, Japanese and European Private International Law in Comparative Perspective, 105, 124 m.w.N.
692 *Mankowski*, TransportR 2008, 339, 345.
693 Art. 5 Abs. 3 lit. b) Rom I-VO-E.

daher keinen an Art. 5 Rom I-VO-E angelehnten Schutz.[694] Zum anderen wäre es für den Beförderer insbesondere bei Personenbeförderungsverträgen unzumutbar, sich auf das Verbraucherrecht eines jeden einzelnen Passagiers einzustellen.[695] Bei einer einzigen Reise stünde er sonst mehreren Schutzrechten gleichzeitig gegenüber. Eine solche Regelung wäre schlecht durchführbar und wenig wünschenswert.[696] Auch im Vorschlag der Kommission lässt sich somit keine Schwerpunktsetzung auf einen „Schutz des Schwächeren" erkennen.[697]

Nur ein Jahr nach dem Entwurf der Rom I-VO fand sich die Einschränkung „sofern sich in diesem Staat auch der Abgangsort oder der Bestimmungsort oder der gewöhnliche Aufenthalt des Absenders oder des Passagiers befindet" wieder in einem Vorschlag des Ratsvorsitzes.[698] Diese Regelung ging auf den finnisch-deutschen Präsidentschaftsvorschlag zurück.[699] Darüber hinaus regte man von finnischer Seite an, über eine Wiederaufnahme der Diskussion um die bereits vorgeschlagene einfache, nicht modifizierte Erweiterung auf Personenbeförderungsverträge zu beratschlagen.[700]

Als der Kompromiss des Rates im April 2007 beschlossen wurde, lag kein Fokus auf den Beförderungsverträgen.[701] Allerdings markiert das Kompromisspaket einen wichtigen Punkt: Die Vorschrift des Art. 4 I lit. c) wurde aus dem Vorschlag der Rom I-VO getilgt, stattdessen fügte man ein Platzhalter „Art. 4a" für „Beförderungsverträge" ein, der allerdings noch inhaltslos war.[702]

---

694 *Ragno*, in: Ferrari/Leible, The Law Applicable to Consumer Contracts under the Rome I Regulation, 129, 141.

695 Dazu kritisch *Mankowski*, Interessenpolitik und europäisches Kollisionsrecht, 48 ff., *Mankowski*, Seerechtliche Vertragsverhältnisse im internationalen Privatrecht, 394; *Ferid/Böhmer*, Internationales Privatrecht, Rn. 5-30.114.

696 So argumentierte beispielsweise das MPI in seinem Kommentar zum Vorschlag der Europäischen Kommission für eine Verordnung über das auf vertragliche Schuldverhältnisse anzuwendende Recht (Rom I), RabelsZ 71 (2007), 225, 276.

697 *Nielsen*, in: Ferrari/Leible, Rome I Regulation - The Law Applicable to Contractual Obligations in Europe, 99, 104.

698 Vermerk Nr. 13853/96, Interinstitutionelles Dossier 2005/0261 (COD).

699 *Mankowski*, TransportR 2008, 339, 346. Unter Art. 4 I lit. c) hieß es "a contract of carriage shall be governed by the law of the country where the carrier has his habitual residence[, provided that the place of departure or the place of destination of the carriage or the habitual residence of the consignor or the passenger is also situated in that country];" Finnish Presidency and incoming German Presidency to Committee on Civil Law Matters (Rome I), 12 December 2006, 16353/06 JUSTCIV 276 CODEC 1485, S. 5.

700 Note from the Presidency to the Comitee on Civil Law Matters (Rome I), 12 October 2006, 13853/06 JUSTCIV 224 CODEC 1085 S. 6 Fn. 1.

701 *Thorn*, in: Rauscher, Art. 5 Rom I-VO, Rn. 6; *Hartenstein*, TransportR 2008, 143, 144 f.

702 Siehe Vermerk des Vorsitzes für den Ausschuss für Zivilrecht (Rom I), Dok. 13441/07 JUSTCIV 249 CODEC 1018, S. 16, Fn. 1. Siehe auch Vermerk Nr. 8022/07

(3) Der Dumitrescu-Bericht

Die für das Internationale Transportrecht besonders relevanten Entwicklungen begangen mit dem Entwurf des *Dumitrescu*-Berichts für den Rechtsausschuss des Europäischen Parlaments kurz darauf im August 2007.[703] Zuvor, im Juni 2007, war bereits ein Vorschlag von deutsch-portugiesischer Seite erschienen, in dem drei verschiedene Lösungsvorschläge für den bis dahin inhaltsleeren Art. 4a enthalten waren. Hier fand sich in einer Fußnote erstmals der Hinweise darauf, dass über eine begrenzte Rechtswahlklausel für Personenbeförderungsverträge vom Ausschuss für Zivilrecht (Rom I) nachzudenken sei.[704] Der *Dumitrescu*-Bericht enthielt erstmals einen konkreten Inhalt für einen eigenen Artikel der Beförderungsverträge. Unter Art. 4a sah der Bericht vor, dass eine Rechtswahl nach Art. 3 des Kommissionsvorschlags[705] möglich sein soll. Wenn eine derartige Rechtswahl nicht getroffen sei, gab Art. 4a II vor, dass bei einem Personenbeförderungsvertrag an den gewöhnlichen Aufenthalt des Reisenden anzuknüpfen sei. Gleichzeitig müsse entweder der Abgangs- oder der Bestimmungsort in diesem Land gelegen sein. Wenn dies nicht der Fall sei, komme das Recht des Staates zur Anwendung, in dem der Beförderer seinen gewöhnlichen Aufenthalt habe.

Einen weiteren wichtigen Schritt für die Aufnahme einer eigenen Vorschrift für Beförderungsverträge markiert der auf dem *Dumitrescu*-Bericht aufbauende Vermerk des Vorsitzes für den Ausschuss für Zivilrecht (Rom I) vom Oktober 2007.[706] Auch hier sah man einen Art. 4a für Beförderungsverträge vor. Dabei waren bereits einige Beschränkungen der Rechtswahl für Personenbeförderungsverträge angedacht.[707] Die fünf Möglichkeiten, die in der Rom I-VO zur Wahl gestellt werden, sind nahezu identisch aus dem Vermerk des Ausschussvorsitzes übernommen.[708] Allerdings wurde der Sitz der Hauptverwaltung des Beförderers nur als Alternative zur Wahl des Rechts des Landes gesehen, in dem der Beförderer seinen gewöhnlichen Aufenthalt hat. Im Übrigen war die genaue Formulierung des heutigen Art. 5 II lit. c) Rom I-VO im Unklaren, da es zunächst unter „b 1)" hieß: „...in dem der Beförderer seine [Hauptniederlassung][Hauptverwaltung] hat...". Auch lit. d) und lit. e) des Artikels in seiner aktuellen Fassung waren in Art. 4a des Vermerks vorgesehen,

---

Add 1 des Vorsitzes für den AstV/Rat, Interinstitutionelles Dossier 2005/0261 (COD) vom 30. März 2007.

703 European Parliament, Comitee on Legal Affairs, Compromise Amendments 2–44 – Draft Report Christian Dumitrescu – Porposal for a regulation of the European Parliament and of the Council on the law applicable to contractual obligations (Rome I) (PE 374.427v01-00), 28. August 2007, PE 393.856v01-00.

704 Vermerk Nr. 11150/07 vom 25. Juni 2007 (N. 97). Die dritte Option kommt dabei der aktuellen Fassung am nächsten. Die Fußnote zu Personenbeförderungsverträgen findet sich auf S. 9, Fn. 1.

705 *Thorn*, in: Rauscher, Art. 5 Rom I-VO, Rn. 6.

706 *Mankowski*, TransportR 2008, 339, 340.

707 *Thorn*, in: Rauscher, Art. 5 Rom I-VO, Rn. 6; *Hartenstein*, TransportR 2008, 143, 157.

708 *Thorn*, in: Rauscher, Art. 5 Rom I-VO, Rn. 6; *Hartenstein*, TransportR 2008, 143, 157.

allerdings beide unter lit. c). Ob an dieser Stelle ein Fehler unterlaufen ist oder es sich um einen echten Alternativvorschlag handelt, nach welchem die Parteien entweder nur das Recht des Landes wählen können, in dem sich der Abgangsort befindet oder das Recht des Landes, in dem sich der Bestimmungsort befindet, bleibt unklar. Die Erwägungen zu Beginn des Vermerks statuieren zu den Beförderungsverträgen unter 8j allein, dass sich bei der Auslegung von Beförderungsverträgen an Art. 4 IV 3 EVÜ zu orientieren sei.[709] Danach sind jedoch nur Charterverträge und andere Verträge, die in der Hauptsache der Güterbeförderung dienen, als Güterbeförderungsverträge einzuordnen.

Die endgültige Fassung des *Dumitrescu*-Berichts vom 21. November 2007 nahm schließlich die Änderungen in Bezug auf die Einschränkung der Rechtswahlfreiheit bei Personenbeförderungsverträgen auf.[710] Der Bericht beinhaltete die Formulierung „...in dem der Beförderer seine Hauptverwaltung hat...", allerdings unterstellte der Bericht diese Rechtswahlmöglichkeit keinem eigenen Aufzählungszeichen, sondern bezeichnete sie als „(ba)". Diese endgültige Fassung brachte Klarheit in Bezug auf die Frage, ob die Anknüpfung nur an den Bestimmungsort oder nur den Abgangsort in den Gesetzestext aufzunehmen war: Die Parteien haben die Möglichkeit, eine dieser beiden Anknüpfungen zu wählen, sowohl der Abgangsort als auch der Bestimmungsort sind nach lit. c) bzw. lit. d) als Rechtswahlmöglichkeit zugelassen.

In der anschließenden ersten Lesung im Europäischen Parlament änderte sich an der Fassung grundsätzlich nichts mehr, allein die Nummerierung passte man an: Der bis dahin jeweils als Art. 4a bezeichnete Artikel wurde zu Art. 5. Die endgültige Fassung des *Dumitrescu*-Berichts veränderte das Parlament bis auf einige technische Anpassungen nicht mehr.[711] Die vom Europäischen Parlament in ihrer ersten Lesung geschaffene Fassung nahm der Rat an.[712] Die politische Einigung über die Fassung des Art. 5 zwischen Kommission, Rat und Parlament war bereits weit fortgeschritten, deswegen überrascht die nahezu anstandslose Übernahme der Vorschrift kaum.[713] Die Einigung mündete schließlich in dem Gemeinsamen Standpunkt des Rates, den das Parlament in der zweiten und dritten Lesung dann

709 Vermerk des Vorsitzes für den Ausschuss für Zivilrecht (Rom I), Dok 13441/07 JUSTCIV 249 CODEC 1018, S. 6.

710 Report on the Proposal for a regulation of the European Parliament and the Council on the law applicable to contractual obligations (Rome I), European Parliament, Comitee on Legal Affairs, Rapporteur: Christian Dumitrescu, A6-0450/2008, 21. November 2007.

711 *Mankowski*, TransportR 2008, 339, 340.

712 Verordnung des Europäischen Parlaments und des Rates über das auf vertragliche Schuldverhältnisse anzuwendende Recht (Rom I) – Ergebnisse der Ersten Lesung des Europäischen Parlaments, vom 31. März 2008 – Dok. PE-CONS 3691/07 JUSTCIV 334 CODEC 1401.

713 *Wagner*, TransportR 2009, 281, 287; *Mankowski*, IHR 2008, 133, 140.

zur endgültigen Fassung des Artikels für Beförderungsverträge erklärte.[714] Darin hat Art. 5 Vorrang vor Art. 6 Rom I-VO. Deswegen sind auch Personenbeförderungsverträge, bei denen ein Verbraucher Vertragspartei ist, nicht über Art. 6, sondern allein über Art. 5 II Rom I-VO anzuknüpfen.[715] Darin sahen die Verordnungsgeber eine adäquate Lösung für den Schutz von Passagieren.[716]

Die Vorschrift des Art. 5 Rom I-VO mit ihrer beschränkten Rechtswahlmöglichkeit für Personenbeförderungsverträge ist das Produkt langer Debatten mit vielen Kehrtwenden und einem Kompromiss als Ergebnis, der schon als „monströs" bezeichnet wurde.[717] Die Regelung für Personenbeförderungsverträge will über die beschränkte Rechtswahl einen angemessenen Schutz für Passagiere gewährleisten. Mit der gefundenen Regelung soll ein Interessenausgleich zwischen dem Beförderer, der ein einheitliches Recht für seine Verträge zur Anwendung kommen lassen will und dem Reisenden, der nicht von einer Rechtsordnung überrascht werden soll, zu der er keinen Bezug hat, erfolgen.[718] Die Rechtswahlmöglichkeiten spiegeln die Einschätzung des Verordnungsgebers wieder, inwieweit sie der unterlegenen Partei eine Rechtswahl zutrauen.[719] Sie gingen davon aus, dass so auch das Ungleichgewicht zwischen den Parteien korrigiert werden könne.[720]

d) Die Entwicklung des Internationalen Versicherungsnehmerschutzes bis hin zu Art. 7 Rom I-VO

Das Internationale Privatrecht der Versicherungsverträge wurde ebenso wie die Beförderungsverträge mit einer kollisionsrechtlichen Regelung in die Rom I-VO aufgenommen. Damit erfüllte man eine seit langem aufgestellte Forderung nach einer eigenständigen Kollisionsnorm für Versicherungsverträge.[721]

(1) Die Entwicklung des Versicherungsnehmerschutzes

Die Versicherung steht für ein menschliches Bedürfnis, dem Wunsch nach Absicherung.[722] Erste rechtliche Ausformungen dieser Art erfolgten im 14. und 15. Jahrhundert in Oberitalien in Form genossenschaftlicher Zusammenschlüsse

714 Beschlossen am 6.6.2008; *Hasche*, TransportR 2010, 282, 282; *Mankowski*, IHR 2008, 133, 140.

715 *Thorn*, in: Rauscher, Art. 5 Rom I-VO, Rn. 75 ff.; *Mankowski*, IHR 2008, 133, 140.

716 *Wagner*, TransportR 2009, 281, 287; *Mankowski*, IHR 2008, 133, 140; *Thorn*, in: Rauscher, Art. 5 Rom I-VO, Rn. 75 ff.

717 *Hasche*, TransportR 2010, 282, 282.

718 *Mankowski*, ibid. 2008, 339, 349.

719 *Mankowski*, in: *Reithmann/Martiny*, Internationales Vertragsrecht, 1108.

720 *Thorn*, in: Rauscher, Art. 5 Rom I-VO, Rn. 76.

721 *Heiss*, in: Baetge/von Hein/von Hinden, Die richtige Ordnung, 459, 459.

722 *Dreher*, Die Versicherung als Rechtsprodukt, 14.

und kaufmännischer Verträge.[723] Insbesondere wurden Risiken im Bereich des Seehandels versichert, es wurde die Notwendigkeit einer Risikoteilung zur Bewältigung und eines Risikokollektivs zur wirksamen Sicherung des Einzelnen erkannt.[724] Eine allgemeine Nutzung der Versicherung als Daseinsvorsorge begann erst im industriellen Zeitalter.[725] Von diesem Zeitpunkt an erlebte das Versicherungsgeschäft einen dramatischen Aufschwung.[726] Durch die Expansion eines Massengeschäfts, was wiederum die Schaffung großer Versicherungsunternehmen sowie das Aufkommen eines breiten Vermittlertums zur Folge hatte, verbreitete sich das Versicherungswesen rasant.[727] Zusätzlich setzte eine inhaltliche Weiterentwicklung über die bis dahin typischen See- und Feuerversicherungen hinaus ein.[728] Zum Ende des 19. Jahrhunderts war schließlich von einem Versicherungswesen zu sprechen, welches eine „technische Vollkommenheit, eine praktische Wirksamkeit ohne Gleichen" erreicht hatte.[729]

Bemerkenswert früh erfolgte im Versicherungsvertragsrecht ein Schutz des Versicherungsnehmers.[730] Gerade in den Ursprüngen des Versicherungsvertragsrechts waren die Versicherungsnehmer die besser gestellte Partei, da sie den besitzenden, sozial und politisch potenten Kreisen angehörten.[731] Darüber hinaus existierte bereits in dieser Zeit ein scharfer Wettbewerb zwischen den Anbietern des Versicherungsschutzes auf dem Markt.[732] Trotzdem versuchte der europäische Gesetzgeber seit jeher, die vermeintliche Überlegenheit auf der Versichererseite auszugleichen.[733] Dieses Rechtsprodukt als juristisch komplexes Gebilde findet seine Grundlage zumeist in den Allgemeinen Versicherungsbedingungen der Versichererseite.[734] Diese sind allerdings für den heutigen typischen Versicherungsnehmer mangels entsprechender Sachkunde kaum zu erschließen. Es besteht kaum eine Möglichkeit, Einfluss auf die Vertragsgestaltung zu nehmen. Die Informations- und Aufklärungspflichten,

---

723 *Reichert-Facilides*, in: Basedow/Hopt/Kötz, Festschrift Drobnig, 119, 120; *Dreher*, Die Versicherung als Rechtsprodukt, 13.

724 *Roth*, Internationales Versicherungsvertragsrecht, 58 m.w.N.

725 *Dreher*, Die Versicherung als Rechtsprodukt, 19.

726 *Roth*, Internationales Versicherungsvertragsrecht, 60.

727 1765 wurden beispielsweise in Berlin und Hamburg die ersten Seeversicherungsaktiengesellschaften gegründet, *Dreher*, Die Versicherung als Rechtsprodukt, 16 f.

728 *Ehrenberg*, Privatversicherungsrecht, 2 f.; *Dreher*, Die Versicherung als Rechtsprodukt, 19.

729 Überblick über die verschiedenen nationalen Versicherungsrechte bei *Reichert-Facilides*, in: Basedow/Hopt/Kötz, Festschrift Drobnig, 119, 122.

730 So bereits schon *Ehrenberg*, Privatversicherungsrecht, 2 f. m.w.N.

731 *Dreher*, Die Versicherung als Rechtsprodukt, 14.

732 *Uebersax*, Der Schutz der schwächeren Partei im internationalen Vertragsrecht, 156 ff.

733 Siehe dazu bereits *Furgler*, Die Anknüpfung der Vertragsform im internationalen Privatrecht, 25; *Uebersax*, Der Schutz der schwächeren Partei im internationalen Vertragsrecht, 156 ff.

734 *Reichert-Facilides*, in: Basedow/Hopt/Kötz, Festschrift Drobnig, 119, 124.

denen die Versicherer nachkommen müssen, stellen daher keine realistische Möglichkeit zur Verbesserung der Versicherungsnehmersituation dar.[735]

(2) Die Entwicklungsgeschichte des Art. 7 Rom I-VO

Das in der Europäischen Union geltende Internationale Privatrecht der Versicherungsverträge basierte vor der Rom I-VO auf der zweiten Richtlinie Schadensversicherung[736] und der zweiten Richtlinie Lebensversicherung[737] sowie dem EVÜ.[738] Recht bald wurden Stimmen laut, die die Situation im Versicherungsvertragsrecht als kompliziert, unübersichtlich, unvollständig und sogar wertungsinkonsistent bezeichneten.[739] Die Schwierigkeiten begannen bereits bei der Bestimmung der in Frage kommenden kollisionsrechtlichen Regelungen.[740] Richtlinienkollisionsrecht ist anwendbar, wenn der Versicherer seinen Sitz innerhalb des europäischen Wirtschaftsraums hatte und das zu versichernde Risiko ebenfalls im EWR belegen war. Wenn das Risiko allerdings außerhalb des EWR belegen war, fand das EVÜ Anwendung (Art. 1 III EVÜ). Für Rückversicherungsverträge galt allerdings eine eigene Regelung: Bei einer Belegenheit innerhalb der Gemeinschaft knüpfte man allein nach dem EVÜ an (Art. 1 IV EVÜ). Eine Regelungslücke bestand in Fällen der Versicherung eines innergemeinschaftlichen Risikos durch einen außerhalb des EWR belegenen Versicherer. Für eine solche Konstellation hielt weder das EVÜ noch das Richtlinienkollisionsrecht eine Regelung bereit. Daher war hier auf das nationale Kollisionsrecht zurückzugreifen.[741] Angesichts dieser Lage waren die Unsicherheit und die Unzufriedenheit, die in Bezug auf das Internationale Versicherungsvertragsrecht herrschten, verständlich.[742]

---

735 *Furgler*, Die Anknüpfung der Vertragsform im internationalen Privatrecht, 25.

736 Zweite Richtlinie „Schadenversicherung“ (Richtlinie 88/357/EWG vom 22.6.1988, geändert und ergänzt durch die Richtlinien 92/49/EWG und 2002/13/EG); Giuliano/Lagarde, Bericht über das Übereinkommen über das auf vertragliche Schuldverhältnisse anzuwendende Recht, ABl. 1980 Nr. C 282/1, 13.

737 Zweite Richtlinie „Lebensversicherung“ (Richtlinie 90/619/EWG vom 8.1.1990, geändert und ergänzt durch die Richtlinien 92/96/EWG und 2002/12/EG); *Basedow/Scherpe*, in: Lorenz/Trunk/Eidenmüller/Wendehorst/Adolff, Festschrift Heldrich, 511, 521; *Fricke*, VersR 2006, 745, 746; *Looschelders/Smarowos*, VersR 2010, 1, 2 f.; *Perner*, IPRax 2009, 218, 218; *Heiss*, in: Baetge/von Hein/von Hinden, Die richtige Ordnung, 459, 460 f.

738 Näher dazu *Stehl*, Die Überwindung der Inkohärenz des Internationales Privatrechts der Bank- und Versicherungsverträge, 31 ff.

739 *Perner*, IPRax 2009, 218, 218.

740 *Heiss*, ZVersWiss 2007, 503, 507; *Perner*, IPRax 2009, 218, 218; *Mankowski*, IHR 2008, 133, 144.

741 *Heiss*, ZVersWiss 2007, 503, 507.

742 Siehe dazu unter *Mankowski*, IHR 2008, 133, 144; *Staudinger*, in: Ferrari/Kieninger/Mankowski, Internationales Vertragsrecht, Art. 7 Rom I-VO, Rn. 2 f. Siehe dazu

Warum das EVÜ auf eine umfassende Regelung des Internationalen Versicherungsrechts verzichtete, lässt sich darauf zurückführen, dass zum Zeitpunkt der Entstehung des Übereinkommens bereits entsprechende Bestrebungen auf dem Gebiet der Versicherungsvertragsrecht bestanden, denen durch eine Regelung im EVÜ nicht vorgegriffen werden sollte.[743] Dabei handelte es sich um die Arbeiten zur „Zweiten Richtlinie Schaden (und Leben)", die Anfang der 1970er Jahre begonnen hatten und die ebenfalls kollisionsrechtliche Regelungen enthalten sollten.[744] Bereits zuvor gab es einen Vorschlag der Kommission, eine Richtlinie des Versicherungsvertragsrechts zu schaffen, welche einen Mindeststandard an Versichertenschutz garantiert.[745] Die Harmonisierung des Internationalen Versicherungsvertragsrechtes war zu diesem Zeitpunkt aber nicht primäres Ziel der Beratungen.[746] Darüber hinaus übten britische Versicherungen starke Kritik an dem Vorschlag, da sie sich keinesfalls einem zwingenden Recht unterwerfen wollten.[747] Daher beschloss man, die Arbeiten an einem umfassenden Vorschlag vorerst nicht weiter zu verfolgen.[748]

Die geplanten Regeln des EVÜ über Versicherungsverträge, die sich mit außerhalb der EWG belegenen Risiken befassen, fanden trotzdem Anklang. Anstelle einer abschließenden Regelung im Kollisionsrecht wurde daher vorgeschlagen, die Vorschrift in die Zweite Richtlinie Schaden einzubetten.[749] Als Begründung hierfür führte man an, dass die Dienstleistungsfreiheit von den normalen Kollisionsnormen abweichende Regelungen erfordern könnte.[750] Andere Stimmen wünschten sich demgegenüber eine Erstreckung der in Art. 3–5 EVÜ gefundenen Regelungen für das Internationale Vertragsrecht auch auf Versicherungsverträge, die innerhalb

auch *Richters*, Dienstleistungsfreiheit als Schranke des Internationalen Privatversicherungsrechts, 93 ff.

743 *Roth*, in: Wandt/Reiff/Looschelders/Bayer, Festschrift Lorenz, 631, 634; *Perner*, IPRax 2009, 218, 218.

744 *Giuliano/Lagarde*, Bericht über das Übereinkommen über das auf vertragliche Schuldverhältnisse anzuwendende Recht, ABl. 1980 Nr. C 282/1, 13.

745 Vorschlag für eine Richtlinie des Rates zur Koordinierung der Rechts- und Verwaltungsvorschriften betreffend die Aufnahme und Ausübung der Tätigkeit der Direktversicherung, ABl. 1979 C 190/2 und dessen überarbeitete Version ABl. 1980 C 355/30; *Basedow/Scherpe*, in: Lorenz/Trunk/Eidenmüller/Wendehorst/Adolff, Festschrift Heldrich, 511, 512.

746 *Basedow*, in: Wandt/Reiff/Looschelders/Bayer, Festschrift Lorenz, 93, 95 f. Ein Fokus lag beispielsweise auf der Frage nach dem Umfang staatlicher Kontrolle im Bereich der Investitionspolitik der Versicherungsunternehmen sowie der Reichweite von Aufsichtsbefugnissen.

747 ABl. 1993 C 228/4, 14; BT-Drs. 10/504, S. 28; *Schaub*, RabelsZ 66 (2002), 18, 20.

748 *Basedow*, in: Wandt/Reiff/Looschelders/Bayer, Festschrift Lorenz, 93, 95.

749 So der Ministerrat in den 80er Jahren (von Seiten Dänemarks angestoßen).

750 *Basedow*, in: Wandt/Reiff/Looschelders/Bayer, Festschrift Lorenz, 93, 95.

des EWR belegene Risiken abzusichern.[751] In den 80er Jahren wurden schließlich die Harmonisierungsbestrebungen, mit denen eine Richtlinie des Rates zur Koordinierung der Rechts- und Verwaltungsvorschriften betreffend die Aufnahme und Ausübung der Tätigkeit der Direktversicherung geschaffen werden sollte, gänzlich aufgegeben.[752] Der Dissens zwischen den Mitgliedsstaaten sowie divergierende wirtschaftliche Interessen führten schließlich zu einem Richtlinienkollisionsrecht der zweiten und dritten Generation der Versicherungsrichtlinien, welches parallel mit dem EVÜ Anwendung fand.[753] Daher sind für die Erklärung, warum das EVÜ kein umfassendes Versicherungs-Kollisionsrecht enthält, allein entwicklungsbedingte und rechtspolitische Gründe anzuführen.[754]

Wenig überraschend erscheint es daher, dass sich eine der Fragen zum Grünbuch über die Umwandlung des Übereinkommens von Rom vom 14. März 2003 darauf bezog, wie die damaligen Regelungen für Versicherungsverträge zu beurteilen sind.[755] Einige Stimmen in der Literatur sahen die Lösung für eine übersichtlichere Regelung in einer Integration des Versicherungskollisionsrechts in ein neues Gemeinschaftsinstrument.[756] Im Grünbuch selbst wurde angezweifelt, ob dieses Instrument in Form einer Verordnung ausgestaltet werden könnte, wenn hierin die bisherigen Regelungen für Versicherungsverträge Geltung erlangen sollen.[757] Die bis dato gewählte Ausgestaltung in Versicherungsrichtlinien diente gerade dazu, dass den Mitgliedsstaaten bezüglich der Kriterien für die Anwendung des Rechts des Versicherungsnehmers ein gewisser Entscheidungsspielraum überlassen werden sollte.[758] Ein solcher Entscheidungsspielraum ließ sich jedoch mit der Rechtsform der Verordnung kaum

---

751 *The Law Commission and the Scottish Law Commission*, Private International Law, Report on the Choice of Law Rules in the Draft Non-Life Insurance Services Directive (1979), 35 ff., 43, 64.

752 KOM/79/355, ABl. 1979 c 190/2. Dies war wohl als Reaktion auf eine Tagung in Louvain zu verstehen, vgl. *Roth*, in: Wandt/Reiff/Looschelders/Bayer, Festschrift Lorenz, 631, 635.

753 Der gefundene „Kompromiss" sichert die Dienstleistungsfreiheit weit weniger ab als das EVÜ, indem die effektive Wahrnehmung der Dienstleistungsfreiheit von der Entscheidung des jeweiligen Mitgliedsstaates abhängt, ob und inwieweit eine Rechtswahlfreiheit gestattet wird. Darüber hinaus werden nur bestimmte Konstellationen mit einem Mindestmaß an Rechtswahlfreiheit bedacht. Eine Auflistung der im Vordergrund stehenden Richtlinien findet sich bei *Reithmann/Martiny*, Internationales Vertragsrecht, Rn. 4721.

754 *Perner*, IPRax 2009, 218, 218.

755 KOM (2002) 654 endg., S. 27.

756 *Martiny*, ZEuP 2003, 590, 594 f.; *Heiss*, VersR 2006, 185, 185; *Basedow/Scherpe*, in: Lorenz/Trunk/Eidenmüller/Wendehorst/Adolff, Festschrift Heldrich, 511, 512.

757 *Staudinger*, in: Leible, Das Grünbuch zum Internationalen Vertragsrecht, 37, 50 f.

758 *Basedow/Scherpe*, in: Lorenz/Trunk/Eidenmüller/Wendehorst/Adolff, Festschrift Heldrich, 511, 512; *Staudinger*, in: Leible, Das Grünbuch zum Internationalen Vertragsrecht, 37, 50 f.

vereinbaren.[759] Aus diesem Grund schlugen die meisten Mitgliedsstaaten im Rahmen der Arbeiten der Kommission zu den versicherungsrechtlichen Kollisionsregeln vor, dass diese beziehungsweise eine entsprechende Kollisionsnorm keinen Eingang in das überarbeitete EVÜ finden sollte.[760]

Im Februar 2005 traf sich eine Expertengruppe, um über die Umwandlung und Modernisierung des EVÜ zu diskutieren. Gegenstand der Beratungen waren die über 90 Stellungsnahmen, die zum Grünbuch eingegangen waren. Im dazu erschienen Diskussionspapier fand sich unter Art. 6 bereits eine ausformulierte Vorschrift zu Versicherungsverträgen.[761] Diese basierte auf einem nahezu unveränderten Vorschlag des Max-Planck-Institutes für ausländisches und internationales Privatrecht (MPI).[762] Dieser Vorschlag wurde als Diskussionsgrundlage für eine Vorschrift genutzt.[763]

Neben der Einbindung des Internationalen Versicherungsrechts in die Rom I-VO verfolgte das MPI auch den Ansatz, einen umfassenden Schutz von Versicherungsnehmern zu erreichen.[764] Der Vorschlag umfasste ausdrücklich auch gewerbliche Versicherungsnehmer im persönlichen Anwendungsbereich der Vorschrift.[765] Die Grenze der Verträge über Großrisiken befürwortete das MPI.[766] Zur Frage der Rechtswahl legte das MPI einen Entwurf vor, der auf große Zustimmung stieß: Die Vorlage erweitere die Rechtswahlmöglichkeit im Vergleich zu anderen Vorschlägen deutlich.[767] Das MPI verfolgte damit das Ziel, eine Öffnung des Versicherungsmarktes zu erreichen. Zwar konnte der Entwurf des Instituts nicht alle Probleme zur Rechtswahlfrage im Bereich des Versicherungsrechts lösen, doch wurde damit ein Grundstein für die weitere Entwicklung um die Ausweitung der Rechtswahlmöglichkeiten für Versicherungsnehmer gelegt.[768]

---

759 *Basedow/Scherpe*, in: Lorenz/Trunk/Eidenmüller/Wendehorst/Adolff, Festschrift Heldrich, 511, 512.

760 KOM (2002) 654, endg. 27.

761 Der von den Kommissionsdienststellen ausgearbeitete Vorentwurf für eine Verordnung „Rom I“ wurde von den Sachverständigen der Mitgliedstaaten erörtert: Discussion Paper for the Expert Meeting on the Conversion of the Rome Convention of 1989 into a Community Instrument and its Modernisation (Rome I), Brussels, 17. February 2005.

762 *Max Planck Institute*, RabelsZ 71 (2007), 225 ff.

763 *Max Planck Institute*, RabelsZ 71 (2007), 225, 277 ff.

764 Dazu *Mankowski*, IHR 2008, 133, 144, der den Vorschlag des MPI's für wesentlich durchdachter hielt als das neue und alte Recht, welcher aber seines Erachtens nicht ernsthaft in Erwägung gezogen wurde.

765 *Max Planck Institute*, RabelsZ 71 (2007), 225, 277 ff.

766 *Mankowski*, IHR 2008, 133, 144 f.

767 *Max Planck Institute*, RabelsZ 71 (2007), 225, 277 ff.

768 Es wurde beispielsweise kritisiert, dass auch das MPI keine Lösung für den Fall des aktiven Versicherungsnehmers geben konnte, dem eine freie Rechtswahl verwehrt wurde, obwohl sogar Art. 5 Rom I-VO-E dem aktiven Verbraucher eine freie Rechtswahl gestattete. Weitere Hinweise Insurance Committee „Possible

Der Kommissionsvorschlag von 2005 enthielt demgegenüber keine eigene Anknüpfungsnorm für Versicherungsverträge. Vielmehr war vorgesehen, das Kollisionsrecht der Versicherungsrichtlinien beizubehalten. Dies muss vor dem Hintergrund, dass es an belastbaren Vorschlägen nicht gemangelt hat, verwundern.[769] Offensichtlich war die Haltung, das bestehende EVÜ zunächst nur umzuwandeln und inhaltlich keine Änderungen des bestehenden Rechtssystems vornehmen zu wollen, an dieser Stelle sehr ernst genommen worden.[770]

Der Vorrang des Richtlinienkollisionsrecht wurde am Ende der Verordnung versteckt.[771] Erst Art. 22a und dessen Anhang I erfassten unter dem dritten und vierten Spiegelstrich die entsprechenden Richtlinien.[772] Damit hielt man aber an den bekannten Problemen fest: Unterschiedliche Rechtsquellen für Fälle innerhalb und außerhalb der Gemeinschaft,[773] die unvollkommenen Vorgaben zur Rechtswahl, ein hochkomplexes Anknüpfungssystem und eine insgesamt inkohärente Regelung.[774] Die Kritik an diesem Vorgehen war immens, die Forderung nach einer Einbettung des Internationalen Versicherungsvertragsrechts in die neue Verordnung wurde lauter.[775] Denn die historische Begründung für die Ausnahme der Versicherungsverträge aus dem EVÜ war nicht mehr tragfähig.[776] Und auch für die aufsichtsrechtlich geprägten Richtlinien stellte das Versicherungsrecht einen „Fremdkörper“ dar.[777] Die defizitären Zustände im Versicherungskollisionsrecht erlaubten daher keine

---

amendment of the 1980 Rome Convention on the law applicable to contractual obligations" MARKT/2508/05-EN, March 2005; *Basedow/Scherpe*, in: Lorenz/Trunk/Eidenmüller/Wendehorst/Adolff, Festschrift Heldrich, 511, 511.

769 *Max Planck Institute*, RabelsZ 71 (2007), 225, 277 ff.; *Mankowski*, IHR 2008, 133, 144 f.; *Basedow/Scherpe*, in: Lorenz/Trunk/Eidenmüller/Wendehorst/Adolff, Festschrift Heldrich, 511, 511.

770 Vorschlag für eine Verordnung des Europäischen Parlaments und des Rates über das auf vertragliche Schuldverhältnis anzuwendende Recht (Rom I) vom 15.12.2005, 2005/0261 (COD); KOM(2005) 650 endg., S. 2 ff.

771 Vorschlag für eine Verordnung des Europäischen Parlaments und des Rates über das auf vertragliche Schuldverhältnis anzuwendende Recht (Rom I) vom 15.12.2005, 2005/0261 (COD); KOM(2005) 650 endg., S. 24 f.

772 *Martiny*, in: MüKo, Art. 7 Rom I-VO, Rn. 2; *Fricke*, VersR 2006, 745, 746.

773 Hervorzuheben ist, dass anscheinend plötzlich doch eine Anknüpfung für Versicherungsfälle möglich ist, da für Fälle mit einer Belegenheit außerhalb der Gemeinschaft die Rom I-VO Anwendung finden sollte. Dies wurde bereits unter dem EVÜ so gehandhabt. Von technischen oder praktischen Schwierigkeiten konnte hier keine Rede sein.

774 *Heiss*, VersR 2006, 185, 185.

775 *Perner*, IPRax 2009, 218, 218; *Looschelders/Smarowos*, VersR 2010, 1, 2.

776 *Fricke*, VersR 2006, 745, 745.

777 Stellungnahme des Europäischen Wirtschafts- und Sozialausschuss zu dem Vorschlag für eine Verordnung des Europäischen Parlaments und des Rates über das auf vertragliche Schuldverhältnisse anzuwendende Recht (Rom I), ABl. EU C 318/56 vom 23.12.2006.

Weiterführung der zersplitterten Rechtslage.[778] Jedoch bestand die Frage, wie der Sonderrechtsbereich der Versicherungsverträge in den Verordnungstext aufzunehmen sei. Grundsätzlich gab es mehrere Möglichkeiten, das Versicherungsrecht zu integrieren.[779]

In den Materialien der EU zur Rom I-VO tauchte im vorläufigen Entwurf eines Berichtes vom 22. August 2006 unter Änderungsantrag 15 ein neu eingefügter Absatz für die objektive Anknüpfung auf, wonach für Versicherungsverträge mangels Rechtswahl eine Vermutung besteht, dass „der Vertrag die engsten Verbindungen zu dem Staat aufweist, in dem das Risiko belegen ist".[780] Daneben stellte der Entwurf unter Änderungsantrag 17 eine neue Vorschrift „5a" vor, die sich aber allein mit einer zwingenden Anknüpfung für Pflichtversicherungsverträge an das Recht des Staates, der die Versicherungspflicht vorschreibt, beschäftigte. Von einer subjektive Anknüpfung oder einer Differenzierung zwischen den verschiedenen Risiken war hier noch keine Rede. Der Entwurf eines Berichtes vier Monate später hingegen sah unter Änderungsantrag 68 bereits eine umfassendere Vorschrift für Versicherungsverträge vor.[781] Der Änderungsantrag unterstellte den Vertrag dem Recht des „gewöhnlichen Wohnsitzes" des Versicherungsnehmers, es sei denn es handelte sich um eine Pflicht- beziehungsweise Rückversicherung oder um die Versicherung eines Großrisikos.[782] Der Art. 5a III des Änderungsantrags eröffnete hingegen nur eine Rechtswahlmöglichkeit: Wenn es sich nicht um einen Versicherungsvertrag nach Art. 5a I handelte, konnten die Vertragsparteien das Recht des Landes wählen, in dem das Risiko belegen war.[783] Die Literatur bemängelte bereits damals, dass die vorgegebene Rechtswahlmöglichkeit zu eng gezogen wäre und damit rechtspolitisch zu beanstanden seien.[784]

---

778 *Fricke*, VersR 2006, 745, 745; *Basedow/Scherpe*, in: Lorenz/Trunk/Eidenmüller/Wendehorst/Adolff, Festschrift Heldrich, 511, 521.

779 Dazu *Fricke*, VersR 2005, 726, 726; *Basedow/Scherpe*, in: Lorenz/Trunk/Eidenmüller/Wendehorst/Adolff, Festschrift Heldrich, 511, 521.

780 Entwurf eines Berichts über den Vorschlag für eine Verordnung des Europäischen Parlaments und es Rates über das auf vertragliche Schuldverhältnisse anzuwendende Recht (Rom I) (KOM(2005)0650-C6-0441/2005-2005/0261 (COD) vom 22. August 2006, S. 11.

781 Entwurf eines Berichts über den Vorschlag für eine Verordnung des Europäischen Parlaments und es Rates über das auf vertragliche Schuldverhältnisse anzuwendende Recht (Rom I) (KOM(2005)0650-C6-0441/2005-2005/0261 (COD) vom 7. Dezember 2006, S. 27.

782 Abs. 1, 2 und 4.

783 Diese Rechtswahlmöglichkeit bestand bereits in Art. 7 Abs. 1 lit. b) Zweiter RL Nicht-Lebensversicherung, ABl. 1988 Nr. 172 / 1. Als ein wichtiger Unterschied ist zu erkennen, dass diese Rechtswahlmöglichkeit in der RL auch für Verbraucherverträge uneingeschränkt galt.

784 *Heiss*, ZVersWiss 2007, 503, 518.

Die Ratspräsidentschaft nahm darauf in einem Vermerk, der sich allein mit Art. 5a für Versicherungsverträge beschäftigte, Bezug.[785] Den Vorschlag, Versicherungsverträge in einer eigenen Vorschrift vollständig in die Rom I-VO zu integrieren, schrieb die Ratspräsidentschaft auch hier weiter fort.[786] Das Papier der Ratspräsidentschaft wies grundlegende Parallelen mit der heutigen Vorschrift auf: Es unterschied zwischen den verschiedenen Risiken, für Pflichtversicherungen gab es einen eigenen Absatz.[787] Bei Massenversicherungsverträgen ließ es eine beschränkte Rechtswahl zu, die allerdings immer noch als zu eng bezeichnet wurde.[788] Die Ausgestaltung des Art. 5a im Entwurf des *Dumitrescu*-Berichts[789] hingegen glich bereits in groben Zügen der aktuellen Fassung. Im Vermerk des Generalsekretariats nahm die Vorschrift für Versicherungsverträge schließlich die Position als Art. 7 ein.[790] Bis auf einige sprachliche Änderungen war mit Art. 7 des Vermerks nun die endgültige Formulierung für die Sonderanknüpfung von Versicherungsverträgen in der Rom I-VO gefunden.

e) Die Entwicklung des Schutzes bei außervertraglichen Schuldverhältnissen bis hin zu Art. 14 Rom II-VO

Der größte Streitpunkt bei der Entwicklung des Art. 14 Rom II-VO war die Frage, ob eine unbeschränkt freie Rechtswahl für alle Parteien gestattet werden sollte.[791] Der Vorentwurf des Europäischen Schuldvertragsübereinkommens von 1972 enthielt noch keine Regelung für eine Rechtswahl im Bereich der außervertraglichen Schuldverhältnisse.[792] Erst der Entwurf der Europäischen Gruppe für IPR vom 27. September 1998 sah eine solche vor, allerdings nur für eine nachträgliche Rechtswahl.[793] „Nachträglich" meinte in diesem Zusammenhang anders als heute nicht nach Eintritt des

---

785 Vermerk des Vorsitzes für den Ausschuss für Zivilrecht vom 2.3.2007, Dokument Nr. 6935 / 07 in der Fassung Dokument Nr. 8935 /1 /07 (Papier der Ratspräsidentschaft).

786 Vermerk des Vorsitzes für den Ausschuss für Zivilrecht vom 2.3.2007, Dokument Nr. 6935 / 07 in der Fassung Dokument Nr. 8935 /1 /07, S. 4 (Anlage).

787 Vermerk des Vorsitzes für den Ausschuss für Zivilrecht vom 2.3.2007, Dokument Nr. 6935 / 07 in der Fassung Dokument Nr. 8935 /1 /07, S. 4 (Anlage). Das Papier sah jedoch eine genaue Bestimmung des Orts der Risikobelegenheit vor.

788 So beispielsweise *Heiss*, ZVersWiss 2007, 503, 521.

789 Proposal for a regulation of the European Parliament and of the Council on the law applicable to contractual obligations (Rome I) (COM(2005)0650-C6-0441/2005-2005/0261 (COD) of 28.8.2007, 27.

790 Vermerk des Generalsekretariats für den Ausschuss der ständigen Vertreter/Rat – Ergebnisse der ersten Lesung des Europäischen Parlaments zum Vorschlag Rom I, CODEC 1357 JUSTCIV 320, S. 17.

791 *Leible*, RIW 2008, 257, 258; *Mandery*, Party Autonomy in Contractual and Non-Contractual Obligations, 82 ff.

792 *Köthe*, Schranken der Parteiautonomie im internationalen Deliktsrecht, 29.

793 Art. 8 erklärte die Rechtswahl für nachträglich zulässig.

schadensbegründenden Ereignisses, sondern nach Entstehung der zugrunde liegenden Streitigkeit selbst.[794] In der Arbeitsgruppe gab es allerdings bereits Ansätze, eine antizipierte Rechtswahl zuzulassen.[795] Letztlich sah man jedoch davon ab. Begründet wurde dies mit einem fehlenden Bedürfnis für eine vorherige Rechtswahl und dem Schutzbedürfnis der schwächeren Partei.[796]

Die Diskussion in der Arbeitsgruppe ging weiter voran, erste Tendenzen für eine zeitlich beschränkte Zulassung der Rechtswahl waren erkennbar.[797] Schließlich entschieden sich die Beteiligten, eine Verordnung für außervertragliche Schuldverhältnisse zu entwickeln.[798] Der erste interne Entwurf der Verordnung ging zunächst von einer umfassenden Parteiautonomie aus und enthielt besondere Schutzklauseln für Verbraucher und Arbeitnehmer.[799] Meinungsverschiedenheiten in den beteiligten Generaldirektionen verhinderten jedoch das Vorankommen der Verordnung.[800]

Der veröffentlichte Vorentwurf der Kommission zur Rom II-VO enthielt sodann eine Regelung, wonach eine Rechtswahl sowohl vor als auch nach Eintritt des schadensbegründenden Ereignisses möglich sein sollte.[801] Diese umfassende Rechtswahlmöglichkeit wurde im Vorfeld kritisch begutachtet.[802] Die heutigen Bestimmungen des Art. 14 II Rom II-VO (Rechtswahl bei reinen Inlandssachverhalten) und des Art. 14 III Rom II-VO (Rechtswahl bei reinen Binnenmarktssachverhalten) waren bereits in Grundzügen in dieser Fassung der Regelung enthalten.

Der Vorschlag der Kommission zur Rom II-VO[803] schlug demgegenüber erneut einen restriktiveren Weg ein. Art. 10 I des Vorschlags für eine Rom II-VO enthielt allein eine nachträgliche Rechtswahl. Einige Stimmen in der Literatur sprachen sich

---

794 Siehe dazu *Jayme*, IPRax 1999, 298, 298; *Kreuzer*, in: Reichelt/Rechberger, Europäisches Kollisionsrecht, 13, 21. Für Beschränkungen der Rechtswahl *ex ante* auch *Wagner*, EuZW 1999, 709, 713.

795 *Köthe*, Schranken der Parteiautonomie im internationalen Deliktsrecht, 30.

796 *Kreuzer*, in: Reichelt/Rechberger, Europäisches Kollisionsrecht, 13, 21.

797 *Köthe*, Schranken der Parteiautonomie im internationalen Deliktsrecht, 30.

798 *Kreuzer*, in: Reichelt/Rechberger, Europäisches Kollisionsrecht, 13, 21.

799 Art. 6 I des Entwurfs, abgedruckt in IPRax 1999, 286 ff.; *Sonnentag*, ZVglRWiss 105 (2006), 256, 259; *Jayme*, IPRax 1999, 298, 298.

800 *Mankowski*, Interessenpolitik und europäisches Kollisionsrecht, 70.

801 Art. 11 I des Vorentwurfs eines Vorschlags für eine Verordnung des Rates über das auf außervertragliche Schuldverhältnisse anzuwendende Recht („Rom II–VO"), zuletzt abgerufen am 30.07.2016 http://lorenz.userweb.mwn.de/material/rom2e1.htm

802 Am 3. Mai 2002 leitete die Kommission eine Anhörung ein, um allen Interessierten eine Möglichkeit zur Teilnahme an der Diskussion über die Gestaltung der Verordnung zu geben. Eine Liste aller Beiträge findet sich unter http://ec.europa.eu/justice/news/consulting_public/rome_ii/news_summary_rome2_en.htm (zuletzt abgerufen am 30.07.2016).

803 Vorschlag für eine Verordnung des Europäischen Parlaments und des Rates über das auf außervertragliche Schuldverhältnisse anzuwendende Recht („Rom II") vom 22.7.2003, KOM (2003) 427 endg.

gegen eine solche Beschränkung der Rechtswahlfreiheit aus.[804] Hauptargument dabei war die nach Ansicht vieler zu pauschale Begründung, dass die „Rechtswahl im Nachhinein [...] zum Schutz der schwächeren Partei" ausreichend sei.[805] Eine solche Begrenzung der Rechtswahlfreiheit beschränke insbesondere die Vorhersehbarkeit und die Rechtssicherheit ohne rechtfertigende Gründe.[806] Der Verordnungsvorschlag war demnach „zu restriktiv und zu paternalistisch".[807]

Der Rat hingegen sprach sich zwar für eine Rechtswahlmöglichkeit *ex ante* aus, diese sollte aber nicht für Verbraucher und Arbeitnehmer gelten.[808] Der Rat argumentierte, auch wie in der Rom I-VO mit der überlegenen Position der jeweils stärkeren Partei, die diese nicht gegenüber den Verbrauchern beziehungsweise Arbeitnehmern als schwächere Partei ausnutzen sollte.[809] Die Kommission verteidigte ihren Entwurf mit der Begründung, lediglich den Entwicklungen in den nationalen IPR-Kodifikationen gefolgt zu sein.[810] Gemeint waren damit wohl die deutschen und niederländischen Regelungen, die verschiedene Beschränkungen der Rechtswahlfreiheit vorsahen.[811] Die Kommission räumte der Parteiautonomie darüber hinaus einen Platz an der Spitze der kollisionsrechtlichen Regelungen ein.[812] Ab diesem Zeitpunkt stellte man zumindest die nachträgliche Rechtswahl nicht mehr in Frage.[813]

Das Parlament billigte den Kommissionsvorschlag von 2003 in der ersten Lesung, allerdings mit grundlegenden Änderungen.[814] Im Verfahren der Mitentscheidung

---

804 *Fuchs*, GPR 2004, 100, 104; *Leible/Engel*, EuZW 2004, 7, 15.

805 KOM (2003) 427 endg., S. 25.

806 *Leible/Engel*, EuZW 2004, 7, 15; *Kreuzer*, in: Reichelt/Rechberger, Europäisches Kollisionsrecht, 13, 28; *Sonnentag*, ZVglRWiss 105 (2006), 256, 275 f.

807 *von Hein*, VersR 2007, 440, 445; *Leible/Engel*, EuZW 2004, 7, 15; *Kreuzer*, in: Reichelt/Rechberger, Europäisches Kollisionsrecht, 13, 28; *Sonnentag*, ZVglRWiss 105 (2006), 256, 275 f.

808 *Plender/Wilderspin*, The European Private International Law of Obligations, Rn. 29-007.

809 *Sonnentag*, ZVglRWiss 105 (2006), 256, 275 f.; *Plender/Wilderspin*, The European Private International Law of Obligations, Rn. 29-007.

810 KOM (2003) 427 endg., S. 24. *Leible/Lehmann*, RIW 2007, 721, 726. Die weiteste Parteiautonomie wird im österreichischen, liechtensteinischen und niederländischen IPR für Deliktsrechts zugelassen, *Kadner Graziano*, Gemeineuropäisches internationales Privatrecht, 172. Ein restriktiverer Ansatz durch eine zeitliche Begrenzung der Rechtswahl stammt aus Deutschland und der Schweiz.

811 Art. 6 des Niederländischen Gesetzes vom 1. April 2001 und Art. 42 EGBGB.

812 KOM (2006) 83 endg., Art. 4. In der finalen Fassung wurde seine Stellung jedoch nach weiter hinten verschoben. Begründen lässt sich dies mit der geringeren Wahrnehmung einer Rechtswahl bei außervertraglichen Schuldverhältnissen im Vergleich zur Nutzung der Parteiautonomie im Vertragsverhältnis; *Heiss/Loacker*, JBL 2007, 613, 622; *Sujecki*, EWS 2009, 310, 313.

813 Auch der Europäische Wirtschafts- und Sozialausschluss begrüßte die nachträgliche Rechtswahl, ABl. EG Nr. C 241 vom 28.09.2004, S. 1.

814 *von Hein*, VersR 2007, 440, 440 f.

sprachen sich ursprünglich allein Großbritannien und Spanien in der Arbeitsgruppe des Rates für eine vorherige Rechtswahl aus.[815] Die meisten Delegationen der Mitgliedsstaaten zeigten sich demgegenüber nicht einverstanden.[816] Das Parlament schlug vor, dass eine vorherige Rechtswahl nach Art. 2a nur dann möglich sein sollte, wenn diese zwischen Gewerbetreibenden mit einer vergleichbaren Verhandlungsposition erfolgt und gleichzeitig bereits eine Vertragsverbindung zwischen den Parteien existiert.[817] Dieser Vorschlag wurde kritisch gesehen: Vor allem kamen Bedenken aufgrund der systematischen Stellung[818] und der Formulierung[819] auf. Trotz der zuvor geäußerten weitgefächerten Kritik wurde der Vorschlag des Parlaments jedoch mit überwältigender Mehrheit angenommen.[820] Es gab allein drei Gegenstimmen.[821] Die Vorgaben des Parlaments flossen in den Geänderten Kommissionsentwurf von 2006 ein.[822] Dessen Art. 4 ließ eine vorherige Rechtswahl nur dann zu, wenn die Parteien eine gewerbliche Tätigkeit ausüben und sie die Vereinbarung frei ausgehandelt hatten. Der Rat erzielte darauf aufbauend im April 2006 eine politische Einigung,[823] auf deren Grundlage am 25. September 2006 ein gemeinsamer Standpunkt mit Beschlussmehrheit angenommen wurde.[824] Gewünschte Änderungen bezüglich der Formulierung goss man in einen Art. 14, der bereits der

---

815 Siehe dazu die Bemerkungen der spanischen Delegation im Ratsdokument 9004/04 ADD 10 vom 18.5.2004, S. 6 f. und Ratsdokument SN 2852/04 ADD 3 vom 9.9.2004, S. 3. Die Bemerkungen der Delegation aus Großbritannien findet sich im Ratsdokument 9004/04 ADD 15 vom 26.5.2004, S. 7.

816 *Odendahl*, Internationales Deliktsrecht der Rom II-VO und die Haftung für reine Vermögensschäden, 53; *von Hein*, VersR 2007, 440, 440 f.

817 Legislative Entscheidung des Europäischen Parlaments vom 6.7.2005 zu dem Vorschlag für eine VO Rom II, KOM (2003) 427 endg. Dokument P6-TA (2005) 284 (abgedruckt IPRax 2006, 413), Art. 3 I 2. Mit dieser Formulierung sollten Verbraucherverträge und nicht frei ausgehandelte Vertragsverhältnisse ausgeschlossen werden.

818 *Leible/Lehmann*, RIW 2007, 721, 726 (Fn. 63), In der finalen Fassung wurde seine Stellung jedoch nach weiter hinten verschoben. Begründen lässt sich dies mit der geringeren Wahrnehmung einer Rechtswahl bei außervertraglichen Schuldverhältnissen im Vergleich zur Nutzung der Parteiautonomie im Vertragsverhältnis. Siehe auch *Wagner*, IPRax 2006, 372, 387.

819 *von Hein*, VersR 2007, 440, 445; *Sonnentag*, ZVglRWiss 105 (2006), 256, 277.

820 Council Document 11515/05 [27.7.2005], 3.

821 Diese stammten mit großer Wahrscheinlichkeit aus Frankreich, Luxemburg und Italien; siehe dazu *Dickinson*, The Rome II Regulation, Rn. 13.03.

822 Geänderter Vorschlag für eine Verordnung des Europäischen Parlaments und des Rates über das auf außervertragliche Schuldverhältnisse anzuwendende Recht („ROM II"), KOM (2006) 83 endg. vom 21. Februar 2006.

823 Pressemitteilung des Rates Nr. 8402/06, S. 23–35.

824 Mitteilung der Kommission an das Europäische Parlament vom 27.09.2006, KOM (2006) 566 endg.

endgültigen Fassung entsprach.[825] Das Ende des steinigen Weges des Gesetzgebungsverfahrens konnte schließlich nach einer Annahme durch den Rat und der Zustimmung des Parlaments am 11. Juli 2007 verkündet werden, Art. 14 Rom II-VO war damit geschaffen.

Der Erwägungsgrund 31 der Rom II-VO beschreibt den Zweck des Art. 14 Rom II-VO, den Grundsatz der Parteiautonomie zu achten und die Rechtssicherheit zu verbessern.[826] Die Rechtswahlfreiheit im Bereich der außervertraglichen Schuldverhältnisse des Kollisionsrechts entspricht der Disponibilität außervertraglicher vermögensrechtlicher Ansprüche auf sachrechtlicher Ebene.[827] Damit folgt die Rom II-VO den jüngsten Entwicklungen auf der Ebene des nationalen IPR, die zu einer größeren Parteiautonomie im Recht der außervertraglichen Schuldverhältnisse tendierten.[828] Zwar fand sich die Unterscheidung zwischen anfänglicher und nachträglicher Rechtswahl in zahlreichen nationalen Kollisionsrechtsordnungen wieder.[829] Die für eine Rechtswahl nach Art. 14 lit b) Rom II-VO nötigen Bedingungen fanden jedoch keine entsprechende Vorlage im nationalen Recht.[830]

Die Ausgestaltung des Art. 14 Rom II-VO ist damit sowohl innovativ, wesentlich klarer und differenzierter[831] geregelt als beispielsweise die Regelung des Art. 42

---

825 Mitteilung der Kommission an das Europäische Parlament vom 27.09.2006, KOM (2006) 566 endg., in dem Art. 14 Rom II-VO nicht mehr aufgeführt ist.

826 Siehe *Plender/Wilderspin*, The European Private International Law of Obligations, Rn. 29-001.

827 *Spickhoff*, in: Bamberger/Roth, Art. 14 Rom II-VO, Rn. 1, z.B. Art. 42 EGBGB.

828 Als Beispiel wurde auf Art. 6 des Niederländischen Gesetzes vom 1. April 2001 (*Kadner Graziano*, IPRax 2004, 137, 137 ff.) und auf Art. 42 EGBGB verwiesen, KOM(2003) 427 endg. S. 24. Siehe auch *Leible*, RIW 2008, 257, 257 ff. (zu Österreich, Liechtenstein und der Schweiz). Vgl. im Einzelnen, *Kadner Graziano*, Europäisches internationales Delikstrecht, 26 ff.; *Fröhlich*, The private international law of non-contractual obligations according to the Rome-II regulation, 28; *Leible/Lehmann*, RIW 2007, 721, 726.

829 Zum Beispiel § 132 des schweizerischen IPRG („Die Parteien können nach Eintritt des schadensbegründenden Ereignisses stets vereinbaren, dass das Recht am Gerichtsort anzuwenden ist."). § 35 I Hs. 1 des österreichischen und Art. 39 I Hs. 1 des liechtensteinischen IPR bekennen sich beide zu einer Rechtswahl („Schuldverhältnisse sind nach dem Recht zu beurteilen, das die Parteien ausdrücklich oder schlüssig bestimmen"). Näher dazu *Kadner Graziano*, Gemeineuropäisches internationales Privatrecht, 170 ff.; *Kreuzer*, in: Malatesta, The unification of choice of law rules on torts and other non-contractual obligations in Europe 45, 45 ff.

830 *Wagner*, IPRax 2006, 372, 372 ff.; *Kadner Graziano*, Gemeineuropäisches internationales Privatrecht, 175.

831 Das Abstellen auf den „Eintritt des Ereignisses, durch das ein außervertragliches Schuldverhältnis entstanden ist" in Art. 42 EGBGB wird allerdings den verschiedenartigen außervertraglichen Schuldverhältnissen besser gerecht, als der „Eintritt des schadensbegründenden Ereignisses" in Art. 14.

EGBGB[832]. Bei einem Vergleich mit den verschiedenen Entwurfsvorschlägen ist der jetzige Art. 14 Rom II-VO ein Kompromiss zwischen der zeitlich uneingeschränkten Möglichkeit einer Rechtswahl und der Beschränkung auf nachträgliche Rechtswahlvorgänge.[833] Trotz der Stellung des Art. 14 Rom II-VO in der Verordnung geht eine subjektive Rechtswahl anderen Anknüpfungsmomenten vor.[834]

2. *Informationsasymmetrien*

Im folgenden Abschnitt ist zu untersuchen, ob zwischen den nach der Rom I- und II-VO geschützten Personengruppen und der jeweils gegenüberstehenden Partei Informationsasymmetrien bestehen und wie diese ausgestaltet sind.

a) Informationsasymmetrien in der Rom I-VO

Das Problem, dass zwischen den Parteien ein zu großer Wissensunterschied in Bezug auf die Qualität des Produkts herrscht, ist seit jeher bekannt.[835] Hieran lässt sich besonders gut festmachen, welche Partei in einem Rechtsverhältnis unterlegen ist. Denn grundsätzlich gilt „Wissen ist Macht".[836] Informationsasymmetrien stellen ein Hindernis dar, welches sich nicht leicht beseitigen lässt.[837] Vielmehr ist erkannt worden, dass sie einen elementaren Bestandteil in den marktwirtschaftlichen Beziehungen ausmachen.[838] Aufgrund dessen ist ein regulierender Eingriff des Gesetzgebers in das Marktgeschehen erforderlich, um dieses Informationsdefizit

832 *Wagner*, IPRax 2006, 372, 372 ff.

833 *Sonnentag*, ZVglRWiss 105 (2006), 256, 260 ff.

834 KOM(2003) 427 endg. S. 24. Dazu *von Hein*, Tul. L. Rev. 2007/2008, 1663, 1693–4; *Heiss/Loacker*, JBL 2007, 613, 622; *Leible/Lehmann*, RIW 2007, 721, 726. Eine ausdrückliche Anordnung des Vorrangs der Rechtswahl enthalten weder Art. 14 Rom II-VO noch die objektiven Kollisionsregeln. Immerhin spricht aber Art. 4 davon, dass in der Verordnung „etwas anderes [als die Anknüpfung nach ebendieser Vorschrift] vorgesehen" sein kann; zudem kann der Vorrang der Rechtswahl im Gegenschluss aus den Art. 6 IV, 8 III abgeleitet werden; und schließlich wurde Art. 14 in ein eigenes Kapitel (IV) eingestellt, was ebenfalls für seine Geltung in Hinblick auf alle anderen Anknüpfungsregeln der Verordnung spricht, so *Junker*, in: MüKo, Art. 14 Rom II-VO, Rn. 1, Vorbemerkungen.

835 Bereits im römischen Recht wurde dieses Problem debattiert. Siehe dazu *Fleischer*, Informationsasymmetrie im Vertragsrecht, 1 m.w.N.

836 Geflügeltes Wort nach *Francis Bacon* („*nam et ipsa scientia potestas est*" (Denn die Wissenschaft selbst ist Macht)) siehe dazu *Krohn*, in: Kreimendahl, Francis Bacon, 23, 23 f. Siehe zum Problem der Informationsasymmetrie *Rühl*, Statut und Effizienz, 447, 605; *Rühl*, J. Priv. Int'l L. 2014, 335, 343 ff.; *Rühl*, Cornell Int'l L.J. 2011, 569, 573 ff.; *Rühl*, in: Möslein, Private Macht, 475, 481.

837 *Rühl*, in: Gottschalk/Michaels/Rühl/v. Hein, Conflict of Laws in a Globalized World, 153, 180 ff.; *Rühl*, Statut und Effizienz, 545 ff., *Rühl*, Cornell Int'l L.J. 2011, 569, 573 ff.

838 *Rühl*, Statut und Effizienz, 558; *Tamm*, Verbraucherschutzrecht, 15.

abzuschwächen.[839] Selten kommt ein Vertrag wirklich chancengleich für beide Parteien zustande.[840] Die stärkere Partei ist mit mehr Wissen ausgestattet und weiß diesen Vorteil für sich zu nutzen.[841] Die schwächere Partei hingegen ist in der Regel schlecht oder gar nicht informiert, da sie die gewollten Informationen nicht erhalten kann oder diese nur unter einem unverhältnismäßig großen Aufwand erreicht.[842] Die Informationsunterlegenheit stellt daher einen erheblichen Faktor für das Machtungleichgewicht im Vertragsverhältnis dar.[843] Diese Informationsasymmetrie betrifft aber nicht nur das Produkt „an sich", sondern lässt sich auch auf das Produkt „anwendbares Recht" übertragen.[844]

Zusätzlich dazu bestehen auf der Seite der schwächeren Partei in der Regel Informationsverarbeitungsprobleme.[845] Solche „intellektuellen" Nachteile wiegen ebenfalls schwer. Die typische schwächere Partei, welche sich nicht ständig im Rechtsverkehr bewegt, ist ohne entsprechende Hilfestellungen dem intellektuellen Übergewicht der besser organisierten stärkeren Partei unterlegen. Sie ist im Zweifel nicht in der Lage, die diktierten Bedingungen ihrer Rechtsbeziehung zu erfassen, geschweige denn, die Rechtsfolgen einer getroffenen Rechtswahl zu überblicken oder sich dagegen zu wehren.[846]

(1) Informationsasymmetrien bei Verträgen nach Art. 6 Rom I-VO

Die bisherigen Ausführungen zeigen, dass der Verbraucher in vielen Rechtsordnungen und darüber hinaus auch im allgemeinen Verständnis eine Sonderrolle einnimmt.[847] Häufig liegt die Begründung darin, dass der Verbraucher die schwächere Partei und damit besonders schützenswert sei.[848] Für diese Annahme wurden bereits einige Argumente aufgeführt: Der Verbraucher ist die schützenswerte Partei gegenüber der Monopolstellung der Unternehmen; seine fehlende Einflussmöglichkeit und seine „Unbedarftheit" stehen im Gegensatz zu den Geschäftsstrategien der Unternehmer.[849]

---

839 *Rühl*, in: Gottschalk/Michaels/Rühl/v. Hein, Conflict of Laws in a Globalized World, 153, 180 ff.; *Rühl*, Statut und Effizienz, 545 ff., *Rühl*, Cornell Int'l L.J. 2011, 569, 573 ff.

840 *Rehbinder* geht sogar davon aus, dass es nie wirkliche Chancengleichheit geben kann, sondern vielmehr eine Chancengerechtigkeit angestrebt werden sollte. *Rehbinder*, SJZ 1971, 373, 377.

841 *Furgler*, Die Anknüpfung der Vertragsform im internationalen Privatrecht, 15.

842 *Rühl*, J. Priv. Int'l L. 2014, 335, 343; *Rühl*, Cornell Int'l L.J. 2011, 569, 573 m.w.N.

843 Siehe dazu *Fleischer*, Informationsasymmetrie im Vertragsrecht 203 ff.

844 *Tamm*, Verbraucherschutzrecht, 14; *Rühl*, in: Möslein, Private Macht, 475, 481.

845 *Rühl*, J. Priv. Int'l L. 2014, 335, 345.

846 *Tamm*, Verbraucherschutzrecht, 16.

847 *Rühl*, Statut und Effizienz, 556 f.; *Kroll-Ludwigs*, Parteiautonomie, 420; *Lüscher*, Zur Konzeptualisierung von Verbrauchervertragsrecht, 158.

848 *Tamm*, Verbraucherschutzrecht, 16.

849 Genaueres hierzu *Rühl*, Statut und Effizienz, 556 f.; *Tamm*, Verbraucherschutzrecht, 151.

Einer der schwerwiegendsten Nachteile des Verbrauchers ist dabei die ungleiche Verteilung an Informationen gegenüber dem Unternehmer und dem damit einhergehenden mangelnden Gesamtüberblick, den er für eine fundierte und ausgewogene Entscheidung zur „richtigen" Rechtswahl benötigt.[850]

aa) Informationsgewinnung

Der Verbraucher ist in der Regel schlecht oder gar nicht über das anwendbare Recht informiert.[851] Es ist sogar von einer Doppelbelastung zu sprechen: Denn zum einen weiß der Verbraucher nur wenig über das Produkt, das er erwerben möchte. Schwerer wiegt allerdings, dass er in der Regel aber auch kein Wissen über seine rechtlichen Möglichkeiten hat, geschweige denn, welche Vorschriften welche Rechtsordnung bereit hält, die ihm von Nutzen sein könnten.[852]

Die Kosten, die der Verbraucher aufwenden müsste, um sich eine umfassende Kenntnis über die wählbaren Rechtsordnungen und die jeweils damit verbunden Vor- und Nachteile zu verschaffen, wären enorm.[853] Dabei besteht stets das Risiko, dass die ermittelten Informationen unvollständig oder unrichtig sind.[854] Darüber hinaus stehen derartige Kosten auch in keinem Verhältnis zu dem Nutzen, den der Verbraucher aus dieser Information schöpfen könnte.[855]

Der Unternehmer hingegen, der eine Vielzahl an ähnlichen oder sogar identischen Geschäften abschließt, ist gut informiert, reich an Erfahrung und mit dem anwendbaren Recht zumeist bestens vertraut, da sich eine nähere Auseinandersetzung mit diesen für ihn über eine gewisse Zeit amortisiert.[856] Seinen Vorteil weiß der Unternehmer dabei auch einzusetzen – entweder über entsprechende Rechtswahlklauseln oder einen bereits ausgestalteten Vertrag, dem der Verbraucher im

---

850 *Ragno*, in: Ferrari/Leible, The Law Applicable to Consumer Contracts under the Rome I Regulation, 129, 129 ff.; *Calliess*, Grenzüberschreitende Verbraucherverträge, 62 f.

851 *Ragno*, in: Ferrari/Leible, The Law Applicable to Consumer Contracts under the Rome I Regulation, 129, 129; *Tamm*, Verbraucherschutzrecht, 151.

852 *Calliess*, AcP 2003, 575, 578; *Fleischer*, Informationsasymmetrie im Vertragsrecht, 168; *Kroll-Ludwigs*, Parteiautonomie, 420; *Lüscher*, Zur Konzeptualisierung von Verbrauchervertragsrecht, 158.

853 *Rühl*, J. Priv. Int'l L. 2014, 335, 343 ff.; *Rühl*, Cornell Int'l L.J. 2011, 569, 570 ff.

854 *Roth*, in: Coester/Martiny/Prinz von Sachsen Gessaphe, Grundfragen im künftigen internationalen Verbrauchervertragsrecht der Gemeinschaft, 591, 606.

855 *Rühl*, J. Priv. Int'l L. 2014, 335, 343; *Rühl*, Cornell Int'l L.J. 2011, 569, 573 m.w.N.

856 *Dichtl/Berekoven*, Verbraucherschutz in der Marktwirtschaft, 70 f.; *Calliess*, Grenzüberschreitende Verbraucherverträge, 63.

besten Fall unbedarft gegenübersteht.[857] Dem Verbraucher hingegen stehen keine solchen Erfahrungswerte zur Verfügung.[858]

In der Regel akzeptiert ein Verbraucher ihm vorgelegte Vertragsbedingungen, ohne diese vorher zu verstehen, darüber nachzudenken oder sich zu informieren; es ist noch nicht einmal sicher davon auszugehen, dass Verbraucher sie überhaupt lesen.[859] Hierin findet sich eine weitere Ursache der Benachteiligung. Der Unternehmer setzt sein wirtschaftliches „Gewicht" ein, er diktiert dem Verbraucher für sich günstige Regelungen über standardisierte Vertragsformen.[860] Der Verbraucher ist dabei zumeist nicht in der Lage, die Auswirkungen „seiner Rechtswahl" vorherzusehen oder seine Interessen bei dieser miteinzubringen. Der Verbraucher kann daher keine wohlüberlegte Entscheidung treffen, da es ihm an zuverlässigen und (finanziell) leicht erreichbaren Informationen fehlt.

bb) Informationsverarbeitung

Der Verbraucher hat darüber hinaus nur eine bestimmte Informationsverarbeitun gskapazität,[861] deren Grenzen neben den Entscheidungen, die er auf Produktebene treffen kann, mit einem Übermaß an Informationen für die Wahl einer bestimmten Rechtsordnung schnell erreicht sind. Der Verbraucher ist nur begrenzt in der Lage, die ihm dargebotenen Informationen zu verarbeiten, das heißt sie zu speichern und im Bedarfsfall darauf zurückzugreifen.[862] Auch ist ein Verbraucher, dem tatsächlich alle denkbar möglichen Informationen zur Verfügung stehen, nicht in der Lage, deren Aussagekraft und Wichtigkeit richtig einschätzen zu können.[863] Solange diese ihm also nicht vereinfacht und standardisiert präsentiert werden, besteht die Gefahr einer Umwandlung dieses Informationsüberflusses in einen Informationsüberdruss.[864] Der Verbraucher trifft seine Entscheidung dann nur, weil er *glaubt* informiert zu sein.[865] In Wirklichkeit aber hat er die Informationen in der Regel nur oberflächlich ausgewertet und lässt sich trotzdem zu einer Entscheidung bewegen,

---

857 *Rühl*, J. Priv. Int'l L. 2014, 335, 344; *Rühl*, Cornell Int'l L.J. 2011, 569, 573; *Tamm*, Verbraucherschutzrecht, 532 ff.

858 *Twigg-Flesner/Schulze*, in: Howells/Ramsay/Wilhelmsson, Protection Rational Choice: Information and the Right of Withdrawel, 130, 131.

859 *Tamm*, Verbraucherschutzrecht, 532 ff.

860 *Rühl*, Statut und Effizienz, 445 f.; *Tamm*, Verbraucherschutzrecht, 532 ff.

861 *Martinek*, in: Grundmann, Systembildung und Systemlücken, 511, 522.

862 *Fleischer*, Informationsasymmetrie im Vertragsrecht, 205; *Grundmann*, in: Ackermann/Köndgen, Festschrift für Wulf-Henning Roth, 181, 184; *Rühl*, J. Priv. Int'l L. 2014, 335, 345 ff.

863 *Rühl*, Statut und Effizienz, 565 f.; *Rühl*, J. Priv. Int'l L. 2014, 335, 345 ff.

864 *Rühl*, Statut und Effizienz, 565 f.; *Martinek*, in: Grundmann, Systembildung und Systemlücken, 511, 523 ff.

865 *Kind*, Die Grenzen des Verbraucherschutzes durch Information, 466 ff.

die ohne eine zielgerichtete Informationspolitik der Unternehmen möglicherweise anders ausgefallen wäre.[866]

Dem Verbraucher mangelt es darüber hinaus an dem nötigen Verhandlungsgeschick, seine Wünsche – auch in Bezug auf das anwendbare Recht – durchzusetzen, selbst wenn ihm die entsprechenden Informationen zur Verfügung stehen.[867] Ihm ist schlichtweg nicht zuzumuten, für die Fülle an Produkten und Angeboten, die existieren, einen fundierten Vergleich zu erstellen, sodass Informationen vor Vertragsschluss oft wenig nutzbringend sind.[868]

Schließlich steht der Verbraucher im Nachhinein dem Problem gegenüber, seine Interessen auf gerichtlichem Wege zu erreichen.[869] Oft ist die Hürde, eine professionelle Beratung und die Belastung eines Gerichtsverfahrens auf sich zu nehmen, zu hoch.[870] Denn aus der Sicht des Verbrauchers sind die einzelnen Verbrauchergeschäfte, die er abschließt, nicht wichtig, da es dabei häufig nur um marginale Geldbeträge geht.[871]

Bei Verbrauchern ist daher von einem strukturellen Ungleichgewicht zu sprechen, das sich bereits durch eine informationelle und psychologisch-intellektuelle Unterlegenheit auszeichnet.[872]

(2) Informationsasymmetrien bei Verträgen nach Art. 8 Rom I-VO

Im Verhältnis zwischen Arbeitnehmer und Arbeitgeber besteht ein typisches Informationsgefälle.[873] Auf der einen Seite befindet sich der Arbeitgeber als stärkere

---

866 *Rühl*, J. Priv. Int'l L. 2014, 335, 344 ff.

867 *Magnus*, in: Staudinger, Art. 6 Rom I-VO, Rn. 1.

868 *Rühl*, J. Priv. Int'l L. 2014, 335, 343 ff.; *Rühl*, in: Gottschalk/Michaels/Rühl/v. Hein, Conflict of Laws in a Globalized World, 153, 180 ff., *Rühl*, Statut und Effizienz, 545 ff.

869 *Weatherill*, EU consumer law and policy, 283 ff.; *Tamm*, Verbraucherschutzrecht, 17.

870 Zur Lösung dieses Dilemmas wurden die ADR-Richtlinie (Richtlinie 2013/11/EU des Europäischen Parlaments und des Rates vom 21. Mai 2013 über die alternative Beilegung verbraucherrechtlicher Streitigkeiten und zur Änderung der Verordnung (EG) Nr. 2006/2004 und der Richtlinie 2009/22/EG (Richtlinie über alternative Streitbeilegung in Verbraucherangelegenheiten)) sowie die ODR-Verordnung (Verordnung (EU) Nr. 524/2013 des Europäischen Parlaments und Rates vom 21. Mai 2013 über die Online-Beilegung verbraucherrechtlicher Streitigkeiten (Online-Streitbeilegungsverordnung) ins Leben gerufen. Nach dem Erwägungsgrund 5 der ADR-Richtlinie soll so eine „einfache, schnelle und kostengünstige Möglichkeit der außergerichtlichen Beilegung von Streitigkeiten zwischen Verbrauchern und Unternehmern" geschaffen werden, um genau diesem Problem entgegenzutreten.

871 *Tamm*, Verbraucherschutzrecht, 12, 142; *Rühl*, J. Priv. Int'l L. 2014, 335, 343; *Rühl*, Cornell Int'l L.J. 2011, 569, 573 m.w.N.: *Rühl*, in: BeckOGK Art. 6 Rom I-VO, Rn. 8.

872 *Calliess*, Grenzüberschreitende Verbraucherverträge, 38. *Tamm*, Verbraucherschutzrecht, 141.

873 *Deakin*, in: Davidov/Langille, The Idea of Labour Law, 156, 160.

Partei, welche die relevanten Informationen für eine Rechtswahl parat hat, bereits damit vertraut ist beziehungsweise juristische Experten mit deren Generierung und Umsetzung betraut hat.[874] Auf der anderen Seite steht der Arbeitnehmer, der entsprechende Informationen erst eigenständig zusammentragen muss, um die Problemstellung nach dem anwendbaren Recht beantworten zu können.[875]

aa) Informationsgewinnung

Der Ansporn, die relevanten Informationen über das anwendbare Recht zu erlangen, ist bei einem Arbeitsvertrag höher als bei einem Verbrauchervertrag.[876] Denn der Arbeitsvertrag dient zur Sicherung der Existenzgrundlage.[877] Da Arbeitsverträge auch nicht so häufig abgeschlossen werden wie Verbraucherverträge und ihnen eine größere Bedeutsamkeit zukommt, wird der Arbeitnehmer eher dazu geneigt sein, die nötigen Informationen zusammen zu tragen.[878] Dem Arbeitnehmer wird bereits bei einer einfachen Kosten-Nutzen-Analyse deutlich, dass sich ein entsprechender Informationsgewinn „lohnt".

Dennoch ist nicht immer davon auszugehen, dass der Arbeitnehmer umfassend und mit der gleichen Qualität an Information ausgestattet ist wie der Arbeitgeber.[879] Denn dieser hat durch eine Vielzahl ähnlicher Verträge, ebenso wie bei einem Verbrauchervertrag, die größere Erfahrung mit dem anwendbaren Recht sowie das nötige wirtschaftliche Gewicht, diese durchzusetzen.[880]

Im Arbeitsvertrag wird in der Regel mit Rechtswahlklauseln gearbeitet.[881] Rechtswahlklauseln verschaffen dem Arbeitgeber einen Vorteil, da er diese nach seinen Vorstellungen ausgestalten kann.[882] Zusätzlich entwerfen juristische Experten diese Rechtswahlklauseln.[883] Der Arbeitnehmer ist im Umgang mit diesen häufig

---

874 *Wank*, Arbeitnehmer und Selbständige, 48; *Arthurs*, in: Davidov/Langille, The Idea of Labour Law, 13, 24.

875 *Rühl*, J. Priv. Int'l L. 2014, 335, 343 ff.; *Rühl*, in: Möslein, Private Macht, 475, 481.

876 *Rühl*, in: Möslein, Private Macht, 475, 481.

877 Siehe dazu ausführlich unter Teil 2 Kapitel 1C.II.3(2).

878 Hier lässt sich eine Parallele zu der Überlegung der Verordnungsgeber ziehen, dass die Parteien eines außervertraglichen Schuldverhältnisses, die sich einmal der Bedeutsamkeit des Schuldverhältnisses klar sind, eher dazu bereit sind, sich entsprechende Informationen zu beschaffen, *Köthe*, Schranken der Parteiautonomie im internationalen Deliktsrecht, 69; *Odendahl*, Internationales Deliktsrecht der Rom II-VO und die Haftung für reine Vermögensschäden, 92.

879 *Rühl*, J. Priv. Int'l L. 2014, 335, 343; *Rühl*, Cornell Int'l L.J. 2011, 569, 573 m.w.N.

880 Ausführlich zu den Machtverhältnissen im Arbeitsvertrag *Kocher*, in: Möslein, Private Macht, 241, 244 ff.

881 *Doehner*, in: Hüßtege/Mansel, Art. 8 Rom I-VO, Rn. 14; *Schlachter*, NZA 2000, 57, 59. Kritisch dazu *Gamillscheg*, ZfA 1983, 307, 323.

882 *Zöllner*, AcP 1976, 221, 233; *Däubler*, AWD/RIW 1972, 1, 7.

883 *Rühl*, J. Priv. Int'l L. 2014, 335, 344; *Rühl*, in: Möslein, Private Macht, 475, 481.

zu unerfahren.[884] Darüber hinaus ist er zumeist weder zeitlich, intellektuell noch organisatorisch darauf eingestellt, solche Rechtswahlklauseln zu überprüfen oder ein eigenes Angebot zu unterbreiten.[885] Dies wäre ihm erst durch einen erhöhten Aufwand bei der Informationsgewinnung möglich.[886]

Schließlich ist zu beachten, dass die Gruppe der Arbeitnehmer, die grenzüberschreitend tätig sind, keinesfalls homogen ist. Oft ist der Arbeitnehmer, den der Arbeitgeber in einem anderen Staat einsetzt, keine völlig unqualifizierte Person im Unternehmen. Vielmehr gehört dieser eher zu den höher qualifizierten Angestellten, von denen sich ein Arbeitgeber nur ungern trennen würde.[887] Doch die Gruppe der Arbeitnehmer setzt sich daneben aus „normalen" entsandten Arbeitskräften sowie den Arbeitnehmern zusammen, die aufgrund ihres Berufes typischerweise den Arbeitsort häufiger wechseln.[888] Auf diese beziehen sich die hier gemachten Ausführungen.

Wenn es sich aber um einen höher qualifizierten Arbeitnehmer handelt, ist davon auszugehen, dass dieser in der Lage wäre, sich ausreichend rechtlichen Rat einzuholen.[889] Nur solche Arbeitnehmer besitzen darüber hinaus auch eine gewisse Verhandlungsmacht, die sie dem Arbeitgeber entgegensetzen können. Es wird daher diskutiert, ob besser qualifizierte, stärkere Arbeitnehmer nicht selbst für die Wahrung ihrer Güter eintreten könnten und keines entsprechenden Schutzes bedürften.[890]

bb) Informationsverarbeitung

Ein weiterer Grund für eine Sonderanknüpfung im Arbeitsrecht liegt in der fachlich-intellektuellen Unterlegenheit des Arbeitnehmers.[891] Für den typischen Arbeitnehmer kommt eine eigenverantwortliche Bestimmung des anwendbaren Rechts oft

---

884 *Hergenröder*, ZfA 1999, 1,13; *Däubler*, AWD/RIW 1972, 1, 7; *Markovska*, RdA 2007, 352, 353.

885 *Säcker*, Gruppenautonomie und Übermachtkontrolle im Arbeitsrecht, 90 f.

886 *Rühl*, in: Möslein, Private Macht, 475, 481.

887 *Mankowski*, in: Ferrari/Leible, Employment Contracts under Article 8 of the Rome I Regulation, 171, 213.

888 So bereits *Gamillscheg*, RabelsZ 37 (1973), 284, 284.

889 *Wiedemann*, Das Arbeitsverhältnis als Austausch- und Gemeinschaftsverhältnis, 14.

890 So *Wank*, Arbeitnehmer und Selbständige, 107. A.A., wonach auch für höher qualifizierte Arbeitnehmer die eingeführten Schutzstandards gelten sollten, *Wiedemann*, Das Arbeitsverhältnis als Austausch- und Gemeinschaftsverhältnis, 12; *Bydlinski*, System und Prinzipien des Privatrechts, 569, er spricht davon, dass auch hier das „typische Informationsproblem" vorliegt. *Tscherner*, Arbeitsbeziehungen und europäische Grundfreiheiten, 33.

891 *Hanau*, in: Rewi-Fakultät, Freiheit und Gleicheit bei der Gestaltung des Arbeitsrechts, 183, 204.

nicht in Frage.[892] Er hat nicht immer die nötigen Informationen noch die Erfahrung oder das Verhandlungsgeschick, ohne das entsprechende wirtschaftliche „Gewicht" seine Interessen durchzusetzen. Die strukturelle Unterlegenheit sowie der zeitliche Druck, unter dem der Arbeitnehmer steht, kulminieren darin, dass dieser keine Chance sieht, sich mit Möglichkeiten zur Verbesserung der Lage – ob nun durch weiteren Informationsgewinn, Nachverhandlungen oder einen Arbeitswechsel – auseinanderzusetzen.[893]

Für die Rechtswahlgestaltung ist ein weiterer Punkt hervorzuheben: Die Arbeitnehmerpsychologie mit ihrem Glauben an das „geschriebene Wort" im Vertrag.[894] Der Arbeitnehmer ist weder ausreichend informiert noch geschäftserfahren genug um zu erkennen, ob die getroffene Regelung rechtliche Gültigkeit besitzt. Der Vertrag ist die erste Quelle, aus der der Arbeitnehmer seine Informationen bezieht, wenn sich ein Disput ankündigt.[895] Wenn die Rechtswahlklausel dann zu Gunsten des Arbeitgebers ausgestaltet ist, resigniert der Arbeitnehmer wahrscheinlich eher als weitere Informationen zusammen zu tragen.

Der Arbeitnehmer hat zwar einen größeren Anreiz, sich mit den nötigen Informationen in Bezug auf die für sein Arbeitsverhältnis günstige Rechtsordnung auszustatten und zu verarbeiten sowie diese bei den Vertragsverhandlungen durchzusetzen. Daher nehmen Informationsasymmetrien im Arbeitsrecht wohl eine geringere Rolle bei der Begründung ein, warum ein Schutz des Arbeitnehmers bei der Rechtswahl benötigt wird, als im Verbraucherrecht. Es ist aber nicht aus dem Blick zu verlieren, dass Informationsasymmetrien trotz dessen auch im Internationalen Arbeitsrecht bestehen und mitursächlich – wenn auch in einem beschränkten Umfang – für die Schutzbedürftigkeit des Arbeitnehmers bei der Rechtswahl sind.

(3) Informationsasymmetrien bei Verträgen nach Art. 5 Rom I-VO

Für Passagiere ist zunächst – ebenso wie für Verbraucher[896] und Arbeitnehmer[897] – festzuhalten, dass Informationsasymmetrien im Vertragsverhältnis vorliegen.[898] Der Reisende ist gar nicht oder nur mäßig über das anzuwendende Recht informiert, anders als der Beförderer, der eine Vielzahl nahezu identischer Beförderungsverträge abschließt.[899] Daraus begründet sich auch für Personenbeförderungsverträge der

892 *Rühl*, J. Priv. Int'l L. 2014, 335, 344; *Rühl*, in: Möslein, Private Macht, 475, 481; *Kocher*, in: Möslein, Private Macht, 241, 244.
893 10. Hauptgutachten der Monopolkommission 1992/1993, BT-Drs. 12/8323, S. 372.
894 *Gamillscheg*, AcP 1976, 197, 206; *Bydlinski*, System und Prinzipien des Privatrechts, 558.
895 *Gamillscheg*, AcP 1976, 197, 214 f.
896 Siehe dazu Teil 2 Kapitel 1C.II.2(1).
897 Siehe dazu Teil 2 Kapitel 1C.II.2(2).
898 BT-Drs. 14/2685, S. 19; *Karsten*, VuR 2008, 201, 210.
899 *Mankowski*, Interessenpolitik und europäisches Kollisionsrecht, 48 ff., *Mankowski*, Seerechtliche Vertragsverhältnisse im internationalen Privatrecht, 394; *Ferid/*

Wissens- und Erfahrungsvorsprung des Beförderers im Gegenteil zum Reisenden, der diese Informationen zunächst zusammentragen muss.[900]

Allerdings hat der Reisende in der Regel, ob nun geschäftlich oder privat unterwegs, keinerlei oder nur äußerst schwach ausgeprägte Anreize dafür, die Informationen in Bezug auf das anwendbare Recht vor dem Vertragsschluss zu erlangen.[901] Anders als im Verbraucherrecht ist für den Reisenden das grenzüberschreitende Element im Internationalen Transportrecht zwar stets evident.[902] Trotzdem bedeutet es für ihn einen unverhältnismäßigen Aufwand, die benötigten Informationen für eine sachkundige Rechtswahl zu beschaffen.[903]

Denn der Beförderungsvertrag sowie das darauf anwendbare Recht ist für den Passagier regelmäßig eine undurchsichtige Materie, mit der er sich ohne den entsprechenden Anreiz auch nicht ausreichend beschäftigt. Dazu trägt auch die Natur des Beförderungsvertrags bei: Der Passagier möchte zu einem gewissen Zeitpunkt zwischen zwei Orten reisen. Er lässt sich aufgrund dessen jedoch nicht auf eine langwierige, kostenintensive und unter Umständen aussichtslose Informationsbeschaffung und -verwertung ein.[904] Dies gilt sowohl für Verbraucher-Reisende als auch für Geschäftsreisende.[905] Die Gefahr, dass eine Beförderung mit dem gewünschten Transportmittel zum gewünschten Zeitpunkt möglicherweise nicht erfolgt, ist für die zu befördernde Person viel zu hoch.[906]

Für den Reisenden bringt ein derartiger Aufwand darüber hinaus in der Regel keinerlei Nutzen. Der Beförderer ist wohl kaum gewillt, für einen einzelnen Passagier von seiner gewählten Rechtsordnung, mit der er vertraut ist, abzuweichen.[907] Viel eher lehnt er einen entsprechenden Vertragsschluss mit der zu befördernden Person ab.[908] Denn Personenbeförderungsverträge sind Massenverträge.[909] Auch hier

---

Böhmer, Internationales Privatrecht, Rn. 5-30.114; *Schilling*, Das Internationale Privatrecht der Transportverträge, 234 ff.

900 *Rühl*, J. Priv. Int'l L. 2014, 335, 344; *Rühl*, in: Möslein, Private Macht, 475, 481.

901 A.A. *Schilling*, Das Internationale Privatrecht der Transportverträge, 236 ff.

902 *Mankowski*, Interessenpolitik und europäisches Kollisionsrecht, 48 ff., *Mankowski*, Seerechtliche Vertragsverhältnisse im internationalen Privatrecht, 394.

903 *Rühl*, J. Priv. Int'l L. 2014, 335, 344; *Rühl*, in: Möslein, Private Macht, 475, 481. A.A. *Schilling*, Das Internationale Privatrecht der Transportverträge, 237 ff.

904 *Basedow*, Der Transportvertrag, 273; *Schilling*, Das Internationale Privatrecht der Transportverträge, 237 f.

905 *Thorn*, in: Rauscher, Art. 5 Rom I-VO, Rn. 76.; *Schilling*, Das Internationale Privatrecht der Transportverträge, 241 ff.

906 *Mankowski*, Interessenpolitik und europäisches Kollisionsrecht, 48 ff. A.A. *Schilling*, Das Internationale Privatrecht der Transportverträge, 238.

907 *Mankowski*, Interessenpolitik und europäisches Kollisionsrecht, 48 ff.; *Schilling*, Das Internationale Privatrecht der Transportverträge, 235 f.

908 *Mankowski*, Seerechtliche Vertragsverhältnisse im internationalen Privatrecht, 394, 396 ff.

909 Siehe dazu Teil 2 Kapitel 1C.II.4(2).

gibt der Beförderer regelmäßig AGB vor, die eine Rechtswahlklausel enthalten.[910] Das anzuwendende Recht hat der Beförderer sorgfältig ausgewählt; „sein“ Recht soll auf alle geschlossenen Personenbeförderungsverträge Anwendung finden.[911]

Schließlich liegt für den Reisenden bei der Wahl seines Vertragspartners der Fokus auf anderen Umständen als dem zur Anwendung kommenden Recht: Der Preis, die Popularität des Beförderers und die Verfügbarkeit für die gewünschte Route sind Kriterien, von denen sich der Passagier eher beeinflussen lässt.[912] Das anwendbare Recht spielt für ihn häufig bei der Entscheidungsfindung keine Rolle.[913] Ausschlaggebend hierfür ist ebenfalls die Schnelllebigkeit des Beförderungsgeschäfts.

Die Informationsasymmetrie begründet sich daher für Personenbeförderungsverträge insbesondere aus dem mangelnden Antrieb zur Informationsgewinnung auf Seiten der zu befördernden Person. Schwierigkeiten bei der Informationsverarbeitung stehen dahinter zurück. Da für den Reisenden bereits kein Ansporn besteht, die benötigten Informationen zu beschaffen, ist er ebenfalls nicht gewillt, sich darüber hinaus mit einer Verarbeitung von Informationen zu beschäftigen.[914]

(4) Informationsasymmetrien bei Verträgen nach Art. 7 Rom I-VO

Im Internationalen Versicherungsvertragsrecht bestehen ebenfalls Informationsasymmetrien zwischen den Vertragsparteien: Diese bezeichnet man dort sogar als ein „Kernproblem“.[915] Im Unterschied zum Verbrauchervertragsrecht trifft die informationelle Unterlegenheit den Versicherungsnehmer hier noch härter.[916]

aa) Informationsgewinnung

Der Umstand, weswegen die Informationsasymmetrie für das Versicherungsrecht größere Schwierigkeiten aufwirft als im Verbraucherrecht, liegt in der Komplexität und der damit einhergehenden Regelungsdichte der Vertragsart.[917] Denn das Versicherungsvertragsrecht ist von dogmatischen Sonderfiguren gekennzeichnet, welche nicht im übrigen Vertragsrecht aufzufinden sind.[918] Dazu weist das Versicherungsver-

---

910 *Hasche*, TransportR 2010, 282, 283.

911 *Mankowski*, Interessenpolitik und europäisches Kollisionsrecht, 48 ff., *Wagner*, TransportR 2008, 221, 222 f; *Mankowski*, Seerechtliche Vertragsverhältnisse im internationalen Privatrecht, 394 ff.; *Hasche*, TransportR 2010, 282, 282.

912 *Schilling*, Das Internationale Privatrecht der Transportverträge, 235.

913 *Mankowski*, Interessenpolitik und europäisches Kollisionsrecht, 51; *Hasche*, TransportR 2010, 282, 283.

914 A.A. *Schilling*, Das Internationale Privatrecht der Transportverträge, 236 ff.

915 *Fleischer*, Informationsasymmetrie im Vertragsrecht, 497.

916 Siehe dazu unter Teil 2 Kapitel 1C.II.2(1).

917 *Fleischer*, Informationsasymmetrie im Vertragsrecht, 497; Furgler, Die Anknüpfung der Vertragsform im internationalen Privatrecht, 25.

918 Vielleicht lässt sich auch damit die „Besonderheit“ des internationalen Versicherungsvertragsrecht erklären, dazu mehr unter Teil 2 Kapitel 1C.II.1.b).

tragsrecht auch Begrifflichkeiten auf, die dem übrigen Vertragsrecht wörtlich gleichen, inhaltlich allerdings eine andere Bedeutung haben.[919] Bei der Versicherung eines Massenrisikos ist der Versicherungsnehmer dem Versicherungsgeber informationell weit unterlegen, da er zumeist weder die sprachlichen Besonderheiten eines Versicherungsvertrages geschweige denn dessen Systematik versteht.[920]

Hier gilt Ähnliches wie im Verbrauchervertragsrecht: Der Versicherer ist in der Versicherungstechnik bewandert und verfügt über entsprechende Kenntnisse, Erfahrungen und die nötige Organisation.[921] Denn er schließt eine Vielzahl vergleichbarer Verträge ab,[922] hat sich daher über das für ihn vorteilhaftere Recht informiert und weiß, mit aufkommenden Problemen besser umzugehen. Für den Versicherer ist es daher lohnenswert, sich im Voraus mit den verschiedenen anwendbaren Rechten auseinanderzusetzen. Denn sein Beschaffungsaufwand amortisiert sich mit aller Wahrscheinlichkeit im Laufe der Zeit.

Anders sieht dies für den Versicherungsnehmer aus: Zwar betreibt er aufgrund des Vertragsgegenstandes in der Regel mehr Informationsgewinnungsaufwand als ein Verbraucher bei dessen Vertragsschluss.[923] Dem typischen Versicherungsnehmer fehlt aber die entsprechende Marktübersicht. Der Versicherungsnehmer ist aufgrund seines Mangels an Geschäftserfahrung in der Regel dem Versicherer unterlegen.[924] Diese Erkenntnis hatte bereits lange vor der Aufnahme der Arbeiten an der Rom I-VO Geltung erlangt.[925] Der einzige „Vorteil" des Versicherungsnehmers liegt darin, dass er seine Risiken möglicherweise besser kennt und beeinflussen kann. Unter Umständen besitzt er daher einen Informationsvorsprung in Bezug auf

---

919 Hier werden von Fleischer als Beispiele die Repräsentantenhaftung und die Vorschriften zum Rücktritt angeführt, *Fleischer*, Informationsasymmetrie im Vertragsrecht, 497.

920 *Furgler*, Die Anknüpfung der Vertragsform im internationalen Privatrecht, 25; *Rühl*, J. Priv. Int'l L. 2014, 335, 343.

921 Hier ist unter anderem an für ihn tätige Sachverständige zu denken, *Bydlinski*, System und Prinzipien des Privatrechts, 641; *Uebersax*, Der Schutz der schwächeren Partei im internationalen Vertragsrecht, 84.

922 Dies wird in der Versicherungsbranche allerdings nicht nur als für den Kunden gefährlich und für den Versicherer als möglich und zweckmäßig beschrieben, sondern zusätzlich auch als erforderlich. Siehe dazu näher *Bydlinski*, System und Prinzipien des Privatrechts, 643 f.; *Fricke*, in: Rauscher, Art. 7 Rom I-VO, Rn. 22; *Gruber*, in: Ferrari/Leible, Insurance Contracts, 109, 116.

923 Siehe auch hierzu *Rühl*, J. Priv. Int'l L. 2014, 335, 344; *Rühl*, in: Möslein, Private Macht, 475, 481. Hier lässt sich ebenfalls die Argumentation anführen, dass sich der Versicherungsnehmer der Bedeutsamkeit des Rechtsgeschäfts durchaus bewusst ist und daher eher dazu bereit ist, sich entsprechende Informationen zu beschaffen.

924 *Rühl*, J. Priv. Int'l L. 2014, 335, 344; *Rühl*, in: Möslein, Private Macht, 475, 481.

925 *Dreher*, Die Versicherung als Rechtsprodukt, 98; *Fricke*, VersR 2005, 726, 732; *Gruber*, in: Ferrari/Leible, Insurance Contracts, 109, 111.

die Sachverhaltsaufklärung. Diese Punkte haben allerdings keinen oder nur einen marginalen Einfluss auf die Rechtswahl zwischen den Parteien.

Daneben muss der Versicherungsnehmer die Allgemeinen Geschäftsbedingungen akzeptieren, die ihm durch den Versicherungsgeber präsentiert werden.[926] Hierbei bestimmt der Versicherer aber nicht nur Nebensächlichkeiten seiner Leistung, sondern es handelt sich in der Regel ebenso um Bestimmungen der Hauptleistung.[927] Der Versicherer kann so seine Interessen festschreiben, ohne sich mit einer fremden Rechtsordnung auseinanderzusetzen zu müssen.[928] Dem Versicherungsnehmer, der sich einer Übermacht gegenübersieht und wirtschaftlich beziehungsweise rechtlich zum Vertragsabschluss gezwungen ist, hat keine andere Wahl, als die präsentierten Bedingungen zu akzeptieren oder auf einen Vertragsschluss zu verzichten.[929]

bb) Informationsverarbeitung

Der Versicherungsnehmer hat darüber hinaus besondere Schwierigkeiten, gewonnene Informationen auch zu verarbeiten. Denn die Unterschiede in den nationalen Versicherungsrechten sind viel zu ausgeprägt, als dass ein Rechtslaie, der sich aktiv informieren möchte, einen Mehrwert aus dieser Information schöpfen könnte.[930] Dies ist ihm nur durch einen erheblichen Aufwand möglich.[931] Handelt es sich nicht um ein Großrisiko, welches finanzielle Dimensionen umfasst, bei denen eine vorherige rechtliche Beratung mehr als wahrscheinlich ist, besteht für den Versicherungsnehmer keine Möglichkeit, eine wirklich fundierte, auf einem entsprechenden Wissensstand basierende Entscheidung zu treffen.[932] Mit dieser Argumentation lässt sich auch erschließen, warum der geschützte Personenkreis nicht nur Verbraucher, sondern auch kleinere und mittlere Unternehmen als Versicherungsnehmer mit einbezieht.[933]

Daneben erfolgt die Beratung im Vorfeld zumeist durch einen Vertreter der entsprechenden Versicherungsgesellschaft. Der Versicherungsnehmer hat in der Realität nur unter einem entsprechenden Aufwand die Chance, zwischen verschiedenen

926 *Roth*, Internationales Versicherungsvertragsrecht, 446.

927 *Furgler*, Die Anknüpfung der Vertragsform im internationalen Privatrecht, 25, *Fricke*, VersR 2005, 726, 732; *Roth*, Internationales Versicherungsvertragsrecht, 445 ff.

928 *Fricke*, VersR 2005, 726, 732.

929 *Furgler*, Die Anknüpfung der Vertragsform im internationalen Privatrecht, 25; *Uebersax*, Der Schutz der schwächeren Partei im internationalen Vertragsrecht, 84.

930 So insbesondere für kleinere und mittlere Unternehmen *Bydlinski*, System und Prinzipien des Privatrechts, 642.

931 *Basedow/Scherpe*, in: Lorenz/Trunk/Eidenmüller/Wendehorst/Adolff, Festschrift Heldrich, 511, 522, mit der Bezeichnung als „Erfahrungsgut".

932 *Uebersax*, Der Schutz der schwächeren Partei im internationalen Vertragsrecht, 84.

933 Es ist beispielsweise nicht anzunehmen, dass ein Arzt oder Rechtsanwalt bei einer Versicherung in Bezug auf seine Tätigkeit eine andere Vorgehensweise an den Tag legt als in Bezug auf sein Privatleben; *Hahn*, Die „europäischen" Kollisionsnormen für Versicherungsverträge, 160; *Bydlinski*, Arbeitsrechtskodifikaton und allgemeines Zivilrecht, 45.

Versicherungsgesellschaften und Modellen des Versicherungsschutzes informiert wählen zu können.[934]

Die informationelle, intellektuelle und wirtschaftliche Unterlegenheit des Versicherungsnehmers lässt daher nicht erwarten, dass eine unbeschränkte Parteiautonomie einen angemessenen Ausgleich der Interessen garantieren könnte.[935]

b) Informationsasymmetrien in der Rom II-VO

Im Rahmen der Rom II-VO ist bei der Frage, ob Informationsasymmetrien vorliegen, zwischen der anfänglichen und der nachträglichen Rechtswahl sowie der Frage, welche Parteien beteiligt sind, zu unterscheiden.

(1) Informationsasymmetrien bei der anfänglichen Rechtswahl

Wird die Rechtswahlvereinbarung vor Eintritt des schadensbegründenden Ereignisses geschlossen, handelt es sich also um eine Vereinbarung allein zwischen kommerziell tätigen (und damit geschäftserfahrenen) Parteien,[936] ist nicht davon auszugehen, dass ein informationelles Ungleichgewicht vorliegt.[937]

Keine der Parteien besitzt mehr Wissen oder Erfahrungen im Umgang mit dem anwendbaren Recht, da sie sich im Vorfeld gemeinsam – durch eine frei ausgehandelte Vereinbarung[938] – für eine Rechtsordnung entschieden haben. Darüber hinaus können zwar bestimmte außervertragliche Schuldverhältnisse antizipiert werden;[939] wie genau das Schuldverhältnis nach Eintritt des schadensbegründenden Ereignisses aber ausgestaltet ist, weiß zuvor keine der Parteien.[940]

(2) Informationsasymmetrien bei der nachträglichen Rechtswahl

Bei einer Vereinbarung des anwendbaren Rechts nach Eintritt des schadensbegründenden Ereignisses ist weiter zu unterscheiden, ob es sich um eine Rechtswahl zwischen nicht-kommerziell tätigen Parteien handelt oder um eine Rechtswahl zwischen einer kommerziell-tätigen Partei und einer nicht-kommerziell tätigen Partei.

Zwischen allein nicht-kommerziell tätigen Parteien ist ebenfalls von keiner Informationsasymmetrie auszugehen. Keine der Parteien hat einen Wissens- oder

---

934 *Gruber*, in: Ferrari/Leible, Insurance Contracts, 109, 116.
935 *Roth*, Internationales Versicherungsvertragsrecht, 446.
936 Siehe dazu Teil 2 Kapitel 1B.I.
937 *Rühl*, in: BeckOGK Art. 14 Rom II-VO, Rn. 44.
938 Zu den Problemen, die eine frei ausgehandelte Vereinbarung birgt Teil 1 Kapitel 1A.I.1.e)bb).
939 Zur Relevanz der Vorschrift und Beispielen, in welchen Fällen eine antizipierte Rechtswahl vorteilhaft für die Parteien sein kann Teil 2 Kapitel 1C.I.2(4).
940 *Rühl*, in: BeckOGK Art. 14 Rom II-VO, Rn. 43 ff.

Erfahrungsvorsprung, so dass beide Seiten die gleichen Möglichkeiten zur Informationsbeschaffung und -verarbeitung haben.[941]

Wird eine nachträgliche Rechtswahl zwischen einer nicht-kommerziell tätigen und einer kommerziell tätigen Partei vereinbart, ist jedoch von einer Informationsasymmetrie auszugehen.[942] Nach den Wertungen des Verordnungsgebers ist die unterlegene Partei nach dem Eintritt des schadensbegründenden Ereignisses zwar in der Lage, selbstverantwortlich die benötigten Informationen für eine fundierte Rechtswahlentscheidung zusammen zu tragen und diese auch gegen die kommerziell-tätige Partei durchzusetzen.[943] Die Untersuchung der Informationsasymmetrien innerhalb der besonderen Schutznormen der Rom I-VO hat jedoch gezeigt, dass die stärkere kommerziell-tätige Partei in Bezug auf das für sie vorteilhaftere Recht – wenn auch nur in vertraglicher Hinsicht – umfassend informiert ist.[944] Aufgrund dieses Informationsvorsprunges allein sowie den ihr zur Verfügung stehenden Ressourcen, weitere Informationen zu generieren und zu verarbeiten, ist die kommerziell-tätige Partei auch im Rahmen der nachträglichen Rechtswahl für ein außervertragliches Schuldverhältnis als die besser informierte Partei einzustufen. Denn die kommerziell-tätige Partei muss nicht, anders als die nicht-kommerziell tätige Partei erst anfangen, entsprechende Informationen zusammenzutragen und zu verwerten, sondern sie kann auf ihrem bereits bestehenden Wissens- und Erfahrungsschatz aufbauen. Ihr ist daher eine schnellere und fundierte Entscheidung auf ein für sie günstiges Recht möglich als der nicht-kommerziell tätigen Partei. Die erhöhte Motivation der nicht-kommerziell tätigen Partei, sich nach dem Eintritt eines schadensbegründenden Ereignisses entsprechende Informationen zu beschaffen,[945] kann den beschriebenen Vorteil der kommerziell tätigen Partei nicht vollständig ausgleichen.

(3) Informationsasymmetrien bei der akzessorischen Anknüpfung

Schließlich ist an den Fall der akzessorischen Anknüpfung zu denken. Bei einem bereits zwischen den Parteien bestehenden Rechtsverhältnis nach Art. 5, 6, 7 oder 8 Rom I-VO ist auf die bereits gemachten Ausführungen zu verweisen. Hier stellt sich das Informationsungleichgewicht bei einem außervertraglichen Schuldverhältnis sogar noch schwerwiegender dar als bei dem vorangegangenen vertraglichen

941 *Briggs*, Agreements on Jurisdiction and Choice of Law, 10.72; *Rühl*, in: BeckOGK Art. 14 Rom II-VO, Rn. 49.

942 *Rühl*, J. Priv. Int'l L. 2014, 335, 354 f.; *Rühl*, in: Möslein, Private Macht, 475, 481 f.; *Rühl*, in: BeckOGK Art. 14 Rom II-VO, Rn. 44; *Rühl*, Statut und Effizienz, 605.

943 Geänderter Vorschlag für eine Verordnung des Europäischen Parlaments und des Rates über das auf außervertragliche Schuldverhältnisse anzuwendende Recht (Rom II), KOM (2006) 83 endg., S. 3; *Kadner Graziano*, RabelsZ 73 (2009), 1, 7; *Vogeler*, Die freie Rechtswahl, 172 f.; *Symeonides*, Am. J. Comp. L. 56 (2008), 173, 215 ff.; *von Hein*, ZEuP 2009, 6, 20.

944 Siehe dazu Teil 2 Kapitel 1C.II.1.a).

945 *Rühl*, in: Möslein, Private Macht, 475, 481 f.

Schuldverhältnis. Denn die informationell unterlegene Partei hat wohl kaum bedacht, dass ihre Rechtswahl zum Vertragsverhältnis so weit reichende Folgen haben kann, dass sie auch für ein in der Zukunft liegendes außervertragliches Schuldverhältnis Gültigkeit entfaltet.[946]

Bilden sonstige Vertragsarten das bereits bestehende Rechtsverhältnis zwischen den Parteien, bedürfte es einer Untersuchung der jeweils zu Grunde liegenden Informationsasymmetrien. Nach den Wertungen des Verordnungsgebers sind jedoch keine weiteren Vertragsarten mit entsprechenden Schutznormen zu beachten.[947]

Im Rahmen der außervertraglichen Schuldverhältnisse ist für das Verhältnis zwischen kommerziell und nicht-kommerziell tätigen Parteien festzustellen, dass Informationsasymmetrien zu Lasten der nicht-kommerziell tätigen Partei bestehen. Dies gilt sowohl für den Fall der nachträglichen Rechtswahl als auch bei einer akzessorischen Anknüpfung nach Art. 4 III 2 Rom II-VO.

3. Abhängigkeitsverhältnisse

Ein weiteres ausschlaggebendes Kriterium für die Beurteilung der „Schwäche" einer Partei stellt die Abhängigkeit dar, mit der die rechtliche Beziehung der Parteien belastet ist.[948] Besonders hier kommt es zu Spannungslagen, die einen Ausgleich zugunsten der schwächeren Partei erforderlich machen. Die Abhängigkeit kann in ihren Ausprägungen variieren, die typischen Abhängigkeitsverhältnisse sind persönlicher und wirtschaftlicher Art.[949]

Die schwächere Partei ist in jedem Fall von den Leistungen ihres Gegenübers abhängig und daher möglicherweise eher bereit, bestimmte Vorgaben zu ihrem Nachteil zu akzeptieren sowie aufkommende Probleme einfach hinzunehmen.[950] Das Wissen um die eigene Abhängigkeit beeinflusst damit das Verhalten der schwächeren Partei zu ihrem Nachteil.[951]

---

946 *Kadner Graziano,* RabelsZ 73 (2009), 1, 22.

947 An dieser Stelle wäre der Frage nachzugehen, ob die Schutznormen vollständig sind oder weitere Vertragsarten eine entsprechende Rechtswahlbeschränkung benötigt hätten. Wie bereits in der Einleitung erläutert ist jedoch im Rahmen der vorliegenden Arbeit dieser Frage nicht nachzugehen.

948 *Rühl,* J. Priv. Int'l L. 2014, 335, 344; *Kocher,* in: Möslein, Private Macht, 241, 264 ff.; *Kropholler,* RabelsZ 42 (1978), 634, 641.

949 *Tamm,* Verbraucherschutzrecht, 141 f. *Rühl,* J. Priv. Int'l L. 2014, 335, 344; *Fuchs/Marhold,* Europäisches Arbeitsrecht, 430; so auch im *Giuliano/Lagarde*-Bericht, Nr. C 282/25.

950 *Rühl,* in: Möslein, Private Macht, 475, 482 f.

951 *Tamm,* Verbraucherschutzrecht, 142.

a) Abhängigkeitsverhältnisse in der Rom I-VO

Die Frage nach den Abhängigkeiten im Vertragsverhältnis ist in der Rom I-VO insbesondere bei Arbeitsverträgen evident.[952] Doch auch die anderen Vertragsarten sind – mehr oder weniger – von solchen Abhängigkeiten gezeichnet.

(1) Die Abhängigkeit des Verbrauchers

Das Abhängigkeitsverhältnis zwischen Verbraucher und Unternehmer ist zwar weniger offensichtlich und intensiv ausgestaltet als beispielsweise das Verhältnis zwischen Arbeitnehmer und Arbeitgeber,[953] trotzdem ist auch hier von einer Abhängigkeit zu sprechen.[954] Die im Folgenden beschriebenen Nachteile des Verbrauchers existieren in dieser ausgeprägten Art und Weise nur in monopolistisch strukturierten Märkten oder Märkten, die durch Kartelle gezeichnet sind.[955] Wie bereits angedeutet, stellt sich die Abhängigkeitssituation für den Verbraucher typischerweise aber anders dar. Sollte der Verbraucher kein Interesse oder Schwierigkeiten bei einem Vertragsschluss mit einem bestimmten Unternehmer haben, hat er immer die Möglichkeit in einem ausgeglichenen, von Wettbewerb gezeichneten Markt, seinen Vertrag mit einem anderen Unternehmer abzuschließen.[956]

Ein Grund für die Abhängigkeit der Verbraucher liegt zum einen in ihrem „Einzelkämpferstatus“. Der Verbraucher ist zum einen grundsätzlich abhängig davon, dass der Unternehmer bestimmte Produkte für ihn erreichbar und erschwinglich anbietet.[957] Da der Verbraucher jedoch nur geringwertige Güter in kleineren Mengen nachfragt, ist seine Verhandlungsmacht dabei nur schwach ausgeprägt.[958] Seine Verhandlungsstärke ist daher nicht annähernd mit der des Unternehmers vergleichbar.[959]

Zum anderen gibt es kein Gruppenbewusstsein, keine Basis, auf die sich ein Verbraucher stützen könnte. Zwar existieren nationale Verbraucherverbände, durch die deren Abhängigkeit (und bis zu einem gewissen Maß auch die Informationsunterlegenheit) abgemildert werden soll.[960] Doch weder sie noch die Anlaufstelle des europäischen Verbraucherverbandes, der aus einem Zusammenschluss von 41

952 *Wiedemann*, Das Arbeitsverhältnis als Austausch- und Gemeinschaftsverhältnis, 11 ff.; *Rühl*, in: Möslein, Private Macht, 475, 482 f.

953 Dazu Näheres unter Teil 2 Kapitel 1C.II.3(2).

954 *Tamm*, Verbraucherschutzrecht, 141 ff.; *Rühl*, J. Priv. Int'l L. 2014, 335, 344.

955 Zur Vorstellung der Produzentensouveränität *Tamm*, Verbraucherschutzrecht, 146 f.

956 *Dick*, Das Verbraucherleitbild der Rechtsprechung, 13 f.; *Tamm*, Verbraucherschutzrecht, 145 f.

957 *Dick*, Das Verbraucherleitbild der Rechtsprechung, 13 f.; *Grundmann*, in: Ackermann/Köndgen, Festschrift für Wulf-Henning Roth, 181, 184.

958 *Tamm*, Verbraucherschutzrecht, 12, 142.

959 *Grundmann*, in: Ackermann/Köndgen, Festschrift für Wulf-Henning Roth, 181, 185; *Dick*, Das Verbraucherleitbild der Rechtsprechung, 13 f.

960 *Tamm*, Verbraucherschutzrecht, 16, 141 ff.

Verbraucherverbänden aus Europa besteht, ist in der Lage, ein tatsächliches Gegengewicht zu der Verhandlungsmacht der Unternehmen zu bilden.[961] Auf Seiten der Verbraucher lässt sich darüber hinaus auch kein wirklicher Rückhalt mobilisieren, da die betroffenen Transaktionen in der Regel nur sehr kurzlebig sind.[962]

Aufgrund seiner fehlenden Verhandlungsstärke ist der Verbraucher nicht in der Lage, selbst an ein Unternehmen mit seinen Wünschen heranzutreten und entsprechende Vertragsunterlagen mit der bevorzugten Rechtswahl bereitzuhalten.[963] Vielmehr ist er darauf angewiesen, dass ihm die Unternehmen die benötigten Unterlagen zum Vertragsschluss zusätzlich zur Verfügung stellen. Ein alleiniges Verlassen auf die gesetzlichen Regelungen, die dem Verbraucher im Zweifel genauso unbekannt sind wie die vertraglichen Bedingungen, kann die Abhängigkeit des Verbrauchers ebenfalls nicht abmildern.[964]

Natürlich entspricht das Verbraucherschutzrecht in der Europäischen Union grundsätzlich einem hohen Standard.[965] Die Rechtsordnungen einiger Drittstaaten sind demgegenüber mit weniger Verbraucherschutzrechten ausgestattet.[966] Da die Rechtswahl auch auf ein solches drittstaatliches Recht fallen kann, darf sich nicht allein auf die dem Vertrag zu Grunde liegenden gesetzlichen Regelungen verlassen werden.[967] Angesichts der breitgefächerten Abhängigkeit des Verbrauchers von den Leistungen und der Leistungsbereitschaft des Unternehmers befindet er sich in der Situation, einer Vereinbarung zur Rechtswahl zuzustimmen, die mit oder ohne sein Wissen seinen Interessen möglicherweise nicht entspricht.

Diese aufgeworfenen Abhängigkeitsprobleme existieren auch auf einem „idealen“ Markt.[968] Denn hier hat die typische Verbrauchertransaktion ebenfalls nur eine geringe Bedeutung für den Unternehmer und der Verbraucher tritt ebenso als Einzelkämpfer auf. Die Abhängigkeit des Verbrauchers vom Unternehmer und das Ungleichgewicht der Verhandlungsmacht besteht auf einem solchen Markt jedoch

---

961 *Reich*, ZRP 1974, 187, 193; Siehe dazu http://www.beuc.eu/ (zuletzt abgerufen am 30.07.2016).

962 *Tamm*, Verbraucherschutzrecht, 16 m.w.N.

963 *Paefgen*, ZEuP 2003, 266, 274.

964 *Rühl*, Statut und Effizienz, 548 ff.; *Kroll-Ludwigs*, Parteiautonomie, 78 ff.

965 *Tamm*, Verbraucherschutzrecht, 267 ff.; *Heiderhoff*, in: Rauscher, Art. 6 Rom I-VO, Rn. 12 ff.; *Grundmann*, in: Ackermann/Köndgen, Festschrift für Wulf-Henning Roth, 181, 183 ff.; *Riesenhuber*, in: Witzleb/Ellger/Mankowski/Merkt/Remien, Festschrift für Martiny, 531, 532 f.

966 *Grundmann*, in: Ackermann/Köndgen, Festschrift für Wulf-Henning Roth, 181, 196; *Riesenhuber*, in: Witzleb/Ellger/Mankowski/Merkt/Remien, Festschrift für Martiny, 531, 540 f.

967 *Grundmann*, in: Ackermann/Köndgen, Festschrift für Wulf-Henning Roth, 181, 196; *Riesenhuber*, in: Witzleb/Ellger/Mankowski/Merkt/Remien, Festschrift für Martiny, 531, 540 f.

968 *Tamm*, Verbraucherschutzrecht, 15 ff.; *Grundmann*, in: Ackermann/Köndgen, Festschrift für Wulf-Henning Roth, 181, 185 ff.

in deutlich abgeschwächter Form, denn die Möglichkeit des Verbrauchers, einfach mit einem anderen Unternehmer übereinzukommen, gibt ihm ein gewisses Maß an Macht, welche er der Verhandlungsstärke des Unternehmers entgegensetzen kann.[969]

(2) Die Abhängigkeit des Arbeitnehmers

Bereits in der Definition des Arbeitnehmers wird eines deutlich: Die Formulierungen „weisungsgebunden", „sozial und wirtschaftlich abhängig" und „Einbindung in den Betrieb des Arbeitgebers" weisen ihm die unterlegene Rolle im Arbeitsverhältnis zu.[970] Der Arbeitnehmer ist, weit mehr noch als der Verbraucher, abhängig von seinem Vertragspartner.[971] Der Begriff der Abhängigkeit im Arbeitsrecht ist jedoch differenziert zu betrachten. Die wirtschaftliche Abhängigkeit wurde früher als entscheidendes Kriterium für die Anwendbarkeit des Arbeitsrechts herangezogen.[972] Dies ist allerdings seit längerem nicht mehr der Fall, da mit diesem Begriff eine genaue Abgrenzung nicht möglich ist. Denn zum einen ist dieses Kriterium zu unbestimmt, da auch Selbstständige als wirtschaftlich abhängig einzustufen sind.[973] Darüber hinaus ist das Kriterium der wirtschaftlichen Abhängigkeit nicht ausreichend vorhersehbar.[974] Die wirtschaftliche Abhängigkeit ist jedoch subsidiär heranzuziehen, um die Arbeitnehmereigenschaft festzustellen.[975]

Im Folgenden ist daher – auch in Abstimmung mit der Kartellstruktur der Arbeitsmärkte[976] – auf den Begriff der Marktförmigkeit abzustellen.[977]

---

969 *Tamm*, Verbraucherschutzrecht, 145 ff.

970 *Rebhahn*, RdA 2009, 154, 164 ff.; *Wiedemann*, Das Arbeitsverhältnis als Austausch- und Gemeinschaftsverhältnis, 15; *Kocher*, in: Möslein, Private Macht, 241, 272.

971 *Rühl*, in: Möslein, Private Macht, 475, 482 f.; *Kocher*, in: Möslein, Private Macht, 241, 272.

972 *Bydlinski*, Arbeitsrechtskodifikaton und allgemeines Zivilrecht, 16; dazu auch *Kocher*, in: Möslein, Private Macht, 241, 272. Hier ist unter anderem an das „soziale Dumping" (Ausnutzung des Sozialkostengefälles) und die damit einhergehenden Probleme von Wettbewerbsdruck, der Gefährdung von Arbeitsplätzen und der mangelnde Schutz durch ein Mindestlohnsystem zu denken. Siehe dazu *Riesenhuber*, Europäisches Arbeitsrecht, 143 f.

973 *Rebhahn*, RdA 2009, 154, 164 ff.

974 *Rebhahn*, RdA 2009, 154, 154 ff.

975 *Bydlinski*, Arbeitsrechtskodifikaton und allgemeines Zivilrecht, 17; *Rebhahn*, RdA 2009, 154, 154 ff.

976 10. Hauptgutachten der Monopolkommission 1992/1993, BT-Drs. 12/8323, S. 364.

977 *Rebhahn* will insgesamt nicht mehr von Abhängigkeit, sondern von einer wirtschaftlichen Unterordnung des Arbeitnehmers sprechen, was seines Erachtens dem Arbeitsrecht unserer Zeit besser entspricht, siehe dazu *Rebhahn*, RdA 2009, 154, 164 ff.

Ein Arbeitnehmer ist zunächst marktförmig von seinem Arbeitgeber abhängig.[978] Das Arbeitsverhältnis markiert in aller Regel das Geschäft, mit dem der Arbeitnehmer seine Existenzgrundlage bestreitet, es ist Garantie für seinen Lebensunterhalt und seinen Lebensstandard.[979] Der Arbeitnehmer hat nicht mehr als seine Arbeitskraft als wirtschaftliches Gut, die er dem Arbeitgeber anbieten kann.[980] Daher ist der Umstand, dass der Arbeitnehmer auf das Einkommen aus diesem Vertragsverhältnis angewiesen ist, als ein – wenn nicht sogar das – Hauptmotiv für seine besondere Schutzbedürftigkeit zu bezeichnen.[981] Denn lange Verhandlungs- beziehungsweise Entscheidungsphasen kann er sich aufgrund seiner finanziellen Bedürfnisse nicht leisten. Ein weiterer Schutzgrund für den Arbeitnehmer wird neben seiner finanziellen Abhängigkeit auch in dem Verlust seiner „freien wirtschaftlichen Dispositionsmöglichkeit[...]" gesehen.[982] Damit einher geht der Ausfall etwaiger Gewinnchancen sowie alternativer Erwerbsmöglichkeiten.[983] Weiterhin deutet der Eingang eines Arbeitsverhältnisses zumeist darauf hin, dass der Arbeitnehmer ein gewisses Vertrauen in dessen Beständigkeit haben kann. Trifft er nun darauf aufbauend finanzielle Dispositionen, bestärkt dies zumeist seine Unterlegenheit gegenüber dem Arbeitgeber.[984] Eine weitere Besonderheit der Arbeitsmärkte spielt hier eine Rolle: Anders als beispielsweise im Verbraucherrecht zieht der Arbeitnehmer im Arbeitsrecht bei einem Rückgang des Angebots (Arbeitslohn) nicht das eigene Gut (Arbeitsleistung) zurück, sondern bringt es vielmehr verstärkt auf die Märkte.[985] Diese paradoxe Haltung ist eine weitere Begründung für eine Sonderregelung im internationalen Arbeitsrecht.[986] Tarifliche Vereinbarungen sollen dabei die Abhängigkeit der Arbeitnehmer abmildern. Denn aus ökonomischer Sicht sind Lohntarifverträge als Mindestpreiskartelle für das Angebot von Arbeitsleistungen zu verstehen.[987]

Daneben ist der Arbeitnehmer auch in persönlicher Hinsicht abhängig.[988] Wenn auch die Begrifflichkeit der „Herrschaft" im Arbeitsverhältnis überholt ist,[989] findet

---

978 A.A. *Zöllner*, AcP 1976, 221, 237, der das Kriterium des „wirtschaftlichen Übergewichts" allein an der finanziellen Lage der Parteien festmacht, ohne weitere Schlüsse daraus zu ziehen.

979 *Bydlinski*, Arbeitsrechtskodifikaton und allgemeines Zivilrecht, 17.

980 *Wiedemann*, Das Arbeitsverhältnis als Austausch- und Gemeinschaftsverhältnis, 22.

981 So *Rebhahn*, RdA 2009, 154, 164.

982 *Wiedemann*, Das Arbeitsverhältnis als Austausch- und Gemeinschaftsverhältnis, 15.

983 *Rebhahn*, RdA 2009, 236, 243.

984 Der öffentlich-rechtliche Gegenpart zu dieser Überlegung bilden entsprechende Sozialversicherungen sowie die Sozialhilfe. *Wiedemann*, Das Arbeitsverhältnis als Austausch- und Gemeinschaftsverhältnis, 22.

985 10. Hauptgutachten der Monopolkommission 1992/1993, BT-Drs. 12/8323, S. 369.

986 *Wiedemann*, Das Arbeitsverhältnis als Austausch- und Gemeinschaftsverhältnis, 22.

987 *Deakin*, in: Davidov/Langille, The Idea of Labour Law, 156, 160; *Seifert;* in: Kempen/Zachert, § 5 TVG, Rn. 88.

988 Dazu ausführlich *Kocher*, in: Möslein, Private Macht, 241, 264.

989 *Bydlinski*, System und Prinzipien des Privatrechts, 561.

sich in diesem Element eine bedeutsame Schutzmaxime des Arbeitsrechts.[990] Mit der zu erbringenden Arbeitsleistung ist die Person des Arbeitnehmers untrennbar verbunden. Der Arbeitgeber hat die Entscheidungsmacht über Arbeitsort (räumliche Weisungsgebundenheit), Arbeitszeit (zeitliche Weisungsgebundenheit) und Arbeitsumfang sowie Urlaubsansprüche des Arbeitsnehmers (Weisungsgebundenheit der Art und Abwicklung der Arbeit) im Rahmen des anwendbaren Rechts.[991] Aber auch die Eingliederung in die Arbeitsorganisation des Arbeitgebers und die damit einhergehende Unterordnung unter eine fremde Zielsetzung sowie die Tätigkeit mit vom Arbeitgeber zur Verfügung gestellten Mitteln (Weisungsgebundenheit durch Eingliederung)[992] sind Ausdruck für die persönliche Unterlegenheit des Arbeitnehmers. Bis zu einem gewissen Grad kann der Arbeitgeber demnach über seine Person bestimmen und so dessen persönliche Lebensgestaltung beeinflussen.[993] Die Fürsorgepflicht des Arbeitgebers mit ihren weitreichenden Ausformungen und ihr Äquivalent der Treuepflicht auf Seiten des Arbeitnehmers sind ebenfalls ein Ausdruck dieser Entwicklung.[994]

Darüber hinaus spielt auch das Bewusstsein der persönlichen Abhängigkeit des Arbeitnehmers eine große Rolle.[995] Der Arbeitnehmer weiß, dass sein Arbeitgeber in einem gewissen rechtlichen Rahmen über ihn verfügen kann.[996] In diesem Umstand liegt ein weiterer Grund, warum er sich nicht gegen eine diktierte Rechtswahlbestimmung seines Arbeitgebers auflehnt. Der Arbeitnehmer ist durch stets drohenden wirtschaftlichen Rückgang, den Abbau von Arbeitsplätzen und die darin kulminierende ständige Furcht vor einer Entlassung eher dazu geneigt, ihm zustehende Rechte nicht zu nutzen.[997] Natürlich gibt es auch Fälle, in denen der Arbeitnehmer weniger Gehalt oder mehr Arbeitsstunden großzügig akzeptiert. Er kann sich damit beispielsweise helfend gegenüber seinem Arbeitgeber zeigen, der insolvenzbedroht ist. Allerdings ist hier wieder ein Grundschema zu erkennen: Um nicht entlassen zu werden, bietet der Arbeitnehmer seine Leistung unter Wert an.

---

990 *Rühl*, in: Möslein, Private Macht, 475, 482 f; *Tscherner*, Arbeitsbeziehungen und europäische Grundfreiheiten, 29; *Bydlinski*, System und Prinzipien des Privatrechts, 563.

991 *Tscherner*, Arbeitsbeziehungen und europäische Grundfreiheiten, 29; *Deinert*, RdA 2009, 144, 153.

992 *Wank*, Arbeitnehmer und Selbständige, 17 f.

993 *Rebhahn*, RdA 2009, 236, 242; *Bydlinski*, Arbeitsrechtskodifikaton und allgemeines Zivilrecht, 16.

994 Gerade dieser weitreichende Einfluss auf die persönlichen Interessen des Arbeitnehmers bilden eine Erklärung für die vergleichsweise früh festgelegte Fürsorgepflicht des Arbeitgebers, *Bydlinski*, System und Prinzipien des Privatrechts, 563.

995 *Tamm*, Verbraucherschutzrecht, 16; *Wank*, Arbeitnehmer und Selbständige, 48; *Deinert*, Internationales Arbeitsrecht, 53 f.

996 *Bydlinski*, System und Prinzipien des Privatrechts, 563.

997 Ibid., 557.

Ein weiterer Grund für die Benachteiligung der Arbeitnehmer lässt sich mit organisatorischen Problemen umschreiben.[998] Der Arbeitgeber weiß eine Organisation unter sich, die nach seinen Wünschen und Vorstellungen ausgestaltet ist und seine Ziele umsetzt.[999] Die Arbeitnehmer hingegen sind eine diffuse Masse ohne Basis, aus der sie Informationen oder Rückhalt schöpfen könnten.[1000]

Schließlich sind auch die Bedingungen auf den Arbeitsmärkten ursächlich dafür, dass der Arbeitnehmer schutzbedürftig ist.[1001] Diesbezüglich ist zwar nicht die direkte Beziehung zwischen den Parteien verantwortlich, doch sie beeinflusst den Arbeitnehmer mittelbar: Denn Arbeitslosigkeit – ob nun bereits bestehend oder drohend – lenken die Wahl des Arbeitnehmers dahingehend, auch ungünstigere Arbeitsbedingungen zu akzeptieren.[1002] Daher sind auch externe Faktoren wie der Konkurrenzdruck auf dem jeweiligen Arbeitsmarkt und die allgemeine wirtschaftliche Lage ausschlaggebend dafür, dass der Arbeitnehmer unterlegen und damit schutzbedürftig ist.

Der Arbeitnehmer ist fremdbestimmt tätig.[1003] Diese „soziale Macht" seines Gegenübers steht einem gerechten Interessenausgleich entgegen und ist daher auch als Ausgangspunkt für das Ungleichgewicht im Vertragsverhältnis zu bezeichnen.[1004] Die Abhängigkeit des Arbeitnehmers spiegelt sich daher sowohl in seiner persönlichen als auch seiner marktförmigen Unterlegenheit wieder. Eine verbindende Komponente, die beide Abhängigkeiten verstärkt, ist deren zeitliche Geltung: Denn anders als der Verbrauchervertrag ist das Arbeitsverhältnis in der Regel über einen längeren Zeitraum angelegt.[1005]

---

998 *Tamm*, Verbraucherschutzrecht, 16.

999 *Wank*, Arbeitnehmer und Selbständige, 48.

1000 Dazu ausführlich *Bydlinski*, System und Prinzipien des Privatrechts, 574 ff; so auch die Einschätzung der Monopolkommission 10. Hauptgutachten, S. 372.

1001 Dies gilt allerdings nur für Zeiten der Massenarbeitslosigkeit. Die Lage auf den Arbeitsmärkten kann sich hingegen auch zum Vorteil für den Arbeitnehmer entwickeln. Solange aber der Arbeitnehmer leicht ersetzbar ist beziehungsweise von Rationalisierungsmaßnahmen schneller betroffen ist, kann von einem nicht unerheblichen Einfluss der Lage auf den Arbeitsmärkten gesprochen werden.

1002 *Wank*, Arbeitnehmer und Selbständige, 49.

1003 Auch hierin ist das maßgebliche Kriterium der Schutzbedürftigkeit für den Arbeitnehmer gesehen worden, vgl. dazu *Deinert*, Internationales Arbeitsrecht, 53 f.

1004 *Gamillscheg*, AcP 1976, 197, 205 ff.

1005 Natürlich gibt es auch hier Möglichkeiten der Überbrückung, beispielsweise das Arbeitslosengeld. Doch auch hier herrschen zwischen den nationalen Rechtsordnungen Unterschiede, die nicht zu vernachlässigen sind. Zumal eine längere Zeit der Arbeitslosigkeit auch eine psychologische Belastung darstellt sowie im Lebenslauf des Arbeitnehmers abschreckende Wirkung entfalten kann, sodass sich der Arbeitnehmer trotz Auffangmöglichkeit zu einer schnellen Entscheidung gedrängt sieht.

(3) Die Abhängigkeit des Reisenden

Der Reisende ist, ähnlich wie der Verbraucher, nicht allein auf die Leistung eines einzigen Beförderers angewiesen.[1006] Zwar benötigt er für die gewünschte Beförderung dessen Transportmittel und dessen Infrastruktur, um seine Mobilität zu gewährleisten.[1007] Der Reisende ist aber in tatsächlicher Hinsicht keineswegs davon abhängig, dass ein Vertrag mit einem bestimmten Beförderer zustande kommt.[1008] Sollte die zu befördernde Person nicht den gewünschten Vertragsschluss mit einem Beförderer erreichen können, besteht nahezu immer die Möglichkeit, die Beförderung durch einen anderen Beförderer zu erreichen.[1009]

Dies ist jedoch der einzige „Trumpf" der zu befördernden Person. Denn der Personenbeförderungsvertrag als Massenvertrag[1010] kommt in der Regel über allgemeine Geschäftsbedingungen zustande.[1011] Die darin enthaltenen Rechtswahlklauseln sind dabei nach den Vorstellungen des Verwenders ausgestaltet.[1012] Der Beförderer lässt sich jedoch nicht von einem einzelnen Passagier ein abweichendes Recht diktieren.[1013] Viel wahrscheinlicher ist daher, dass – sollte der Reisende eine individuelle Vereinbarung der Rechtswahl mit einem bestimmten Beförderer wünschen – kein Beförderungsvertrag mit diesem Beförderer zustande kommt. Der Reisende hat daher nur die Wahl, die vom Beförderer vorgegebene Rechtswahl anzunehmen, auf einen konkurrierenden Beförderer umzuschwenken oder selbst für seinen Transport zu sorgen, wenn er dessen Rechtswahl nicht akzeptieren will.[1014]

Die einzelne Transportleistung hat für den Beförderer darüber hinaus keine besondere Bedeutung.[1015] Ob der Beförderungsvertrag mit ihm zustande kommt oder nicht, ist für den Beförderer irrelevant, da die Beförderung – der Flug, die Seereise

---

1006 *Thorn*, in: Rauscher, Art. 5 Rom I-VO, Rn. 73 ff.; *Mankowski*, TransportR 2008, 339, 348; *Plender/Wilderspin*, The European Private International Law of Obligations, Rn. 8-031.

1007 Dazu ausführlich *Schilling*, Das Internationale Privatrecht der Transportverträge, 241 ff.

1008 Ibid., 238.

1009 Außer in den Fällen, in denen bestimmte Ziele oder Transportwege nur von einem Beförderer abgedeckt werden.

1010 *Mankowski*, Interessenpolitik und europäisches Kollisionsrecht, 48 ff., *Mankowski*, Seerechtliche Vertragsverhältnisse im internationalen Privatrecht, 394; *Ferid/Böhmer*, Internationales Privatrecht, Rn. 5-30.114.

1011 *Mankowski*, Interessenpolitik und europäisches Kollisionsrecht, 51; bereits unter dem EGBGB wurde dies angenommen *Mankowski*, Seerechtliche Vertragsverhältnisse im internationalen Privatrecht, 403.

1012 *Magnus*, in: Staudinger, Art. 5 Rom I-VO, Rn. 8; *Bratvogel*, Rechtswahlfreiheit, 211 f.

1013 *Mankowski*, Interessenpolitik und europäisches Kollisionsrecht, 51.

1014 *Schilling*, Das Internationale Privatrecht der Transportverträge, 238.

1015 *Basedow*, Der Transportvertrag, 141 f.; *Schilling*, Das Internationale Privatrecht der Transportverträge, 235 f.

usw. – ohnehin stattfindet.[1016] Mangels einer entsprechenden Verhandlungsmacht des einzelnen Passagiers hat der Beförderer daher keinen Grund, auf individuelle Vereinbarungen mit diesem einzugehen.[1017]

Die zu befördernde Person ist dem Beförderer schließlich auch in organisatorischer Hinsicht unterlegen.[1018] Denn der Passagier tritt, ebenso wie der Verbraucher, als „Einzelkämpfer" auf.[1019] Zwar ist typischerweise eine Vielzahl von Reisenden von einer einzigen, gemeinsamen Beförderung betroffen.[1020] Dennoch besteht keine entsprechende Organisation auf Seiten der Passagiere. Durch einen solchen Zusammenschluss der Interessen hätten die Reisenden aber möglicherweise ein größeres Gewicht, welches sie dem Beförderer bereits bei einer Rechtswahlvereinbarung entgegensetzen könnten.[1021]

(4) Die Abhängigkeit des Versicherungsnehmers

Im Verhältnis zwischen Versicherer und Versicherungsnehmer bestehen ebenfalls Abhängigkeitsverhältnisse. Der Versicherungsnehmer ist zunächst davon abhängig, dass der Versicherungsgeber eine Versicherungspolice für ihn anbietet.[1022] Des Weiteren ist er davon abhängig, dass der Versicherungsnehmer ihn im Versicherungsfall auch finanziell entschädigt. Nur so ist im Falle einer Risikorealisierung eine empfindliche Störung der Lebens- oder Vermögensplanung zu vermeiden beziehungsweise der wirtschaftliche Existenzverlust abzuwenden.[1023] Nicht nur der Vertragsschluss, sondern auch die Vertragserfüllung liegt daher in der Hand des Versicherungsgebers und beide sind im Gegenzug für den Versicherungsnehmer von großer Wichtigkeit.[1024] Der Versicherungsnehmer ist daher in tatsächlicher und in persönlicher Hinsicht davon abhängig, einen entsprechenden Versicherungsvertrag abzuschließen.

1016 Einen Überblick über die verschiedenen Transportverträge gibt *Thorn*, in: Rauscher, Art. 5 Rom I-VO, Rn. 84 ff.

1017 *Mankowski*, Interessenpolitik und europäisches Kollisionsrecht, 51; *Hasche*, TransportR 2010, 282, 283; *Remien*, in: Basedow, Liber Amicorum Kurt Siehr, 499, 502.

1018 *Schilling*, Das Internationale Privatrecht der Transportverträge, 241 ff.

1019 *Haak*, TransportR 2009, 162, 163. Siehe dazu Teil 2 Kapitel 1C.II.3(1).

1020 *Mankowski*, Interessenpolitik und europäisches Kollisionsrecht, 51; bereits unter dem EGBGB wurde dies angenommen *Mankowski*, Seerechtliche Vertragsverhältnisse im internationalen Privatrecht, 403.

1021 *Mankowski*, Interessenpolitik und europäisches Kollisionsrecht, 50, es fehle an einer „Schicksalsgemeinschaft". Anders gestaltet sich die Situation jedoch im Nachhinein, wenn es Probleme bei der Beförderung gab, z.B. durch den Ausfall des Fluges wegen eines Streiks oder einer großen Verspätung.

1022 *Furgler*, Die Anknüpfung der Vertragsform im internationalen Privatrecht, 25.

1023 *Bydlinski*, System und Prinzipien des Privatrechts, 653.

1024 *Furgler*, Die Anknüpfung der Vertragsform im internationalen Privatrecht, 25; *Bydlinski*, System und Prinzipien des Privatrechts, 653.

Der Versicherungsnehmer ist jedoch, ebenso wie der Verbraucher und Reisende, nicht darauf angewiesen, mit einem bestimmten Versicherer einen Vertrag abzuschließen.[1025] Er kann also, sollte er mit den Vertragsbedingungen eines Versicherers nicht einverstanden sein, einen anderen Versicherer als Vertragspartner wählen.[1026]

Dennoch ist von einer weit überwiegenden Verhandlungsmacht auf Seiten des Versicherers auszugehen. Der Versicherungsvertrag enthält typischerweise Rechtswahlklauseln, die ein für den Versicherer vorteilhaftes Recht zur Anwendung bestimmen.[1027] Der Versicherungsnehmer hat zumeist keinen Einfluss darauf, wie der Versicherungsvertrag ausgestaltet ist, geschweige denn kann er eine von ihm präferierte Rechtswahl vorgeben.[1028] Der Versicherer demgegenüber genießt ein sachliches Übergewicht, auf das der Versicherungsnehmer keine Einflussmöglichkeiten hat.[1029] Denn der Versicherer verfügt in der Regel über qualifiziertes Personal und sonstige Hilfsmittel, um sich auch auf eine fremde Rechtsordnung einstellen zu können.[1030]

Schließlich gilt auch für Versicherungsnehmer das bereits bei Verbrauchern und Reisenden Gesagte: Der Versicherungsnehmer hat aufgrund seiner organisatorischen Unterlegenheit keine Möglichkeit, eine entsprechende Verhandlungsmacht aufzubauen.[1031] Denn der Versicherungsvertrag wird in der Regel mit einem Einzelnen oder einer kleineren Personengruppe geschlossen,[1032] die dem Versicherer keine Verhandlungsstärke bei einer Rechtswahlvereinbarung entgegensetzen können.

Zur Korrektur dieses Ungleichgewichts bedarf es daher einer Regelung, die dem Versicherungsnehmer beim Abschluss eines Versicherungsvertrags entgegenkommt.

b) Abhängigkeitsverhältnisse in der Rom II-VO

Für die Rom II-VO ist ebenfalls zwischen den verschiedenen möglichen Konstellationen zu unterscheiden. Genauso wie für Informationsasymmetrien gilt hier, dass bei einer vorherigen Rechtswahl zwischen kommerziell tätigen Parteien sowie bei einer nachträglichen Rechtswahl allein zwischen nicht-kommerziell tätigen Parteien

---

1025 *Fricke*, in: Rauscher, Art. 7 Rom I-VO, Rn. 14 ff.; *Leible/Lehmann*, RIW 2008, 528, 528 ff.; *Looschelders/Smarowos*, VersR 2010, 1, 1 ff.

1026 Es herrscht allein eine Beschränkung auf die wählbaren Rechtsordnungen, *Fricke*, in: Rauscher, Art. 7 Rom I-VO, Rn. 17 ff.

1027 *Furgler*, Die Anknüpfung der Vertragsform im internationalen Privatrecht, 25.

1028 *Gruber*, in: Ferrari/Leible, Insurance Contracts, 109, 116.

1029 *Furgler*, Die Anknüpfung der Vertragsform im internationalen Privatrecht, 25; *Kroll-Ludwigs*, Parteiautonomie, 83; *Gruber*, in: Ferrari/Leible, Insurance Contracts, 109, 111 f.

1030 *Furgler*, Die Anknüpfung der Vertragsform im internationalen Privatrecht, 25; *Looschelders/Smarowos*, VersR 2010, 1, 3.

1031 *Plender/Wilderspin*, The European Private International Law of Obligations, Rn. 10-059.

1032 *Fricke*, in: Rauscher, Art. 7 Rom I-VO, Rn. 14; *Plender/Wilderspin*, The European Private International Law of Obligations, Rn. 10-059.

keine Abhängigkeitsverhältnisse bestehen. Die Parteien sind weder in persönlicher, wirtschaftlicher oder sonstiger Art und Weise voneinander abhängig.[1033]

Bei einer nachträglichen Rechtswahl zwischen einer kommerziell und einer nicht-kommerziell tätigen Partei sind Abhängigkeitsverhältnisse ebenso auszuschließen. Denn das Bedürfnis der unterlegenen Partei, dass ein Rechtsverhältnis zustande kommt, besteht bei einem außervertraglichen Schuldverhältnis nicht. Darüber hinaus ist auch nicht von einer Beeinflussung der nicht-kommerziell tätigen Partei durch eine überwiegende Verhandlungsmacht der kommerziell tätigen Partei auszugehen. Die kommerziell tätige Partei hat keine Möglichkeit, eine Einigung über die Rechtswahl abzulehnen, denn mangels einer Rechtswahl würde Art. 4 Rom II-VO eingreifen.[1034] Sie kann der nicht-kommerziell tätigen Partei das anzuwendende Recht ebenfalls nicht diktieren, da die nicht-kommerziell tätige Partei einer entsprechenden Vereinbarung im Fall eines außervertraglichen Schuldverhältnisses nicht einfach zustimmt, sondern zumindest versuchen wird, sich mit den ihr gegebenen Möglichkeiten auseinanderzusetzen.[1035]

Kommt es zu einer akzessorischen Anknüpfung, bei der ein bereits bestehendes Vertragsverhältnis nach Art. 5, 6, 7 oder 8 zugrunde liegt, existieren Abhängigkeiten in dem bereits für diese Vertragsarten untersuchten Umfang.[1036] Insbesondere zwischen den Parteien eines Arbeitsvertrags liegen ausgeprägte marktförmige und persönliche Abhängigkeiten vor. Im Rahmen der übrigen Sonderanknüpfungen besteht vielmehr ein Ungleichgewicht der Verhandlungsmacht, welches die Unterlegenheit der schwächeren Partei verdeutlicht.

4. Die „Besonderheit" von Beförderungs- und Versicherungsverträgen

Als ein weiterer Begründungsansatz für die Sonderanknüpfung von Personenbeförderungsverträgen und Verträgen zur Versicherung von Massenrisiken wird in Erwägungsgrund 32 der Rom I-VO die „Besonderheit" dieser beiden Vertragsformen angeführt. Es findet sich aber keine Erklärung, worin die Besonderheit dieser beiden Vertragstypen zu sehen sei.[1037] Im folgenden Abschnitt ist daher dieser Frage nachzugehen.

1033 *Rühl*, in: BeckOGK Art. 14 Rom II-VO, Rn. 44 ff. Hier wird allein auf die Probleme der Informationsasymmetrien und der Quasi-Rationalitäten abgestellt.

1034 Die Anknüpfungsleiter wird dargestellt bei *Unberath/Cziupka*, in: Rauscher, Art. 4 Rom II-VO, Rn. 8 ff.

1035 Anders als bei den Informationsasymmetrien, die die nicht-kommerziell tätige Partei nicht einfach ausgleichen kann, ist es ihr im Fall einer überwiegenden Verhandlungsmacht der kommerziell-tätigen Partei bei einem vorangegangen Schuldverhältnis wenigstens möglich, entsprechende Vereinbarungen zunächst zu überdenken. So auch *Rühl*, in: BeckOGK Art. 14 Rom II-VO, Rn. 44 ff.

1036 Siehe dazu nochmals Teil 2 Kapitel 1C.II.1.a).

1037 *Rühl*, in: Kronke/Thorn, Grenzen überwinden - Prinzipien bewahren, 364, 372 ff.; *Morse*, ICLQ 41 (1992), 1, 5.

a) Beförderungsverträge

Die Besonderheit der Personenbeförderung wird in der Literatur hauptsächlich mit dem Argument, dass es sich dabei um Massenverträge handle[1038] und dem Umstand, dass die Beförderung zumeist eine Vielzahl von Personen aus unterschiedlichen Ländern umfasst, begründet.[1039] Daneben wird die Transnationalität des grenzüberschreitenden Beförderungsmarktes als mögliche Erklärung für die gesonderte Anknüpfung nach Art. 5 Rom I-VO angeführt.[1040] Bevor allerdings die verschiedenen Ansätze näher zu untersuchen sind, ist der Frage nachzugehen, was ein – nach Erwägungsgrund 32 Rom I-VO gefordertes – „angemessenes" Schutzniveau ausmacht und wie dieses vor dem Hintergrund des Schutzes der schwächeren Partei gemäß Erwägungsgrund 23 Rom I-VO zu verstehen ist.

(1) Ein „angemessenes" Schutzniveau

Da für Beförderungs- und Versicherungsverträge ebenfalls besondere Kollisionsnormen existieren, liegt es nahe, dass auch hier ein Schutz der jeweils schwächeren Partei beabsichtigt war.[1041] Die Erwägungsgründe 23 und 32 der Rom I-VO schließen sich auch nicht gegenseitig aus.[1042] Die Formulierung „angemessen" erweckt jedoch den Eindruck, dass hier – offensichtlich anders als für Verbraucher- oder Arbeitsverträge – nur ein adäquater, richtig bemessener[1043] Schutz gewährt werden soll. Es soll keinen „überschießenden" Schutz für die schwächere Partei geben. Für Art. 5 und 7 Rom I-VO solle also ein weniger weit reichender Schutz ausreichen. Hierin bereits die Begründung für die beschränkte Rechtswahlmöglichkeit bei beiden Vertragsarten zu sehen, ist abwegig.[1044] Jedoch wurde damit ausdrücklich eine andere Schutztendenz vorgegeben. Dies ist bei den weiteren Betrachtungen zu berücksichtigen.

Darüber hinaus ist hier an den Begriff der zu befördernden Person zu denken. Wie weiter oben bereits festgestellt, ist der Begriff so auszulegen, dass keine Beschränkung

---

1038 *Mankowski*, Interessenpolitik und europäisches Kollisionsrecht, 48 ff., *Mankowski*, Seerechtliche Vertragsverhältnisse im internationalen Privatrecht, 394; *Ferid/Böhmer*, Internationales Privatrecht, Rn. 5-30.114.

1039 *Fricke*, in: Rauscher, Art. 5 Rom I-VO, Rn. 73; *Reithmann/Martiny*, Internationales Vertragsrecht, Rn. 1103; *Böhm*, Verbraucherschutz im Internationalen Privatrecht, 156.

1040 *Mankowski*, Seerechtliche Vertragsverhältnisse im internationalen Privatrecht, 395 ff.

1041 Reisende und Versicherungsnehmer werden regelmäßig auch bei Untersuchungen zum Schutz der schwächeren Partei aufgeführt, siehe nur *Kroll-Ludwigs*, Parteiautonomie, 78 ff.; *Rühl*, in: Kronke/Thorn, Grenzen überwinden - Prinzipien bewahren, 364, 364 ff.

1042 *Mankowski*, Interessenpolitik und europäisches Kollisionsrecht, 50.

1043 *Eickhoff*, Duden - das Synonymwörterbuch, Begriff „angemessen".

1044 Dies wäre ein bloßer Zirkelschluss. Ob sich die beschränkte Rechtswahl selbst in ein kohärentes Schutzsystem einreiht, wird an anderer Stelle zu klären sein, siehe dazu Teil 3 Kapitel 1A.II.

auf den Verbraucher zu erkennen ist. Die Rom I-VO vermeidet es bewusst, zwischen Reisen „privater Natur“ und „geschäftlicher Natur“ zu differenzieren.[1045] Wenn aber die zu befördernde Person nicht auf den „Verbraucher“ beschränkt ist, liegen zwei Überlegungen nahe: Zum einen könnte hierin die Begründung dafür zu sehen sein, warum die Verordnungsgeber eine besondere Form der Anknüpfung für Personenbeförderungsverträge wählten. Man wollte zwar die schwächere Partei schützen, aber gerade nicht wie einen Verbraucher. Wenn aber eine Abkehr vom Verbraucherschutz Regelungsziel gewesen sein sollte, wäre möglicherweise eine freie Rechtswahl und eine subsidiäre Anknüpfung an das Recht des Beförderers der einfachere und bessere Weg gewesen.[1046] Denn dieses Ergebnis kommt der gängigen Praxis bereits sehr nahe.[1047]

Es ist aber ebenso möglich, das Argument in sein Gegenteil zu verkehren. Wenn ein breiter Schutz Ziel der Regelung gewesen sein sollte, der schwächeren Partei also ein mit dem Verbraucherschutz vergleichbarer Schutz zugedacht war, hätte es keiner Sonderregelung für Personenbeförderungsverträge bedurft. Wenn die zu befördernde Person zumindest auch „Verbraucher“ umfasst, warum wurde allein für Pauschalreisen eine Rückausnahme gewährleistet? Die generelle Unterstellung der Personenbeförderungsverträge unter das internationale Verbrauchervertragsrecht hätte möglicherweise eine einfachere Lösung dargestellt.[1048]

(2) Die Besonderheit des Personenbeförderungsvertrages

Die Besonderheit des Beförderungsvertrags im Vergleich zum Verbrauchervertrag wird zumeist in dem Massengeschäftscharakter der Personenbeförderung gesehen.[1049] Die Tatsache, dass der Beförderer bei einer einzigen Beförderung (z.B. Flugreise) eine Vielzahl an Rechten (die eines jeden Passagiers)[1050] beachten müsste, wenn er mit Reisenden aus verschiedenen Ländern kontrahiert sowie die Schnelllebigkeit des Beförderungsgeschäfts werden als Ursache dafür angeführt, warum eine einfache, rasche und vor allem einheitliche Handhabung über die beschränkte Rechtswahl notwendig sei.[1051] Denn bei einer Anwendung des Günstigkeitsprinzips müssten für

---

1045 *Wagner*, TransportR 2008, 221, 223; *Thorn*, in: Rauscher, Art. 5 Rom I-VO, Rn. 77.

1046 *Mankowski*, IHR 2008, 133, 140; *Wagner*, TransportR 2009, 281, 287.

1047 *Mankowski*, Interessenpolitik und europäisches Kollisionsrecht, 48 ff.

1048 *Ragno*, in: Ferrari/Leible, The Law Applicable to Consumer Contracts under the Rome I Regulation, 129, 141.

1049 *Mankowski*, Interessenpolitik und europäisches Kollisionsrecht, 48 ff., *Mankowski*, Seerechtliche Vertragsverhältnisse im internationalen Privatrecht, 394; *Ferid/Böhmer*, Internationales Privatrecht, Rn. 5-30.114.

1050 *Wagner*, TransportR 2009, 103, 104; *Reithmann/Martiny*, Internationales Vertragsrecht, Rn. 1103.

1051 *Ferid/Böhmer*, Internationales Privatrecht, Rn. 6-30, 1; *Kluth*, Die Grenzen des kollisionsrechtlichen Verbraucherschutzes, 129; *Basedow*, in: Mansel/Pfeiffer/Kronke/Kohler/Hausmann, Festschrift für Erik Jayme, 3, 10; *Martiny*, in: MüKo, Art. 6 Rom I-VO, Rn. 14.

jeden einzelnen Reisenden einer Beförderung die zwingenden Bestimmungen seines Heimatrechts Anwendung finden, von denen nicht durch Vereinbarung abgewichen werden darf.[1052] Der Aufwand auf Seiten des Beförderers wäre erheblich.[1053] Aus Effizienzgesichtspunkten ist daher eine „Besonderheit" des Personenbeförderungsvertrags unter Ausschluss des Günstigkeitsprinzip nachzuvollziehen.[1054]

Die Argumentation kann jedoch nicht überzeugen.[1055] Denn die Einordnung als Massengeschäft gilt regelmäßig auch für andere Vertragsarten.[1056] Jeder Unternehmer, der grenzüberschreitende Massengeschäfte abschließt – ob es nun um Verbrauchersachen oder Versicherungsgeschäfte geht – hat sich damit auseinanderzusetzen.[1057] Dieses Problem ist keineswegs allein auf Beförderungsverträge zugeschnitten.

Eine Besonderheit des Personenbeförderungsvertrags ist auch nicht in der Entwicklung der Regelung für das Internationale Privatrecht zu sehen. Die bewegte und von Kompromissen gezeichnete Geschichte des Art. 5 II Rom I-VO ist höchstens als Ursache dafür heranzuziehen, warum sich die Vorschrift so wenig in das System der Rom I-VO fügt. Die Debatte um die Sonderanknüpfung von Personenbeförderungsverträgen war seit jeher von der Bestrebung gezeichnet, den Schutz des Passagiers nicht auf Kosten der Interessen des Beförderers auszudehnen.[1058] Die Abkehr vom Günstigkeitsprinzip als Besonderheit zu bezeichnen und diese „Besonderheit" im Anschluss daran als Begründung für die beschränkte Rechtswahl heranzuziehen, wäre jedoch ein Zirkelschluss.

Ein gewisser Begründungsansatz für die Sonderanknüpfung nach Art. 5 II Rom I-VO ist in der Transnationalität des Markts für die Beförderung zu sehen.[1059]

1052 *Ferid/Böhmer*, Internationales Privatrecht, Rn. 6-30,1; *Böhm*, Verbraucherschutz im Internationalen Privatrecht, 156.

1053 *Mankowski*, Interessenpolitik und europäisches Kollisionsrecht, 48 ff., *Mankowski*, Seerechtliche Vertragsverhältnisse im internationalen Privatrecht, 394; *Ferid/Böhmer*, Internationales Privatrecht, Rn. 5-30.114.

1054 *Wagner*, TransportR 2009, 103, 104; *Reithmann/Martiny*, Internationales Vertragsrecht, Rn. 1103; *Mankowski*, Seerechtliche Vertragsverhältnisse im internationalen Privatrecht, 394; *Ferid/Böhmer*, Internationales Privatrecht, Rn. 5-30.114.

1055 So aber bereits im *Giuliano/Lagarde*-Bericht, Nr. C 282/22. A.A. und ausführlich dazu *Mankowski*, Seerechtliche Vertragsverhältnisse im internationalen Privatrecht, 394.

1056 *Mankowski*, Interessenpolitik und europäisches Kollisionsrecht, 48 ff., *Mankowski*, Seerechtliche Vertragsverhältnisse im internationalen Privatrecht, 394.

1057 Insbesondere bei Verbraucherverträgen mache die „Masse das Geschäft", so *Mankowski*, Seerechtliche Vertragsverhältnisse im internationalen Privatrecht, 394; *Mankowski*, RRa 2014, 118, 119; *Mankowski*, Interessenpolitik und europäisches Kollisionsrecht, 50; *Karsten*, VuR 2008, 201, 204; *Mankowski*, ZVglRWiss 105 (2006), 120, 124; *von Hoffmann*, J. Consum. Pol 1992, 365, 375.

1058 *Mankowski*, Interessenpolitik und europäisches Kollisionsrecht, 50; *Mankowski*, Seerechtliche Vertragsverhältnisse im internationalen Privatrecht, 394; *Ferid/Böhmer*, Internationales Privatrecht, Rn. 5-30.114.

1059 *Mankowski*, RRa 2014, 118, 120.

Die grenzüberschreitende Beförderung ist ein Geschäft, dass der „Natur seiner Sache" nach nicht an einen bestimmten Ort gebunden ist und dessen Vertragspartner – der Reisende – ebenfalls nicht ortsfest ist.[1060] Es gibt demnach auch keinen „nationalen Markt" des Passagiers, auf welchem der Beförderer maßgeblich tätig ist und auf welchen er sich daher einstellen muss.[1061] Ein solcher transnationaler Markt bildet allerdings keine Begründung für eine gesonderte Anknüpfung. Denn es macht keinen Unterschied, wo ein Passagier seine Beförderung bucht, die Beförderungsleistung ist dabei immer gleichwertig.[1062] Der Ort des Vertragsabschlusses ist gerade aufgrund des immanenten grenzüberschreitenden Vertragsinhalts bei einem Personenbeförderungsvertrags nur zufällig und daher ohne Bedeutung.[1063]

Eine „Besonderheit" der Personenbeförderungsverträge war nicht festzustellen. Es gibt daher keinen Grund, weswegen die Personenbeförderung vom Internationalen Verbraucherschutzrecht auszuschließen ist. Mit einer solchen Lösung hätte man vielmehr einige der bereits aufgeworfenen Problempunkte vermeiden können.[1064] Es erscheint vielmehr so, als hätten sich die Verordnungsgeber dem Verlangen der Industrie gefügt.[1065]

b) Versicherungsverträge

Die Begründung für die Besonderheit des Versicherungsvertrags wird vorrangig aufgrund dessen Einordnung als „Rechtsprodukt" gesehen.[1066] Diese Erklärung ist, neben weiteren Ansätzen, im Folgenden genauer zu betrachten. Zunächst ist aber auch für Versicherungsverträge der Frage nachzugehen, was ein „angemessenes" Schutzniveau ausmacht.[1067]

1060 *Mankowski*, Seerechtliche Vertragsverhältnisse im internationalen Privatrecht, 397.

1061 *Mankowski*, Interessenpolitik und europäisches Kollisionsrecht, 50; *Mankowski*, Seerechtliche Vertragsverhältnisse im internationalen Privatrecht, 397.

1062 *Mankowski* bringt hier das Beispiel, das eine Fähre zwischen zwei Ländern immer die gleiche Beförderungsleistung, nämlich Transport von A nach B mit dem Beförderungsmittel Fähre, umfasst. Es ist daher irrelevant, ob der Passagier den Transport in A oder in B bucht (Fähre Dover-Calais), *Mankowski*, Seerechtliche Vertragsverhältnisse im internationalen Privatrecht.

1063 *Mankowski*, RRa 2014, 118, 120; *Mankowski*, Seerechtliche Vertragsverhältnisse im internationalen Privatrecht, 397; *Ernst*, jurisPR-Wettb 8/2013, Anm. 5, sub. E.

1064 Eine ausführliche Würdigung erfolgt unter Teil 2 Kapitel 1C.II.1.a).

1065 *Ragno*, in: Ferrari/Leible, The Law Applicable to Consumer Contracts under the Rome I Regulation, 129, 141.

1066 Dazu ausführlich *Dreher*, Die Versicherung als Rechtsprodukt, 1 ff.; *Fricke*, VersR 2006, 745, 749 f.; *Solomon*, in: Ferrari/Leible, Ein neues Internationales Vertragsrecht für Europa, 89, 91 f.; *Mankowski*, ZVglRWiss 105 (2006), 120, 151 ff.; *Rühl*, in: Kronke/Thorn, Grenzen überwinden - Prinzipien bewahren, 364, 375 f.

1067 So Erwägungsgrund 32 der Rom I-VO, Zum Begriff „angemessen", siehe *Eickhoff*, Duden - das Synonymwörterbuch, Begriff „angemessen".

(1) Ein „angemessenes“ Schutzniveau

Ebenso wie für Personenbeförderungsverträge gilt gemäß Erwägungsgrund 32 der Rom I-VO, dass für Versicherungsverträge über die besondere Vorschrift des Art. 7 Rom I-VO ein angemessenes Schutzniveau für den Versicherungsnehmer gewährleistet ist. Was ein angemessenes Schutzniveau im Gegensatz zu dem über Erwägungsgrund 23 der Rom I-VO geforderten Schutz der schwächeren Partei ausmacht, wird jedoch auch für Art. 7 Rom I-VO nicht deutlich.[1068] Es ist allein klar, dass ein anderes Schutzniveau für Versicherungsverträge gefordert ist als für Verbraucher.[1069] Wie dieses ausgestaltet sein sollte und ob ein solches angemessenes Schutzniveau für Versicherungsnehmer besteht, kann daher erst – ebenso wie für Personenbeförderungsverträge – bei einer abschließenden Gesamtwürdigung beurteilt werden.[1070]

(2) Die Besonderheit des Versicherungsvertrages über Massenrisiken

Teilweise wird auf den Umstand verwiesen, dass bereits eine weitgehende Angleichung der Vorschriften zum Versicherungsrecht innerhalb der EU erreicht ist.[1071] Auf eine Regelung mit Günstigkeitsvergleich konnte daher verzichtet werden, ohne Verbraucherinteressen damit zu gefährden.[1072] Darin ist jedoch nicht die Begründung zu sehen, weshalb der internationale Versicherungsvertrag eine „besondere“ Vertragsart ist. Die zersplitterte Rechtslage kann und darf nicht als Argument für eine Fortsetzung der Situation herangezogen werden. Vielmehr ist – auch angesichts des weit gefassten geschützten Personenkreises – eine zufriedenstellende Formulierung zu finden. Eine Weiterführung der aktuellen Lage mit ihren verschiedenen Regelungen kann daher nicht als Rechtfertigung dienen, warum keine kohärente Lösung existiert.

Andererseits sprach man bereits vom Kollisionsrecht der Zweiten Schadens- und Lebensversicherungsrichtlinie als „traditionelles Sonder-IPR der Versicherungsverträge“.[1073] Das Kollisionsrecht für Versicherungsverträge war bereits in den Versicherungsrichtlinien der zweiten Generation eigenständig und inhaltlich abweichend vom sonst allgemein geltenden Kollisionsrecht für Schuldverträge geregelt.[1074] Dieser Umstand lässt sich wiederum auf die verzögerte Entwicklung der Richtlinien zurückführen, da die Arbeiten an diesen bereits begonnen hatten, zur

---

1068 *Rühl*, in: Kronke/Thorn, Grenzen überwinden - Prinzipien bewahren, 364, 375.

1069 *Briggs*, Agreements on Jurisdiction and Choice of Law, 391 f.; *Lando/Nielsen*, J. Priv. Int'l L. 2007, 29, 39 f.; *Solomon*, in: Ferrari/Leible, Ein neues Internationales Vertragsrecht für Europa, 89, 91 f.

1070 Siehe dazu Teil 2 Kapitel 1C.II.1.b).

1071 *Clausnitzer/Woopen*, BB 2008, 1798, 1804; *Stehl*, Die Überwindung der Inkohärenz des Internationales Privatrechts der Bank- und Versicherungsverträge, 181.

1072 *Clausnitzer/Woopen*, BB 2008, 1798, 1804.

1073 *Fricke*, VersR 2005, 726, 726.

1074 *Roth*, in: Wandt/Reiff/Looschelders/Bayer, Festschrift Lorenz, 631, 634; *Perner*, IPRax 2009, 218, 218 f.

Schaffung des EVÜ allerdings noch nicht beendet waren.[1075] Daher war abzuwarten, wie der aufsichtsrechtliche Rahmen ausgestaltet sein würde, bevor über eine Aufnahme der Versicherungsverträge in das allgemein geltende Kollisionsrecht gesprochen wurde.[1076] Die Besonderheit, die sich also von Beginn an feststellen ließ, war daher bis zur Rom I-VO noch mit einer schlicht „räumlichen Trennung" der Materie vom übrigen Schuldvertragsrecht zu erklären. Keinesfalls darf sie aber als Begründung für eine Weiterführung der komplexen Situation dienen.

Eine Besonderheit des Versicherungsgeschäfts könnte darin zu sehen sein, dass aus wirtschaftlichen Gesichtspunkten eine Gleichförmigkeit für den Versicherer unabdinglich ist.[1077] Eine freie Rechtswahl belastet das transnationale Versicherungsgeschäft: Die Beachtung vieler verschiedener Rechtsordnungen und die damit verbundenen Kosten wiegen die Mehrerlöse, welche durch eine Öffnung auf ausländische Märkte gewonnen werden, auf.[1078] Eine solche Argumentation ist bereits aus den anderen Rechtsbereichen bekannt und ist hier nur erneut mit einem Verweis darauf abzulehnen, dass jedes Unternehmen, welches transnationale Massengeschäfte abschließt, vor diesem Problem steht.[1079]

Die Begründung für die Besonderheit des Versicherungsvertrags sehen einige Stimmen in der Literatur in seiner Rechtsnatur.[1080] Die Versicherung ist – nach allgemeinem Sprachgebrauch – ein sogenanntes „Rechtsprodukt".[1081] Damit kommt zum Ausdruck, dass es sich um ein unkörperliches Produkt handelt, welches ein Kunde in der Form einer Rechtskonstruktion erhält, die lediglich aus vertraglichen Abreden besteht.[1082] Die Versicherung wird erst durch den Versicherungsvertrag zum Produkt.[1083] Als großer Unterschied zu den sonstigen zivilrechtlichen Verträgen

---

1075 *Martiny*, in: MüKo, Art. 7 Rom I-VO, Rn. 2; *Fricke*, VersR 2006, 745, 746.

1076 *Roth*, in: Wandt/Reiff/Looschelders/Bayer, Festschrift Lorenz, 631, 634; *Perner*, IPRax 2009, 218, 218 f.

1077 *Stehl*, Die Überwindung der Inkohärenz des Internationales Privatrechts der Bank- und Versicherungsverträge, 181.

1078 *Basedow/Scherpe*, in: Lorenz/Trunk/Eidenmüller/Wendehorst/Adolff, Festschrift Heldrich, 511, 519; *Stehl*, Die Überwindung der Inkohärenz des Internationales Privatrechts der Bank- und Versicherungsverträge, 181.

1079 Dieses Problem kann auch auf verfahrensrechtlicher Ebene ausgebreitet werden. Zu den Schwierigkeiten der rechtlichen Durchsetzung eines Anspruchs vor heimischen Gerichten *Basedow/Scherpe*, in: Lorenz/Trunk/Eidenmüller/Wendehorst/Adolff, Festschrift Heldrich, 511, 520.

1080 *Stehl*, Die Überwindung der Inkohärenz des Internationales Privatrechts der Bank- und Versicherungsverträge, 179.

1081 Siehe dazu *Dreher*, Die Versicherung als Rechtsprodukt; der Titel seiner Habilitationsschrift wird als prägend für den Begriff der Versicherung als ein Rechtsprodukt bezeichnet.

1082 *Körber*, Grundfreiheiten und Privatrecht, 593.

1083 *Basedow/Scherpe*, in: Lorenz/Trunk/Eidenmüller/Wendehorst/Adolff, Festschrift Heldrich, 511, 524; *Wieser*, ZfV 2006, 53, 58; *Körber*, Grundfreiheiten und Privatrecht, 593.

ist, dass die Versicherung unmittelbar abhängig von den Gestaltungsmöglichkeiten und -beschränkungen ist, die ihr das jeweilige rechtliche Umfeld bietet.[1084] Diese Kumulation von Privatautonomie mit der jeweiligen staatlichen Beeinflussung macht eine Besonderheit der Versicherungsverträge aus.[1085] Daher stößt beispielsweise auch die Konstruktion eines europarechtlich einheitlichen Versicherungsprodukts auf Schwierigkeiten, da das jeweils anwendbare nationale Recht unmittelbaren Einfluss auf das Rechtsprodukt nimmt.[1086]

Der Versicherungsvertrag ist zwar ein Rechtsprodukt, welches auch staatlichen Einflüssen ausgesetzt ist. Verbraucherverträge sind jedoch genauso von unterschiedlichen komplexen Regelungen, Geschäftsbedingungen und einer Vielzahl von zwingenden und halbzwingenden Bestimmungen umfasst.[1087] Der Versicherungsvertrag ist unstreitig ein Teil des Internationalen Vertragsrechts, für den sich eine Abspaltung, wie sie die Rom I-VO durch die beschränkte Rechtswahl vornimmt, grundsätzlich verbietet.[1088] Darüber hinaus ist der Charakter des Versicherungsprodukts nicht so einzigartig, dass eine „Besonderheit" besteht, welche eine Anknüpfung nach den bekannten Maßstäben verhindert.[1089]

5. *Sonstige Ursachen*

Neben denn hier näher untersuchten Begründungsansätzen existiert eine Vielzahl weiterer Ansätze, die als Rechtfertigung für die Eingriffe in die Gestaltungsfreiheit der Parteien herangezogen werden. In der neueren Literatur gehören dazu vor allem die Begründung durch Quasi-Rationalitäten beziehungsweise Verhaltensanomalien, worunter systematische Abweichungen vom ökonomischen Standardverhaltensmodell zu verstehen sind.[1090] Auf diese ist im Zusammenhang mit dieser Arbeit lediglich zu verweisen. Eine weitere Begutachtung dieser kann im Rahmen dieser Arbeit nicht erfolgen.

1084 Zu diesem Problem *Staudinger*, in: Ferrari/Kieninger/Mankowski, Internationales Vertragsrecht, Art. 7 Rom I-VO, Rn. 2 f.

1085 *Basedow/Scherpe*, in: Lorenz/Trunk/Eidenmüller/Wendehorst/Adolff, Festschrift Heldrich, 511, 524.

1086 *Fricke*, VersR 2008, 443, 453.

1087 *Rühl*, in: BeckOGK Art. 6 Rom I-VO, Rn. 101.

1088 *Mankowski*, IHR 2008, 133, 144; *Fricke*, in: Rauscher, Art. 7 Rom I-VO, Rn. 57.

1089 *Wieser*, ZfV 2006, 53, 58.

1090 Dabei handelt es sich um die Erkenntnis, dass die schwächere Partei trotz einer guten Ausgangslage für eine fundierte Entscheidung die „falsche" Wahl trifft. Die schwächere Partei wiegt sich in der Sicherheit, eine solche Entscheidung treffen zu können: Beispielsweise aufgrund der Bereitstellung von Informationen oder einer Verhandlungsbereitschaft auf Seiten der anderen Partei, siehe dazu ausführlich *Rühl*, Statut und Effizienz, 460 ff.

Kapitel 2 Wertungswidersprüche bei den Rechtswahlbeschränkungen zum Schutz der schwächeren Partei

Durch eine Auswertung der gefundenen Ergebnisse ist im folgenden Abschnitt festzustellen, ob und welche Wertungswidersprüche zwischen den verschiedenen Schutzgruppen bestehen. Um die Frage beantworten zu können, ob eine unterschiedliche Behandlung der einzelnen Gruppen durch bestimmte Gemeinsamkeiten oder Unterschiede gerechtfertigt ist, sind dafür die Ergebnisse der untersuchten Begründungsansätze gegenüberzustellen.

A. Gemeinsamkeiten und Unterschiede der einzelnen Schutzgruppen

Zur Herausarbeitung von Wertungswidersprüchen bedarf es eines Ausgangspunktes, anhand dessen die verschiedenen Inkohärenzen aufzuzeigen sind. Dafür eignet sich der Verbraucher als schwächere Partei und dessen Schutz durch das Günstigkeitsprinzip. Es ist im Folgenden festzustellen ob es Gründe dafür gibt, andere schwächere Parteien nicht durch das Günstigkeitsprinzip, sondern auf andere Art und Weise zu schützen.

I. Verbraucher versus Arbeitnehmer

Bis zum Entwurf der Rom I-VO war die systematische Verschränkung zwischen internationalen Verbraucher- und Arbeitsverträgen stets eng verbunden.[1091] Dies stützt sich unter anderem auf die ähnliche Ausgestaltung der Rechtsverhältnisse: Bei beiden unterteilen sich die Parteien in einen unterlegenen und einen überlegenen Vertragspartner und für beide soll im Wege einer Sonderanknüpfung ein höheres Schutzniveau für die schwächere Partei erreicht werden, ohne die Parteiautonomie gänzlich aufzuheben.[1092] Diesen Gleichlauf zwischen den Vertragsarten hob der Entwurf zur Rom I-VO zunächst auf.[1093] Nur für internationale Arbeitsverträge hielt man hier am Günstigkeitsprinzip fest. Trotz der Parallelität, die bis zum Entwurf (und danach) zwischen den Vertragsarten bestand, gibt es doch Unterschiede zwischen den Vertragsarten:

Verbrauchergeschäfte sind typische Geschäfte des täglichen Lebens. Der Inhalt dieser Verträge dreht sich in aller Regel nicht um existenzielle Fragen.[1094] Hinter der Idee, die Rechtswahlfreiheit für diese Art der Verträge auszuschließen, stehen die Schlagwörter „Einfachheit und Berechenbarkeit" der Kollisionsnorm, die in

---

1091 *Knöfel*, RdA 2006, 269, 270 f.; *Heiderhoff*, in: Rauscher, Art. 6 Rom I-VO, Rn. 17.
1092 *Knöfel*, RdA 2006, 269, 270 f.
1093 Siehe dazu oben Teil 2 Kapitel 1C.II.1.a).
1094 *Knöfel*, RdA 2006, 269, 270 f.; *Heiderhoff*, in: Rauscher, Art. 6 Rom I-VO, Rn. 17.

diesem Bereich durchaus als sinnvoll zu erachten sind.[1095] Denn hier handelt es sich regelmäßig um anonyme Distanz- beziehungsweise Einmalverträge[1096]

Anders sieht es bei Arbeitsverträgen aus: Die Verträge sind typischerweise langfristig ausgestaltet und setzen ein bestimmtes Näheverhältnis voraus.[1097] Zusätzlich handelt es sich zumeist um eines der wichtigsten Rechtsgeschäfte, die ein Mensch in seinem Leben trifft. Seine wirtschaftliche Existenz beruht regelmäßig auf abhängiger Arbeit.[1098]

Einen Unterschied zum Verbrauchervertrag könnte sich daher in der „Bedeutsamkeit" des Geschäfts erblicken lassen: Der Arbeitnehmer ist durch das Arbeitsverhältnis in verschiedenen Bereichen seines Lebens über eine gewisse Dauer hinweg stark beeinflusst.[1099] Das Verbrauchergeschäft hingegen ist einmaliges Geschäft, welches in der Regel nur geringe finanzielle Beträge umfasst.[1100] Daher könnte argumentiert werden, dass im Verbrauchergeschäft über das Günstigkeitsprinzip ein zu hoher Schutzstandard angesetzt wird, ist doch der Arbeitsvertrag das bedeutendere Geschäft, welches im Vergleich ein höherer Schutzstandard zukommen müsste. Ein geringerer Schutz für Verbraucher ist jedoch abzulehnen. Zum einen ist das Verbrauchergeschäft nicht auf Transaktionen im geringstelligen Bereich beschränkt. Vielmehr kann auch ein missglücktes Geschäft für den Verbraucher existenzgefährdend sein.[1101] Darüber hinaus wäre es verfehlt, einen geringeren Schutzstandard für Verbraucherverträge zu fordern, nur um einer wertenden Bedeutung der verschiedenen Geschäfte zu folgen.[1102]

II. Verbraucher versus Reisende

Anders als Pauschalreiseverträge sind Personenbeförderungsverträge nach Erwägungsgrund 32 der Rom I-VO nicht als Verbraucherverträge einzuordnen. Dennoch bestehen keine gravierenden Unterschiede zwischen allen drei Vertragstypen. Ein Personenbeförderungsvertrag als ein „Weniger" eines Pauschalreisevertrags ist daher, genau wie dieser, als ein Verbrauchergeschäft einzuordnen.

1095 *Junker*, in: Ferrari/Leible, Ein neues Internationales Vertragsrecht für Europa, 111, 116; *Mankowski*, Interessenpolitik und europäisches Kollisionsrecht, 45 ff.

1096 *Knöfel*, RdA 2006, 269, 271.

1097 *Mankowski*, Interessenpolitik und europäisches Kollisionsrecht, 45 ff.

1098 *Junker*, in: Ferrari/Leible, Ein neues Internationales Vertragsrecht für Europa, 111, 116.

1099 Siehe dazu ausführlich Teil 2 Kapitel 1C.II.3(2).

1100 *Knöfel*, RdA 2006, 269, 270 f.; *Heiderhoff*, in: Rauscher, Art. 6 Rom I-VO, Rn. 17.

1101 Beispielsweise kann hier auf Finanzmarktgeschäfte verwiesen werden, siehe dazu *Mankowski*, Interessenpolitik und europäisches Kollisionsrecht, 45 ff.

1102 *Rühl*, in: Kronke/Thorn, Grenzen überwinden - Prinzipien bewahren, 364, 373; *Sonnentag*, ZVglRWiss 105 (2006), 256, 275; *Leible*, RIW 2008, 257, 259.

Personenbeförderungsverträge umfassen Geschäfte, denen keine hohe Bedeutsamkeit zukommt. Für den Reisenden kommt es allein auf die Beförderung an.[1103] Ein Personenbeförderungsvertrag spielt daher keine herausragende Rolle im Leben der zu befördernden Person. Die Dienstleistung der Beförderung unterscheidet sich nicht grundlegend von den übrigen Dienstleistungen, die als Verbrauchergeschäfte aufzufassen sind.[1104] Der Personenbeförderungsvertrag ist, genauso wie der Verbrauchervertrag, als ein einmaliges Geschäft ohne längerfristige Beziehungen und Abhängigkeiten zwischen den Parteien einzuordnen.[1105]

Ein Personenbeförderungsvertrag kann allerdings auch so ausgestaltet sein, dass nicht zwingend die zu befördernde Partei die Partei des Beförderungsvertrags sein muss.[1106] Die Ausgestaltung über Rahmenvereinbarungen, wonach beispielsweise der Arbeitgeber einen Beförderungsvertrag für eine in seinem Auftrag reisende Person abschließt, ändert jedoch nichts an der Bedeutsamkeit des Geschäfts für den Einzelnen.[1107] Darüber hinaus kann bei einer solchen Konstellation die Person, die für einen anderen eine Beförderung bucht, ebenfalls ein Verbraucher sein.[1108]

Es bestehen daher keine grundlegenden Unterschiede zwischen einem Verbrauchergeschäft und einer Personenbeförderung, die eine differenzierte Behandlung der Vertragsarten rechtfertigt.

III. Verbraucher versus Versicherungsnehmer

Für Versicherungsverträge gilt die Ausnahme des Erwägungsgrunds 32 der Rom I-VO ebenso. Der Versicherungsnehmer schließt im Laufe seines Lebens zwar verschiedene Versicherungsverträge ab, dies erfolgt aber nicht in der gleichen Frequenz, wie er Verbrauchergeschäfte tätigt.[1109] Durch einen Versicherungsvertrag besteht daneben eine längere Beziehung zwischen den Vertragsparteien, als es im Verbrauchergeschäft üblich ist. Versicherungsverträge über Massenrisiken mit einer Risikobelegenheit innerhalb Europas entfalten daher für den Versicherungsnehmer eine höhere Bedeutsamkeit als ein typischer Verbrauchervertrag.[1110]

1103 *Schilling*, Das Internationale Privatrecht der Transportverträge, 235 f.; *Basedow*, Der Transportvertrag, 75 f.

1104 A.A. *Schilling*, Das Internationale Privatrecht der Transportverträge, 243 f., der die Schutzbedürftigkeit des Reisenden eher mit dem des Arbeitnehmers gleichsetzt.

1105 *Mankowski*, Seerechtliche Vertragsverhältnisse im internationalen Privatrecht, 391 ff.

1106 Siehe dazu Teil 2 Kapitel 1C.I(1).

1107 *Thorn*, in: Rauscher, Art. 5 Rom I-VO, Rn. 73 f.

1108 *Wagner*, TransportR 2008, 221, 223; *Thorn*, in: Rauscher, Art. 5 Rom I-VO, Rn. 73 f.; *Mankowski*, TransportR 2008, 339, 348.

1109 Bei Versicherungsverträgen handelt es sich um kein typisches Verbrauchergut, siehe dazu *Tamm*, Verbraucherschutzrecht, 12, 142.

1110 Zur Bedeutung des Versicherungsvertrags *Dreher*, Die Versicherung als Rechtsprodukt, 70 ff.; *Roth*, Internationales Versicherungsvertragsrecht, 442 ff.

Doch genauso wie Versicherungsverträge – auch wenn es dabei „nur" um die Versicherung eines Massenrisikos geht – können Verbraucherverträge eine große finanzielle Bedeutsamkeit für den Einzelnen entfalten.[1111] Darüber hinaus ist der Schutz, der durch die beschränkte Rechtswahl geboten wird, geringer ausgestaltet als der, welchen das Günstigkeitsprinzip garantiert.[1112] Es wäre daher verfehlt, einen noch unter dem Schutzniveau der beschränkten Rechtswahl einzuordnenden Schutz für Verbraucherverträge zu fordern. Vielmehr bedarf es wegen der höheren Bedeutsamkeit des Versicherungsvertrags einen zumindest auf gleicher Ebene anzusiedelnden Schutz.[1113]

IV. Verbraucher versus nicht-kommerziell tätige Partei

Verbraucherverträge und außervertragliche Schuldverhältnisse sind *per se* nur schwer miteinander vergleichbar. Die nicht-kommerziell tätige Partei ist jedoch nach überwiegender Ansicht ohnehin als „Verbraucher" einzuordnen.[1114] Bei der Rechtswahl soll für die nicht-kommerziell tätige Partei, ebenso wie für Verbraucher, Rechtssicherheit und Vorhersehbarkeit herrschen.[1115] Für die nicht-kommerziell tätige Partei stellt das außervertragliche Schuldverhältnis typischerweise kein Rechtsgeschäft dar, welches durch ein besonderes Näheverhältnis oder durch besondere Abhängigkeiten gekennzeichnet ist.[1116] Die Bedeutsamkeit des außervertraglichen Schuldverhältnisses für die nicht-kommerziell tätige Partei variiert daher je nach Schwere des eingetretenen Schadens. Dies gilt jedoch auch für das Verbrauchergeschäft, dass keinesfalls auf einen finanziell marginalen Umfang beschränkt ist.[1117]

Der einzige Unterschied zwischen Verbrauchern und nicht-kommerziell tätigen Parteien liegt in dem Umstand, dass letztere unter Umständen von dem Rechtsgeschäft „überrascht" werden.[1118] Dies ist jedoch kein Indiz dafür, dass sich ein Verbraucher – weil er weiß, dass er ein Rechtsgeschäft abschließt – intensiver mit der Rechtswahl beschäftigt, als eine nicht-kommerziell tätige Partei. Der Verordnungsgeber geht im Gegenteil davon aus, dass eine nicht-kommerziell tätige Partei nach Eintritt des schadensbegründenden Ereignisses eher dazu bereit sein wird,

1111 *Mankowski*, Interessenpolitik und europäisches Kollisionsrecht, 45 ff.

1112 Ausführlich dazu unter Teil 2 Kapitel 1C.II.1.b).

1113 Siehe dazu *Martiny*, ZEuP 2015, 838, 849 f.

1114 Siehe dazu Teil 2 Kapitel 1B.I. Dazu auch *Mandery*, Party Autonomy in Contractual and Non-Contractual Obligations, 96 ff.

1115 Erwägungsgrund 1 der Rom II-VO. Allgemein zur Parteiautonomie *Fröhlich*, The private international law of non-contractual obligations according to the Rome-II regulation, 28 ff.; *Odendahl*, Internationales Deliktsrecht der Rom II-VO und die Haftung für reine Vermögensschäden, 91 ff.

1116 Näheres dazu unter Teil 2 Kapitel 1C.II.1.b).

1117 *Mankowski*, Interessenpolitik und europäisches Kollisionsrecht, 45 ff.

1118 *Kadner Graziano*, RabelsZ 73 (2009), 1, 7; *Leible*, RIW 2008, 257, 261.

sich über das anwendbare Recht zu informieren.[1119] Darin könnte eine Erklärung zu sehen sein, warum für die nicht-kommerziell tätige Partei nach Eintritt des schadensbegründenden Ereignisses eine freie Rechtswahl möglich ist.

Die nicht-kommerziell tätige Partei ist jedoch, nur weil das grundlegende Rechtsgeschäft ein außervertragliches Schuldverhältnis ist, nicht weniger schutzbedürftig als ein Verbraucher, denn sie ist gegenüber einer kommerziell tätigen Partei nicht weniger unerfahren und genauso uninformiert.[1120] Es sind daher zwischen dem Verbrauchergeschäft und einem außervertraglichen Schuldverhältnis keine Unterschiede festzustellen, die eine vom Günstigkeitsprinzip abweichende Rechtswahl erforderlich machen.

B. Die Entwicklungsgeschichte der Schutzgruppen

Dass dem Verbraucherschutz auf europäischer Ebene besondere Aufmerksamkeit zuteil wird, zeigt allein ein Verweis auf die unzählige Literatur zu diesem Thema.[1121] Bereits im nationalen Recht kommt den Verbrauchern ein besonderer Schutz zu, der sich auf internationaler Ebene fortsetzt.[1122] Die Entwicklung des Verbraucherschutzes lässt sich daher weit zurückverfolgen, zum Zeitpunkt der Schaffung der Rom-Verordnungen existierten bereits verschiedene internationale Regelungen zum Schutz dieser Personengruppe, auch das EVÜ hielt schon eine entsprechende Sonderregelung bereit.[1123] Entwicklungsgeschichtlich ist die Aufnahme einer

1119 *Jakob/Picht*, in: Rauscher, Art. 14 Rom II-VO, Rn. 9; *Kadner Graziano*, RabelsZ 73 (2009), 1, 7; *Kadner Graziano*, in: Ahern/Binchy, The Rome II Regulation on the Law Applicable to Non-Contractual Obligations, 113, 120 f.; *Junker*, in: MüKo, Art. 14 Rom II-VO, Rn. 3; *Köthe*, Schranken der Parteiautonomie im internationalen Deliktsrecht, 69.

1120 *Jakob/Picht*, in: Rauscher, Art. 14 Rom II-VO, Rn. 9; *Briggs*, Agreements on Jurisdiction and Choice of Law, 10.72; *Leible*, RIW 2008, 257, 259; *Rühl*, in: BeckOGK Art. 14 Rom II-VO, Rn. 47 ff.; *Crawford/Carruthers*, ICLQ 63 (2014), 1, 23.

1121 Siehe beispielsweise *von Hippel*, Verbraucherschutz; *Klauer*, Das europäische Kollisionsrecht der Verbraucherverträge; *Tamm*, Verbraucherschutzrecht; *Kind*, Die Grenzen des Verbraucherschutzes durch Information; *Calliess*, Grenzüberschreitende Verbraucherverträge; *Lüscher*, Zur Konzeptualisierung von Verbrauchervertragsrecht; *Kluth*, Die Grenzen des kollisionsrechtlichen Verbraucherschutzes; *Dichtl/Berekoven*, Verbraucherschutz in der Marktwirtschaft; *Basedow*, in: Mansel/Pfeiffer/Kronke/Kohler/Hausmann, Festschrift für Erik Jayme, 3; *Brand*, IPRax 2013, 126; *Dreher*, JZ 1997, 167; *Ehle*, Wege zu einer Kohärenz der Rechtsquellen; *de Vries*, euvr 2012, 228; *Joerges*, Verbraucherschutz als Rechtsproblem; *Kieninger*, in: Baetge/von Hein/von Hinden, Die richtige Ordnung, 499; *Solomon*, in: Ferrari/Leible, Ein neues Internationales Vertragsrecht für Europa, 89 u.v.m.

1122 *von Hippel*, Verbraucherschutz, 5; *Dichtl/Berekoven*, Verbraucherschutz in der Marktwirtschaft, 72 f.; *Tamm*, Verbraucherschutzrecht, 184 ff.

1123 *Mäsch*, Rechtswahlfreiheit und Verbraucherschutz, 22.

Kollisionsnorm für Verbraucherverträge daher keine aufregende Neuigkeit gewesen, sie war bereits zuvor bekannt.[1124]

Dies gilt ebenso für die Vorschrift zum Schutz der Arbeitnehmer. Das Ziel des Arbeitnehmerschutzes verfolgte man bereits seit langem in den nationalen Rechten.[1125] Diese Schutzintention führte das Arbeitskollisionsrecht durch eine Beschränkung der Rechtswahlfreiheit weiter fort.[1126] Das Günstigkeitsprinzip wurde hier, ebenso wie im Verbraucherrecht, stark kritisiert.[1127] Dennoch entschied man sich sowohl im Entwurf der Rom I-VO als auch in Art. 8 Rom I-VO für einen Schutz der schwächeren Partei über das Günstigkeitsprinzip.[1128]

Die Aufnahme einer gesonderten Vorschrift für Beförderungsverträge war eine große Neuerung im Vergleich zum EVÜ. Die Debatte um eine solche Vorschrift war stark durch die Beförderungsbranche geprägt.[1129] Als der *Dumitrescu*-Bericht 2007 veröffentlicht wurde, der erste Vorschläge für eine Beförderungsvertragsvorschrift enthielt, war die politische Einigung um die Rom I-VO bereits weit fortgeschritten.[1130] Die Entscheidung, die vorgeschlagene Fassung aus dem *Dumitrescu*-Bericht zu übernehmen, trafen die Verordnungsgeber kurz nach dessen Erscheinen.[1131] Es blieb daher wenig Zeit für eine Debatte um einen „angemessenen Schutz" für Reisende, da die Gefahr bestand, dass ohne eine schnelle Einigung keine entsprechende Vorschrift Eingang in die Rom I-VO gefunden hätte.[1132]

Die Regelung des Art. 7 Rom I-VO ist ein weiterer Meilenstein der Rom I-VO. Doch das Ringen zwischen Kollisionsrecht und Richtlinienrecht hat auch Spuren hinterlassen. Die Regelung in der Rom I-VO beseitigte zum einen nicht das Problem der Rechtszersplitterung.[1133] Diese Situation ist zurückzuführen auf eine Vielzahl ungünstiger Umstände: Im Rat nahmen einige Mitgliedsstaaten eine Blockadehaltung gegen jede Änderung bezüglich der Bereiche an, die über das Richtlinienrecht geregelt waren.[1134] Darüber hinaus berief man sich darauf, dass bereits ein „ausgeklügeltes"

1124 Kritikpunkte gab es natürlich immer, siehe dazu Teil 3 Kapitel 1A.IV.3.

1125 *Rieble*, in: Staudinger, Vorbemerkungen zu § 611 BGB, Rn. 110 f.; *Kronke*, RabelsZ 45 (1981), 301, 307.

1126 *Däubler*, AWD/RIW 1972, 1, 3; *Deinert*, Internationales Arbeitsrecht, 137; *Junker*, Internationales Arbeitsrecht im Konzern, 98.

1127 *Deinert*, Internationales Arbeitsrecht, 137; *Junker*, RIW 2006, 401, 406 j.m.w.N.

1128 *Martiny*, in: MüKo, Art. 8 Rom I-VO, Rn. 41 f.; *von Hein*, in: Rauscher, Art. 8 Rom I-VO, Rn. 27 ff.; *Mankowski*, in: Ferrari/Leible, Employment Contracts under Article 8 of the Rome I Regulation, 171, 172; *Deinert*, Internationales Arbeitsrecht, 137.

1129 *Mankowski*, Interessenpolitik und europäisches Kollisionsrecht, 49.

1130 Siehe dazu Teil 2 Kapitel 1C.II.1(3).

1131 *Mankowski*, TransportR 2008, 339, 340.

1132 *Thorn*, in: Rauscher, Art. 5 Rom I-VO, Rn. 75 ff.; *Hasche*, TransportR 2010, 282, 282 f.

1133 Eine abschließende kollisionsrechtliche Regelung war zwar wünschenswert, dennoch ist die geschaffene Vorschrift unvollständig, da sie beispielsweise nur auf Direktversicherungsverträge anwendbar ist. Siehe dazu *Leible*, in: Hüßtege/Mansel, Art. 7 Rom I-VO, Rn. 2, *Mankowski*, IHR 2008, 133; 144.

1134 *Fricke*, VersR 2008, 443, 444.

System in diversen Versicherungsrichtlinien bestehen würde.[1135] Zum anderen nahm die Versicherungswirtschaft Einfluss auf den Entstehungsprozess, die bereits im Rahmen der Richtlinien und nun im Kollisionsrecht in der Lage war, eine „Besonderheit" des Versicherungsgeschäfts hervorzuheben, die sich eines Schutzes nach bekannten Maßstäben entzog.[1136] Zum Schluss einigten sich die Beteiligten nur darauf, überhaupt eine kollisionsrechtliche Regelung der Versicherungsverträge in das neue Gemeinschaftsinstrument aufzunehmen.[1137] Erneut wird deutlich, dass es sich allein um einen politischen Kompromiss und nicht das Ergebnis der Beachtung kollisionsrechtlicher Wertungen handelt.[1138] Damalige personelle Veränderungen im Parlament sind ebenfalls anzuführen, um die gefundene Regelung zu erklären: Die Berichterstatterin im Rechtsausschuss wechselte kurz vor Abschluss des Berichts in ein heimisches Ministeramt und überließ das Verfahren einem neuen Berichterstatter, woraufhin der Prozess von vorn begann.[1139]

Die Entwicklungen zum Schutz der schwächeren Partei im außervertraglichen Schuldverhältnis sind die jüngsten im Vergleich der verschiedenen Entstehungsgeschichten.[1140] Die Diskussion um eine nachträglich beziehungsweise eine antizipierte Rechtswahl führte man jedoch nicht weniger intensiv als die Debatten um einen Schutz bei vertraglichen Schuldverhältnissen.[1141] Die heutige Fassung des Art. 14 Rom II-VO ist ebenfalls als ein Kompromiss zwischen den verschiedenen Positionen zu verstehen, die in Bezug auf die Ausgestaltung der Rechtswahl eingenommen wurden.[1142]

Die Betrachtung der Entwicklungsgeschichten der Kollisionsnormen zum Schutz der schwächeren Partei bietet keinen Anhaltspunkt, weswegen eine differenzierende Behandlung notwendig war. Vielmehr tritt deutlich hervor, dass es bei der Gestaltung aller Vorschriften gewollt war, die schwächere Partei vor ihrem Gegenüber zu schützen. Die Schutztendenz war in den unterschiedlichen Entwicklungsstadien

---

1135 *Heiss*, ZVersWiss 2007, 503, 506; *Mankowski*, VersR 1993, 154, 154 f.; *Basedow/Scherpe*, in: Lorenz/Trunk/Eidenmüller/Wendehorst/Adolff, Festschrift Heldrich, 511, 512; *Looschelders/Smarowos*, VersR 2010, 1, 2 ff.

1136 *Mankowski*, Interessenpolitik und europäisches Kollisionsrecht, 47.

1137 *Max Planck Institute*, RabelsZ 71 (2007), 225, 277 ff.; *Mankowski*, IHR 2008, 133, 144 f.; *Basedow/Scherpe*, in: Lorenz/Trunk/Eidenmüller/Wendehorst/Adolff, Festschrift Heldrich, 511, 511.

1138 *Heiss*, ZVersWiss 2007, 503, 506 ff.; *Mankowski*, IHR 2008, 133, 144.

1139 Mit einem sehr harschen Urteil („beschränktes Verständnis") *Fricke*, VersR 2008, 443, 444.

1140 Erst im Entwurf der Europäischen Gruppe für IPR vom 27. September 1998 enthielt eine entsprechende Regelung zur nachträglichen Rechtswahl.

1141 *Mankowski*, Interessenpolitik und europäisches Kollisionsrecht, 70; *Fuchs*, GPR 2004, 100, 104; *Leible/Engel*, EuZW 2004, 7, 15.

1142 *von Hein*, VersR 2007, 440, 440 f.; *Odendahl*, Internationales Deliktsrecht der Rom II-VO und die Haftung für reine Vermögensschäden, 53; *Sonnentag*, ZVglRWiss 105 (2006), 256, 277.

der einzelnen Vorschriften zeitweise stärker, zeitweise schwächer ausgebildet. Die Entwicklungsgeschichten der einzelnen Vorschriften verliefen verständlicherweise nicht identisch. Alle waren von Diskussionen und Kompromissen zwischen den unterschiedlichen Beteiligten gekennzeichnet. Für die Vorschrift des Art. 5 und 7 Rom I-VO kam zusätzlich ein enormer Zeitdruck hinzu, damit eine entsprechende Regelung überhaupt Eingang in die Rom I-VO finden konnte. Dennoch entschied man sich letztendlich immer für einen Schutz der schwächeren Partei.

C. Informationsasymmetrien und Abhängigkeitsverhältnisse

Für Verbraucher bedeuten insbesondere Informationsgewinnungs- und Informationsverarbeitungsschwierigkeiten große Nachteile.[1143] Der Verbraucher ist seinem Gegenüber sowohl bei der Möglichkeit, an benötigte Informationen zu gelangen, als auch in der Fähigkeit, diese zu seinen Gunsten zu verwerten, weit unterlegen.[1144] Abhängigkeitsverhältnisse zwischen Verbrauchern und Unternehmern sind hingegen weniger stark ausgeprägt.[1145] Zwar hat der Verbraucher grundsätzlich die Möglichkeit, seinen Vertragspartner frei zu wählen. Doch diese wenige Verhandlungsstärke des Verbrauchers ist nur marginal im Vergleich dazu, was ein Unternehmer dem Verbraucher an „Macht" entgegensetzen kann.[1146]

Die Schutzbedürftigkeit des Arbeitnehmers ist hingegen nach den vorangegangenen Untersuchungen durch die Abhängigkeit des Arbeitnehmers besonders stark ausgeprägt.[1147] Sie findet ihre Ursache in marktförmiger, persönlicher und organisatorischer Hinsicht.[1148] Der Arbeitnehmer hat typischerweise keine Verhandlungsmacht, die er dem Arbeitgeber entgegensetzen könnte, da er viel zu sehr von dem Bedürfnis, seine Existenzgrundlage zu sichern, bestimmt ist.[1149] Informationsasymmetrien sind im Vergleich dazu weniger dominant ausgestaltet, aber ebenfalls im Verhältnis zwischen Arbeitgeber und Arbeitnehmer vorhanden.[1150] Der Arbeitnehmer hat aufgrund

---

1143 *Rühl*, in: Möslein, Private Macht, 475, 481; *Rühl*, Statut und Effizienz, 556 f.; *Tamm*, Verbraucherschutzrecht, 151.

1144 *Martinek*, in: Grundmann, Systembildung und Systemlücken, 511, 522; *Fleischer*, Informationsasymmetrie im Vertragsrecht, 205; *Rühl*, J. Priv. Int'l L. 2014, 345 f.; *Kind*, Die Grenzen des Verbraucherschutzes durch Information, 466 ff.

1145 Siehe dazu Teil 2 Kapitel 1C.II.3(1); *Tamm*, Verbraucherschutzrecht, 141 ff.; *Dick*, Das Verbraucherleitbild der Rechtsprechung, 13 f.

1146 *Rühl*, J. Priv. Int'l L. 2014, 335, 344; *Rühl*, in: Möslein, Private Macht, 475, 482 f.; *Grundmann*, in: Ackermann/Köndgen, Festschrift für Wulf-Henning Roth, 181, 184.

1147 Siehe dazu Teil 2 Kapitel 1C.II.3(2); *Rebhahn*, RdA 2009, 154, 154 f.; *Bydlinski*, Arbeitsrechtskodifikaton und allgemeines Zivilrecht, 16 f.; *Kocher*, in: Möslein, Private Macht, 241, 264; *Riesenhuber*, Europäisches Arbeitsrecht, 143 f.

1148 *Kocher*, in: Möslein, Private Macht, 241, 264.

1149 *Bydlinski*, Arbeitsrechtskodifikaton und allgemeines Zivilrecht, 17; *Rebhahn*, RdA 2009, 154, 164.

1150 *Deakin*, in: Davidov/Langille, The Idea of Labour Law, 156, 160; *Wank*, Arbeitnehmer und Selbständige, 48; *Rühl*, in: Möslein, Private Macht, 475, 481.

der Relevanz des Arbeitsverhältnisses für sein Leben zwar einen größeren Ansporn, sich mit der Frage des anzuwendenden Rechts zu beschäftigen, als beispielsweise ein Verbraucher in Bezug auf das Verbrauchergeschäft.[1151] Dennoch ist der Aufwand, den ein Arbeitnehmer betreiben müsste, um an die benötigten Informationen zu gelangen, enorm.[1152] Darüber hinaus besteht typischerweise auch eine fachlich-intellektuelle Unterlegenheit des Arbeitnehmers, sodass dieser die gewonnenen Informationen nur schwer verarbeiten kann.[1153]

Für Reisende gilt insbesondere eine Informationsgewinnungsschwierigkeit.[1154] Denn für sie besteht keinerlei Antrieb, sich mit der Beschaffung von Informationen zu beschäftigen.[1155] Bereits durch eine einfache Kosten-Nutzen-Abwägung wird für den Reisenden deutlich, dass sich sowohl die Informationsgewinnung als auch die Informationsverarbeitung für ihn nicht „lohnt".[1156] Anders hingegen für den Beförderer, der eine Vielzahl an nahezu identischen Verträgen abschließt.[1157] Für ihn bringt ein Informationsvorsprung viele Vorteile; der entstandene Aufwand amortisiert sich.[1158] Darüber hinaus existieren auch Abhängigkeitsverhältnisse für die zu befördernde Person, jedoch sind diese bei weitem nicht so ausgeprägt wie für den Arbeitnehmer.[1159] Der Reisende hat zwar die Möglichkeit, zwischen verschiedenen Beförderern zu wählen. Allerdings kann er diesen keine Verhandlungsmacht entgegensetzen und ist ihm in organisatorischer Hinsicht unterlegen.[1160]

Bei Versicherungsnehmern besteht ebenfalls ein großer Nachteil in Form von Informationsgewinnungs- und Informationsverarbeitungsschwierigkeiten.[1161] Die Komplexität des Versicherungsrechts erschwert es dem Versicherungsnehmer jedoch zusätzlich, die benötigten Informationen zu gewinnen und zu verarbeiten. Ähnlich wie bei einem Arbeitsvertrag hat der Versicherungsnehmer einen größeren Ansporn, sich

---

1151 *Rühl*, J. Priv. Int'l L. 2014, 335, 343; *Rühl*, Cornell Int'l L.J. 2011, 569, 573.

1152 *Kocher*, in: Möslein, Private Macht, 241, 244; *Doehner*, in: Hüßtege/Mansel, Art. 8 Rom I-VO, Rn. 14.

1153 *Rühl*, in: Möslein, Private Macht, 475, 481.

1154 *Mankowski*, Interessenpolitik und europäisches Kollisionsrecht, 48 ff.; *Mankowski*, Seerechtliche Vertragsverhältnisse im internationalen Privatrecht, 394.

1155 A.A. *Schilling*, Das Internationale Privatrecht der Transportverträge, 237 f.

1156 *Basedow*, Der Transportvertrag, 75 f.; *Schilling*, Das Internationale Privatrecht der Transportverträge, 241.

1157 *Rühl*, in: Möslein, Private Macht, 475, 481; *Schilling*, Das Internationale Privatrecht der Transportverträge, 235 f.

1158 *Mankowski*, Interessenpolitik und europäisches Kollisionsrecht, 48 ff.; *Wagner*, TransportR 2008, 221, 222 f.; *Mankowski*, Seerechtliche Vertragsverhältnisse im internationalen Privatrecht, 394 ff.; *Hasche*, TransportR 2010, 282, 283.

1159 A.A. *Schilling*, Das Internationale Privatrecht der Transportverträge, 235 ff., der die Schutzbedürftigkeit des Reisenden dem Arbeitnehmer gerade gleich stellt.

1160 *Mankowski*, Interessenpolitik und europäisches Kollisionsrecht, 50.

1161 *Fleischer*, Informationsasymmetrie im Vertragsrecht, 497; *Furgler*, Die Anknüpfung der Vertragsform im internationalen Privatrecht, 25; *Rühl*, J. Priv. Int'l L. 2014, 335, 343.

die entsprechenden Informationen zu beschaffen.[1162] Der Versicherungsnehmer hat, wie Verbraucher und Reisende, die Möglichkeit, seinen Versicherer frei zu wählen. Dennoch bestehen Abhängigkeiten in tatsächlicher und persönlicher Hinsicht.[1163] Darüber hinaus hat der Versicherungsnehmer keine Verhandlungsmacht, die er dem Versicherer entgegensetzen könnte.[1164]

Informationsasymmetrien bestehen auch bei außervertraglichen Schuldverhältnissen.[1165] Die nicht-kommerziell tätige Partei ist im Fall einer nachträglichen Rechtswahl nicht in der Lage, den Informationsvorsprung der kommerziell-tätigen Partei auszugleichen.[1166] Ähnlich wie Verbraucher und Versicherungsnehmer hat die nicht-kommerziell tätige Partei nach dem Eintritt des schadensbegründenden Ereignisses zwar eine größere Motivation, sich mit der Rechtswahl und den dafür nötigen Informationen auseinanderzusetzen.[1167] Jedoch bestehen für sie Schwierigkeiten, schnell und sicher an die Informationen zu gelangen und diese zu verarbeiten.[1168] Abhängigkeitsverhältnisse bestehen im Rahmen von außervertraglichen Schuldverhältnissen jedoch nicht.[1169]

Die untersuchten Ansätze der Informationsasymmetrie und der Abhängigkeit zur Begründung des Schutzes der schwächeren Partei sind im Rahmen der verschiedenen Schutzgruppen unterschiedlich stark ausgeprägt. Zumeist liegt die gravierendere Beeinträchtigung bei der Informationsasymmetrie, die sich beispielsweise mit der Schwierigkeit der Materie oder dem mangelnden Antrieb der Betroffenen erklären lässt. Im Rahmen von Arbeitsverträgen liegt die schwerwiegendere Beeinträchtigung hingegen in der Abhängigkeit des Arbeitnehmers vom Arbeitgeber. Dennoch kann man beide Nachteile bei der jeweils schwächeren Partei im Vertragsrecht finden. Für außervertragliche Schuldverhältnisse lassen sich hingegen keine Abhängigkeiten feststellen. Daneben haben die schwächeren Parteien wenig bis keine Verhandlungsmacht, die sie der jeweils stärkeren Partei entgegensetzen könnten.

1162 *Gruber*, in: Ferrari/Leible, Insurance Contracts, 109, 116; *Uebersax*, Der Schutz der schwächeren Partei im internationalen Vertragsrecht, 84 f.; *Dreher*, Die Versicherung als Rechtsprodukt, 98.

1163 *Bydlinski*, System und Prinzipien des Privatrechts, 653; *Fricke*, in: Rauscher, Art. 7 Rom I-VO, Rn. 14 ff.; *Leible/Lehmann*, RIW 2008, 528, 528 f.

1164 *Fricke*, in: Rauscher, Art. 7 Rom I-VO, Rn. 14; *Plender/Wilderspin*, The European Private International Law of Obligations, Rn. 10-059.

1165 *Rühl*, J. Priv. Int'l L. 2014, 335, 354 f.; *Rühl*, in: Möslein, Private Macht, 475, 481; *Rühl*, in: BeckOGK Art. 14 Rom II-VO, Rn. 44; *Rühl*, Statut und Effizienz, 605.

1166 *Kadner Graziano*, RabelsZ 73 (2009), 1, 7; *Vogeler*, Die freie Rechtswahl, 172 f.; *von Hein*, ZEuP 2009, 6, 20.

1167 *Symeonides*, Am. J. Comp. L. 56 (2008), 173, 215 ff.; *Rühl*, in: Möslein, Private Macht, 475, 481.

1168 *Rühl*, J. Priv. Int'l L. 2014, 335, 354 f.; *Rühl*, in: Möslein, Private Macht, 475, 481; *Rühl*, in: BeckOGK Art. 14 Rom II-VO, Rn. 44; *Rühl*, Statut und Effizienz, 605; *Kadner Graziano*, RabelsZ 73 (2009), 1, 7; *Vogeler*, Die freie Rechtswahl, 172 f.; *von Hein*, ZEuP 2009, 6, 20.

1169 Siehe dazu Teil 2 Kapitel 1C.II.1.b).

Für Informationsasymmetrien und Abhängigkeitsverhältnisse gilt daher das Gleiche wie für den ersten untersuchten Begründungsansatz. Die aufgezeigten Informationsasymmetrien sowie die Abhängigkeitsverhältnisse zeigen, dass keine bedeutsamen Unterschiede zwischen den einzelnen Schutzgruppen bestehen. Beide Nachteile bestehen, zumeist auch kumulativ, zwischen den Parteien der untersuchten Schuldverhältnisse. Schon einer dieser Nachteile kennzeichnet die unterlegene Position der schwächeren Partei.[1170] Es ist nicht ersichtlich, warum für die einzelnen Schutzgruppen ein unterschiedlich ausgestalteter Schutz Anwendung findet.

D. Die Ausgestaltung des Schutzes und die Anknüpfungsregeln – Eine Auswertung

An dieser Stelle ist eine Auswertung der verschiedenen Schutzgruppen in Hinblick auf ihre Anknüpfungsregeln und die Ausgestaltung des jeweiligen Schutzes vorzunehmen. Dabei sind die verschiedenen Rechtswahlmöglichkeiten der einzelnen Vorschriften und deren Auswirkungen auf den Schutz der schwächeren Partei gegenüberzustellen und zu bewerten.

I. Art. 6 und Art. 8 Rom I-VO

1. Der Schutzbereich

Die Anwendungsbereiche des Art. 6 und des Art. 8 Rom I-VO sind unterschiedlich ausgestaltet. Anders als im Verbrauchervertag unterliegt der Schutzbereich des Arbeitnehmers keinen situativen Einschränkungen.[1171] Darüber hinaus wird der Arbeitnehmer, der aus eigenem Antrieb Arbeit im Ausland sucht („aktiver" Arbeitnehmer) genauso geschützt wie ein „passiver" Arbeitnehmer.[1172] Dies gilt gerade nicht für Verbraucherverträge.[1173] Der situative Anwendungsbereich im Internationalen Arbeitsrecht ist daher wesentlich weiter gefasst als der des Art. 6 Rom I-VO. Dies lässt sich auch aus dem Wortlaut des Art. 8 Abs. 2 Rom I-VO schließen, der bereits weiter ausgestaltet ist als der des Art. 6 Abs. 2 Rom I-VO. Der Arbeitsvertrag unterliegt daher dem „Recht des Staates, in dem, oder andernfalls von dem aus der Arbeitnehmer" seine Tätigkeit verrichtet.

1170 So bereits *Schilling*, der für die zu befördernde Person „nur" die Abhängigkeit vom Beförderer annimmt. Trotz dessen bewertet er aber die zu befördernde Person als genauso schutzbedürftig wie einen Arbeitnehmer, *Schilling*, Das Internationale Privatrecht der Transportverträge, 243 f.

1171 Siehe dazu Teil 2 Kapitel 1C.II.1.b).

1172 *von Hein*, in: Rauscher, Art. 8 Rom I-VO, Rn. 18; *Doehner*, in: Hüßtege/Mansel, Art. 8 Rom I-VO, Rn. 6; *Plender/Wilderspin*, The European Private International Law of Obligations, Rn. 11-006 f.

1173 *Rühl*, in: BeckOGK Art. 6 Rom I-VO, Rn. 165; *Leible*, in: Hüßtege/Mansel, Art. 6 Rom I-VO, Rn. 3; *Martiny*, in: MüKo, Art. 6 Rom I-VO, Rn. 41; kritisch dazu *Heiderhoff*, in: Rauscher, Art. 6 Rom I-VO, Rn. 34.

Ein Grund hierfür könnte in der Bedeutsamkeit des Arbeitsvertrags für den Arbeitnehmer liegen. Denn anders als der Verbraucher ist der Arbeitnehmer zur Sicherung seiner Existenz davon abhängig, eine Arbeit nachzugehen, gleichgültig wo dieser Arbeitsvertrag abgeschlossen wurde und unabhängig davon, ob der Arbeitnehmer dafür „aktiv“ über seinen Heimatstaat hinaus Arbeit sucht.[1174] Wie bereits festgestellt, bedarf es für den Arbeitnehmer grundsätzlich eines höheren Schutzstandards als für den Verbraucher.[1175] Der Verbraucher, der aus eigenem Antrieb in einem anderen Staat Geschäfte abschließt, darf nicht erwarten, dass dabei die Schutzregelungen für ihn Wirkung entfalten.[1176] Für den Arbeitnehmer würde es jedoch eine unbillige Härte darstellen, ihm in einer solchen Situation auch noch den Schutz der „günstigeren“ Regelungen zu entziehen. Die Regelung des Art. 8 II Rom I-VO gewährleistet vielmehr eine einheitliche Anknüpfung zum Schutz des Arbeitnehmers.

2. *Die Anknüpfungsregeln*

Trotz dessen ist die Rechtswahl für Verbraucher und Arbeitnehmer gleich ausgestaltet.[1177] Für Verbraucher- und Arbeitsverträge kommt das Günstigkeitsprinzip zur Anwendung, dabei decken sich der gewöhnliche Aufenthalt und der Arbeitsort zumeist.[1178] Das Günstigkeitsprinzip ist sowohl für Verbraucher als auch Arbeitnehmer sinnvoll, da es ihnen ein hohes Maß an Schutz bietet, ohne gleichzeitig ihre Rechtswahlfreiheit über die Maßen einzuschränken.[1179] Durch das Sicherheitsnetz, welches das Günstigkeitsprinzip gewährleistet, können sowohl Verbraucher als auch Arbeitnehmer darauf vertrauen, dass sie auch bei einem Vertrag mit grenzüberschreitendem Bezug nicht schlechter gestellt sind.[1180] Abweichungen von den zwingenden Bestimmungen des Heimatstaates der schwächeren Partei sind nur möglich, wenn die Rechtswahl günstigere Regelungen zur Anwendung kommen lässt.[1181] So wird gleichzeitig ein weiteres Ziel der Rom I- und II-VO, das reibungslose

---

1174 *Bydlinski*, Arbeitsrechtskodifikaton und allgemeines Zivilrecht, 17; *Rebhahn*, RdA 2009, 154, 164; *Kocher*, in: Möslein, Private Macht, 241, 264 ff.; *Rühl*, in: Möslein, Private Macht, 475, 482 f.

1175 Siehe dazu Teil 2 Kapitel 2A.I.

1176 *Mankowski*, Interessenpolitik und europäisches Kollisionsrecht, 40 f.

1177 *Junker*, Internationales Arbeitsrecht im Konzern, 43; *Knöfel*, in: BeckOGK, Art. 8 Rom I-VO, Rn. 34 ff.; *Deinert*, Internationales Arbeitsrecht, 122 ff.

1178 *von Hein*, in: Rauscher, Art. 8 Rom I-VO, Rn. 27 ff.; *Heiderhoff*, in: Rauscher, Art. 6 Rom I-VO, Rn. 51.

1179 *Rühl*, in: BeckOGK Art. 6 Rom I-VO, Rn. 211 ff.; *Knöfel*, in: BeckOGK, Art. 8 Rom I-VO, Rn. 34 ff.

1180 *Valdini*, Der Schutz der schwächeren Vertragspartei, 270 ff. Allgemein dazu *Schröder*, Das Günstigkeitsprinzip im internationalen Privatrecht.

1181 *Schröder*, Das Günstigkeitsprinzip im internationalen Privatrecht, 1 ff.; *Calliess*, AcP 2003, 575, 591; *Rühl*, in: Kronke/Thorn, Grenzen überwinden - Prinzipien

Funktionieren des Binnenmarktes, gewährleistet.[1182] Das Günstigkeitsprinzip stellt hier eine „elegante“ Lösung dar,[1183] die die schwächere Partei davor schützt, durch eine Rechtswahl schlechter gestellt zu werden, als ihr Aufenthaltsrecht es vorgibt.[1184]

In methodischer Hinsicht sind daher die Vorschriften für internationale Verbraucher- und Arbeitsverträge ähnlich ausgestaltet. Von dem Schutzstandard, der einem Arbeitnehmer ohne eine Rechtswahl durch eine objektive Anknüpfung zugestanden hätte, kann nach Art. 8 II, III, IV Rom I-VO nicht abgewichen werden. Allerdings verweist Art. 8 Rom II-VO zum Schutz des Arbeitnehmers nicht auf das Recht an dessen gewöhnlichen Aufenthalt, sondern auf das Recht an seinem Arbeitsort beziehungsweise – wenn dieser nicht bestimmt werden kann – auf das Recht des Staates, an dem sich die Niederlassung befindet, die den Arbeitnehmer eingestellt hat.[1185]

Einen Unterschied zu Art. 6 Rom I-VO weist jedoch Art. 8 IV Rom I-VO auf: Die Vorschrift für Arbeitsverträge lässt auch das Recht des Staates mit der engsten Verbindung zum Sachverhalt ausschlaggebend für die zwingenden Bestimmungen sein, die der Arbeitgeber beachten muss. Auch die Vorschriften des Art. 5 III Rom I-VO, Art. 7 IV Rom I-VO und Art. 4 III Rom II-VO geben die Möglichkeit einer Anknüpfung an das Recht des Staates mit der offensichtlich engeren Verbindung zum Sachverhalt. Grund hierfür ist, dass internationale Verbraucherverträge, anders als die übrigen besonderen Schutznormen, nicht dem Prinzip der engsten Verbindung folgen.[1186] Da dabei jedoch ausgeschlossen ist, dass ein Recht zur Anwendung kommt, zu dem die Parteien oder das Arbeitsverhältnis keinen Bezug aufweisen, ist auf diesem Wege ein Schutz der schwächeren Partei garantiert.[1187] Ein geringerer Schutzstandard als über die Vorschrift für Verbraucherverträge, die nicht dem Prinzip der engeren Verbindung folgen, lässt sich daher nicht feststellen.

II. Art. 5 Rom I-VO

1. Der Schutzbereich

Der persönliche Anwendungsbereich des Art. 5 Rom I-VO ist wesentlich weiter gefasst als für Art. 6 und Art. 8 Rom I-VO. Bei einer reinen Beförderung kommt es nicht darauf an, ob die zu befördernde Person zu privaten oder geschäftlichen

bewahren, 364, 369; *Junker*, IPRax 1998, 65, 68 f.; *Rühl*, in: BeckOGK Art. 6 Rom I-VO, Rn. 212.

1182 Erwägungsgrund 1 der Rom I-und II-VO, siehe dazu auch *Rühl*, in: BeckOGK Art. 6 Rom I-VO, Rn. 203.

1183 *Mankowski*, Interessenpolitik und europäisches Kollisionsrecht, 23.

1184 *Valdini*, Der Schutz der schwächeren Vertragspartei, 285.

1185 Ibid., 284 f.

1186 *Heiderhoff*, in: Rauscher, Art. 6 Rom I-VO, Rn. 16 ff.

1187 *Calliess*, AcP 2003, 575, 591; *Rühl*, in: Kronke/Thorn, Grenzen überwinden - Prinzipien bewahren, 364, 369; *Junker*, IPRax 1998, 65, 68 f.; *Rühl*, in: BeckOGK Art. 6 Rom I-VO, Rn. 212.

Zwecken reist.[1188] Hierin kann jedoch keine Begründung gesehen werden, warum ein anderes Rechtswahlmodell zur Anwendung kommt.[1189] Der „mobile" Reisende darf dabei nicht mit einem schutzunwürdigen „aktiven" Verbraucher verwechselt werden.[1190] Denn ob die Partei sich über die Grenzen bewegt, um zu reisen oder ob sie rechtsgeschäftliche Aktivität und Initiative zeigt und sich bewusst aus dem Schutzbereich ihres Heimatstaates entfernt, sind unterschiedlich zu bewerten.[1191] Darüber hinaus ist der Umstand, dass ein Teil der zu befördernden Personen möglicherweise geschäftlich versierter ist (Geschäftsreisende) als der andere (Reisende zu privaten Zwecken) stellt keinen signifikanten Unterschied zu den anderen Vertragsarten dar.[1192] Die Gruppe der Verbraucher und Arbeitnehmer ist ebenfalls nicht homogen.[1193] Trotz dessen kommt aber bei Verbraucher- und Arbeitsverträgen das Günstigkeitsprinzip zur Anwendung.

Die einzige Ausnahme vom Anwendungsbereich des Art. 5 Rom I-VO bilden Pauschalreisende, die als „Verbraucher"-Reisende unter Art. 6 Rom I-VO zu fassen sind.[1194] Der Grund, warum solche kombinierten Vertragsleistungen unter den Schutz des Günstigkeitsprinzips fallen, dies jedoch für reine Beförderungsverträge nicht gelten soll, ist nicht ersichtlich.[1195] Obwohl es sich bei einem Personenbeförderungsvertrag um einen reinen Transportvertrag handelt, bedeutet dies nicht gleichzeitig, dass der Reisende besser informiert und weniger von der Transportgesellschaft abhängig ist als eine Person, die eine Pauschalreise gebucht hat.[1196] Weshalb letztere als Verbraucher eingestuft wird, erstere hingegen eine Kategorie *sui generis* darzustellen scheint, ist unverständlich.[1197] Auf den Reisenden nach Art. 5 Rom I-VO lassen sich vielmehr die Merkmale, die für einen verstärkten Verbraucher,- Arbeitnehmer- oder Versicherungsnehmerschutz sprechen, übertragen.

1188 Siehe dazu ausführlich Teil 2 Kapitel 1C.I(1).

1189 Zu den Vor- und Nachteilen der beschränkten Rechtswahl näher Teil 3 Kapitel 1A.II.

1190 *Mankowski*, Seerechtliche Vertragsverhältnisse im internationalen Privatrecht, 397; *Reithmann/Martiny*, Internationales Vertragsrecht, 1112.

1191 *Mankowski*, Interessenpolitik und europäisches Kollisionsrecht, 49.

1192 Beispielsweise sind Arbeitnehmer ebenfalls unterschiedlich einzuordnen, siehe dazu *Mankowski*, in: Ferrari/Leible, Employment Contracts under Article 8 of the Rome I Regulation, 171, 213.

1193 Dazu *Grundmann*, in: Ackermann/Köndgen, Festschrift für Wulf-Henning Roth, 181, 183 f. Zum Beispiel der Rechtsanwalt, der ein Verbrauchergeschäft abschließt oder der hochqualifizierte Arbeitnehmer, siehe dazu Teil 2 Kapitel 1A.

1194 *Karsten*, VuR 2008, 201, 207; *Plender/Wilderspin*, The European Private International Law of Obligations, Rn. 9-024; 8-034; *Leible*, in: Hüßtege/Mansel, Art. 5 Rom I-VO, Rn. 35.

1195 *Mankowski*, Interessenpolitik und europäisches Kollisionsrecht, 50; *Mankowski*, Seerechtliche Vertragsverhältnisse im internationalen Privatrecht, 397 f.

1196 Siehe dazu *Schilling*, Das Internationale Privatrecht der Transportverträge, 235 f.

1197 *Mankowski*, Interessenpolitik und europäisches Kollisionsrecht, 50; *Mankowski*, Seerechtliche Vertragsverhältnisse im internationalen Privatrecht, 397 f.

Wenn es daher möglich sei kann, dass ein komplizierter, zusammengestellter Reisevertrag aus verschiedenen Elementen nach dem Verordnungsgeber der Rechtswahl gemäß Art. 6 II Rom I-VO unterliegt, muss dies gerade auch für einen reinen Beförderungsvertrag gelten. Die aufgeführten Gründe für die „Besonderheit" des Personenbeförderungsvertrags greifen daher erst Recht nicht vor dem Hintergrund, dass Pauschalreiseverträge unter Art. 6 Rom I-VO fallen: Das Argument des Massenvertrags beziehungsweise der Transnationalität des Marktes trifft genauso auf Pauschalreiseverträge zu.[1198]

2. *Die Anknüpfungsregeln*

Mit der beschränkten Rechtswahl zum Schutz der zu befördernden Person griffen die Verordnungsgeber auf ein bis dahin unbekanntes Modell im Rahmen der subjektiven Anknüpfung zurück.[1199] Über den Kreis der wählbaren Rechtsordnungen wurde lange diskutiert.[1200] Die beschränkte Rechtswahl nach Art. 5 II UAbs. 2 Rom I-VO beschreibt eine Auswahl der wählbaren Rechte, die eine objektive Verbindung mit dem Vertrag oder den Parteien aufweisen sollen.[1201] Die Rechtsordnungen, zwischen denen die Parteien wählen dürfen, sind theoretisch nicht zu beanstanden: Die Rechtswahlmöglichkeiten weisen entweder eine enge Verbindung der Parteien mit deren gewöhnlichen Aufenthalt auf oder markieren eine enge Verbindung mit dem Ausgangs- oder Bestimmungsort.[1202] Für die Anknüpfung eines Transportvertrags ließe sich, wenn man auf eine gesonderte Anknüpfung besteht, keine bessere oder sachgerechtere Lösung in Bezug auf die zur Wahl gestellten Rechtsordnungen finden.[1203]

Bei einer praxisorientierten Betrachtung fällt jedoch auf, dass die Eröffnung der Wahlmöglichkeiten nach lit. b) und lit. c) dem Beförderer die Chance geben, seine bis dato verwendeten Rechtswahlklauseln weiter zu nutzen.[1204] Der Beförderer kommt in der Regel also über vorgestanzte Vereinbarungen und AGB dazu, eine „Rechtswahl" zu seinen Gunsten zu erreichen.[1205] Auffälligerweise übernahmen hier nämlich

---

1198 *Mankowski*, Interessenpolitik und europäisches Kollisionsrecht, 50; *Mankowski*, Seerechtliche Vertragsverhältnisse im internationalen Privatrecht, 397 f.

1199 *Heiss*, in: Baetge/von Hein/von Hinden, Die richtige Ordnung, 459459, 465; *Rühl*, in: Kronke/Thorn, Grenzen überwinden - Prinzipien bewahren, 364, 369.

1200 *Thorn*, in: Rauscher, Art. 5 Rom I-VO, Rn. 78 ff.; *Plender/Wilderspin*, The European Private International Law of Obligations, Rn. 8-039 ff.

1201 *Garcimartín Alférez*, EuLF 2008, I-62, I-71, Nr. 52 (b).

1202 Siehe dazu Teil 1 Kapitel 1A.I.1.c).

1203 *Mankowski*, TransportR 2008, 339, 339 ff.; *Thorn*, in: Rauscher, Art. 5 Rom I-VO, Rn. 78 ff.

1204 *Mankowski*, IHR 2008, 133, 140.

1205 *Ferid/Böhmer*, Internationales Privatrecht, 221; *Wagner*, TransportR 2009, 281, 287; *Mankowski*, IHR 2008, 133, 140; *Nielsen*, in: Ferrari/Leible, Rome I Regulation - The Law Applicable to Contractual Obligations in Europe, 99, 107.

nicht die Verbraucherverbände die Lobbyarbeit für die Parteiautonomie, sondern die Verbände der Industrieseite.[1206] „Es gilt das Recht am Sitz des Beförderers".[1207]

Der propagierte Gedanke eines „angemessenen Schutzes" wird auf diesem Weg konterkariert.[1208] Der Schutzumfang für Art. 5 Rom I-VO soll wohl ein anderer sein, als für Art. 6 oder 8 Rom I-VO.[1209] Da nicht deutlich wird, wie „weit" der nach Erwägungsgrund 32 gewünschte Schutz reichen soll, lässt sich ein endgültiges Urteil nur schwer begründen. Soviel ist jedoch klar: Es sollte noch von einem tatsächlichen „Schutz" zu sprechen sein. Allerdings verfehlte die Regelung zu Personenbeförderungsverträgen dieses Ziel jedoch.[1210]

III. Art. 7 Rom I-VO

An Kritik von den verschiedenen Seiten hat es im IPR des Versicherungsvertragsrechts nie gefehlt.[1211] Die Materie des Internationalen Versicherungsrechts bezeichnete man sogar bereits als „Fremdkörper" in der Rom I-VO.[1212]

1206 Im Transportrecht hat jeder Sektor eine eigene Branchenorganisation, die ihren jeweiligen Einfluss geltend macht: internationales Lufttransportrecht - IATA (International Air Transportation Association), internationales Seerecht - CMI (Comité Maritime International), internationales Schienentransportrecht – UIC (International Union of Railways), internationales Straßentransportrecht IRU (International Road Union) und internationales Binnenschifffahrtsrecht - IVR/EBU (European Barge Union). Siehe dazu *Haak*, TransportR 2009, 162, 163.

1207 *Mankowski*, RRa 2014, 118, 121.

1208 Siehe dazu Teil 2 Kapitel 1C.II.4(1).

1209 Dazu *Schilling*, Das Internationale Privatrecht der Transportverträge, 243 ff.

1210 Zu der Frage, ob über die beschränkte Rechtswahl überhaupt ein adäquater Schutz erreicht werden kann, siehe ausführlich Teil 3 Kapitel 1A.II. Deutlich wird nur, dass sich in den Erwägungsgründen an verschiedenen Stellen sehr vage Formulierungen finden. Dies könnte sich sicherlich mit der Bedeutung der Erwägungsgründe als „Präambel" begründen lassen, die möglichst umfassend die Absichten und Ziele der Verordnungsgeber abbilden soll und teilweise sogar einen eigenen Regelungsgehalt zugesprochen bekommt. Dieses Urteil kann allerdings dann nicht gelten, wenn sie eher Unklarheiten schaffen als dabei helfen, solche zu beseitigen.

1211 Siehe dazu unter *Mankowski*, IHR 2008, 133, 144; *Staudinger*, in: Ferrari/Kieninger/Mankowski, Internationales Vertragsrecht, Art. 7 Rom I-VO, Rn. 2 f. Siehe dazu auch *Richters*, Dienstleistungsfreiheit als Schranke des Internationalen Privatversicherungsrechts, 93 ff.

1212 *Heiss*, ZVersWiss 2007, 503. 503; *Mankowski*, IHR 2008, 133, 144.

1. Der Schutzbereich

In Bezug auf das Maß der Rechtswahlfreiheit differenziert der Anwendungsbereich des Art. 7 Rom I-VO zwischen Großrisiken und Massenrisiken.[1213] Bei Verträgen über Großrisiken wird gemäß Art. 7 II 1 Rom I-VO eine unbeschränkte Rechtswahlfreiheit gestattet. Diese begründet sich aus dem Umstand, dass der Versicherungsnehmer dieser Sparte meist ein hohes Maß an Erfahrung und Rechtsgewandtheit besitzt beziehungsweise man dies aufgrund des Umfangs der versicherten Risiken unterstellen kann.[1214] Eine sachliche Begründung, warum eine Sonderbehandlung des Versicherungsvertrags gerade an diesem Punkt ansetzt, fehlt.[1215] Eine mögliche Erklärung für die unterschiedliche Behandlung könnte darin liegen, dass das Gesetzgebungsverfahren zur Rom I-VO mit großer Eile vorangetrieben wurde und daher ungeplant Friktionen Eingang in den Verordnungstext fanden.[1216] Der Umstand, dass der Rechtswahlschutz nur für den Versicherungsnehmer des Massenrisikos Anwendung findet, ist jedoch mit der Schutzintention der Rom I-VO vereinbar.[1217] Der Versicherungsnehmer des Massenrisikos stellt die im Vertragsverhältnis unterlegene, schwächere Partei dar.[1218]

Neben dem Verbraucher-Versicherungsnehmer wird durch Art. 7 III Rom I-VO aber auch der Unternehmer-Versicherungsnehmer bis zur Grenze des Massenrisikos geschützt.[1219] Ebenso wie bei den anderen Vertragsarten ist davon auszugehen, dass die Gruppe der schützenswerten Partei auch besser qualifizierte, informierte und unabhängigere Personen mitumfasst.[1220] Dennoch ist nicht zu Lasten der tatsächlich unterlegenen Person generell auf ein anderes Schutzmodell zurückzugreifen.[1221] Für Versicherungsnehmer ist es daher ebenfalls unschädlich, dass auch kleine und mittelständische Unternehmen vom persönlichen Schutzbereich des Art. 7 III Rom I-VO umfasst sind.[1222]

1213 *Fricke*, in: Rauscher, Art. 7 Rom I-VO, Rn. 8 ff.; *Leible*, in: Hüßtege/Mansel, Art. 7 Rom I-VO, Rn. 30 ff.; *Plender/Wilderspin*, The European Private International Law of Obligations, Rn. 10-025 ff.; *Lüttringhaus*, in: BeckOGK, Art. 7 Rom I-VO, 101.

1214 *Leible*, in: Hüßtege/Mansel, Art. 7 Rom I-VO, Rn. 31; *Looschelders/Smarowos*, VersR 2010, 1, 4; vgl. dafür auch den fünften Absatz der Erwägungsgründe der Zweiten Schadensversicherungsrichtlinie sowie als *argumentum e contrario* Erwägungsgrund 32 der Rom I-VO.

1215 Siehe dazu Teil 2 Kapitel 1C.II.4(2).

1216 *Perner*, IPRax 2009, 218, 218; *Looschelders/Smarowos*, VersR 2010, 1, 2.

1217 *Lüttringhaus*, in: BeckOGK, Art. 7 Rom I-VO, Rn. 101 ff.; *Fricke*, in: Rauscher, Art. 7 Rom I-VO, Rn. 15 ff.; *Plender/Wilderspin*, The European Private International Law of Obligations, Rn. 10-050.

1218 Siehe dazu Teil 2 Kapitel 1C.II.1.b).

1219 *Armbrüster*, in: Kronke/Thorn, Grenzen überwinden - Prinzipien bewahren, 23, 30.

1220 *Fricke*, in: Rauscher, Art. 7 Rom I-VO, Rn. 16.

1221 Siehe dazu bereits Teil 2 Kapitel 2A.I.

1222 *Plender/Wilderspin*, The European Private International Law of Obligations, Rn. 10-001 ff.

Auffällig erweist sich die Differenzierung des situativen Schutzbereiches bei Art. 7 III Rom I-VO.[1223] Die unterschiedliche Behandlung der aufgezeigten Fallkonstellationen lässt sich nicht einfach mit dem bereits erwähnten Bedürfnis nach „besonderen Kollisionsnormen" erklären. Teilweise geht man aufgrund einer fehlenden Erklärung für die unklare Differenzierung von einem redaktionellen Versehen aus.[1224] Der Rechtswahlmöglichkeit nach Art. 7 III Rom I-VO aber jede Bedeutung abzusprechen, ginge zu weit.[1225] Dem ist entgegenzuhalten, dass die Aufspaltung bei der Anknüpfung von Verträgen über Massenrisiken nicht nur dem eindeutigen Wortlaut des Art. 7 I Rom I-VO entspricht, sondern auch der Grundkonzeption des europäischen Gesetzgebers.[1226]

Eine Erklärung, weswegen generell zwischen einer Risikobelegenheit innerhalb und außerhalb der EU zu unterscheiden ist, wird nicht deutlich.[1227] Eine mögliche Intention des Verordnungsgebers, EU-Bürger kollisionsrechtlich besser stellen zu wollen als Nicht-EU-Bürger, erscheint abwegig.[1228] Denn um dieses Ziel zu erreichen, hätte es näher gelegen, die Grenze nicht nach der Risikobelegenheit sondern nach dem gewöhnlichen Aufenthalt des Versicherungsnehmers zu ziehen.[1229]

Weiterhin wird nicht ersichtlich, warum auf einen Verbraucherversicherungsvertrag mit Risikobelegenheit innerhalb der EU Art. 7 III Rom I-VO, bei einer Risikobelegenheit außerhalb der EU jedoch Art. 6 II Rom I-VO Anwendung findet.[1230] Der Umstand, in welchem Land das Risiko belegen ist, ändert nichts an der Schutzwürdigkeit der Parteien. Die angeführte Argumentation, worin die Besonderheit von Versicherungsverträgen liegen soll, ändert sich ebenfalls nicht durch den Umstand, ob das Risiko in einem Mitgliedsstaat belegen ist oder nicht. Vor diesem Hintergrund erscheint auch Erwägungsgrund 32 der Rom I-VO unhaltbar.

1223 *Fricke*, in: Rauscher, Art. 7 Rom I-VO, Rn. 27 ff.; *Looschelders/Smarowos*, VersR 2010, 1, 6; *Armbrüster*, in: Kronke/Thorn, Grenzen überwinden - Prinzipien bewahren, 23, 24 f.

1224 *Fricke*, VersR 2008, 443, 448.

1225 So *Looschelders/Smarowos*, ibid. 2010, 1,4; *Armbrüster*, in: Kronke/Thorn, Grenzen überwinden - Prinzipien bewahren, 23, 30.

1226 *Looschelders/Smarowos*, VersR 2010, 1, 4; siehe dazu auch Erwägungsgrund 33 der Rom I-VO, wonach die Geltung des Art. 7 Rom I-VO bei Verträgen über Massenrisiken, die in verschiedenen Staaten belegen sind, genauer beschrieben wird.

1227 *Fricke*, in: Rauscher, Art. 7 Rom I-VO, Rn. 27 ff.; *Looschelders/Smarowos*, VersR 2010, 1, 6; *Armbrüster*, in: Kronke/Thorn, Grenzen überwinden - Prinzipien bewahren, 23, 24 f.

1228 *Looschelders/Smarowos*, VersR 2010, 1, 4.

1229 *Armbrüster*, in: Kronke/Thorn, Grenzen überwinden - Prinzipien bewahren, 23, 30.

1230 *Fricke*, in: Rauscher, Art. 7 Rom I-VO, Rn. 27 ff.; *Looschelders/Smarowos*, VersR 2010, 1, 6; *Armbrüster*, in: Kronke/Thorn, Grenzen überwinden - Prinzipien bewahren, 23, 24 f.

2. *Die Anknüpfungsregeln*

Die in Art. 7 III Rom I-VO aufgestellten Rechtswahlmöglichkeiten sollen sicherstellen, dass der Versicherungsnehmer keine Rechtswahl zu seinem Nachteil trifft.[1231] Ob durch die beschränkte Rechtswahl tatsächlich kein Nachteil für die schutzbedürftige Partei besteht, ist mehr als fraglich.[1232] Denn auch für Versicherungsnehmer kann es durch diese Rechtswahlmodell zu einer Situation kommen, bei der die Parteien sich auf ein Recht einigen, welches die unterlegene Partei schlechter stellt, als sie durch das objektiv anzuwendende Recht stehen würde.[1233]

Alle Rechtswahlmöglichkeiten des dritten Absatzes knüpfen zwar über eine persönliche oder sachliche Bindung des Vertragsverhältnisses an die jeweilige Rechtsordnung an.[1234] Die Regelung soll ebenfalls ein „angemessenes Schutzniveau“ gewährleisten.[1235] Von einem solchen ist allerdings erst dann zu sprechen, wenn zumindest eine Kontinuität des Anknüpfungsregimes erkennbar ist.[1236] Bereits daran mangelt es, wie bereits gezeigt, bei der Vorschrift des Art. 7 Rom I-VO.[1237] Vielmehr schrieb die Regelung die Diversität – welche bereits vor der Rom I-VO herrschte – auch in Bezug auf die Schutzrichtung der Norm weiter fort.[1238]

Die Rechtswahlbeschränkung des Art. 7 III Rom I-VO ist offensichtlich als ein Kompromiss zu verstehen, die schwierige Frage nach dem richtigen Maß an Rechtswahlfreiheit für die schwächere Partei zu beantworten.[1239] Die Versicherungswirtschaft hatte sich bereits während der Verhandlungen für eine weitergehende Öffnung der Wahlmöglichkeiten ausgesprochen, als es in den Richtlinien der zweiten Generation üblich war.[1240] Da die Mitgliedsstaaten jedoch diesbezüglich keine Einigung finden konnten,[1241] schrieb man ein Minimum an Rechtswahlfreiheit fest,

---

1231 *Lüttringhaus*, in: BeckOGK, Art. 7 Rom I-VO, Rn. 101 ff.; *Fricke*, in: Rauscher, Art. 7 Rom I-VO, Rn. 15 ff.; *Plender/Wilderspin*, The European Private International Law of Obligations, Rn. 10-050.

1232 Dazu ausführlich Teil 2 Kapitel 1C.II.1.b).

1233 *Rühl*, in: Kronke/Thorn, Grenzen überwinden - Prinzipien bewahren, 364, 371.

1234 *Gruber*, in: Ferrari/Leible, Insurance Contracts, 109, 12; *Lüttringhaus*, in: BeckOGK, Art. 7 Rom I-VO, Rn. 101 ff.; *Fricke*, in: Rauscher, Art. 7 Rom I-VO, Rn. 15 ff.; *Plender/Wilderspin*, The European Private International Law of Obligations, Rn. 10-050.

1235 Erwägungsgrund 32 der Rom I-VO.

1236 *Fricke*, in: Rauscher, Art. 7 Rom I-VO, Rn. 27 ff.; *Looschelders/Smarowos*, VersR 2010, 1, 6; *Staudinger*, in: Ferrari/Kieninger/Mankowski, Internationales Vertragsrecht, Art. 7 Rom I-VO, Rn. 2 f.; *Perner*, IPRax 2009, 218, 218.

1237 Siehe dazu nur Teil 1 Kapitel 1A.I.1.d).

1238 *Fricke*, in: Rauscher, Art. 7 Rom I-VO, Rn. 1; *Staudinger*, in: Ferrari/Kieninger/Mankowski, Internationales Vertragsrecht, Art. 7 Rom I-VO, Rn. 2 f.; *Perner*, IPRax 2009, 218, 218.

1239 *Seatzu*, Insurance in private international law, 138 f.

1240 *Clausnitzer/Woopen*, BB 2008, 1798, 1804; *Perner*, IPRax 2009, 218, 221; *Basedow/Scherpe*, in: Lorenz/Trunk/Eidenmüller/Wendehorst/Adolff, Festschrift Heldrich, 511, 513.

1241 *Perner*, IPRax 2009, 218, 221; *Mankowski*, VersR 1993, 154, 157.

welches durch Art. 7 III UAbs. 2 Rom I-VO von dem betroffenen Mitgliedsstaaten ausgeweitet werden kann.[1242] Einige Stimmen halten daher auch die Öffnungsklausel des Art. 7 III UAbs. 2 Rom I-VO für unhaltbar.[1243] Neben der Verhinderung des eigentlichen Ziels der Verordnung gibt die Regelung die Gestaltung des Umfangs der Rechtswahlfreiheit völlig in die Hände der nationalen Gesetzgeber.[1244] Wenn nur ein Mitgliedsstaat die unbeschränkte Rechtswahlfreiheit gestattet, gilt sie als gegeben.[1245] Der ursprüngliche Gedanke der Rom I-VO ist die Vereinheitlichung des europäischen Kollisionsrechts für Schuldverträge.[1246] Wird von der Öffnungsklausel umfassend Gebrauch gemacht, weichen die Mitgliedsstaaten von diesem in greifbare Nähe gerückten Ziel weiter ab.[1247]

Es bleibt zu hoffen, dass durch die anstehende Revision der Verordnung eine tatsächliche Überarbeitung der Regelung erfolgt. Dies lässt sich zumindest im Hinblick auf Art. 27 I lit. a) Rom I-VO erwarten, der ausdrücklich auf das anwendbare Recht und eine Folgenabschätzung etwaiger einzuführender Bestimmungen bei Versicherungsverträgen eingeht.

IV. Außervertragliche Schuldverhältnisse

1. Der Schutzbereich

Im Anwendungsbereich des Art. 14 Rom II-VO unterscheidet deutlich zwischen kommerziell und nicht-kommerziell tätiger Partei. Vergleicht man daher den Wortlaut des Art. 14 I Rom II-VO mit Art. 6 Rom I-VO fällt ein Werteunterschied auf. Konsequent weitergedacht bedeutet dies, im Bereich der außervertraglichen Schuldverhältnisse könnte auf der Ebene des Internationalen Privatrechts jeder Kleingewebetreibende in seinen privaten Rechtsbeziehungen nach lit. b) eine vorherige Rechtswahl vornehmen.[1248] Weiterhin wird nicht erläutert, ob die Parteien ihrer kommerziellen Tätigkeit dauerhaft und selbstständig nachgehen müssen.[1249]

1242 *Perner*, IPRax 2009, 218, 221; *Mankowski*, VersR 1993, 154, 155; *Basedow/Scherpe*, in: Lorenz/Trunk/Eidenmüller/Wendehorst/Adolff, Festschrift Heldrich, 511, 513.

1243 *Heiss*, in: Baetge/von Hein/von Hinden, Die richtige Ordnung, 459, 471.

1244 *Fricke*, in: Rauscher, Art. 7 Rom I-VO, Rn. 21.

1245 *Fricke*, VersR 2008, 443, 449.

1246 *Fricke*, in: Rauscher, Art. 7 Rom I-VO, Rn. 21.

1247 *Fricke*, VersR 2008, 443, 449, der keinen sachlichen Grund für die Anwendung der Ermächtigungsnorm sieht. Seiner Ansicht nach sind die erreichte Gleichbehandlung der Wirtschaftsteilnehmer, die erhöhte Rechtssicherheit, die vereinfachte Rechtsanwendung und die verbesserte Vorhersehbarkeit als so vorteilhaft anzusehen, dass es keiner nationalen Modifikation des vom europäischen Gesetzgeber geschaffenen Systems bedarf.

1248 *Leible/Lehmann*, RIW 2007, 721, 726 f.; *Wagner*, IPRax 2008, 1, 13; *Junker*, in: MüKo, Art. 14 Rom II-VO, Rn. 22; *Leible*, RIW 2008, 257, 260; *Ofner*, ZfRV 2008, 13, 21.

1249 *Rühl*, in: BeckOGK Art. 14 Rom II-VO, Rn. 29 f.; *von Hein*, in: Calliess, Art. 14 Rome II Regulation, Rn. 19; *Mankowski*, RIW 2009, 98, 116.

Dies ist aus der Entstehungsgeschichte der Verordnung sowie aus ihrem Zweck zu schlussfolgern, die schwächere Vertragspartei vor einer Rechtswahlvereinbarung mit unvorhersehbaren Folgen zu schützen.[1250] Betrachtet man nämlich die Materialien zur Entstehung,[1251] so soll die Ausgestaltung der Rechtswahlmöglichkeiten weitere Elemente zum Schutz der schwächeren Partei entbehrlich machen.[1252] Das betrifft insbesondere Arbeitnehmer und Verbraucher, die vor den Gefahren zu schützen sind, die einer antizipierten Rechtswahl inne wohnen.[1253]

Daher braucht es einer Ansicht nach eine berichtigende Auslegung, da kein sachlicher Grund für diese unterschiedliche Behandlung besteht.[1254] Häufig wird als Begründung für die neue Formulierung angeführt, dass man eine unerlaubte Handlung nicht „als Verbraucher" oder „als Unternehmer" begeht.[1255] Diese Begriffe scheinen tatsächlich auf einen ersten Blick im Zusammenhang mit Delikten eher unpassend.[1256] Ein solches Verständnis ist aber abwegig, da „einer kommerziellen Tätigkeit nachzugehen" nicht bedeutet, dass alle Parteien des außervertraglichen Schuldverhältnisses – welches ja bei einer vorherigen Rechtswahl noch gar nicht besteht – sondern die Parteien der getroffenen Rechtswahlvereinbarung gemeint sind.[1257] Bei Abschluss eines solchen Vertrags kann die Eigenschaft als Verbraucher beziehungsweise Unternehmer sehr wohl relevant sein.[1258]

Darüber hinaus wird angeführt, dass der formale Aspekt „einer kommerziellen Tätigkeit" nachzugehen zu unflexibel sei.[1259] Eine wirkliche Bewertung der Frage, welche der Parteien im Rechtsverhältnis als die schwächere anzusehen ist und deswegen eines besondere Schutzes bedarf, erfolgt nicht.[1260] Weiterhin beraubt die Regelung in den Fällen, in denen auf beiden Seiten eines Vertrags nicht-kommerziell

1250 Dazu Erwägungsgrund 31, siehe auch Commission's Explanatory Memorandum of 2006, 3: "The Wording proposed by the Commission would both protect consumers and employees from ill-thoughtout choices"; *von Hein*, in: Calliess, Art. 14 Rome II Regulation, Rn. 19; *Mankowski*, RIW 2009, 98, 116.

1251 Europäische Kommission, 21.2.2006, COM (2006) 83, 3.

1252 So *Jakob/Picht*, in: Rauscher, Art. 14 Rom II-VO, Rn. 20.

1253 Siehe dazu *Rühl*, Statut und Effizienz, 605 f.

1254 *Rühl*, in: BeckOGK Art. 14 Rom II-VO, Rn. 29 f.; *Wagner*, IPRax 2008, 1, 13; *Dickinson*, The Rome II Regulation, Art. 14 Rome II Regulation, Rn. 13.37.

1255 *Leible/Lehmann*, RIW 2007, 721, 726; *Junker*, in: MüKo, Art. 14 Rom II-VO, Rn. 23; *Leible*, RIW 2008, 257, 260; *Jakob/Picht*, in: Rauscher, Art. 14 Rom II-VO, Rn. 21.

1256 *Bach*, in: Huber-Rome II Regulation, Art. 14 Rome II Regulation, Rn. 23.

1257 *Jakob/Picht*, in: Rauscher, Art. 14 Rom II-VO, Rn. 22; *Bach*, in: Huber-Rome II Regulation, Art. 14 Rome II Regulation, Rn. 26.

1258 So *Wagner*, IPRax 2008, 1, 13; *Dickinson*, The Rome II Regulation, Art. 14 Rome II Regulation, Rn. 13.37.

1259 *Bach*, in: Huber-Rome II Regulation, Art. 14 Rome II Regulation, Rn. 7; *Symeonides*, Am. J. Comp. L. 56 (2008), 173, 216; *Jakob/Picht*, in: Rauscher, Art. 14 Rom II-VO, Rn. 24.

1260 *Symeonides*, Am. J. Comp. L. 56 (2008), 173, 216; *Bach*, in: Huber-Rome II Regulation, Art. 14 Rome II Regulation, Rn. 7.

tätige Parteien stehen, diese von ihrer Rechtswahlfreiheit, wohingegen in Verträgen zwischen kommerziell tätigen Parteien das Machtgefälle unter Umständen sogar noch größer ausfallen kann.[1261] Diese Benachteiligung mildert das Erfordernis der „frei ausgehandelten Vereinbarung" nur bedingt ab.[1262]

2. *Die Anknüpfungsregeln*

Neben der nachträglichen Rechtswahl auch eine Rechtswahl *ex ante* zu gestatten, stellt klar, dass die Rom II-VO ein modernes, weites Verständnis bei der Frage der Rechtswahlfreiheit vertritt.[1263] Durch die Bedingungen, die Art. 14 Rom II-VO aufstellt, trägt die Regelung zur Rechtssicherheit und zur Vorhersehbarkeit in der Frage bei, welches Recht auf ein außervertragliches Schuldverhältnis Anwendung findet.[1264]

a) Art. 14 I 1 lit. a) Rom II-VO

Nach Eintritt des schadensbegründenden Ereignisses ist die Rechtswahl für die Parteien vollkommen frei. Die Regelung stellt keinerlei Bedingungen, auch nicht in formeller Hinsicht, an die Rechtswahl.[1265] Ein solcher Schutz des Schwächeren in der Rom II-VO wird unterschiedlich beurteilt. Teilweise sprach man von einem Schutz, der zu eng gestaltet ist, andere Stimmen jedoch verurteilen den über Art. 14 Rom II-VO garantierten Schutz noch als nicht weitreichend genug.[1266] Der Schutz der schwächeren Partei im Internationalen Deliktsrecht lässt sich auf das materielle Recht zurückführen.[1267] Dabei können die für die Parteiautonomie im internationalen Schuldvertragsverhältnis getroffenen Beschränkungen ebenso für das internationale außervertragliche Schuldverhältnis Geltung beanspruchen.[1268] Daher

1261 Beispielsweise wenn an der Rechtswahl ein kleinerer oder mittlerer Unternehmer beteiligt ist, siehe dazu *Symeonides*, American private international law, 446 f.; *Symeonides*, Am. J. Comp. L. 56 (2008), 173, 216.

1262 Siehe dazu Teil 1 Kapitel 1A.I.1.e)bb)-

1263 *Mandery*, Party Autonomy in Contractual and Non-Contractual Obligations, 110 ff.; *Wagner*, IPRax 2008, 1, 13; *Mankowski*, IPRax 2010, 389 ff.

1264 *Jakob/Picht*, in: Rauscher, Art. 14 Rom II-VO, Rn. 1; *de Boer*, Yb. Priv. Int'l L. 2007, 19 29; *Leible/Lehmann*, RIW 2007, 721, 726; *Junker*, in: MüKo, Art. 14 Rom II-VO, Vorbemerkung Rn. 1.

1265 *Jakob/Picht*, in: Rauscher, Art. 14 Rom II-VO, Rn. 16 ff.

1266 *Symeonides*, Am. J. Comp. L. 56 (2008), 173, 216; *Jakob/Picht*, in: Rauscher, Art. 14 Rom II-VO, Rn. 24; *Leible*, RIW 2008, 257, 263; *de Boer*, Yb. Priv. Int'l L. 2007, 19, 29.

1267 So bereits *Lorenz*, in: von Caemmerer, Die allgemeine Grundregel betreffend das auf die außervertragliche Schadenshaftung anzuwendende Recht, 97, 129.

1268 *Köthe*, Schranken der Parteiautonomie im internationalen Deliktsrecht, 70; *Lorenz*, in: von Caemmerer, Die allgemeine Grundregel betreffend das auf die außervertragliche Schadenshaftung anzuwendende Recht, 97, 130.

erscheint eine vollkommen freie Rechtswahl für die nicht-kommerziell tätige Partei nach Eintritt des schadensbegründenden Ereignisses unverständlich.[1269]

Zwar ist sich eine nicht-kommerziell tätige Partei nach dem Eintritt des schadensbegründenden Ereignisses darüber im Klaren, dass eine Rechtswahl nachteilige Folgen haben kann und daher wohl eher dazu bereit, rechtlichen Rat einzuholen, um die eigenen Rechte durch eine „bessere" Rechtswahl zu wahren.[1270] Bereits in die Brüssel I-Verordnung wählte man einen ähnlichen Weg. Nach Art. 13 Nr. 1, 17 Nr. 1 und 21 Nr. 1 (jetzt Art. 15 Nr. 1, 19 Nr. 1 und 23 Nr. 1 Brüssel Ia-VO) ist es möglich, nach der Entstehung einer Streitigkeit selbst bei einer Beteiligung einer schwächeren Partei das Forum zu wählen.[1271]

Für die Rom II-VO herrscht jedoch die Vorstellung, dass bei einer nachträglichen Rechtswahl die nicht-kommerziell tätige Partei gegenüber der kommerziell tätigen Partei plötzlich als gleich „stark" und erfahren im Umgang mit einer Rechtwahl – und speziell der komplexen Frage nach dem „besten" Recht – einzustufen ist.[1272] Das mag verwundern: Die Ausgangslage im Vergleich zu einer Rechtswahl im Verbrauchergeschäft nach Art. 6 Rom I-VO oder einem Arbeitsvertrag nach Art. 8 Rom I-VO weist kaum Unterschiede auf. Natürlich hat der Verbraucher/Arbeitnehmer nach Eintritt des schadensbegründenden Ereignisses die Möglichkeit, Vor- und Nachteile einer Rechtswahl abzuschätzen. Die gleiche Möglichkeit besteht aber auch bei Schuldverhältnissen nach der Rom I-VO. Und trotzdem spricht die Regelung des Art. 6 II Rom I-VO dem Verbraucher ein Mindestmaß an Schutz zu, sollte er sich übereilig oder uninformiert für ein ihn benachteiligendes Recht entschieden haben. Ein solches „Sicherheitsnetz" kennt die Rom II-VO jedoch nicht.[1273]

b) Art. 14 I 1 lit. b) Rom II-VO

Für Art. 14 I lit. b) Rom II-VO ist weiterhin zwischen dem Ausschluss der Rechtswahl bei Beteiligung einer nicht-kommerziell tätigen Partei sowie den Auswirkungen der Rechtswahl für kommerziell tätige Parteien zu unterscheiden.

1269 *Jakob/Picht*, in: Rauscher, Art. 14 Rom II-VO, Rn. 16 ff.; *Sonnentag*, ZVglRWiss 105 (2006), 256, 274; *Rühl*, in: BeckOGK Art. 14 Rom II-VO, Rn. 29 f.

1270 *de Boer*, Yb. Priv. Int'l L. 2007, 19, 27 ("equal bargaining power"); *Briggs*, Agreements on Jurisdiction and Choice of Law, Rn. 10.72; *Fröhlich*, The private international law of non-contractual obligations according to the Rome-II regulation, 29 ff.; *Dörner*, in: Schulze, Art. 14 Rom II-VO, Rn. 2; *Crawford/Carruthers*, ICLQ 63 (2014), 1, 27.

1271 *Mankowski*, IPRax 2010, 389, 399; *de Boer*, Yb. Priv. Int'l L. 2007, 19, 28.

1272 *Köthe*, Schranken der Parteiautonomie im internationalen Deliktsrecht, 75; *Kadner Graziano*, Gemeineuropäisches internationales Privatrecht, 187; *Fröhlich*, The private international law of non-contractual obligations according to the Rome-II regulation, 29.

1273 Denn Art. 4 III Rom II-VO gilt nur in der jeweiligen Vertragsbeziehung. Näheres dazu unter Teil 2 Kapitel 1C.I.2(1).

(1) Die Rechtswahl bei Beteiligung einer nicht-kommerziell tätigen Partei

Die Ausprägung des Schutzes für die nicht-kommerziell tätige Partei geht hier zu weit.[1274] Im Vergleich zur Rom I-VO schuf man mit Art. 14 I 1 lit. b) Rom II-VO ein Rechtswahlverbot, welches gleichzeitig einer früheren vertraglichen Verbindung Vorrang einräumt.[1275] Warum aber für ein schuldvertragliches Verhältnis etwas anderes gelten soll, der Schutz hier plötzlich anders ausgestaltet ist, konnte mit den vorangegangenen Untersuchungen nicht erklärt werden. Daher ist in Bezug auf den Rechtswahlausschluss für die nicht-kommerziell tätige Partei im Vergleich zur Rom I-VO von einem Wertungswiderspruch auszugehen.

Nach Erwägungsgrund 31 verfolgt auch die Rom II-VO den „Schutz der schwächeren Partei".[1276] Daher ist bei der Betrachtung der einzelnen Tatbestandsmerkmale im Blick zu halten, dass diese niemals zu Lasten des Verbrauchers anzuwenden sind.[1277] Ist jedoch der Verbraucher der Geschädigte und das gewählte Recht spricht ihm einen Schadensausgleich zu, stünde ihm nach dem objektiv anzuwendenden Recht ein solcher aber nicht zu, dann wäre eine unwirksame Rechtswahl eher im Sinne des Unternehmers.[1278] Dasselbe gilt, wenn der Verbraucher schadensersatzpflichtig wäre und der Unternehmer nur nach dem objektiv anzuwendenden Recht einen Anspruch hätte.[1279] Ein problemlösender Ansatz wäre es, die zusätzlichen Bedingungen der Rechtswahl nach Art. 14 I 1 lit. b) Rom II-VO für den Verbraucher zur Disposition zu stellen.[1280] Aus den Materialien der Verordnung ergibt sich keine entsprechende Tendenz, vielmehr noch, bei einem Vergleich mit Art. 6 II 2 Rom I-VO zeigt sich, dass die Verordnungsgeber keine Besserstellung der Verbraucher beabsichtigt hatten. Ein solch ausdrücklicher Schutz zugunsten des Verbrauchers ist der Rom II-VO fremd. Daher sei es hinzunehmen, dass die Regelung unter Art. 14 I 1 lit. b) Rom II-VO in bestimmten Situationen die stärkere Partei auf Kosten der schwächeren Partei begünstigt.[1281] Natürlich steht den Parteien nach Art. 14 I 1 lit. a) Rom II-VO eine

1274 *von Hein*, in: Calliess, Art. 14 Rome II Regulation, Rn. 18; *Rühl*, in: BeckOGK Art. 14 Rom II-VO, Rn. 29 f.; *Jakob/Picht*, in: Rauscher, Art. 14 Rom II-VO, Rn. 16 ff.

1275 Siehe dazu Teil 2 Kapitel 1C.I.2(1).

1276 Rechtspolitisch kritisch zu dieser Einschränkung siehe *Wagner*, IPRax 2006, 372, 386 ff.; *Bach*, in: Huber-Rome II Regulation, Art. 14 Rome II Regulation, Rn. 29; *Thorn*, in: Palandt, Art. 14 Rom II-VO, Rn. 8.

1277 *Bach*, in: Huber-Rome II Regulation, Art. 14 Rome II Regulation, Rn. 29.

1278 *Jakob/Picht*, in: Rauscher, Art. 14 Rom II-VO, Rn. 14; *Bach*, in: Huber-Rome II Regulation, Art. 14 Rome II Regulation, Rn. 29.

1279 *Jakob/Picht*, in: Rauscher, Art. 14 Rom II-VO, Rn. 14; *Bach*, in: Huber-Rome II Regulation, Art. 14 Rome II Regulation, Rn. 29.

1280 *Bach*, in: Huber-Rome II Regulation, Art. 14 Rome II Regulation, Rn. 30. *de Boer*, Yb. Priv. Int'l L. 2007, 19, 29.

1281 *Bach*, in: Huber-Rome II Regulation, Art. 14 Rome II Regulation, Rn. 30. Das Problem gibt es auch bei der beschränkten Rechtswahl in Rom I-VO, siehe dazu Teil 3 Kapitel 1A.II.

nachträgliche Rechtswahl zu. Auf eine solche lässt sich ein informierter Unternehmer jedoch wohl kaum ein.[1282]

(2) Die Rechtswahl für kommerziell tätige Parteien

Aber auch die Regelung für kommerziell tätige Parteien nach Art. 14 I lit. b) Rom II-VO ist nicht frei von Inkohärenzen.

Die Parteien können sich für ein Recht entscheiden, welches ihr möglicherweise eintretendes außervertragliches Schuldverhältnis regeln soll, ohne dass ihnen die relevanten Variablen (Wer verletzt wen? Welcher Natur ist die Verletzungshandlung? Wie schwerwiegend ist die Verletzung?) für die Beantwortung der Frage, welches Recht am besten ihre Interessen schützt, bekannt sind.[1283] Weiterhin sind die Bedingungen, die für eine Rechtswahl vor Eintritt des schadensbegründenden Ereignisses aufgestellt sind, insuffizient.[1284] Die Parteien sollen einer kommerziellen Tätigkeit nachgehen und ihre Rechtswahl muss frei ausgehandelt sein.[1285] Eine solche personelle Beschränkung der Rechtswahlfreiheit wird der Realität nicht gerecht: Franchise-, Lizenz- und Versicherungsverträge beispielsweise würden als Verträge behandelt, für die eine vorherige Rechtswahl zulässig ist, obwohl die Verhandlungsposition der „kleineren" kommerziell tätigen Partei typischerweise schwächer ist und eher mit der eines Verbrauchers zu vergleichen ist.[1286] Mit der Regelung in Art. 14 wird die Rom II-VO daher ihrer selbst gesetzten Vorgabe, dass die Rechtswahl zum Schutz der schwächeren Partei zu beschränken ist, nicht gerecht. Vielmehr schafft sie ein Einfallstor zur Ausnutzung einer überlegenen Marktposition gegenüber kleineren und mittleren „kommerziell tätigen" Unternehmern.[1287]

Daneben ist unverständlich, dass die formelle Beschränkung der „frei ausgehandelten Vereinbarung" allein für eine vorherige Rechtswahl zwischen kommerzielltätigen Parteien Anwendung findet, ein solches Erfordernis für die nachträgliche

1282 *Jakob/Picht*, in: Rauscher, Art. 14 Rom II-VO, Rn. 3; *Kadner Graziano*, RabelsZ 73 (2009), 1, 6.

1283 *Symeonides*, Am. J. Comp. L. 56 (2008), 173, 215 f.; *Kadner Graziano*, RabelsZ 73 (2009), 1, 9.

1284 Siehe zu den einzelnen Bedingungen Teil 2 Kapitel 1C.I.2(2).

1285 *Jakob/Picht*, in: Rauscher, Art. 14 Rom II-VO, Rn. 20; *Spickhoff*, in: Bamberger/Roth, Art. 14 Rom II-VO, Rn. 5; *von Hein*, ZEuP 2009, 6, 20; *Dickinson*, The Rome II Regulation, 13.37. Kritisch zu dieser Terminologie *Junker*, RIW 2010, 257, 266 f.; *Sonnentag*, ZVglRWiss 105 (2006), 256, 276; *Wagner*, IPRax 2008, 1, 13; *Ofner*, ZfRV 2008, 13, 21.

1286 In vielen nationalen Gesetzesordnungen existieren daher zum Schutz der Franchisenehmer verbraucherähnliche Regelungen. Siehe dazu auch *Symeonides*, American private international law, 446 f.; *Symeonides*, Am. J. Comp. L. 56 (2008), 173, 216.

1287 *Leible*, RIW 2008, 257, 259; *Reich*, in: Systembildung und Systemlücken, 481, 501 ff.; *von Hein*, ZEuP 2009, 6, 20; *Kadner Graziano*, RabelsZ 73 (2009), 1, 7 f.

Rechtswahl jedoch ungenutzt bleibt.[1288] Gleichzeitig stellt die Rom II-VO für vertragliche Schuldverhältnisse keine solche Bedingung zwischen Unternehmern auf. Es lässt sich nicht erkennen, warum die kommerziell tätige Partei plötzlich im außervertraglichen Schuldverhältnis schutzbedürftig sein soll.[1289] Wenn darauf abgezielt wurde, die zusätzliche Bedingung zum Schutz kleinerer und mittlerer Unternehmen aufzustellen, ist dies ebenfalls inkonsequent. Denn die Gruppe der schwächeren Partei im Vertragsrecht ist ebenfalls heterogen ausgestaltet.[1290] Trotz dessen finden aber – zumindest für Verbraucher und Arbeitnehmer sowie Reisende und Versicherungsnehmer – einheitliche Regelungen Anwendung. Darüber hinaus sind in Art. 5 und Art. 7 Rom I-VO gerade auch kleinere und mittlere Unternehmer vom Schutzbereich der Sonderkollisionsnorm mitumfasst.[1291] Für diese findet jedoch im Rahmen des Art. 14 Rom II-VO die beschränkte Rechtswahl Anwendung. Die Anforderung der „frei ausgehandelten Vereinbarung“ ist daher auch vor diesem Hintergrund widersprüchlich.[1292]

c) Art. 4 III Rom II-VO

Für Parteien, die keiner „kommerziellen Tätigkeit“ nachgehen, wie beispielsweise Verbraucher und Arbeitnehmer, ist keine Rechtswahl vor Eintritt des schadensbegründenden Ereignisses möglich.[1293] Die schwächere Partei ist durch eine vorherige Rechtswahl nicht zu benachteiligen. Die Systematik der Rom II-VO gestattet es aber, schwächeren Personengruppen wie Verbrauchern und Arbeitnehmern den nach Art. 14 I Rom II-VO intendierten Schutz zu entziehen, wenn zeitgleich eine indirekte Rechtswahl über die akzessorische Anknüpfung möglich ist.[1294] Die Anknüpfung an bereits bestehende vertragliche Beziehungen führt den Ausschluss der anfänglichen Rechtswahl für die nicht-kommerziell tätige Partei in der Rom II-VO quasi *ad absurdum*.

Zwar wird teilweise davon ausgegangen, dieser Wertungswiderspruch sei so offensichtlich, dass er nach den Verordnungsgebern hinzunehmen und zu akzeptieren

1288 *Wagner*, IPRax 2008, 1, 13; *Kadner Graziano*, RabelsZ 73 (2009), 1, 8; *Wandt*, Rechtswahlregelungen im Europäischen Kollisionsrecht, 79 ff.

1289 *von Hein*, ZVglRWiss 102 (2003), 528, 548; *Jakob/Picht*, in: Rauscher, Art. 14 Rom II-VO, Rn. 25.

1290 *Grundmann*, in: Ackermann/Köndgen, Festschrift für Wulf-Henning Roth, 181, 183 ff.

1291 *Leible*, in: Hüßtege/Mansel, Art. 5 Rom I-VO, Rn. 33; *Basedow*, Der Transportvertrag, 34; *Heiss*, ZVersWiss 2007, 503, 515.

1292 *Wagner*, IPRax 2008, 1, 13; *Kadner Graziano*, RabelsZ 73 (2009), 1, 8; *Wandt*, Rechtswahlregelungen im Europäischen Kollisionsrecht, 79 ff.

1293 Auch im EGBGB wurde allein die nachträgliche Rechtswahl zugelassen. Begründet wurde sie mit „praktischen Erwägungen“, die nicht näher erläutert wurden und heftiger Kritik ausgesetzt waren, BT-Drs. 14/343, S. 14.

1294 *Wagner*, IPRax 2006, 372, 387.

ist.[1295] Dagegen wenden sich jedoch Stimmen, die eine Ausweitung der in Art. 14 I lit. b) Rom II-VO aufgestellten Bedingungen auch auf die akzessorische Anknüpfung befürworten.[1296] Eine akzessorische Anknüpfung würde dabei in Verbraucher- oder Arbeitnehmerverträgen, bei denen vor Eintritt des schadensbegründenden Ereignisses eine Rechtswahl getroffen wurde, ausscheiden.[1297] Ein solches Verständnis legt zumindest der Aufbau der Rom II-VO und deren Ziel, die schwächere Partei zu schützen, nahe.[1298]

In zwei Konstellationen wäre ein Ausschluss der akzessorischen Anknüpfung nach dieser Auffassung allerdings nicht notwendig: Situationen, die nach Art. 6 II oder nach Art. 8 I Rom I-VO anzuknüpfen sind, entsprechen den Kriterien, die Art. 4 II 2 Rom II-VO aufstellt.[1299] Eine akzessorische Anknüpfung sollte ebenfalls zur Anwendung des Rechts des gewöhnlichen Aufenthalts des Verbrauchers beziehungsweise des Arbeitnehmers als schwächerer Partei führen.[1300] Art. 4 III Rom II-VO verhindert darüber hinaus, dass die vertraglichen Beziehungen zwischen den Parteien drei verschiedenen Rechtsordnungen unterworfen sind. Dazu zählen das Recht, auf welches sich die Parteien für ihren Verbrauchervertrag einigen, die zwingenden Vorschriften des Heimatrechts des Verbrauchers und das *lex loci delicti* für Klagen aus unerlaubter Handlung.[1301] Aus Gründen der Klarheit und der Rechtssicherheit ist die akzessorische Anknüpfung in diesen Fällen nicht auszuschließen.[1302] Eine weitere Situation, in der für den Verbraucherschutz von einem Ausschluss der akzessorischen Anknüpfung abzusehen ist, sind solche Konstellationen, in denen sie das Recht zur Anwendung bringt, welches für den Verbraucher die engere Verbindung

---

1295 *Unberath/Cziupka*, in: Rauscher, Art. 4 Rom II-VO, Rn. 13; *Vogeler*, Die freie Rechtswahl, 86 ff.

1296 *von Hein*, ZEuP 2009, 6, 21 (Ermessensausübung des Gerichts bei der Anwendung von Art. 4 III Rom II-VO); *Kadner Graziano*, RabelsZ 73 (2009), 1, 22 ff. (Berücksichtigung der Beschränkungen, welche Art. 14 Rom II-VO für die Rechtswahl vorsieht im Rahmen von Art. 4 III Rom II-VO).

1297 Ebenso wie eine Rechtswahl bei einem außervertraglichen Schuldverhältnis unter den gleichen Umständen ausscheiden würde, siehe dazu 14 Rome II Regulation, Rn. 22; Hamburg Group for Private International Law, RabelsZ 67 (2003), 1, 36.

1298 *von Hein*, ZEuP 2009, 6, 21 (Ermessensausübung des Gerichts bei der Anwendung von Art. 4 III Rom II-VO); *Kadner Graziano*, RabelsZ 73 (2009), 1, 22 ff.

1299 *Odendahl*, Internationales Deliktsrecht der Rom II-VO und die Haftung für reine Vermögensschäden, 132 f.

1300 *Kadner Graziano*, in: Ahern/Binchy, The Rome II Regulation on the Law Applicable to Non-Contractual Obligations, 113, 127; *Odendahl*, Internationales Deliktsrecht der Rom II-VO und die Haftung für reine Vermögensschäden, 132 f.

1301 *Kadner Graziano*, in: Ahern/Binchy, The Rome II Regulation on the Law Applicable to Non-Contractual Obligations, 113.

1302 Ibid., 127; kritisch dazu *Mankowski*, IPRax 2010, 389, 400 ff.

zum grenzüberschreitenden Sachverhalt aufweist als das Recht, welches ansonsten Anwendung finden würde.[1303]

Diese Ansicht kann insgesamt nicht überzeugen: Insbesondere für Arbeitnehmer und für Verbraucher lässt sich der Rechtswahlschutz, den die Rom II-VO intendiert, nicht durch die akzessorische Anknüpfung beseitigen.[1304] Das Internationale Vertragsrecht hält vielmehr einen umfassenderen Schutz bereit. Hier findet das Günstigkeitsprinzip Anwendung.[1305] Dies führt auch die Ansicht, welche von einem hinnehmbaren Wertungswiderspruch ausgeht, an.[1306] Der Verbraucher beziehungsweise Arbeitnehmer sei daher keinesfalls schutzlos.[1307] Diese Lösung steht im Einklang mit den Vorgaben der Verordnung und dem Ziel der Regelung, die schwächere Partei zu schützen. Daneben wird ein Gleichlauf zwischen der Rom I- und der Rom II-VO gewährleistet.[1308]

Unter Heranziehung der Entstehungsgeschichte ist diese Argumentation ebenfalls tragfähig. Die Formulierung des Art. 4 III Rom II-VO ist an Art. 133 II des schweizerischen Internationalen Privatrechts und Art. 41 II EGBGB angelehnt.[1309] Beide Kodifikationen gestatten ausschließlich eine nachträgliche Rechtswahl. Das bedeutet, dass eine akzessorische Anknüpfung auch dann zur Anwendung kommt, wenn eine vorherige Rechtswahl ausdrücklich ausgeschlossen ist. Bei einer historischen Betrachtung der Beziehung beider Vorschriften spricht daher vieles für eine unabhängige Anwendung des Art. 4 III Rom II-VO neben Art. 14 I lit. b) Rom II-VO.[1310] Darüber hinaus blieb ein entsprechender Vorschlag des Max-Planck-Instituts zur Einschränkung der

1303 *Odendahl*, Internationales Deliktsrecht der Rom II-VO und die Haftung für reine Vermögensschäden, 131 ff.; *Kadner Graziano*, in: Ahern/Binchy, The Rome II Regulation on the Law Applicable to Non-Contractual Obligations, 113, 127 f.

1304 *Jakob/Picht*, in: Rauscher, Art. 14 Rom I-VO, Rn. 17.

1305 Auch dies ist nicht unumstritten, jedoch im Ergebnis zu bejahen. Siehe dazu *Mankowski*, IPRax 2010, 389, 400 ff. Zum Schutz durch das Günstigkeitsprinzip *Rühl*, in: Kronke/Thorn, Grenzen überwinden - Prinzipien bewahren, 364, 364 ff.; *Wandt*, Rechtswahlregelungen im Europäischen Kollisionsrecht, 93 ff.

1306 Siehe dazu *Odendahl*, Internationales Deliktsrecht der Rom II-VO und die Haftung für reine Vermögensschäden, 131 ff.; *Kadner Graziano*, in: Ahern/Binchy, The Rome II Regulation on the Law Applicable to Non-Contractual Obligations, 113, 127 f.; *Wandt*, Rechtswahlregelungen im Europäischen Kollisionsrecht, 93 ff.

1307 *Kadner Graziano*, in: Ahern/Binchy, The Rome II Regulation on the Law Applicable to Non-Contractual Obligations, 113, 128; *Odendahl*, Internationales Deliktsrecht der Rom II-VO und die Haftung für reine Vermögensschäden, 133.

1308 *von Hein*, RabelsZ 64 (2000), 595, 600 ff.

1309 *Kadner Graziano*, in: Ahern/Binchy, The Rome II Regulation on the Law Applicable to Non-Contractual Obligations, 113, 125 f.

1310 *von Hein*, ZEuP 2009, 6, 19; *Odendahl*, Internationales Deliktsrecht der Rom II-VO und die Haftung für reine Vermögensschäden, 131 ff.; *von Hein*, in: Calliess, Art. 14 Rome II Regulation, Rn. 22.

akzessorischen Anknüpfung unbeachtet.[1311] Eine Beschränkung der akzessorischen Anknüpfung ist daher nicht zu befürworten.

Die akzessorische Anknüpfung ist zum Schutz der schwächeren Partei nicht einzuschränken.[1312] Es mangelt dabei jedoch an einer kohärenten Ausgestaltung zwischen der akzessorischen Anknüpfung und der Rechtswahl bei außervertraglichen Schuldverhältnissen.

E. Weitere Auffälligkeiten

Es existieren noch andere Auffälligkeiten, die hier nicht im Detail zu untersuchen sind, da sie keinen direkten Bezug zum Schutz der schwächeren Partei aufweisen. Dennoch ist darauf hinzuweisen, dass über die unterschiedlichen Rechtswahlmodelle zum Schutz der schwächeren Partei hinaus weitere Punkte bestehen, die Inkohärenzen im System der Rechtswahl hervorrufen. Exemplarisch ist hier auf zwei Umstände einzugehen.

Zum einen ist hier auf die stillschweigende Rechtswahl zu verweisen.[1313] Sie ist zwar sowohl in der Rom I- als auch in der Rom II-VO anerkannt.[1314] Allerdings ist im Vertragsrecht gefordert, dass sich die Rechtswahl „eindeutig" ergibt, wohingegen sich im Rahmen von außervertraglichen Schuldverhältnissen eine konkludente Rechtswahl „mit hinreichender Sicherheit" aus den Umständen des Falls ergeben muss.[1315] Eine Erklärung für die unterschiedliche Formulierung ist zwar in der Entwicklungsgeschichte der Verordnungen zu sehen, jedoch stellt diese keine tragfähige Begründung für eine Beibehaltung der verschiedenen Anforderungen an die konkludente Rechtswahl dar.[1316]

Zum anderen ist der spätmöglichste Zeitpunkt für eine Rechtswahl nicht eindeutig bestimmt.[1317] Im Vertragsrecht ist es den Parteien möglich, „jederzeit" eine Rechtswahl zu treffen, Art. 3 II Rom I-VO. Im Rahmen von Art. 14 Rom II-VO findet

---

1311 Hamburg Group for Private International Law, RabelsZ 67 (2003), 1 ff.

1312 *von Hein*, in: Calliess, Art. 14 Rome II Regulation, Rn. 22; *Odendahl*, Internationales Deliktsrecht der Rom II-VO und die Haftung für reine Vermögensschäden, 133; *Kadner Graziano*, RabelsZ 73 (2009), 1, 22 f.; *Heiss/Loacker*, JBL 2007, 613, 623; *Mankowski*, IPRax 2010, 389, 402.

1313 *Basedow*, in: v. Hein/Rühl, Kohärenz im Internationalen Privat- und Verfahrensrecht der Europäischen Union, 3, 11; *Crawford/Carruthers*, ICLQ 63 (2014), 1, 6 ff.; *Wandt*, Rechtswahlregelungen im Europäischen Kollisionsrecht, 121 ff.

1314 Siehe dazu Art. 3 I Rom I-VO bzw. Art. 14 I Rom II-VO.

1315 *Basedow*, in: v. Hein/Rühl, Kohärenz im Internationalen Privat- und Verfahrensrecht der Europäischen Union, 3, 11; *Crawford/Carruthers*, ICLQ 63 (2014), 1, 6 ff.; *Wandt*, Rechtswahlregelungen im Europäischen Kollisionsrecht, 121 ff.

1316 *Mankowski*, Interessenpolitik und europäisches Kollisionsrecht, 25 ff.

1317 *Basedow*, in: v. Hein/Rühl, Kohärenz im Internationalen Privat- und Verfahrensrecht der Europäischen Union, 3, 12.

sich kein entsprechender Hinweis. Hier fehlt es ebenfalls an einem Grund, weswegen die zeitliche Einordnung der Rechtswahl uneinheitlich geregelt ist.[1318]

F. Zwischenfazit

Die Rom I- und II-VO weisen demzufolge Wertungswidersprüche sowohl in sich als auch bei einer Gegenüberstellung auf, die sich nicht rechtfertigen lassen. Hierfür können bei einer Betrachtung der Entwicklungsgeschichte und der aufgenommenen Fallgruppen verschiedene Faktoren eine Erklärung liefern, einen Gleichlauf im System des Europäischen Kollisionsrechts zu begründen sind sie jedoch nicht geeignet. Auch ist dabei nicht immer von hinnehmbaren Wertungswidersprüchen auszugehen.[1319]

Daher bleibt festzuhalten: Auf vielen Ebenen wird versucht, Kohärenz zwischen der Rom I-und II-VO zu schaffen.[1320] Doch im Bereich des Schutzes einer schwächeren Partei und den dafür gewählten Rechtswahlbeschränkungen kann sich dies nicht behaupten lassen. Um von einem wirklich kohärenten System zum Schutz des Schwächeren frei von Wertungswidersprüchen sprechen zu können, ist es noch ein weiter Weg.

1318 *Kroll-Ludwigs*, Parteiautonomie, 92 f.; *Basedow*, in: v. Hein/Rühl, Kohärenz im Internationalen Privat- und Verfahrensrecht der Europäischen Union, 3, 12.

1319 Die einzige Ausnahme bilden hier die Gleichbehandlung von Verbraucher- und Arbeitsverträgen trotz des gesteigerten Schutzbedürfnisses für Arbeitnehmer sowie Anwendbarkeit der akzessorischen Anknüpfung in der Rom II-VO.

1320 *de Boer*, Yb. Priv. Int'l L. 2007, 19, 23. Siehe dazu auch Teil 1 Kapitel 3B.

Teil 3 Ein Alternativvorschlag

Die aufgezeigten Wertungswidersprüche in den Rom-Verordnungen in Bezug auf den Schutz der schwächeren Partei geben Anlass zu Kritik. Eine Überprüfung der Regelungen der Rom I- und II-VO ist zwar festgeschrieben, deren Ergebnisse liegen aber heute noch nicht vor.[1321] Auch existieren keine Hinweise auf eine Veröffentlichung entsprechender Dokumente in naher Zukunft.

Im Folgenden sind zunächst die in der Rom I- und II-VO festgelegten Modelle zum Schutz der schwächeren Partei auf ihre allseitige Anwendbarkeit hin zu überprüfen. Im Anschluss wird darauf aufbauend ein eigener Ansatz präsentiert, welcher sowohl den Zielen der Rom-Verordnungen gerecht wird als auch eine kohärente Lösung darstellt.

Kapitel 1 Ein einheitliches Regelungsmodell für die Rom I- und II-VO?

Die vorstehenden Betrachtungen zu den verschiedenen Schutzgruppen und den unterschiedlichen Beschränkungen, die diese in den Rom-Verordnungen erfahren, sollten als Grundlage dazu dienen, bei einem entsprechendem Vergleich möglicherweise bestehende Wertungswidersprüche aufzudecken. Im Anschluss daran stellt sich zwangsläufig die Frage, wie eine Ausgestaltung der Verordnungen frei von Wertungswidersprüchen aussehen könnte. Die Ausführungen haben gezeigt: Um einen kohärenten Schutz der schwächeren Partei zu erreichen, ist die Rechtswahl einheitlich zu beschränken. Dabei sind natürlich zuvörderst die überlagerte Rechtswahl, die beschränkte Rechtswahl, die bedingte Rechtswahl sowie der Rechtswahlausschluss als einheitliche Lösung in Betracht zu ziehen, da diese bereits von den Verordnungsgebern akzeptiert wurden.

A. Allgemeine Gedanken zur Beschränkung der Rechtswahlfreiheit

Der Grundgedanke hinter der Beschränkung von Rechtswahlfreiheit ist vergleichsweise einfach, auch wenn insbesondere die in der Rom I-VO getroffenen Regelungen Anlass für entgegenstehende Vermutung geben.[1322] Auf diesem Weg können die Leistungsverhältnisse nach den individuellen Bedürfnissen der Parteien besser ausgestaltet und grob typisierende generelle Normen vermieden werden.[1323] Bei einer

1321 Siehe dazu die jeweiligen Überprüfungsklauseln in Art. 27 Rom I-VO bzw. Art. 30 Rom II-VO.

1322 *Mäsch*, Rechtswahlfreiheit und Verbraucherschutz, 22.

1323 *Basedow*, RabelsZ 75 (2011), 32, 48.

praxisnahen Betrachtung stößt man allerdings auf ungleiche Machtverhältnisse, die die überlegene Partei leicht zu ihrem Vorteil ausnutzen kann.[1324] Die Freiheit der Gestaltung eigener Rechtsverhältnisse wird im Gegensatz zu ihrer eigentlichen Bestimmung dafür missbraucht, einseitige Interessen durchzusetzen.[1325] Hierbei herrschen darüber hinaus uneingeschränkt vorformulierte Bestimmungen, die keinen Platz für eine wahre Parteiautonomie lassen.[1326] Für den „Stärkeren" ist dies aber nur folgerichtig. Er schließt eine Vielzahl an Vereinbarungen ab und hat aus Gründen der Effizienz und Rechtssicherheit einen viel größeren Anreiz, von ihm gesetzte Bedingungen vorzugeben als der „Schwächere".[1327] Denn die schwächere Partei ist sich typischerweise weder im Klaren darüber, dass sie die Rechtsbeziehung zu ihren Gunsten ausgestalten kann noch auf welchem Wege sie dies erreichen soll.[1328]

Es besteht daher die Gefahr, dass der Stärkere durch eine Umgehung der Parteiautonomie eine Rechtsordnung zur Anwendung kommen lässt, die zu Lasten der schwächeren Partei geht, beispielsweise eine geringere Bindung zum Schutz des Schwächeren aufweist.[1329]

Die Ursachen für die schwache Position sind dabei vielfältig: Wettbewerbsverzerrungen auf einem Markt, den sich einige wenige Anbieter teilen; Informationsdefizite aufgrund fehlender Markttransparenz beziehungsweise unklaren Gemengelagen an Informationen; eine Verbandsüberlegenheit der Anbieter mit berufs- und gewerbsmäßigem Know-how, die einem einzelnen, geschäftlich unerfahrenen Marktteilnehmer gegenübersteht.[1330] Dies gilt gleichermaßen für vertragliche und außervertragliche Schuldverhältnisse.[1331] Zum Ausgleich dieses in allen untersuchten Personengruppen auffälligen Machtverhältnisses war daher ein Eingriff des Gesetzgebers notwendig gewesen, da auf einem anderen Weg keine durchschlagenden Ergebnisse zu erwarten waren.[1332]

Diese bereits früher deutlich unterschiedliche Haltung zum Problem, inwieweit Rechtswahlfreiheit gewährt werden sollte, lässt sich auf die Frage zurückführen,

---

1324 Siehe dazu nur Teil 2 Kapitel 1C.II.2.

1325 *Basedow*, RabelsZ 75 (2011), 32, 48.

1326 *Schröder*, Das Günstigkeitsprinzip im internationalen Privatrecht, 83; *Schurig*, Kollisionsnorm und Sachrecht, 145.

1327 *Dichtl/Berekoven*, Verbraucherschutz in der Marktwirtschaft, 70 f.; *Calliess*, Grenzüberschreitende Verbraucherverträge, 63.

1328 *Kegel/Schurig*, Internationales Privatrecht, 118; *Keller*, in: Böckli/Eichenberger/Hinderling/Tschudi, Festschrift für Frank Vischer, 175, 183; *Kropholler*, Internationales Privatrecht, 150.

1329 *Furgler*, Die Anknüpfung der Vertragsform im internationalen Privatrecht, 12; *Mankowski*, Interessenpolitik und europäisches Kollisionsrecht, 19.

1330 *Kronke*, Rechtstatsachen, kollisionsrechtliche Methodenentfaltung und Arbeitnehmerschutz, 55; *Roth*, Internationales Versicherungsvertragsrecht, 446; *Rühl*, Statut und Effizienz, 445 f.

1331 Siehe dazu die zusammenfassenden Ausführungen unter Teil 2 Kapitel 2C.

1332 *Einsele*, RabelsZ 60 (1996), 417, 446.

wie der Schutz einer als schwächer angesehenen Partei am besten zu verwirklichen ist. Zumindest eine freie Rechtswahl ist bereits an diesem Punkt abzulehnen, da sich gezeigt hat, dass auf diesem Weg kein wirklicher Schutz zu erreichen ist.[1333]

I. Der Ausschluss der Rechtswahlfreiheit

Zunächst ist ein völliger Ausschluss der Rechtswahlfreiheit in Betracht zu ziehen. Dieser war bereits für Verbraucher im Vorschlag der Rom I-VO vorgesehen, konnte sich allerdings nicht durchsetzen. Verwirklicht wurde er jedoch für die nichtkommerziell tätige Partei vor Eintritt des schadensbegründenden Ereignisses.[1334] Für andere Schutzgruppen hingegen gab es keinen entsprechenden Vorschlag.[1335] Dies mag verwundern: Ein völliger Ausschluss der Rechtswahlfreiheit garantiert Rechtssicherheit und Vorhersehbarkeit; Ziele, denen sich die Rom-Verordnungen verschrieben haben.[1336] Darüber hinaus müssten sich die Parteien und Gerichte nicht mit einem aufwendigen und kostenintensiven Vergleich der Rechtsordnungen beschäftigen, da nur eine einzige, klar bestimmte Rechtsordnung zur Anwendung käme.[1337] Der Ausschluss der Rechtswahlfreiheit führt aufgrund dessen zu einer eindeutigen und einfachen Anknüpfung im jeweiligen Rechtsgeschäft.[1338]

Der Vorschlag zum Ausschluss der Rechtswahlfreiheit wurde im Rahmen des Verbrauchervertrages auch intensiv diskutiert.[1339] Beispielsweise hätte ein Rechtswahlausschluss im Internationalen Verbraucherrecht zur Folge, dass Unternehmen im Binnenmarkt alle Vertragsrechte von betroffenen Mitgliedsstaaten berücksichtigen müssten, bevor ein grenzüberschreitender Verbrauchervertrag zustande kommen könnte.[1340] Denn auch in Verbraucherverträgen geht die Rechtswahl in der Regel von Seiten des Unternehmers aus.[1341]

Der Verbraucher würde sich nicht mehr schlicht auf das vom Unternehmer vorgegebene Recht einlassen, sondern es wäre für jeden Vertrag nach objektiven

---

1333 Dazu anstatt vieler *Kegel/Schurig*, Internationales Privatrecht, 118; *Keller*, in: Böckli/Eichenberger/Hinderling/Tschudi, Festschrift für Frank Vischer, 175, 183; *Kropholler*, Internationales Privatrecht, 150.

1334 Dazu Teil 2 Kapitel 1C.I.2(1).

1335 Dazu der Überblick zu den Entwicklungen der einzelnen Kollisionsnormen, Teil 2 Kapitel 1C.II.1.

1336 Siehe hierzu Erwägungsgründe 1 der Rom I- und II-VO.

1337 Zu dem Problem der Kosten eines Schutzes der schwächeren Partei siehe Teil 1 Kapitel 2D m.w.N.

1338 *Leible*, in: Hüßtege/Mansel, Art. 6 Rom I-VO, Rn. 68; *Mäsch*, Rechtswahlfreiheit und Verbraucherschutz, 72.

1339 *Rühl*, Statut und Effizienz, 553; *Mankowski*, ZVglRWiss 105 (2006), 120, 150; *Kroll-Ludwigs*, Parteiautonomie, 80.

1340 *Leible*, in: Leible, Das Grünbuch zum Internationalen Vertragsrecht, 133, 146 f.; *Kroll-Ludwigs*, Parteiautonomie, 80.

1341 *Rühl*, Statut und Effizienz, 556 f; *Kluth*, Die Grenzen des kollisionsrechtlichen Verbraucherschutzes, 182; *Tamm*, Verbraucherschutzrecht, 13 ff.

Kriterien das anwendbare Recht festzustellen.[1342] Der Unternehmer müsste sich daher unter Umständen auf ein fremdes Recht einstellen.[1343] Die dafür anfallenden Mehrkosten legt der Unternehmer wohl ebenso auf den Verbraucher um.[1344]

Daher läge das Problem bei einem Ausschluss der Rechtswahl nicht allein in der Beschränkung der Rechte der Verbraucher. Auch der Unternehmer wäre erheblichen bürokratischen Hürden ausgesetzt: Ein solches Vorgehen wäre mit enormen Kosten und einem hohen Aufwand verbunden, den sich kleine und mittelständische Unternehmen schlicht nicht leisten könnten.[1345] Wenn aber immer weniger Unternehmen eine Tätigkeit im gesamten Binnenmarkt bewerkstelligen können, reduziert sich das bestehende Angebot.[1346] Zusätzlich wäre ein Preisanstieg aufgrund des nachlassenden Wettbewerbsdrucks zu befürchten.[1347]

Ein Ausschluss der Rechtswahlfreiheit bei Verbraucherverträgen wäre faktisch als eine Marktzugangsschranke einzuordnen.[1348] Die Unternehmer wären von einer grenzüberschreitenden Tätigkeit abgeschreckt, was einer Einschränkung ihrer unionsrechtlichen Grundfreiheiten gleichkommt.[1349] Bei einer Beibehaltung des Vorschlags der Kommission wäre zu befürchten, dass die geplante „binnenmarktpolitisch

---

1342 *Leible*, in: Leible, Das Grünbuch zum Internationalen Vertragsrecht, 133, 146 f.; *Kroll-Ludwigs*, Parteiautonomie, 80; *Mankowski*, ZVglRWiss 105 (2006), 120, 158 f.; *Solomon*, in: Ferrari/Leible, Ein neues Internationales Vertragsrecht für Europa, 89, 91; *Mäsch*, Rechtswahlfreiheit und Verbraucherschutz, 68 ff.

1343 *Kroll-Ludwigs*, Parteiautonomie, 80; *Martiny*, ZEuP 2008, 79, 96; *Mankowski*, ZVglRWiss 105 (2006), 120, 158 f.; *Solomon*, in: Ferrari/Leible, Ein neues Internationales Vertragsrecht für Europa, 89, 91; *Mäsch*, Rechtswahlfreiheit und Verbraucherschutz, 68 ff.

1344 *Martiny*, ZEuP 2008, 79, 96.

1345 *Kroll-Ludwigs*, Parteiautonomie, 80, a.A. *Hartenstein*, TransportR 2008, 143, 160. Die dafür erforderlichen finanziellen und personellen Mittel stehen dem Mittelstand nicht zur Verfügung, darüber hinaus besitzen diese keine Umsatzspanne, bei der sich ein solcher Aufwand amortisieren würde.

1346 Vgl. *Lando/Nielsen*, J. Priv. Int'l L. 2007, 29, 39; *Kroll-Ludwigs*, Parteiautonomie, 81; *Clausnitzer/Woopen*, BB 2008, 1798, 1801 ff. Nur einige Probleme, auf die *Clausnitzer/Woopen* hinweisen, waren die ungewisse Haltung der Verbraucherschutzkommissarin am 17.10.2007 auf die Frage, ob die neue Regelung für Verbraucher tatsächlich vorteilhaft wäre, die Auskunft eines Mitarbeiters der Kommission, dass bei einem Ausschluss der Rechtswahlfreiheit die bestehenden Probleme noch verschärft und damit der „Harmonisierungsdruck" erhöht werden würde sowie die fehlende Durchführung einer Gesetzesfolgenabschätzung für den Vorschlag.

1347 *Kroll-Ludwigs*, Parteiautonomie, 81.

1348 Ibid., 80 f.

1349 Hiervon auszunehmen sind die „großen" Unternehmen, die über ihre Zweigniederlassungen in den verschiedenen Ländern ohnehin auf das jeweilige Verbraucherrecht eingestellt sind. Hiergegen wendet *Leible* ein, dass der Verbraucherschutz als anerkanntes Gemeinwohlinteresse nach der *Cassis de Dijon*-Rechtsprechung einen ausreichenden Rechtfertigungsgrund zur Beschränkung der Grundfreiheiten darstellt, *Leible*, in: Leible, Das Grünbuch zum Internationalen Vertragsrecht, 133, 147.

gewünschte Ermutigung zur grenzüberschreitenden Tätigkeit"[1350] keine Früchte trägt. Diese Ausführungen zum Verbraucherrecht lassen sich genauso auf die anderen vertragsrechtlichen Schutzgruppen übertragen.[1351]

Der in dem Ausschluss der Rechtswahlfreiheit gesehene Vorteil der Rechtssicherheit und Vorsehbarkeit ist schließlich zu relativieren.[1352] Der Ausschluss der Rechtswahlfreiheit auf der Ebene des Internationalen Privatrechts berührt die Möglichkeit zur Rechtswahl im materiellen Recht nicht.[1353] Über das materielle Recht können die Parteien wieder Regelungen eines anderen Rechts zur Anwendung bestimmen.[1354] Dies ist zwar nicht uneingeschränkt möglich, die Parteien sind dabei an die zwingenden Bestimmungen des objektiv anwendbaren Rechts gebunden.[1355] Dies entspricht wiederum einer Rechtswahl nach dem Günstigkeitsprinzip.[1356]

Im Rahmen der außervertraglichen Schuldverhältnisse ist ein Rechtswahlausschluss ebenfalls abzulehnen.[1357] Sowohl bei der Beteiligung einer nicht-kommerziell tätigen Partei als auch für den Fall, dass alle Parteien einer kommerziellen Tätigkeit nachgehen, wirkt sich ein Ausschluss der Rechtswahlfreiheit negativ aus.[1358] Eine reine Anknüpfung an den Ort des Schadeneintritts stellt sich als zu starr und zu unflexibel dar.[1359] Für die Fälle, in denen beide Parteien aus einem Staat stammen oder sich eine unerlaubte Handlung über mehrere Länder erstreckt, wäre eine Anknüpfung an den Ort des Schadenseintritts darüber hinaus schlicht willkürlich.[1360] Rechtssicherheit und Einfachheit ließen sich darüber hinaus nur dann erreichen, wenn der Ort des Schadenseintritts bekannt ist.[1361] Dieser ist aber nicht immer zweifelsfrei feststellbar.[1362] Eine starre Anknüpfung an das Recht am Ort des Schadenseintritts lässt daneben materielle

1350 Entwurf eines Berichts zum Vorschlag für eine Verordnung des Europäisches Parlaments und des Rates über das auf vertragliche Schuldverhältnisse anzuwendende Recht (Rom I), PE 374.427v01-00, Begründung zum Änderungsantrag 92 von Klaus-Heiner Lehne.

1351 Siehe dazu näheres unter Teil 2 Kapitel 2A.

1352 *Kroll-Ludwigs*, Parteiautonomie, 80 f.; *Rühl*, in: BeckOGK Art. 6 Rom I-VO, Rn. 220; *Rühl*, Cornell Int'l L.J. 2011, 569, 597 f.

1353 *Rühl*, in: BeckOGK Art. 6 Rom I-VO, Rn. 220.

1354 *Kroll-Ludwigs*, Parteiautonomie, 80 f.; *Rühl*, in: BeckOGK Art. 6 Rom I-VO, Rn. 220.

1355 *Rühl*, Cornell Int'l L.J. 2011, 569, 572 f.

1356 *Rühl*, in: BeckOGK Art. 6 Rom I-VO, Rn. 220.

1357 Trotz dessen ist ein Rechtswahlausschluss in vielen nationalen Rechtsordnungen bei außervertraglichen Schuldverhältnissen zu finden.

1358 *Kroll-Ludwigs*, Parteiautonomie, 80 f.; *Rühl*, in: BeckOGK Art. 6 Rom I-VO, Rn. 220; *Rühl*, Cornell Int'l L.J. 2011, 569, 572 f.

1359 *Kadner Graziano*, Gemeineuropäisches internationales Privatrecht, 147.

1360 *Rohe*, Zu den Geltungsgründen des Deliktstatuts, 236.

1361 *Kadner Graziano*, Gemeineuropäisches internationales Privatrecht, 148; *Rohe*, Zu den Geltungsgründen des Deliktstatuts, 263.

1362 *Kadner Graziano*, Gemeineuropäisches internationales Privatrecht, 148; *Rohe*, Zu den Geltungsgründen des Deliktstatuts, 263.

Wertungen unbeachtet.[1363] Ein Geschädigter könnte benachteiligt werden, wenn nach dem Heimatrecht des Schädigers und des Geschädigten eine Haftung greifen würden, nach dem Recht am Ort des Schadenseintritts jedoch nicht.[1364]

Ein Ausschluss der Rechtswahlfreiheit nach Eintritt des schadensbegründenden Ereignisses führt darüber hinaus ebenso zu höheren Kosten im Rahmen der Ermittlung und Durchsetzung des Rechts.[1365] Denn das Recht des Staates, in dem der Schaden eintritt, ist im Zweifelsfall beiden Parteien unbekannt.[1366]

Darüber hinaus gibt es im Rahmen des Rechtswahlausschlusses weitere grundlegende Kritikpunkte, welche theoretischer Natur sind. Denn losgelöst von der Betrachtung, was Rechtswahlfreiheit für den Einzelnen bedeutet, zeigt die Möglichkeit, das Recht für die eigenen Rechtsbeziehungen zu bestimmen ebenso, dass der Private in der Lage sein soll, „den rechtspolitischen Gestaltungsanspruch der kraft objektiven Anknüpfung maßgeblichen *lex causae* einzuschränken".[1367] Die Rechtswahl der Parteien wird als Souveränitätsschmälerung gesehen.[1368] Allerdings ist auch die vorgegebene objektive Anknüpfung zu einem Zeitpunkt Produkt eines individuellen Willens gewesen.[1369] Daher ist die Eröffnung einer Rechtswahl nicht als Einschränkung der Staatssouveränität zu sehen. Der Einzelne muss in der Lage sein, seinen „staatsbegründenden Willen" auch wieder einzuschränken oder vielleicht sogar ganz aufzugeben.[1370]

Ein weiterer Gedanke geht davon aus, dass eine Rechtswahl der Parteien den *ordre public* umgeht, der bei einer objektiven Anknüpfung eigentlich für das Rechtsverhältnis Anwendung finden sollte. Die Bedeutung des *ordre public* insbesondere für Sachverhalte innerhalb der Europäischen Union hat jedoch deutlich abgenommen.[1371] Grund hierfür könnte dessen erhebliche Ausdifferenzierung sein; eine Entwicklung der vergangenen Jahrzehnte.[1372] Trotzdem ist nicht von einer Umgehung des *ordre public* zu sprechen, wenn eine Rechtswahl für die Parteien zugelassen ist.[1373] Vielmehr ist auf den international zwingenden Kern der Vorschriften sowie

---

1363 *Kadner Graziano*, Gemeineuropäisches internationales Privatrecht, 148 f.

1364 Allein zur Schwierigkeit der Bestimmung des Erfolgsortes bei reinen Vermögensschäden *Odendahl*, Internationales Deliktsrecht der Rom II-VO und die Haftung für reine Vermögensschäden, 149 ff.

1365 *Kroll-Ludwigs*, Parteiautonomie, 82 f. m.w.N.

1366 Siehe dazu Erwägungsgrund 16 der Rom II-VO sowie KOM (2003) 427, 13 f.

1367 Hierzu näher *Basedow*, RabelsZ 75 (2011), 32, 40 m.w.N.

1368 *Flessner*, Interessenjurisprudenz im internationalen Privatrecht, 97 ff.; *Neuhaus*, Grundbegriffe des internationalen Privatrechts, 255.

1369 *Basedow*, RabelsZ 75 (2011), 32, 40 m.w.N.

1370 *Flessner*, Interessenjurisprudenz im internationalen Privatrecht, 97 ff.; *Basedow*, RabelsZ 75 (2011), 32, 43; *Neuhaus*, Grundbegriffe des internationalen Privatrechts, 255.

1371 Dazu bereits *Renner*, in: von Hein/Rühl, Kohärenz im Internationalen Privat- und Verfahrensrecht der Europäischen Union, 359, 359 ff.

1372 *Basedow*, RabelsZ 75 (2011), 32, 45.

1373 *Renner*, in: von Hein/Rühl, Kohärenz im Internationalen Privat- und Verfahrensrecht der Europäischen Union, 359, 359 ff.; *Basedow*, RabelsZ 75 (2011), 32, 45.

die Einschätzung des zuständigen Gerichts zu vertrauen, sodass eine Abwahl der objektiv anwendbaren Normen keinen Nachteil mit sich bringt.[1374]

Gegen einen völligen Ausschluss der Parteiautonomie bestehen daher erhebliche Einwände: Die Parteiautonomie ist ein „Eckstein[e] des Systems der Kollisionsnormen".[1375] Die Parteien derart stark in ihrer Rechtswahlfreiheit zu beschneiden, erscheint unbillig und unverhältnismäßig.[1376] Denn durch einen völligen Ausschluss wird das eigentliche Ziel, der Schutz der schwächeren Partei, nicht verwirklicht.[1377] Daher ist diese Form der Rechtswahlbeschränkung nicht als vorzugswürdig für den Schutz der schwächeren Partei zu sehen.

II. Die beschränkte Rechtswahl

Weiterhin ist die beschränkte Rechtswahl als einheitliches Konzept der Rechtswahlbeschränkung in Betracht zu ziehen. Als vorteilhaft gegenüber dem Günstigkeitsprinzip ist die beschränkte Rechtswahl in Bezug auf das Problem des *law mix* zu beurteilen.[1378] Welche Rechtsordnung Anwendung findet, wird eindeutig bestimmt, es wird keine Zwischenlösung für den jeweiligen Einzelfall entworfen.[1379] Diese neuartige Anknüpfungsmethode bezeichnete man in der Literatur daher als „innovativ".[1380] Auf der einen Seite vermeidet die beschränkte Rechtswahl die „offene Angriffsfläche", wie sie eine freie Rechtswahl bietet.[1381] Denn die stärkere Partei ist an den Katalog der möglichen Rechtsordnungen gebunden.[1382] Sie kann so keine frei gewählte Rechtsordnung durchsetzen, die allein ihre Interessen stützt beziehungsweise für die schwächere Partei keine Rechte bereithält.[1383] Die beschränkte Rechtswahl stellt daher eine Möglichkeit dar, den kompletten Ausschluss der Parteiautonomie

---

1374 *Nehne*, Methodik und allgemeine Lehren des europäischen Internationalen Privatrechts, 156; *Neuhaus*, Grundbegriffe des internationalen Privatrechts, 365.

1375 Erwägungsgrund 11 der Rom I-VO.

1376 Siehe dazu *Rühl*, in: BeckOGK Art. 6 Rom I-VO, Rn. 217 ff.; *Leible*, in: Hüßtege/Mansel, Art. 6 Rom I-VO, Rn. 68; *Magnus*, in: Staudinger, Art. 6 Rom I-VO, Rn. 138.

1377 Selbst wenn das gewählte Recht günstiger wäre, könnte es bei einem völligen Rechtswahlverbot nicht zur Anwendung kommen, so *Nygh*, Autonomy in international contracts, 156.

1378 *Fricke*, in: Rauscher, Art. 7 Rom I-VO, Rn. 17 ff.

1379 Anders als das Günstigkeitsprinzip, dazu weiter unten Teil 3 Kapitel 1A.IV.

1380 *Mankowski*, TransportR 2008, 339, 348; *Thorn*, in: Rauscher, Art. 5 Rom I-VO, Rn. 1; *Keiler/Binder*, RRa 2009, 210, 218.

1381 *Thorn*, in: Rauscher, Art. 5 Rom I-VO, Rn. 1; *Nielsen*, in: Ferrari/Leible, Rome I Regulation - The Law Applicable to Contractual Obligations in Europe, 99, 107 f.

1382 *Nielsen*, in: Ferrari/Leible, Rome I Regulation - The Law Applicable to Contractual Obligations in Europe, 99, 107 f.; *Mankowski*, TransportR 2008, 339, 349.

1383 Ein Vorteil gegenüber der freien Rechtswahl, *Furgler*, Die Anknüpfung der Vertragsform im internationalen Privatrecht, 12; *Mankowski*, Interessenpolitik und europäisches Kollisionsrecht, 19.

zu verhindern und trotzdem eine eindeutige Anknüpfung an ein bestimmtes Recht und somit Rechtssicherheit und Vorhersehbarkeit zu gewährleisten.[1384]

Früh kritisierte man hier jedoch die Unstimmigkeit mit dem Gesamtsystem.[1385] Im Gegensatz zum Modell der überlagerten Rechtswahl mit dem Günstigkeitsprinzip mangelt es bei der beschränkten Rechtswahl entscheidend an einem tatsächlichen Schutz für die schwächere Partei.[1386] Wie bereits für internationale Personenbeförderungs- und Versicherungsverträge festzustellen war, ermöglicht die beschränkte Rechtswahl keinen wirklichen Schutz der schwächeren Partei.[1387] Eine solche Regelung auf die anderen Fallgruppen auszuweiten, erscheint daher fragwürdig.

Die beschränkte Rechtswahl reißt die Kluft im Machtverhältnis zwischen den Parteien noch weiter auf. Denn die schwächere Partei wird durch eine begrenzte Anzahl an wählbaren Rechtsordnungen um die Möglichkeit gebracht, eine für sie günstigere Rechtswahl zu treffen.[1388] Daneben begünstigt die beschränkte Rechtswahl durch die begrenzten Rechtswahlmöglichkeiten unter Umständen sogar die Wahl eines Rechts, welches die schwächere Partei schlechter stellt.[1389] Die schwächere Partei hat dabei keine Möglichkeit, auf eine andere Rechtswahl hinzuwirken, da sich die stärkere Partei hinter dem vom Verordnungsgeber geschaffenen Katalog an wählbaren Rechten verschanzen kann. Schließlich bevorteilt die beschränkte Rechtswahl die stärkere Partei, da diese sich auf einige wenige Rechtsordnungen – im Personenbeförderungsvertrag in der Regel sogar nur auf eine einzige Rechtsordnung für alle Verträge – einstellen kann und dementsprechend weniger Informations- und Transaktionskosten aufwenden muss.[1390]

Für Verbraucher und Arbeitnehmer besteht durch die beschränkte Rechtswahl die Gefahr, dass sie als schwächere Partei nicht ausreichend und angemessen geschützt werden. Zwar kann gemäß dem Katalog des Art. 5 und Art. 7 Rom I-VO auch das Recht des gewöhnlichen Aufenthalts der schwächeren Person zu Anwendung

---

1384 *Nielsen*, in: Ferrari/Leible, Rome I Regulation - The Law Applicable to Contractual Obligations in Europe, 99, 107 f.; *Mankowski*, TransportR 2008, 339, 349; *Thorn*, in: Rauscher, Art. 5 Rom I-VO, Rn. 11 f.

1385 *Nielsen*, in: Ferrari/Leible, Rome I Regulation - The Law Applicable to Contractual Obligations in Europe, 99, 108.

1386 *Mankowski*, IHR 2008, 133, 140; *Nielsen*, in: Ferrari/Leible, Rome I Regulation - The Law Applicable to Contractual Obligations in Europe, 99, 107.

1387 Ein Schutz über die beschränkte Rechtswahl sei eine „Farce" *Mankowski*, IHR 2008, 133, 140 beziehungsweise eine „Illusion" *Nielsen*, in: Ferrari/Leible, Rome I Regulation - The Law Applicable to Contractual Obligations in Europe, 99, 107. Dazu ausführlich Teil 2 Kapitel 2D.II.

1388 Vorausgesetzt natürlich, dass sie diese durchsetzen könnte, siehe dazu Teil 2 Kapitel 1C.II.3(3).

1389 Dazu insbesondere die Problematik unter Art. 5 III Rom I-VO, *Ferid/Böhmer*, Internationales Privatrecht, 221; *Wagner*, TransportR 2009, 281, 287; *Mankowski*, IHR 2008, 133, 140; *Nielsen*, in: Ferrari/Leible, Rome I Regulation - The Law Applicable to Contractual Obligations in Europe, 99, 107.

1390 Zu diesem Problem bereits unter Teil 2 Kapitel 2D.II.

kommen. Die Anwendbarkeit des Heimatrechts ist aber nur eine von verschiedenen Wahlmöglichkeiten. Das durch den Katalog der Rechtsordnungen die Wahl eines Rechts ohne Bezug zum Vertrag verhindert und so die schwächere Partei ausreichend geschützt sei, ist nur ein Lippenbekenntnis.[1391] Denn die schwächere Partei hat im Zweifel – bis auf ihr Heimatrecht – keine Kenntnis von den übrigen Rechtsordnungen und ist daher genauso wie bei einer freien Rechtswahl von jedem fremden Recht überrascht und überfordert.[1392]

Darüber hinaus ist die Wahl eines Rechts „endgültig". Die schwächere Partei hat weder vor noch nach der Rechtswahl die Chance, auf für sie „bessere" Regelungen hinzuwirken.[1393] Der Katalog der Rechtsordnungen stellt sich daher als „Zwangsjacke" für die schwächere Partei dar.[1394] Die schwächere Partei ist, mangels entsprechender Information, bestehender Abhängigkeit beziehungsweise fehlender Handlungsmacht daran gebunden, welches Recht von der stärkeren Partei bestimmt wird, ohne ein „Sicherheitsnetz" zu haben, auf das sie sich verlassen kann. Die beschränkte Rechtswahl stellt daher kein geeignetes Rechtswahlmodell zum Schutz der schwächeren Partei dar.

III. Die bedingte Rechtswahl

Daneben ist über eine einheitliche Anwendung der bedingten Rechtswahl für die Rom-Verordnungen nachzudenken. Doch über die bedingte Rechtswahl ist ebenfalls kein umfassender Schutz gewährleistet. Vielmehr trennt sich die bedingte Rechtswahl von einer Vorgabe möglicher wählbarer Rechtsordnungen und orientiert sich an einer Rechtswahlbeschränkung, die allein an verschiedene Bedingungen (kommerziell tätige Partei, vor Eintritt des schadensbegründenden Ereignisses; frei ausgehandelt; ausdrücklich oder mit hinreichender Sicherheit bestimmbar) anknüpft.[1395] Die eigentliche Wahl eines bestimmten Rechts ist hingegen frei möglich.[1396] Ein

1391 *Mankowski*, Interessenpolitik und europäisches Kollisionsrecht, 51; *Mankowski*, TransportR 2008, 339, 350.

1392 *Kieninger*, in: von Hein/Rühl, Kohärenz im Internationalen Privat- und Verfahrensrecht der Europäischen Union, 307, 325; *Mankowski*, Interessenpolitik und europäisches Kollisionsrecht, 51.

1393 *Ferid/Böhmer*, Internationales Privatrecht, 221; *Wagner*, TransportR 2009, 281, 287; *Mankowski*, IHR 2008, 133, 140; *Nielsen*, in: Ferrari/Leible, Rome I Regulation - The Law Applicable to Contractual Obligations in Europe, 99, 107.

1394 *Kieninger*, in: von Hein/Rühl, Kohärenz im Internationalen Privat- und Verfahrensrecht der Europäischen Union, 307, 323 ff.

1395 Siehe zu den einzelnen Anknüpfungsregeln Teil 1 Kapitel 1A.I.1.e).

1396 *Sonnentag*, ZVglRWiss 105 (2006), 256, 274; *Mandery*, Party Autonomy in Contractual and Non-Contractual Obligations, 106 ff.; *Jakob/Picht*, in: Rauscher, Art. 14 Rom II-VO, Rn. 20.

umfassender Schutz auf diesem Weg wäre für die schwächere Partei nicht ausreichend sichergestellt.[1397]

Für die schwächere Partei stellt sich die bedingte Rechtswahl quasi als Rechtswahlfreiheit dar. Als Äquivalent zum Moment „Eintritt des schadensbegründenden Ereignisses" im außervertraglichen Schuldverhältnis zur Abgrenzung zwischen Art. 14 I 1 lit. a) und b) Rom II-VO ist im Vertragsrecht beispielsweise der Vertragsschluss heranzuziehen. Eine solche komplette Rechtswahlfreiheit nach Vertragsschluss birgt jedoch die gleichen Gefahren wie eine Rechtswahlfreiheit vor Vertragsschluss.[1398] Die schwächere Partei hat in der Regel keine bis wenige Einflussmöglichkeiten auf die Rechtswahl.[1399] Würde diese generell frei möglich sein, wäre nicht mehr von einem Schutz der schwächeren Partei in den Rom-Verordnungen zu sprechen. Das haben auch die Verordnungsgeber erkannt.[1400] Gerade deswegen existieren die verschiedenen Sonderkollisionsnormen. Die Rom-Verordnungen haben das Ziel des Schwächerenschutzes in den Erwägungsgründen festgeschrieben.[1401] Daher kann die bedingte Rechtswahl nicht als brauchbares Rechtswahlmodell für den Schutz der schwächeren Partei funktionieren. Daneben bringt die bedingte Rechtswahl die schwächere Partei um die Möglichkeit, vor dem Eintritt des schadensbegründenden Ereignisses respektive dem Vertragsschluss ein für ihr Rechtsverhältnis anwendbares Recht zu bestimmen. Ein solches Vorgehen verhindert jedoch Vorhersehbarkeit und Rechtssicherheit.[1402] Die schwächere Partei kann sich darüber hinaus nicht auf den ihr vertrauten Schutzstandard verlassen.[1403]

Darüber hinaus begrenzt die bedingte Rechtswahl die Parteiautonomie der stärkeren Partei zu sehr.[1404] Die bedingte Rechtswahl will durch die Bedingung der „frei ausgehandelten Vereinbarung" den Machtunterschied ausgleichen, der zwischen Parteien besteht, die auf einer „ähnlichen Ebene" anzusiedeln sind.[1405] Ein solcher Schutz ist jedoch für zwei kommerziell tätige Parteien – sprich Unternehmer im Vertragsrecht – nicht notwendig. Durch das zusätzliche formale Erfordernis

---

1397 *Fröhlich*, The private international law of non-contractual obligations according to the Rome-II regulation, 27 ff.

1398 *Kegel/Schurig*, Internationales Privatrecht, 118; *Keller*, in: Böckli/Eichenberger/Hinderling/Tschudi, Festschrift für Frank Vischer, 175, 183; *Kropholler*, Internationales Privatrecht, 150.

1399 Siehe dazu Teil 2 Kapitel 2D.IV.

1400 *Einsele*, RabelsZ 60 (1996), 417, 446.

1401 Erwägungsgrund 23 der Rom I-VO und Erwägungsgrund 31 der Rom II-VO.

1402 Ziele, denen die Rom-Verordnungen sich jedoch verschrieben haben, siehe dazu Erwägungsgrund 6 der Rom I- und II-VO.

1403 *Uebersax*, Der Schutz der schwächeren Partei im internationalen Vertragsrecht, 250; *Mankowski*, Interessenpolitik und europäisches Kollisionsrecht, 19.

1404 *Leible/Lehmann*, RIW 2007, 721; *Wagner*, IPRax 2008, 1, 13; *Jakob/Picht*, in: Rauscher, Art. 14 Rom II-VO, Rn. 14.

1405 Hierzu *Wagner*, IPRax 2008, 1, 13; *Kadner Graziano*, RabelsZ 73 (2009), 1, 8.

erschwert die bedingte Rechtswahl den Rechtsverkehr zwischen den stärkeren Parteien unnötig.[1406]

Allein für die Fälle, die nach Art. 4 III Rom II-VO zu beurteilen sind, wird ein anderer Schutz implementiert.[1407] Dies trifft aber auch nur dann zu, wenn zwischen den Parteien bereits ein Rechtsverhältnis besteht. Durch diese mehr oder weniger zufällige Konstellation wird jedoch kein ausreichender Schutz für die schwächere Partei im Allgemeinen erreicht.[1408]

Die bedingte Rechtswahl stellt für die untersuchten Schutzgruppen der Rom-Verordnungen kein ausreichendes Schutzmodell dar. Für die schwächere Partei wird darüber absolut kein Schutzmechanismus installiert, wohingegen für die stärkeren Parteien im Rechtsverkehr untereinander die Rechtswahlfreiheit unnötig begrenzt wird.

IV. Die überlagerte Rechtswahl

Das Günstigkeitsprinzip hat sich in der Rom I-VO zur Rechtswahlbeschränkung von Verbraucher- und Arbeitsverträgen durchgesetzt. Das Günstigkeitsprinzip war im Kollisionsrecht bereits seit längerem bekannt.[1409] Diese Art der Rechtswahlschranke findet ihr Vorbild vor allem in Frankreich und in Italien und stellte bei der Einführung des EVÜ die entscheidende Veränderung im Vergleich zur Rechtslage bis 1980 dar.[1410] Durch die Umverteilung der entstehenden Informationskosten zu Lasten der stärkeren Partei wirkt das Günstigkeitsprinzip dem Problem der Informationsasymmetrie entgegen.[1411] Mit dem Günstigkeitsprinzip soll einem Missbrauch der Rechtswahl vorgebeugt werden.[1412]

Über das Günstigkeitsprinzip ist festzustellen, welche Rechtsordnung das inhaltlich günstigere Recht bereithält.[1413] Damit hebt es gleichzeitig die Trennung zwischen materiellen Recht und Kollisionsrecht auf. Die Ermittlung des günstigeren

---

1406 *von Hein,* ZVglRWiss 102 (2003), 528, 548; *Jakob/Picht,* in: Rauscher, Art. 14 Rom II-VO, Rn. 25.

1407 Siehe dazu Teil 2 Kapitel 1C.II.1.c).

1408 Dieser würde nur greifen, falls ein vorheriges Rechtsverhältnis besteht und wenn diese nach Art. 5, 6, 7 oder 8 Rom I-VO zustande gekommen ist (unter der Maßgabe, dass Art. 5 und 7 Rom I-VO einen ausreichenden Schutz der schwächeren Partei sicherstellen).

1409 *Schröder,* Das Günstigkeitsprinzip im internationalen Privatrecht, 35; *Kropholler,* Internationales Privatrecht, 120.

1410 *Mankowski,* Interessenpolitik und europäisches Kollisionsrecht, 24.

1411 *Kroll-Ludwigs,* Parteiautonomie, 78 f.

1412 Dazu allgemein *Schröder,* Das Günstigkeitsprinzip im internationalen Privatrecht, 85 ff.; *Bratvogel,* Rechtswahlfreiheit, 220 ff.

1413 Anders als das normativ günstigere Recht, hier Gesetzgeber selbst festgelegt, welches das interessengerechtere und damit günstigere Recht darstellt, *Schröder,* Das Günstigkeitsprinzip im internationalen Privatrecht, 7; *Kroll-Ludwigs,* Parteiautonomie, 78 f.; *Nygh,* Autonomy in international contracts, 156 ff.; *Vogeler,* Die

Sachrechts wird der Bestimmung des anzuwendenden Rechts vorangestellt.[1414] Es lässt sich definieren als ein „kollisionsrechtlicher Grundsatz des Inhalts, dass die Entscheidung für das letztlich anzuwendende Recht mit dem Ziel getroffen oder korrigiert wird, von [mehreren] anwendbaren Rechtsordnungen die inhaltlich günstigere [zur Anwendung kommen zu lassen]."[1415]

1. „Bestimmungen, von denen nicht durch Vereinbarung abgewichen werden darf"

Bestimmungen, von denen nicht durch Vereinbarung abgewichen werden darf, stellen die für die Parteien zwingenden Normen dar.[1416] Als solche zwingenden Normen sind zunächst die einfach zwingenden Normen des Aufenthaltsrechts der schwächeren Partei heranzuziehen.[1417] Die Frage, ob international zwingende Normen ebenfalls unter die „Bestimmungen, von denen nicht durch Vereinbarung abgewichen werden darf" fallen, ist umstritten.[1418]

Zwar spricht die Existenz des Art. 9 Rom I-VO gegen eine Erweiterung auf international zwingende Normen.[1419] Demnach sind zwingende Vorschriften definiert als Vorschriften, „deren Einhaltung von einem Staat als so entscheidend für die Wahrung seines öffentlichen Interesses, insbesondere seiner politischen, sozialen oder wirtschaftlichen Organisation, angesehen [werden], dass sie ungeachtet des nach Maßgabe dieser Verordnung auf den Vertrag anzuwendenden Rechts auf alle Sachverhalte anzuwenden [sind], die in ihren Anwendungsbereich fallen."[1420] Eingriffsnormen sind darüber hinaus nach Erwägungsgrund 37 der Rom I-VO von „Bestimmungen, von denen nicht durch Vereinbarung abgewichen werden kann" abzugrenzen und enger auszulegen.[1421]

---

freie Rechtswahl, 283 ff.; *Kluth*, Die Grenzen des kollisionsrechtlichen Verbraucherschutzes, 283.

1414 *Schröder*, Das Günstigkeitsprinzip im internationalen Privatrecht, 11; *Valdini*, Der Schutz der schwächeren Vertragspartei, 272 ff.

1415 *Schröder*, Das Günstigkeitsprinzip im internationalen Privatrecht, 11.

1416 *Rühl*, in: BeckOGK Art. 6 Rom I-VO, Rn. 237; *Heiderhoff*, in: Rauscher, Art. 6 Rom I-VO, Rn. 51; *Kluth*, Die Grenzen des kollisionsrechtlichen Verbraucherschutzes, 187 ff.

1417 *Heiderhoff*, in: Rauscher, Art. 6 Rom I-VO, Rn. 51; *Rühl*, in: BeckOGK Art. 6 Rom I-VO, Rn. 237.

1418 *Limbach*, in: jurisPK, Art. 6 Rom I-VO, Rn. 53; *Rühl*, in: BeckOGK Art. 6 Rom I-VO, Rn. 237; *Heiderhoff*, in: Rauscher, Art. 6 Rom I-VO, Rn. 51.

1419 *Bitterich*, GPR 2006, 161, 164; *Mankowski*, IHR 2008, 133, 147; *Valdini*, Der Schutz der schwächeren Vertragspartei, 276 ff.

1420 Siehe dazu auch die Formulierung in der *Arblade* Entscheidung, EuGH, 23.11.1999, C-369/96.

1421 Siehe dazu *Bitterich*, GPR 2006, 161, 164; *Mankowski*, IHR 2008, 133, 147; *Valdini*, Der Schutz der schwächeren Vertragspartei, 276 ff. Dazu allgemein auch *Leible*,

Gerade deswegen erschiene es jedoch abwegig, international zwingende Normen aus dem Anwendungsbereich des Günstigkeitsprinzips auszuschließen, da sie sich als Spezialvorschriften neben einfach zwingenden Vorschriften darstellen.[1422] Der schwächeren Partei diesen – unter Umständen noch wichtigeren – Schutz nicht zuzusprechen, entbehrt jeder Grundlage.[1423]

Für Verträge nach Art. 8 Rom I-VO sind jedoch, anders als in Bezug auf die Vorschrift zum Verbraucherschutz, nicht allein die privatrechtlichen Normen zu betrachten, sondern auch die öffentlich-rechtlichen Vorschriften sowie Arbeitsverhältnisse im Bereich der Arbeitnehmerentsenderichtlinie.[1424]

Zwingende Vorschriften umfassen demnach gesetzliche Vorschriften[1425] sowie zwingendes Richterrecht.[1426] Weder für Art. 6 noch Art. 8 Rom I-VO ist der Kreis der zwingenden Vorschriften auf solche beschränkt, die allein den Schutz von Verbrauchern beziehungsweise Arbeitnehmern dienen.[1427] Vielmehr entspricht es dem Sinn und Zweck des Günstigkeitsprinzips, alle zwingenden Vorschriften in den Vergleich mit dem gewählten Recht miteinzubeziehen.[1428]

2. Die Ausgestaltung des Günstigkeitsprinzips

Die Maßstäbe, nach denen durch das Günstigkeitsprinzip die Bewertung des „besseren Rechts" erfolgen soll, sind höchst unklar.[1429] Bei einem Günstigkeitsvergleich sind die Ergebnisse, zu denen die gewählte und die objektiv anzuwendende Rechtsordnung

---

ZVglRWiss 97 (1998), 286 ff.; *Leible*, in: Reichelt, Europäisches Gemeinschaftsrecht und IPR, 31 ff.

1422 *Valdini*, Der Schutz der schwächeren Vertragspartei, 283; *Heiderhoff*, in: Rauscher, Art. 6 Rom I-VO, Rn. 9.

1423 *Rühl*, Statut und Effizienz, 414. Hier kann von einem „relativen Vorrang" der Eingriffsnormen gesprochen werden, so auch *Valdini*, Der Schutz der schwächeren Vertragspartei, 283; *Heiderhoff*, in: Rauscher, Art. 6 Rom I-VO, Rn. 9.

1424 *Valdini*, Der Schutz der schwächeren Vertragspartei, 286 ff.; *Heiderhoff*, in: Rauscher, Art. 6 Rom I-VO, Rn. 9; *Kluth*, Die Grenzen des kollisionsrechtlichen Verbraucherschutzes, 318; *Rühl*, Statut und Effizienz, 412. Dies ist bereits im Umkehrschluss aus den Angaben zu Art. 6 EVÜ (Arbeitsverträge) zu schließen, in dessen Begründung ausdrücklich auch öffentlich-rechtliche Normen als zwingende Vorschriften bezeichnet werden, sich in Art. 5 EVÜ dazu allerdings keine Angaben finden.

1425 *Rühl*, in: BeckOGK Art. 6 Rom I-VO, Rn. 237 f.; *Leible*, in: Hüßtege/Mansel, Art. 6 Rom I- VO, Rn. 69; *Magnus*, in: Staudinger, Art. 6 Rom I-VO, Rn. 140.

1426 *Martiny*, in: MüKo, Art. 6 Rom I-VO, Rn. 48; *Magnus*, in: Staudinger, Art. 6 Rom I-VO, Rn. 140; *Leible*, in: Hüßtege/Mansel, Art. 6 Rom I-VO, Rn. 69; *Rühl*, in: BeckOGK Art. 6 Rom I-VO, Rn. 238.

1427 *Valdini*, Der Schutz der schwächeren Vertragspartei, 282; *Martiny*, in: MüKo, Art. 9 Rom I-VO m.w.N.

1428 *Rühl*, in: BeckOGK Art. 6 Rom I-VO, Rn. 238.

1429 *Deinert*, Internationales Arbeitsrecht, 125 ff.

führen, miteinander zu vergleichen.[1430] Zur Anwendung kommt dann stets das für die schwächere Partei günstigere Recht, wobei das Recht der objektiven Anknüpfung den Mindeststandard an Schutz vorgibt, auf den sich Verbraucher und Arbeitnehmer berufen können.[1431] Das Günstigkeitsprinzip ist allerdings in seiner praktischen Anwendung bereits für einzelne Verträge als schwierig zu bezeichnen.[1432] Es ist zunächst zu klären, wie das „bessere Recht" zu ermitteln ist. Dabei existieren verschiedene Vergleichsmöglichkeiten.

a) Einzelvergleich

Teilweise wird ein Einzelvergleich der betroffenen Normen favorisiert.[1433] Ein Einzelvergleich macht jedoch wenig Sinn, wenn ein starker Zusammenhang mit anderen Normen besteht, die nur als abgrenzbarer Teilbereich angemessen zu beurteilen sind.[1434] Eine Einzelbetrachtung zerreißt daher einen Regelungszusammenhang, der auf der Ebene des materiellen Rechts besteht und kombiniert die einzelnen Elemente auf der Ebene des Kollisionsrechts daraufhin frei miteinander.[1435] Kritiker setzen daher einen solchen Vergleich mit „Rosinenpickerei" gleich, die die schwächere Partei zu Lasten des stärkeren Vertragspartners ungleich bevorteilt.[1436] Andere Stimmen relativieren die doppelte Bevorzugung der schwächeren Partei durch das Günstigkeitsprinzip und einen gleichzeitigen Einzelvergleich, da nicht allein sie, sondern auch der Vertragspartner in eine Rechtswahl einwilligen muss.[1437] Darüber hinaus ist einer übermäßigen Bevorteilung der schwächeren Partei durch Maßnahmen der Anpassung oder der Angleichung entgegenzutreten.[1438] Nach einer anderen Ansicht soll eine Kumulation von Vorteilen mehrerer Rechtsordnungen dann ausgeschlossen sein, wenn deren Zusammenfassung zu einem Ergebnis führt, welches keine der betroffenen Rechtsordnungen vorgibt.[1439] Trotz dessen stellt der Einzelvergleich keine brauchbare Lösung dar. Denn ein Einzelvergleich schafft ein Sonderrecht,

---

1430 *Valdini*, Der Schutz der schwächeren Vertragspartei, 272; *Schröder*, Das Günstigkeitsprinzip im internationalen Privatrecht, 166 ff.

1431 *Valdini*, Der Schutz der schwächeren Vertragspartei, 272 ff.; *Bratvogel*, Rechtswahlfreiheit, 220 ff.

1432 *Mankowski*, Interessenpolitik und europäisches Kollisionsrecht, 24 f.

1433 So beispielsweise *Junker*, Internationales Arbeitsrecht im Konzern, 267; *Schnitzler*, Das Günstigkeitsprinzip im internationalen Arbeitsrecht, 69.

1434 *Ganglberger*, Der Übergang vom IPRG zum EVÜ bei Arbeitsverhältnissen mit Auslandsbezug, 50.

1435 *Mäsch*, Rechtswahlfreiheit und Verbraucherschutz, 39.

1436 *Junker*, Internationales Arbeitsrecht im Konzern, 267; *Schnitzler*, Das Günstigkeitsprinzip im internationalen Arbeitsrecht, 69.

1437 *Junker*, Internationales Arbeitsrecht im Konzern, 267; *Mäsch*, Rechtswahlfreiheit und Verbraucherschutz, 39.

1438 *Schurig*, RabelsZ 54 (1990), 217, 225.

1439 *Däubler*, AWD/RIW 1972, 1, 10; *Ganglberger*, Der Übergang vom IPRG zum EVÜ bei Arbeitsverhältnissen mit Auslandsbezug, 50.

welches in keiner der betroffenen Rechtsordnungen zu finden ist.[1440] Das Ziel des Günstigkeitsprinzips ist es allein, der schwächeren Partei ein Sicherheitsnetz zu schaffen. Der Einzelvergleich schießt über dieses Ziel hinaus und schafft neues materielles Recht.[1441]

b) Gesamtvergleich

Ein Gesamtvergleich wird einhellig abgelehnt.[1442] Die fehlende Möglichkeit, einen solchen Vergleich der gesamten betroffenen Rechtsordnung tatsächlich durchzuführen, verbietet ein solches Verständnis des Günstigkeitsprinzips.[1443] Dafür sind alle entsprechenden zwingenden Vorschriften des objektiv anwendbaren Rechts herauszufiltern.[1444] Ein solches Vorgehen lässt sich jedoch ohne unverhältnismäßigen Aufwand nicht verwirklichen.[1445] Ein Gesamtvergleich verhindert Rechtssicherheit und Rechtsklarheit.[1446] Weiterhin bietet das durch einen Gesamtvergleich erlangte abstrakte Ergebnis keinen echten Vorteil für die schwächere Partei.[1447] Der Gesamtvergleich verhindert vielmehr einen Schwächerenschutz in den Fällen, in denen zwar eine Rechtsordnung insgesamt für die schwächere Partei günstiger wäre, aber genau die anstehende Sachfrage zu einem schlechteren Ergebnis führt.[1448] Für eine Ablehnung des Gesamtvergleichs lassen sich auch die Gesetzesmaterialien heranziehen.[1449]

1440 *Junker*, Internationales Arbeitsrecht im Konzern, 267; *Mäsch*, Rechtswahlfreiheit und Verbraucherschutz, 39.

1441 *Junker*, Internationales Arbeitsrecht im Konzern, 268; *Nygh*, Autonomy in international contracts, 157.

1442 *Schnitzler*, Das Günstigkeitsprinzip im internationalen Arbeitsrecht, 63 ff.; *Junker*, Internationales Arbeitsrecht im Konzern, 267; *Mäsch*, Rechtswahlfreiheit und Verbraucherschutz, 40; *Schurig*, RabelsZ 54 (1990), 217, 225.

1443 *Junker*, Internationales Arbeitsrecht im Konzern, 267, der bezeichnet einen solchen Vergleich als „gröbste Willkür".

1444 *Schnitzler*, Das Günstigkeitsprinzip im internationalen Arbeitsrecht, 63 ff.; *Junker*, Internationales Arbeitsrecht im Konzern, 267; *Mäsch*, Rechtswahlfreiheit und Verbraucherschutz, 40; *Schurig*, RabelsZ 54 (1990), 217, 225.

1445 *Mäsch*, Rechtswahlfreiheit und Verbraucherschutz, 40; *Schurig*, RabelsZ 54 (1990), 217, 225.

1446 *Junker*, Internationales Arbeitsrecht im Konzern, 267.

1447 *Mäsch*, Rechtswahlfreiheit und Verbraucherschutz, 40; *Ganglberger*, Der Übergang vom IPRG zum EVÜ bei Arbeitsverhältnissen mit Auslandsbezug, 51; *Junker*, Internationales Arbeitsrecht im Konzern, 268.

1448 *Ganglberger*, Der Übergang vom IPRG zum EVÜ bei Arbeitsverhältnissen mit Auslandsbezug, 51.

1449 *Junker*, Internationales Arbeitsrecht im Konzern, 268. Nach *Junker* lässt sich der *Giuliano/Lagarde* Bericht, BT-Drs. 10/503, 36, 57 heranziehen, der als Beispiel verschieden lange Kündigungsfristen nennt, was als Indiz gegen einen Gesamtverglich spräche.

c) Gruppenvergleich

Bei einem Gruppenvergleich sind die betroffenen Vorschriften, die in einem rechtlichen und tatsächlichen Zusammenhang stehen, zusammenzufassen und gegenüberzustellen.[1450] In Hinsicht auf Praktikabilität und Gerechtigkeit kann diese Lösung überzeugen.[1451] Denn so lassen sich Rechtsordnungen sinnvoll miteinander vergleichen. Des Weiteren verhindert ein Gruppenvergleich eine „Rosinenpickerei" zu Gunsten der schwächeren Partei.[1452]

Kritisch anzumerken ist allerdings, dass die Gefahr einer Kumulierung von Rechtsordnungen, wie sie beispielsweise auch bei einem Einzelvergleich droht, nicht vollends zu vermeiden ist.[1453] Hier bestehen daher Anregungen, den Gruppenvergleich durch ein kollisionsrechtliches Instrument wie die Angleichung oder die Anpassung zu modifizieren.[1454]

d) Stellungnahme

Die wohl herrschende Meinung favorisiert einen Vergleich der Sachgruppen, das heißt die Frage, welche Rechtsordnung das „bessere Recht" bereithält, muss sich danach beurteilen lassen, welche Gruppe an sachlich zusammenhängenden Vorschriften bei einem Vergleich günstiger für die schwächere Partei erscheinen.[1455] Darauf deuten auch die Gesetzesmaterialien hin.[1456]

Diese Günstigkeitsbewertung ist eine Rechtsfrage, die grundsätzlich objektiv zu beurteilen ist, die persönlichen Interessen der schwächeren Partei müssen hier im Hintergrund stehen.[1457] Daher ist dem Gruppenvergleich, der einer angemessenen objektiven Bewertung am ehesten entspricht, der Vorzug zu geben.[1458] Der Günstigkeitsvergleich ist von Amts wegen durchzuführen.[1459]

1450 *Kropholler*, Internationales Privatrecht, 413; *Junker*, Internationales Arbeitsrecht im Konzern, 269; *Schnitzler*, Das Günstigkeitsprinzip im internationalen Arbeitsrecht, 67.

1451 *Ganglberger*, Der Übergang vom IPRG zum EVÜ bei Arbeitsverhältnissen mit Auslandsbezug, 51; *Junker*, Internationales Arbeitsrecht im Konzern, 269.

1452 *Kropholler*, Internationales Privatrecht, 413.

1453 *Ganglberger*, Der Übergang vom IPRG zum EVÜ bei Arbeitsverhältnissen mit Auslandsbezug, 51; *Deinert*, Internationales Arbeitsrecht, 126 f.

1454 *Schurig*, RabelsZ 54 (1990), 217, 225.

1455 Beispiel hierfür in *Ganglberger*, Der Übergang vom IPRG zum EVÜ bei Arbeitsverhältnissen mit Auslandsbezug, 51.

1456 *Junker*, Internationales Arbeitsrecht im Konzern, 267; *Ganglberger*, Der Übergang vom IPRG zum EVÜ bei Arbeitsverhältnissen mit Auslandsbezug, 51.

1457 *Kropholler*, Internationales Privatrecht, 413; *Junker*, Internationales Arbeitsrecht im Konzern, 269; *Schnitzler*, Das Günstigkeitsprinzip im internationalen Arbeitsrecht, 67.

1458 *Junker*, Internationales Arbeitsrecht im Konzern, 267; *Ganglberger*, Der Übergang vom IPRG zum EVÜ bei Arbeitsverhältnissen mit Auslandsbezug, 51.

1459 *Magnus*, in: Staudinger, Art. 8 Rom I-VO, Rn. 88 f.

3. *Kritik am Günstigkeitsprinzip*

Das Günstigkeitsprinzip wird jedoch nicht kritiklos akzeptiert.[1460] Neben dem immer währenden Vorwurf der Generierung eines *law mix*[1461] existieren verschiedene weitere Probleme: So ist es in der Praxis meist schwierig, auf jeden Fall aber arbeits- und kostenintensiver, gleichzeitig die Regelungen des gewählten Rechts sowie die zwingenden Bestimmungen des ohne eine Rechtwahl anzuwendenden Rechts miteinander zu vergleichen und zu berücksichtigen.[1462] Dies haben die vorhergehenden Ausführungen gezeigt. Neben der Frage, wie umfangreich der Vergleich ausfallen soll sind auch die Kriterien, anhand derer der Vergleich durchzuführen ist, nicht immer eindeutig.[1463]

Darüber hinaus ist zu kritisieren, dass durch das Günstigkeitsprinzip nicht von Beginn an klar ist, welches das anwendbare Recht ist.[1464] Keine der Parteien kann sich daher zum Zeitpunkt der Rechtswahlvereinbarung sicher sein, dass das gewählte Recht in dieser Form tatsächlich Anwendung findet.[1465] Für die stärkere Partei im Vertragsrecht besteht kaum die Möglichkeit, ihre Geschäfte am Binnenmarkt zuverlässig zu planen.[1466]

Ein weiterer Nachteil des Günstigkeitsprinzips ist und bleibt die Tatsache, dass von der stärkeren Partei, die auf dem gesamten Binnenmarkt tätig sein möchte, verlangt wird, die Rechte aller Mitgliedsstaaten zu kennen.[1467] Die Unterschiede in den nationalen Rechtsordnungen erlauben eine solch umfassende Kenntnis nur im Gegenzug zu hohen Transaktions- und Informationskosten.[1468] Daher sieht man auch in der Geltung des Günstigkeitsprinzips einen Grund, weswegen viele Unternehmen von grenzüberschreitenden Transaktionen Abstand nehmen.[1469] Aufgrund

1460 *Kroll-Ludwigs*, Parteiautonomie, 81; *Junker*, Internationales Arbeitsrecht im Konzern, 266 f.; *Ganglberger*, Der Übergang vom IPRG zum EVÜ bei Arbeitsverhältnissen mit Auslandsbezug, 50 f.; *Leible*, in: Hüßtege/Mansel, Art. 6 Rom I-VO, Rn. 68.

1461 Dazu *Schröder*, Das Günstigkeitsprinzip im internationalen Privatrecht, 37 ff.

1462 *Kroll-Ludwigs*, Parteiautonomie, 81; *Junker*, Internationales Arbeitsrecht im Konzern, 266 f.; *Ganglberger*, Der Übergang vom IPRG zum EVÜ bei Arbeitsverhältnissen mit Auslandsbezug, 50 f.; *Mäsch*, Rechtswahlfreiheit und Verbraucherschutz, 39; *Riesenhuber*, in: Witzleb/Ellger/Mankowski/Merkt/Remien, Festschrift für Martiny, 531, 532; *Brand*, IPRax 2013, 126, 127 f.; *Mankowski*, Interessenpolitik und europäisches Kollisionsrecht, 23; *Schurig*, RabelsZ 54 (1990), 217, 225; *Leible*, in: Hüßtege/Mansel, Art. 6 Rom I-VO, Rn. 68.

1463 Dazu allgemein *Mäsch*, Rechtswahlfreiheit und Verbraucherschutz, 32 ff.

1464 So *Rühl*, in: BeckOGK Art. 6 Rom I-VO, Rn. 215; *Leible*, in: Hüßtege/Mansel, Art. 6 Rom I-VO, Rn. 68.

1465 *Mankowski*, Interessenpolitik und europäisches Kollisionsrecht, 24.

1466 *Rühl*, in: BeckOGK Art. 6 Rom I-VO, Rn. 215; *Riesenhuber*, in: Witzleb/Ellger/Mankowski/Merkt/Remien, Festschrift für Martiny, 531, 536.

1467 *Kroll-Ludwigs*, Parteiautonomie, 81 f.; *Leible*, BB 2008, 1469, 1472.

1468 Hier sei nur als Beispiel der Bereich der Widerrufsrechte genannt, dazu *Tamm*, Verbraucherschutzrecht, 203 ff.

1469 *Kroll-Ludwigs*, Parteiautonomie, 82 m.w.N.

der weiten Anerkennung des Prinzips ist es jedoch möglich, dass sich die Kosten für die stärkere Partei bei einer Vielzahl grenzüberschreitender Verträge wieder senken lassen.[1470]

Schließlich ist dem Günstigkeitsvergleich vorzuwerfen, er diene weder einer materiellrechtlichen noch einer kollisionsrechtlichen Gerechtigkeit, sondern generiere nur neue Regelungen, mit welchen die Anbieter stärker belastet würden.[1471] Denn weder auf kollisionsrechtlicher Ebene noch auf materiellrechtlicher Ebene gewährt das Günstigkeitsprinzip den tatsächlich benötigten Schutz.[1472] Die schwächere Person wird durch die Anwendbarkeit eines für sie günstigeren Rechts zwar grundsätzlich besser gestellt.[1473] Dies führt jedoch nicht automatisch dazu, dass sie auch besser informiert und weniger abhängig ist noch das ihr plötzlich mehr Verhandlungsmacht zukommt. Das Günstigkeitsprinzip helfe in der Praxis nur der „informierten" schwächeren Partei.[1474] Die schwächere Partei müsste zunächst rechtlichen Rat einholen, um zu erfahren, dass sie beispielsweise gegenüber einer nach allgemeinen Geschäftsbedingungen getroffenen Rechtswahl kollisionsrechtlichen Schutz genießt.[1475] Eine uninformierte Partei hingegen akzeptiert die getroffene Rechtswahl und hinterfragt diese nicht.[1476] Doch das Problem um die „informierte" schwächere Partei lässt sich ebenso auf das Modell des Rechtswahlausschlusses übertragen.[1477] Diese „psychologische Barriere" ist daher weder durch das Günstigkeitsprinzip noch einen Rechtswahlausschluss zu durchbrechen.[1478]

1470 *Valdini*, Der Schutz der schwächeren Vertragspartei, 273; *Kluth*, Die Grenzen des kollisionsrechtlichen Verbraucherschutzes, 185.

1471 *Leible*, in: Leible, Das Grünbuch zum Internationalen Vertragsrecht, 133, 145; *Leible*, in: Hüßtege/Mansel, Art. 6 Rom I-VO, Rn. 68.

1472 *Leible*, in: Leible, Das Grünbuch zum Internationalen Vertragsrecht, 133, 146; *Wilmowsky*, ZEuP 1995, 735, 739; *Roth*, Internationales Versicherungsvertragsrecht, 441 f.

1473 *Rühl*, Statut und Effizienz, 552; *Kroll-Ludwigs*, Parteiautonomie, 81 f.; *Schröder*, Das Günstigkeitsprinzip im internationalen Privatrecht, 85 ff.; *Bratvogel*, Rechtswahlfreiheit, 220 ff.

1474 *Mankowski*, Interessenpolitik und europäisches Kollisionsrecht, 23; *Kroll-Ludwigs* weist zudem darauf hin, dass auch ein Ausschluss der Rechtwahlfreiheit die Unternehmer wohl nicht dazu bringen könnte, auf entsprechende vorgefertigte Rechtswahlklauseln in Verbraucherverträgen zu verzichten *Kroll-Ludwigs*, Parteiautonomie, 82; *Mankowski*, EuZ 2009, 2, 6; *Mankowski*, IPRax 2006, 101, 106.

1475 *Mankowski*, in: Ackermann/Köndgen, Festschrift für Wulf-Henning Roth, 361, 367 ff.; *Rühl*, Statut und Effizienz, 552; *Kroll-Ludwigs*, Parteiautonomie, 81 f.

1476 *Mankowski*, Interessenpolitik und europäisches Kollisionsrecht, 23; *Kroll-Ludwigs*, Parteiautonomie, 82.

1477 *Mankowski*, Interessenpolitik und europäisches Kollisionsrecht, 23.

1478 *Mankowski*, in: Ackermann/Köndgen, Festschrift für Wulf-Henning Roth, 361, 367 ff.; *Mankowski*, in: Lorenz, Festschrift Andreas Heldrich, 867, 895.

Bei einer praxisnahen Beurteilung des Günstigkeitsvergleichs zeigt sich ein weiterer Kritikpunkt: Als Folge der komplizierten Regelung führt man den erforderlichen Günstigkeitsvergleich wohl nur dann durch, wenn sich eine Rechtsstreitigkeit anbahnt.[1479] Oft wird der Günstigkeitsvergleich aber auch dann nicht vorgenommen.[1480] Gerichte neigen ebenso dazu, eher das forumseigene Recht zu befragen, als die Strapazen eines Günstigkeitsvergleichs auf sich zu nehmen.[1481]

Die Anwendung des Günstigkeitsprinzip ist jedoch nicht zu kritisch zu sehen: Es kommt darauf an, welches Ziel die schwächere Partei verfolgt.[1482] Unter Umständen ergibt sich ein entsprechender Anspruch bereits aus dem gewählten Recht, sodass ein aufwendiger Vergleich und eine entsprechende Auswertung gar nicht erforderlich sind.[1483]

4. *Entbehrlichkeit des Günstigkeitsprinzips*

Die aufgezeigten Kritikpunkte lassen die Frage aufkommen, ob das Günstigkeitsprinzip noch tatsächliche Geltungskraft entfaltet oder zu einem „symbolischen" Schutz verkommen ist.[1484] In der Literatur werden bereits andere Ansätze diskutiert, wonach das Günstigkeitsprinzip entbehrlich geworden sei.[1485] Ein ausreichender Schutz der schwächeren Partei auf kollisionsrechtlicher Eben sei demnach beispielsweise bereits durch die entsprechenden europäischen Richtlinien oder das bestehende Einheitsrecht für die jeweiligen Schutzgruppen erreicht.[1486]

1479 *Basedow*, in: Mansel/Pfeiffer/Kronke/Kohler/Hausmann, Festschrift für Erik Jayme, 3, 16–17; *Rühl*, Statut und Effizienz, 552; *Kroll-Ludwigs*, Parteiautonomie, 81 f.; *Mankowski*, ZVglRWiss 105 (2006), 120, 155.

1480 *Rühl*, Statut und Effizienz, 552; *Kroll-Ludwigs*, Parteiautonomie, 81 f.; *Mankowski*, ZVglRWiss 105 (2006), 120, 155.

1481 Dies ergab bereits eine empirische Studie, in der Jürgen Basedow nachweisen konnte, dass europäische Gerichte regelmäßig auf den geforderten Günstigkeitsvergleich verzichten, *Basedow*, in: Mansel/Pfeiffer/Kronke/Kohler/Hausmann, Festschrift für Erik Jayme, 3, 16–17; *Rühl*, Statut und Effizienz, 552; *Kroll-Ludwigs*, Parteiautonomie, 81 f.; *Mankowski*, ZVglRWiss 105 (2006), 120, 155.

1482 *Heiderhoff*, in: Rauscher, Art. 6 Rom I-VO, Rn. 52; *Mankowski*, EuZ 2009, 2, 6.

1483 So *Heiderhoff*, in: Rauscher, Art. 6 Rom I-VO, Rn. 52.

1484 *Mankowski*, Interessenpolitik und europäisches Kollisionsrecht, 24.

1485 *Grundmann*, in: Ackermann/Köndgen, Festschrift für Wulf-Henning Roth, 181 188 ff.

1486 *Riesenhuber*, in: Witzleb/Ellger/Mankowski/Merkt/Remien, Festschrift für Martiny, 531 ff.

a) Ein Mindestschutzstandard durch EU-Richtlinienrecht

Insbesondere das Verbraucher-[1487], Arbeits-[1488] und Versicherungsrecht[1489] sind heute durch eine Vielzahl von Richtlinien gekennzeichnet. Als die Bestrebungen um eine

---

1487 Im Folgenden werden die Richtlinien aufgeführt, die Beschränkungen zur Rechtswahl enthalten. Richtlinie 93/13/EWG des Rates vom 5. April 1993 über mißbräuchliche Klauseln in Verbraucherverträgen, ABl. Nr. L 95/29 (Klauselrichtlinie); Richtlinie 1999/44/EG des Europäischen Parlaments und des Rates vom 25. Mai 1999 zu bestimmten Aspekten des Verbrauchsgüterkaufs und der Garantien für Verbrauchsgüter, ABl. Nr. L 171/12 (Verbrauchsgüterkaufrichtlinie);Richtlinie 2002/65/EG des Europäischen Parlaments und des Rates vom 23. September 2002 über den Fernabsatz von Finanzdienstleistungen an Verbraucher und zur Änderung der Richtlinie 90/619/EWG des Rates und der Richtlinien 97/7/EG und 98/27/EG, ABl. Nr. L 271/16 (Finanzdienstleistungsfernabsatz-Richtlinie); Richtlinie 2008/48/EG des Europäischen Parlamentes und des Rates vom 23. April 2008 über Verbraucherkreditverträge und zur Aufhebung der Richtlinie 87/102/EWG des Rates, ABl. Nr. L 133/66 (Verbraucherkreditrichtlinie); Richtlinie 2008/122/EG des Europäischen Parlaments und des Rates vom 14. Januar 2009 über den Schutz der Verbraucher im Hinblick auf bestimmte Aspekte von Teilzeitnutzungsverträgen, Verträgen über langfristige Urlaubsprodukte sowie Wiederverkaufs- und Tauschverträgen, ABl. Nr. L 33/10 (Timesharingrichtlinie); Richtlinie 2011/83/EU des Europäischen Parlaments und des Rates vom 25. Oktober 2011 über die Rechte der Verbraucher, zur Abänderung der Richtlinie 93/13/EWG des Rates und der Richtlinie 1999/44/EG des Europäischen Parlaments und des Rates sowie zur Aufhebung der Richtlinie 85/577/EWG des Rates und der Richtlinie 97/7/EG des Europäischen Parlaments und des Rates, ABl. Nr. L 304/64 (neue Verbraucherrechterichtlinie).

1488 Richtlinie über Massenentlassungen (RL 98/59/EG zur Angleichung der Rechtsvorschriften der Mitgliedstaaten über Massenentlassungen vom 20.7.1998, ABl. EG Nr. L 225 S. 16), die Richtlinie über den Betriebsübergang (RL 2001/23/EG des Rates vom 12.3.2001 zur Angleichung der Rechtsvorschriften der Mitgliedstaaten über die Wahrung von Ansprüchen der Arbeitnehmer beim Übergang von Unternehmen, Betrieben und Betriebsteilen, ABl. EG Nr. L 82 S. 16), dem Schutz des Arbeitnehmers vor Zahlungsunfähigkeit des Arbeitgebers dient die Richtlinie zum Insolvenzgeld (RL 80/987/EWG vom 20.10.1980, ABl. EG Nr. L 283 S. 23), zur betriebliche Altersversorgung gilt die Pensionsfondsrichtlinie (RL 2003/41/EG des Europäischen Parlaments und des Rates vom 3.6.2003 über die Tätigkeiten und die Beaufsichtigung von Einrichtungen der betrieblichen Altersversorgung, ABl. EG Nr. L 235 S. 10) sowie die Leiharbeitsrichtlinie zum Grundsatz der Gleichbehandlung (RL 2008/104/EG des Europäischen Parlaments und des Rates vom 19.11.2008 über Leiharbeit (ABl. EU Nr. L 327 S. 9). Daneben existieren verschiedene Richtlinien zur Durchsetzung des Diskriminierungsverbots (hierzu insbesondere RL 2000/43/EG zur Anwendung des Gleichbehandlungsgrundsatzes ohne Unterschied der Rasse oder der ethnischen Herkunft vom 29.6.2000, ABl. EG Nr. L 180 S. 22.) sowie dem Gleichbehandlungsgebots (beispielsweise RL vom 24.7.1986 zur Verwirklichung des Grundsatzes der Gleichbehandlung von Männern und Frauen bei den betrieblichen Systemen der sozialen Sicherheit, ABl. EG Nr. L 225 S. 40). Siehe dazu auch *Neumann*, Europäisches Arbeitsrecht. Richtlinien, Verordnungen, Übereinkommen, 1 ff.

1489 Zweite Richtlinie „Schadenversicherung" (Richtlinie 88/357/EWG vom 22.6.1988, geändert und ergänzt durch die Richtlinien 92/49/EWG und 2002/13/EG); Zweite

Vereinheitlichung des Kollisionsrechts in den 60er Jahren begannen, stellte sich die Situation jedoch anders dar: Es existierten in den nationalen Rechtsordnungen nur wenige spezielle Regelungen zum Schutz der unterlegenen Vertragspartei.[1490] Vor diesem Hintergrund war das Günstigkeitsprinzip vorteilhaft, da die nationalen Regelungen gerade erst entstanden und höchst unterschiedlich ausgestaltet waren.[1491]

Durch die unzähligen und dezidierten Richtlinien, die in den nächsten 50 Jahren entstanden,[1492] wurde insbesondere das Verbrauchervertragsrecht umfassend angeglichen.[1493] Der Verbraucherschutz als zwingendes Allgemeininteresse erfolgt mittlerweile in der gesamten Union über ein einheitlich hohes Schutzniveau.[1494] Es sei daher davon auszugehen, dass ein weitergehender Schutz über das Günstigkeitsprinzip nicht mehr erforderlich ist.[1495] Ein solcher mache nur dann noch Sinn, wenn das Recht eines Drittstaates zur Anwendung kommt.[1496] Bei der Wahl des Rechts eines Mitgliedsstaates sei es daher möglich, darauf zu verzichten.[1497]

Ob man dabei von einer Mindest- oder einer Vollharmonisierung ausgeht, mache dabei keinen Unterschied.[1498] Im Rahmen der Vollharmonisierung kommt das Günstigkeitsprinzip ohnehin nicht zum Tragen.[1499] Bei einer Mindestharmonisierung

---

Richtlinie „Lebensversicherung" (Richtlinie 90/619/EWG vom 8.1.1990, geändert und ergänzt durch die Richtlinien 92/96/EWG und 2002/12/EG).

1490 *Riesenhuber*, in: Witzleb/Ellger/Mankowski/Merkt/Remien, Festschrift für Martiny, 531, 532; *von Hippel*, Verbraucherschutz, 3 ff.

1491 *Brand*, IPRax 2013, 126, 126 ff.; *Riesenhuber*, in: Witzleb/Ellger/Mankowski/Merkt/Remien, Festschrift für Martiny, 531, 532; *von Hippel*, Der Schutz des Schwächeren, 2 ff.

1492 *Riesenhuber*, System und Prinzipien des europäischen Vertragsrechts, 211 ff.; *von Hippel*, Verbraucherschutz, 10 f. Dazu allgemein *Bröcker*, Verbraucherschutz im europäischen Kollisionsrecht, 107 ff.; *Nemeth*, Kollisionsrechtlicher Verbraucherschutz in Europa, 77 ff.

1493 *Riesenhuber*, in: Witzleb/Ellger/Mankowski/Merkt/Remien, Festschrift für Martiny, 531, 532.

1494 *Grundmann*, in: Ackermann/Köndgen, Festschrift für Wulf-Henning Roth, 181, 196 ff.

1495 Für den Unternehmer stellt sich ein solches Vorgehen vorteilhaft dar, da er sich umfassend auf die gewählte Rechtsordnung verlassen kann. Für den Verbraucher besteht nur dann ein Nachteil, wenn sein Heimatrecht ein noch höheres Schutzniveau als die Richtlinie vorschreibt. So *Riesenhuber*, in: Witzleb/Ellger/Mankowski/Merkt/Remien, Festschrift für Martiny, 531, 533 f.; *Grundmann*, in: Ackermann/Köndgen, Festschrift für Wulf-Henning Roth, 181, 196 ff.

1496 *Riesenhuber*, in: Witzleb/Ellger/Mankowski/Merkt/Remien, Festschrift für Martiny, 531, 532. Zum Bezug zwischen verbraucherschützenden Richtlinienkollisionsrecht und der Wahl drittstaatlichen Rechts *Rühl*, in: BeckOGK Art. 6 Rom I-VO, Rn. 47 ff.

1497 *Riesenhuber*, in: Witzleb/Ellger/Mankowski/Merkt/Remien, Festschrift für Martiny, 531, 539 ff.

1498 *Grundmann*, in: Ackermann/Köndgen, Festschrift für Wulf-Henning Roth, 181, 189; *Riesenhuber*, in: Witzleb/Ellger/Mankowski/Merkt/Remien, Festschrift für Martiny, 531, 540.

1499 *Leible/Schröder*, in: Streinz (Hrsg.) EUV/AEUV, Art. 114 AEUV, Rn. 30.

würde das Günstigkeitsprinzip nur eine Rolle spielen, wenn das gewählte Recht einen geringeren Schutzstandard aufweist als das objektiv anwendbare Recht.[1500] Dennoch entspricht das mitgliedsstaatliche Recht dann immer noch einem hohen Mindeststandard, sodass nicht von einer Benachteiligung der schwächeren Partei auszugehen sei.[1501] Das Interesse der stärkeren Partei an einer zuverlässigen Rechtsanwendung werde auf diesem Weg ebenfalls befriedigt.[1502]

Der Verzicht auf das Günstigkeitsprinzip zugunsten des einheitlichen Mindestschutzstandards stellt sich jedoch (noch) nicht als tragbar dar. Es besteht die Gefahr, dass man sich auf das geschaffene, hohe Verbraucherschutzniveau verlässt und es keine Weiterentwicklung dessen mehr gibt.[1503] Das alleinige Verlassen auf ein Mindestschutzniveau über Richtlinien wird noch als zu „zweifelhaft" und zu „unsicher" bezeichnet.[1504]

Darüber hinaus hat die Rechtsangleichung in den übrigen untersuchten Schutzbereichen noch nicht das Schutzniveau erreicht, welches heute im Verbrauchervertragsrecht herrscht.[1505] Das Günstigkeitsprinzip für den Schutz der Arbeitnehmer, Reisenden, Versicherungsnehmer und die nicht-kommerziell tätige Partei aufzugeben, wäre daher verfrüht. Daneben kann das Günstigkeitsprinzip aber vor dem Ziel der Kohärenz nicht allein für Verbraucherverträge gestrichen werden. Der Schutz über Richtlinienrecht macht das Günstigkeitsprinzip daher nicht entbehrlich.[1506]

b) Ein Mindestschutzstandard durch internationales Einheitsrecht

Gleiches lässt sich für das bestehende Einheitsrecht anführen. Die Ausgestaltung der Regelungen für die untersuchten Schutzgruppen stellt sich höchst unterschiedlich dar.[1507] Im Rahmen des Transportrechts existiert eine Vielzahl von Regelungen, die dem Schutz der Reisenden dient.[1508] Insbesondere hier stellte die Masse an

---

1500 *Riesenhuber*, in: Witzleb/Ellger/Mankowski/Merkt/Remien, Festschrift für Martiny, 531, 540.

1501 *Grundmann*, in: Ackermann/Köndgen, Festschrift für Wulf-Henning Roth, 181, 198 f.; *Riesenhuber*, in: Witzleb/Ellger/Mankowski/Merkt/Remien, Festschrift für Martiny, 531, 534.

1502 *Grundmann*, in: Ackermann/Köndgen, Festschrift für Wulf-Henning Roth, 181, 199.

1503 *Leible/Schröder*, in: Streinz (Hrsg.) EUV/AEUV, Art. 114 AEUV, Rn. 30.

1504 *Riesenhuber*, in: Witzleb/Ellger/Mankowski/Merkt/Remien, Festschrift für Martiny, 531, 534.

1505 Dazu *Heiderhoff*, in: Rauscher, Art. 6 Rom I-VO, Rn. 12 f.; *Rühl*, in: BeckOGK Art. 6 Rom I-VO, Rn. 45 ff.

1506 *Riesenhuber*, in: Witzleb/Ellger/Mankowski/Merkt/Remien, Festschrift für Martiny, 531, 534.

1507 *Leible/Schröder*, in: Streinz (Hrsg.) EUV/AEUV, Art. 114 AEUV, Rn. 30; *Riesenhuber*, in: Witzleb/Ellger/Mankowski/Merkt/Remien, Festschrift für Martiny, 531, 534.

1508 Hier muss zwischen den verschiedenen Bereichen des Transportrechts differenziert werden. Für das Seerecht entfaltet beispielsweise das Athener Übereinkommen über die Beförderung von Reisenden und ihrem Gepäck auf See vom 13. Dezember 1974

Vorschriften außerhalb des Kollisionsrechts ein Argument dar, weswegen ein Schutz der zu befördernden Person über die beschränkte Rechtswahl ausreichend sei.[1509]

Allerdings gewährleisten die verschiedenen Einheitsrechte kein für alle Schutzgruppen einheitliches Schutzniveau.[1510] Eine Ausnahme von einem kollisionsrechtlichen Mindestschutzniveau allein für Personenbeförderungsverträge zu machen, entspricht jedoch nicht dem Ziel nach Kohärenz in der Rom I- und II-VO. Daher ist auch vor diesem Hintergrund nicht von einer Entbehrlichkeit des Günstigkeitsprinzips auszugehen.

5. *Das Günstigkeitsprinzip als allgemeines Rechtswahlmodell*

Im Folgenden ist darzustellen, ob das Günstigkeitsprinzip als Rechtswahlmodell auch für die bisher anders geregelten Schutzgruppen überzeugen kann.

a) Das Günstigkeitsprinzip für Art. 5 Rom I-VO

Ein Schutz der zu befördernden Partei nach dem Günstigkeitsprinzip könnte viele der aufgezeigten Probleme beseitigen. Neben einem Gleichlauf mit Art. 6 und 8 Rom I-VO wäre ein tatsächlicher Schutz für Reisende zu erreichen. Denn durch die Garantie des Mindestschutzniveaus könnte dem Reisenden zumindest nicht der Schutz entzogen werden, der ihm nach dem Recht seines gewöhnlichen Aufenthaltes zukommt.[1511] Dem Reisenden wird so garantiert, dass das ihm bekannte Recht als „Sicherheitsnetz"

Wirkung (KOM(2003) 375 endg. vom 25.06.2003 und KOM(2005) 592 endg. vom 23.11.2005). Für den Luftverkehr ist das Montrealer Übereinkommen heranzuziehen (Montrealer Übereinkommen zur Vereinheitlichung bestimmter Vorschriften über die Beförderung im internationalen Luftverkehr vom 28. Mai 1999, ABl. EG 2001 L 194/39). Im Schienenverkehr gilt das COTIF (Convention relative aux Transports International aux Ferroviaires), genauer dessen Anhang A (vom 9. Mai 1980, BGBl II 1985 S. 129, BGBl II 2002, S. 2149 und BGBl II 2010, S. 1246). Hier findet sich die CIV-Konvention (Einheitliche Rechtsvorschriften für den Vertrag über die internationale Eisenbahnförderung von Personen und Gepäck) mit Regelungen für den Beförderungsvertrag. Das Übereinkommen über den Vertrag über die internationale Beförderung von Personen und Gepäck auf der Straße (CVR) vom 1. März 1973 hält kollisionsrechtliche Rechtwahlbestimmungen für den Straßentransport bereit (Rev. dr. unif. 1974 II 68). Siehe dazu allgemein *Schilling*, Das Internationale Privatrecht der Transportverträge, 13 ff.

1509 *Mankowski*, Interessenpolitik und europäisches Kollisionsrecht, 49.

1510 Allein im Transportrecht herrscht ein entsprechend ausdifferenziertes System, siehe dazu *Thorn*, in: Rauscher, Art. 5 Rom I-VO, Rn. 84 ff.; *Mankowski*, Interessenpolitik und europäisches Kollisionsrecht, 49; *Mankowski*, TransportR 2011, 70, 71; *Karsten*, VuR 2012, 463, 463; *Wagner*, TransportR 2009, 103, 104 f.

1511 *Schröder*, Das Günstigkeitsprinzip im internationalen Privatrecht, 7; *Kroll-Ludwigs*, Parteiautonomie, 78 f.; *Nygh*, Autonomy in international contracts, 156 ff.; *Vogeler*, Die freie Rechtswahl, 283 ff.; *Kluth*, Die Grenzen des kollisionsrechtlichen Verbraucherschutzes, 283.

gewährleistet bleibt. So wird auf Seiten der zu befördernden Personen Vertrauen auf einen Schutzstandard geschaffen.[1512] Der Umstand, dass aufgrund des größeren persönlichen Anwendungsbereichs auch Geschäftsreisende und nicht nur der typische Verbraucher dem Schutz des Günstigkeitsprinzips unterstehen, ist unschädlich für die Anwendbarkeit der überlagerten Rechtswahl.[1513]

Durch die Anwendbarkeit des Günstigkeitsprinzips würde sich die Praxis der Beförderer, in allgemeinen Geschäftsbedingungen auf das Recht am eigenen gewöhnlichen Aufenthalt beziehungsweise auf das Recht am Ort der eigenen Hauptverwaltung abzustellen, relativieren.[1514] Natürlich wäre durch die Anwendbarkeit des Günstigkeitsprinzips wahrscheinlich keine Umstellung der bisherigen Beförderer-AGB-Praxis zu erreichen, „ihr" Recht durchzusetzen.[1515] Der Reisende hätte aber, genau wie der Verbraucher und Arbeitnehmer, die Möglichkeit, die günstigeren Regelungen seines Heimatrechts zur Anwendung zu bringen.

Das Günstigkeitsprinzip würde auch keine unverhältnismäßige Mehrbelastung für den Beförderer bedeuten. Das Argument, ein solcher Massenvertrag und die Transnationalität des Beförderungsmarktes würden eine Anknüpfung nach der überlagerten Rechtswahl verbieten, konnte entkräftet werden.[1516] Die Vorhersehbarkeit und Rechtssicherheit im Rechtsgeschäft würde – insbesondere – zu Lasten der stärkeren Partei bei einem Günstigkeitsvergleich eingeschränkt.[1517] Doch auf diesem Weg könnte das herrschende Machtungleichgewicht zwischen der stärkeren und schwächeren Partei etwas abgemildert werden.

Schließlich wäre die unverständliche Rückausnahme für Pauschalreiseverträge in Art. 6 IV lit. b) Rom I-VO aufzuheben. Personenbeförderungsverträge aller Art wären so einer einheitlichen Regelung unterstellt. Die unklare Differenzierung zwischen Personenbeförderungsverträgen und Pauschalreiseverträgen wäre vorüber.

Die überlagerte Rechtswahl ist daher in der Lage, die Wertungswidersprüche in Bezug auf die Anknüpfung von Personenbeförderungsverträgen zu beseitigen und mehr Kohärenz für den Schutz der schwächeren Partei in der Rom I-VO zu schaffen.

1512 *Kroll-Ludwigs*, Parteiautonomie, 78 f.; *Mankowski*, Interessenpolitik und europäisches Kollisionsrecht, 24 f.

1513 Siehe dazu Teil 2 Kapitel 1C.I(1).

1514 *Mankowski*, RRa 2014, 118, 121; *Calliess*, AcP 2003, 575, 591; *Mankowski*, in: Lorenz, Festschrift Andreas Heldrich, 867, 895.

1515 Siehe dazu bereits für Verbraucherverträge ausführlich *Mankowski*, in: Ackermann/Köndgen, Festschrift für Wulf-Henning Roth, 361, 361 ff.; *Mankowski*, Interessenpolitik und europäisches Kollisionsrecht, 25. „Und für ein Verschwinden von Rechtswahlklauseln im AGB hat der Günstigkeitsvergleich auch nicht gesorgt, obwohl durch ihn die Rechtswahl theoretisch die Hand beißen müsste, die sie füttert." „..leben Rechtswahlklauseln in AGB weiterhin fröhlich fort." So auch *Mankowski*, IPRax 2006, 101, 106 f.

1516 Siehe dazu Teil 2 Kapitel 1C.II.4(2).

1517 *Rühl*, in: BeckOGK Art. 6 Rom I-VO, Rn. 215; *Leible*, in: Hüßtege/Mansel, Art. 6 Rom I-VO, Rn. 68.

b) Das Günstigkeitsprinzip für Art. 7 Rom I-VO

Gleiches gilt für Art. 7 Rom I-VO. Wäre Art. 7 III Rom I-VO ebenfalls nach dem Günstigkeitsprinzip ausgestaltet, wäre eine einheitliche Anknüpfung zum Schutz des Schwächeren innerhalb der Rom I-VO gewährleistet.

Daneben wäre die unsägliche Unterscheidung zwischen Nicht-EU und EU-Fällen beseitigt. Alle grenzüberschreitenden Versicherungsverträge, ob das Massenrisiko nun innerhalb oder außerhalb der EU belegen ist, sollen den Vorteil der überlagerten Rechtswahl für sich in Anspruch nehmen können.[1518] Durch eine einheitliche Anknüpfung wäre auch die Unterscheidung zwischen Nicht-Verbraucher- und Verbraucherversicherungsvertrag bei einer Risikobelegenheit außerhalb der Mitgliedsstaaten beseitigt.[1519] Darüber hinaus wäre die schwächere Partei, ob nun Verbraucher oder kleiner beziehungsweise mittlerer Unternehmer,[1520] über einen Mindeststandard geschützt, auf den sie sich verlassen kann.[1521] Das Recht seines gewöhnlichen Aufenthalts stellt für den Versicherungsnehmer das geeignete „Sicherheitsnetz" dar, da er mit ihm besser vertraut ist.[1522]

Der Einwand, dass das Günstigkeitsprinzip für Art. 7 III Rom I-VO nicht umsetzbar wäre, da die verschiedenen nationalen Rechtsordnungen zu viele verschiedene zwingende Bestimmungen aufweisen, die sich nicht mit anderen Rechten vereinbaren lassen, kann unberücksichtigt bleiben. Denn bereits jetzt funktioniert eine Anknüpfung über das Günstigkeitsprinzip für solche Massenversicherungsverträge, bei denen ein Verbraucher ein Risiko mit einer Belegenheit außerhalb der Mitgliedsstaaten versichert.[1523] Es besteht kein Grund, weswegen dies nicht für alle Versicherungsverträge nach Art. 7 III Rom I-VO gelten kann.

Die widersinnige Forderung nach einem „angemessenen" Schutzniveau wäre ebenso aufzugeben wie die größere Wahlfreiheit, welche die Öffnungsklausel ermöglicht. Denn durch Letzteres wäre eine Aushöhlung des geschaffenen Schutzstandards nicht mehr möglich.[1524]

1518 *Fricke*, in: Rauscher, Art. 7 Rom I-VO, Rn. 27 ff.; *Looschelders/Smarowos*, VersR 2010, 1, 6; *Staudinger*, in: Ferrari/Kieninger/Mankowski, Internationales Vertragsrecht, Art. 7 Rom I-VO, Rn. 2 f.; *Perner*, IPRax 2009, 218, 218.

1519 *Plender/Wilderspin*, The European Private International Law of Obligations, Rn. 10-089 ff.; *Leible*, in: Hüßtege/Mansel, Art. 7 Rom I-VO, Rn. 65, 69.

1520 Zur Heterogenität der Verbraucher- und Arbeitnehmergruppe *Grundmann*, in: Ackermann/Köndgen, Festschrift für Wulf-Henning Roth, 181, 183 ff.; *Mankowski*, in: Ferrari/Leible, Employment Contracts under Article 8 of the Rome I Regulation, 171, 213.

1521 *Kroll-Ludwigs*, Parteiautonomie, 78 f.; *Mankowski*, Interessenpolitik und europäisches Kollisionsrecht, 24 f.

1522 *Fricke*, in: Rauscher, Art. 7 Rom I-VO, Rn. 17; *Plender/Wilderspin*, The European Private International Law of Obligations, Rn. 10-062 ff.

1523 Siehe dazu Teil 1 Kapitel 1A.I.1.a)(1)cc).

1524 *Heiss*, in: Baetge/von Hein/von Hinden, Die richtige Ordnung, 459, 471; *Fricke*, VersR 2008, 443, 448; *Basedow/Scherpe*, in: Lorenz/Trunk/Eidenmüller/Wendehorst/

Das Günstigkeitsprinzip kann daher auch für Art. 7 III Rom I-VO überzeugen, da bestehende Wertungswidersprüche und Inkohärenzen darüber vermieden werden können.

c) Das Günstigkeitsprinzip für Art. 14 Rom II-VO

Das Günstigkeitsprinzip ist auch für Art. 14 Rom II-VO anwendbar, wenn auch in einer leicht abgewandelten Fassung. Anders als in der Rom I-VO wäre für Art. 14 Rom II-VO demnach nicht auf den gewöhnlichen Aufenthalt, sondern auf Ort des Schadenseintritts als „Sicherheitsnetz" abzustellen. Denn eine Zulassung der grundlegenden Anknüpfung an den gewöhnlichen Aufenthalt der schwächeren Partei würde diese übervorteilen. An der Formulierung „kommerziell tätige Partei" ist trotz der geäußerten Kritik festzuhalten. Denn auf diesem Weg sind alle nach der hier erfolgten Untersuchung schutzbedürftigen Fallgruppen mitumfasst.[1525]

Mit der Anwendung des Günstigkeitsprinzips mit Bezug auf Art. 4 I Rom II-VO wäre trotzdem ein Gleichlauf mit der Rom I-VO sichergestellt. Damit wäre auch die vielfach kritisierte Form der bedingten Rechtswahl aufgehoben. Denn grundsätzlich gibt es im Bereich der außervertraglichen Schuldverhältnisse nur zwei Szenarien: Entweder kennen die Parteien sich zuvor und wollen eine entsprechende Vereinbarung abschließen beziehungsweise haben dies bereits getan oder die Parteien kennen sich nicht. Ist ersteres der Fall gibt es entweder bei Schadenseintritt bereits ein Rechtsverhältnis zwischen den Parteien oder sie haben keine bestehende Verbindung.

Für den Fall, dass ein Rechtsverhältnis bereits besteht und eine der Parteien als die schwächere einzuordnen ist, bietet Art. 4 III 2 Rom II-VO einen ausreichenden Schutz, wenn die Parteien eine eigene Rechtswahl treffen.[1526] Die Rückanknüpfung an das bereits bestehende Rechtsverhältnis wäre noch effektiver, wenn auch die Rom I-VO ihre Regelungen zum Schutz der schwächeren Partei, wie vorgeschlagen, weiter ausbaut.

Kennen die Parteien sich, ein außervertragliches Schuldverhältnis wird antizipiert, es besteht aber keine Vereinbarung zwischen ihnen, können die Parteien das anzuwendende Recht frei wählen, ohne von einer zeitlichen oder zusätzlichen formalen Bedingungen gehemmt zu sein. Das Günstigkeitsprinzip schützt die schwächere Partei im Schadensfall über das Günstigkeitsprinzip in Verbindung mit der Anknüpfung an den Erfolgsort. So ist eine zusätzliche Schutzbarriere zugunsten der

Adolff, Festschrift Heldrich, 511, 513 f; *Perner*, IPRax 2009, 218, 221; *Lüttringhaus*, in: BeckOGK, Art. 7 Rom I-VO, Rn. 127.

1525 In einem Erwägungsgrund wäre dann klarzustellen, welche Parteien insbesondere als nicht kommerziell tätige Parteien einzuordnen sind, nämlich die hier untersuchten Personengruppen des Verbrauchers, des Arbeitnehmers, des Reisenden und des Versicherungsnehmers eines Massenrisikos.

1526 *Rühl*, in: Kronke/Thorn, Grenzen überwinden - Prinzipien bewahren, 364, 364 ff.; *Wandt*, Rechtswahlregelungen im Europäischen Kollisionsrecht, 93 ff.

schwächeren Partei erreicht, die diese aber nicht übervorteilt, da der Erfolgsort für keinen der Parteien einen zwingenden Vorteil bedeutet.

Das dritte Szenario, die Parteien kennen sich nicht und treffen erst nach Schadenseintritt eine freie Rechtswahl, kennt die Rom II-VO bereits. Aber auch hier ist ein Wertungswiderspruch aufzuheben. Denn die schwächere nicht-kommerziell tätige Partei darf nicht ohne einen gewissen Schutz einer freien Rechtswahl ausgesetzt werden.[1527] Das Argument, nach Eintritt des schadensbegründenden Ereignisses sei sie ausreichend angespornt, sich zur Durchsetzung ihrer Interessen zu informieren und gegebenenfalls rechtlichen Rat einzuholen, da ein solcher grenzüberschreitender Schadensfall eine andere Gewichtung aufzeigt und ihr im Zweifel auch näher ist als ein Fehlkauf in einem anderen Land, kann nicht verfangen.[1528] Denn bereits in der Rom I-VO sah man es als nicht ausreichend an, die schwächere Partei mit einem lapidaren Hinweis darauf, bei entsprechendem Interesse kümmere sich die schwächere Partei um die Einholung eines rechtlichen Rats, zu vertrösten.[1529] Für den Bereich der außervertraglichen Schuldverhältnisse kann ein einfacher Hinweis auf die Möglichkeit, sich rechtlichen Rat einzuholen, daher auch nicht ausreichend sein.

Der Schutz über das „Sicherheitsnetz“ des Günstigkeitsprinzips unter Anknüpfung an den Erfolgsort kann daher überzeugen. So werden ein Gleichlauf mit der Rom I-VO erreicht und Wertungswidersprüche unterbunden.[1530]

B. Zwischenfazit

Die voranstehenden Ausführungen haben gezeigt, dass sich das Günstigkeitsprinzip als grundlegende Rechtswahlbeschränkung zum Schutz der schwächeren Partei durchsetzen sollte. Nach einer eingehenden Betrachtung der Vor- und Nachteile der überlagerten Rechtswahl lässt sich feststellen, dass das Günstigkeitsprinzip wohl die beste Lösung für einen ausgewogenen Schutz der schwächeren Partei garantiert, ohne die sonstigen Ziele des europäischen Kollisionsrechts zu konterkarieren.[1531] Eine Ausweitung sowohl innerhalb der Rom I-VO als auch auf die Rom II-VO ist als beste Lösung zu favorisieren: Auf diesem Weg kommt die schwächere Partei in den Genuss eines Schutzes, der das Machtungleichgewicht zwischen den Parteien angleicht. Durch die Existenz eines Mindestschutzniveaus schafft das Günstigkeitsprinzip auch ein Vertrauen der schwächeren Partei in den grenzüberschreitenden Verkehr, was dem Ziel der Förderung des Binnenmarkts entspricht.

1527 *Symeonides*, Am. J. Comp. L. 56 (2008), 173, 216; *Jakob/Picht*, in: Rauscher, Art. 14 Rom II-VO, Rn. 24; *Leible*, RIW 2008, 257, 263; *de Boer*, Yb. Priv. Int'l L. 2007, 19, 29.

1528 *Symeonides*, Am. J. Comp. L. 56 (2008), 173, 215; *Kadner Graziano*, RabelsZ 73 (2009), 1, 9; *Leible/Lehmann*, RIW 2007, 721, 726.

1529 *Woopen*, EuZW 2007, 495, 496 f.; *Kroll-Ludwigs*, Parteiautonomie, 81.

1530 So auch *Wandt*, Rechtswahlregelungen im Europäischen Kollisionsrecht, 95; *Weber*, Die Parteiautonomie außerhalb des internationalen Schuldvertragsrechts, 176.

1531 *Nygh*, Autonomy in international contracts, 158.

Weder die beschränkte noch die bedingte Rechtswahl sind in der Lage, einen ausreichenden Schutz für die schwächere Partei in der Rom I- und II-VO sicherzustellen. Die Aufstellung eines abschließenden Katalogs an Rechtsordnungen oder das Erfordernis, bestimmte zeitliche, persönliche und formale Bedingungen zu erfüllen, schützt die schwächere Partei nicht davor, eine Rechtswahl zu treffen, die sie schlechter stellt.[1532] Darüber hinaus sind die Parteien in diesen Fällen endgültig und insgesamt an die einmal getroffene Vereinbarung gebunden.

Natürlich gestaltet sich der Schutz über das Günstigkeitsprinzip ebenfalls nicht lückenlos und bringt mit dem *law mix* einen Unsicherheitsfaktor mit sich.[1533] Zum einen wird insbesondere die Anwendung als zu unpraktikabel beschrieben. Zum anderen wird der beschränkten Rechtswahl vorgeworfen, das Günstigkeitsprinzip helfe nur der informierten, schwächeren Partei und fände nur im Streitfall tatsächlich Anwendung.[1534] Diese Nachteile sind jedoch hinzunehmen: Kein noch so ausgeklügeltes Schutzsystem kann verhindern, dass die schwächere Partei vor praktische oder psychologische Barrieren bei der Rechtswahl gestellt wird.[1535] Das Günstigkeitsprinzip ist letztendlich in der Lage, die Situation der schwächeren Partei sowohl im Vertragsrecht als auch im Recht der außervertraglichen Schuldverhältnisse ausreichend zu verbessern.

1532 *Ferid/Böhmer*, Internationales Privatrecht, 221; *Wagner*, TransportR 2009, 281, 287; *Mankowski*, IHR 2008, 133, 140; *Nielsen*, in: Ferrari/Leible, Rome I Regulation - The Law Applicable to Contractual Obligations in Europe, 99, 107; *Rühl*, in: Kronke/Thorn, Grenzen überwinden - Prinzipien bewahren, 364, 371.

1533 *Kroll-Ludwigs*, Parteiautonomie, 81; *Junker*, Internationales Arbeitsrecht im Konzern, 266 f.; *Ganglberger*, Der Übergang vom IPRG zum EVÜ bei Arbeitsverhältnissen mit Auslandsbezug, 50 f.; *Mäsch*, Rechtswahlfreiheit und Verbraucherschutz, 39; *Riesenhuber*, in: Witzleb/Ellger/Mankowski/Merkt/Remien, Festschrift für Martiny, 531, 532; *Brand*, IPRax 2013, 126, 127 f.; *Mankowski*, Interessenpolitik und europäisches Kollisionsrecht, 23; *Schurig*, RabelsZ 54 (1990), 217, 225; *Leible*, in: Hüßtege/Mansel, Art. 6 Rom I-VO, Rn. 68.

1534 *Mankowski*, Interessenpolitik und europäisches Kollisionsrecht, 23; *Kroll-Ludwigs* weist zudem darauf hin, dass auch ein Ausschluss der Rechtwahlfreiheit die Unternehmer wohl nicht dazu bringen könnte, auf entsprechende vorgefertigte Rechtswahlklauseln in Verbraucherverträgen zu verzichten *Kroll-Ludwigs*, Parteiautonomie, 82; *Mankowski*, EuZ 2009, 2, 6; *Mankowski*, IPRax 2006, 101, 106. *Mankowski*, in: Ackermann/Köndgen, Festschrift für Wulf-Henning Roth, 361, 367 ff.; *Rühl*, Statut und Effizienz, 552; *Kroll-Ludwigs*, Parteiautonomie, 81 f.

1535 *Mankowski*, Interessenpolitik und europäisches Kollisionsrecht, 24.

Kapitel 2 Ein Vorschlag zum Schutz der schwächeren Partei

Im Folgenden wird ein Vorschlag präsentiert, wie ein Schutz der schwächeren Partei in den Rom-Verordnungen besser zu realisieren ist. Der Vorschlag wurde als Ergebnis und auf Basis der vorangegangen Untersuchungen erstellt.

Die hier untersuchten und als veränderungswürdig eingestuften Fallgruppen sind mit der beschränkten Rechtswahl ausgestaltet. Für Verbraucher- und Arbeitnehmer kommt in Bezug auf die Rechtswahlbeschränkung bereits das – nach hier vertretener Ansicht – am besten geeignete Modell zur Anwendung gekommen. Daher ist auf diese Regelungen nicht noch einmal näher einzugehen.

Art. 5 Rom I-VO Beförderungsverträge:

(2) Soweit die Parteien in Bezug auf einen Vertrag über die Beförderung von Personen keine Rechtswahl nach Absatz 3 getroffen haben, ist das anzuwendende Recht das Recht des Staates, in dem die zu befördernde Person ihren gewöhnlichen Aufenthalt hat.

(3) Die Parteien eines Vertrags über die Beförderung von Personen können das anzuwendende Recht nach Artikel 3 wählen. Die Rechtswahl darf jedoch nicht dazu führen, dass der zu befördernden Person der Schutz entzogen wird, der ihr durch diejenigen Bestimmungen gewährt werden, von denen nach dem Recht, das nach Absatz 2 mangels einer Rechtswahl anzuwenden wäre, nicht durch Vereinbarung abgewichen werden darf.

Art. 7 Rom I-VO Versicherungsverträge:

(1) Versicherungsverträge, die Großrisiken im Sinne von Artikel 5 Buchstabe d der Ersten Richtlinie 73/239/EWG des Rates vom 24. Juli 1973 zur Koordinierung der Rechts- und Verwaltungsvorschriften betreffend die Aufnahme und Ausübung der Tätigkeit der Direktversicherung (mit Ausnahme der Lebensversicherung) decken, unterliegen dem von den Parteien nach Artikel 3 gewählten Recht.

Soweit die Parteien keine Rechtswahl gemäß diesem Absatz getroffen haben, unterliegt der Versicherungsvertrag dem Recht des Staats, in dem der Versicherer seinen gewöhnlichen Aufenthalt hat. Ergibt sich aus der Gesamtheit der Umstände, dass der Vertrag eine offensichtlich engere Verbindung zu diesem Staat aufweist, ist das Recht dieses Staats anzuwenden.

(2) Für Versicherungsverträge, die nicht unter Absatz 1 fallen, können die Parteien das auf den Vertag anzuwendende Recht nach Artikel 3 wählen. Soweit die Parteien keine Rechtswahl gemäß diesem Absatz getroffen haben, unterliegt der Vertrag dem Recht des Staates, in dem der Versicherungsnehmer seinen gewöhnlichen Aufenthalt hat.

(3) Die Rechtswahl darf jedoch nicht dazu führen, dass dem Versicherungsnehmer der Schutz entzogen wird, der ihm durch diejenigen Bestimmungen gewährt wird, von

denen nach dem Recht, dass nach Absatz 2 mangels einer Rechtswahl anzuwenden wäre, nicht durch Vereinbarung abgewichen werden darf.

Art. 14 Rom II-VO Freie Rechtswahl:

(1) Die Parteien können das Recht wählen, dem das außervertragliche Schuldverhältnis unterliegen soll. Die Rechtswahl muss ausdrücklich erfolgen oder sich mit hinreichender Sicherheit aus den Umständen des Falles ergeben und lässt Rechte Dritter unberührt.

(2) Kommt das außervertragliche Schuldverhältnis zwischen einer kommerziell und einer nicht-kommerziell tätigen Partei zustande, darf der nicht-kommerziell tätigen Partei nicht der Schutz entzogen werden, der ihr durch diejenigen Bestimmungen gewährt wird, von denen nach dem Recht, das nach Artikel 4 mangels einer Rechtswahl anzuwenden wäre, nicht durch eine Vereinbarung abgewichen werden darf.

Zusammenfassung der Arbeit in Thesen

1. Die vorliegende Arbeit hat gezeigt, dass die Rechtswahlbeschränkungen der Rom I- und II-VO in Bezug auf den Schutz der schwächeren Partei Wertungswidersprüche aufweisen. Wertungswidersprüche lassen sich dabei sowohl innerhalb der einzelnen Verordnungen als auch bei einer Gesamtbetrachtung zwischen der Rom I- und II-VO auffinden.
2. Der „Schutz des Schwächeren" ist keine Erklärung dafür, weswegen unterschiedliche Rechtswahlmodalitäten für die als schwächer eingeordnete Partei erforderlich sind. Wenn der Begriff der schwächeren Partei auch immer relativ zu sehen ist, sind keine Umstände erkennbar, dass die Verordnungsgeber einen unterschiedlich ausgestalteten Schutz der schwächeren Partei verfolgten.
3. Die internationalprivatrechtliche Gerechtigkeit wird seit den 70er Jahren zunehmend von sozialpolitischen Gestaltungszielen durchsetzt, zu dem auch der Schutz der schwächeren Partei gehört. Die Umsetzung des Schutzes der schwächeren Partei erfolgte dabei über Sonderkollisionsnormen, wonach bei einer Gesamtbetrachtung der typischerweise vorliegenden Fähig- und Fertigkeiten einer Personengruppe davon auszugehen ist, dass sie eines speziellen Schutzes bedürfen. Dieses Modell fand Eingang in die heutige Rom I- und II-VO.
4. Der schwächeren Partei soll dabei aber ein Schutz nur in dem Umfang zukommen, dass die stärkere Partei nicht gleichzeitig unbillig benachteiligt wird. Es ist eine schwierige Gradwanderung zwischen erforderlichen Schutz und Übervorteilung der schwächeren Partei. Trotz des damit einhergehenden Vorwurf des Paternalismus und der Hinweis, dass der Schutz des Schwächeren zu kostenintensiv sei, ist ein Schutz des Schwächeren über gesonderte Rechtswahlmodalitäten erforderlich.
5. Das Streben nach mehr Kohärenz im Internationalen Privatrecht beschäftigt seit einigen Jahren die Diskussion im europäischen Kollisionsrecht. Wertungswidersprüche zwischen Regelungen sind, insbesondere vor dem Hintergrund der aktuellen Kohärenzdebatte, unvereinbar mit dem Ziel nach einem widerspruchsfreien und in sich stimmigen europäischen Kollisionsrecht.
6. Die verschiedenen herangezogenen Begründungsansätze konnten nicht erklären, weswegen unterschiedliche Regelungen für die einzelnen Schutzgruppen erforderlich sind. Neben der Entwicklungsgeschichte der Sonderkollisionsnormen war dabei auf Informationsasymmetrien und Abhängigkeitsverhältnisse zwischen den Parteien des jeweiligen Rechtsverhältnisses einzugehen. Diese drei Kriterien stellen die gängigsten Ansätze dar, weshalb Sonderkollisionsnormen gerade für Verbraucher-, Arbeits-, Personenbeförderungs- und Versicherungsverträge erforderlich sind.
7. Die Sonderkollisionsnormen sind zeitliche und inhaltlich unabhängig voneinander entstanden. Dennoch ist festzustellen, dass bei der Gestaltung aller Vorschriften der Schutz der schwächeren Partei immer eine wichtige Rolle gespielt

hat. Aus der Entwicklungsgeschichte heraus ist nicht erkennbar, weswegen unterschiedliche Schutztendenzen erforderlich sind. Vielmehr wird deutlich, dass in den Bereichen, in denen ein „Weniger“ an Schutz festgeschrieben wurde, die Lobbyarbeit der entsprechenden Verbände verstärkt Einfluss auf die Entstehung der Vorschriften nahm.

8. Informationsasymmetrien zu Lasten der schwächeren Partei lassen sich in allen Schutzgruppen finden. Dabei herrschen sowohl Informationsgewinnungs- als auch Informationsverarbeitungsschwierigkeiten auf Seiten der unterlegenen Partei. Der Einfluss der Informationsasymmetrie ist insbesondere bei Verbrauchern sehr stark ausgeprägt. Die übrigen schwächeren Parteien sind dem Problem jedoch ebenso ausgesetzt. Davon ist auch die nicht-kommerziell tätige Partei bei einer nachträglichen Rechtswahl mit einer kommerziell tätigen Partei sowie im Falle einer akzessorischen Anknüpfung betroffen, wenn das bereits bestehende Vertragsverhältnis sich nach Art. 5, 6, 7, oder 8 Rom I-VO richtet.
9. Abhängigkeitsverhältnisse zwischen den Parteien wiegen insbesondere zwischen Arbeitnehmern und Arbeitgebern schwer. Für die übrigen Schutzgruppen der Rom I-VO besteht zwar die Möglichkeit, mit einem anderen Vertragspartner zu kooperieren. Allerdings hat sie in der Regel auch dann keine Möglichkeit, auf die Rechtswahl mit eigenen Vorstellungen einzuwirken. Die Abhängigkeit der schwächeren Partei zeichnet sich darüber hinaus durch ihre organisatorische Unterlegenheit aus. Für außervertragliche Schuldverhältnisse besteht der Nachteil einer Abhängigkeit nur in den Fällen, in welchen sich die Rechtswahl nach Art. 4 III Rom II-VO richtet.
10. Das Argument der „Besonderheit“ von Beförderungs- und Versicherungsverträgen bildet keine ausreichende Erklärung, weswegen sich eine Anknüpfung dieser Vertragstypen nach dem Günstigkeitsprinzip verbietet. Eine solche Besonderheit war weder für Personenbeförderungsverträge noch für Massenversicherungsverträge mit einer Belegenheit des Risikos in einem Mitgliedsstaat festzustellen. Es wird nicht ausreichend deutlich, worin ein „angemessener“ Schutz für diese Vertragstypen besteht.
11. Für Personenbeförderungsverträge lässt sich das Argument, dass deren Massengeschäftscharakter eine Anknüpfung nach Art. 6 II Rom I-VO verhindert, nicht anführen. Hier scheint sich vielmehr durch Lobbyarbeit eine Besserstellung der Beförderer durchgesetzt zu haben. Die Transnationalität des Marktes stellt ebenso keine brauchbare Begründung dar, da der Ort des Vertragsschlusses gerade im Personenbeförderungsvertrag nur zufällig und daher ohne Bedeutung ist.
12. Die Rechtsnatur des Versicherungsvertrags als Grund anzuführen, weshalb eine Anknüpfung mit einem Günstigkeitsvergleich ausscheiden muss, ist widersprüchlich. Denn die Rom I-VO selbst kennt eine Anknüpfung für bestimmte Versicherungsverträge nach Art. 6 II Rom I-VO. Daneben ist das Verbraucherrecht ebenso von komplexen Regelungen durchsetzt.
13. Es bestehen keine grundlegenden Unterschiede oder Gemeinsamkeiten zwischen den Schutzgruppen, die eine einheitliche Anknüpfung verbieten. Die

Untersuchung hat gezeigt, dass die einzelnen Rechtsverhältnisse zwar eine unterschiedliche Bedeutung im Leben einer Person einnehmen. Allen voran ist hier der Arbeitsvertrag als Existenzgrundlage zu sehen. Dennoch ist das Schutzbedürfnis für jedes einzelne dieser Rechtsverhältnisse stark ausgeprägt, sodass kein „abgestufter Schutz" erfolgen darf.

14. In Bezug auf die Ausgestaltung des Schutzes bestehen innerhalb der Rom I-VO insbesondere für Personenbeförderungs- und Versicherungsverträge Wertungswidersprüche. Für Art. 5 Rom I-VO ist es unklar, weswegen eine gesonderte Anknüpfung für reine Beförderungen erforderlich ist. Die beschränkte Rechtswahl gewährleistet keinen ausreichenden Schutz für die zu befördernde Person. Gleiches gilt für Verträge über die Versicherung von Massenrisiken. Hier ist – neben Wertungswidersprüchen im Rahmen des situativen Anwendungsbereichs – der erforderliche Schutz für die schwächere Partei nicht sichergestellt. Die Regelung nach Art. 14 Rom II-VO stellt die Rechtswahl für die nicht-kommerziell tätige Partei nahezu frei. Eine solche Rechtswahlfreiheit bedeutet – trotz der Schutzbedürftigkeit der nicht-kommerziell tätigen Partei – einen Wertungswiderspruch zu Regelungen der Rom I-VO.
15. Da sich nach der Untersuchung der verschiedenen Schutzgruppen divergierende Rechtswahlmodalitäten verbieten, ist ein einheitlichen Rechtswahlmodell erforderlich, um das Ziel der Kohärenz auch für den Schutz der schwächeren Parteien in der Rom I- und II-VO zu erreichen. Ein Schutz der schwächeren Partei lässt sich weder über eine vollkommene Rechtswahlfreiheit noch über einen kompletten Ausschluss der Rechtswahlfreiheit realisieren.
16. Sowohl die beschränkte als auch die bedingte Rechtswahl sind nicht geeignet, den Schutz der schwächeren Partei in den Rom-Verordnungen sicherzustellen. Über keine der beiden Rechtswahlmodelle wird ein tatsächlicher Schutz vor der stärkeren Partei erreicht.
17. Die beschränkte Rechtswahl stellt vor dem Hintergrund der Rechtssicherheit und Vorhersehbarkeit zwar ein praktisches Rechtswahlmodell dar. Allerdings verhindert die beschränkte Rechtswahl gleichzeitig, dass der schwächeren Partei ein wirklicher Schutz vor einer nachteiligen Rechtswahl zukommt. Die schwächere Partei ist zum einen durch den Katalog an bestimmten Rechtsordnungen begrenzt, auf ein möglicherweise günstigeres Recht hinzuwirken. Weiterhin ist die Wahl eines Rechts für die schwächere Partei „endgültig". Die beschränkte Rechtswahl stellt sich mehr als eine „Zwangsjacke" als eine wirkliche Schutzvorkehrung dar.
18. Die bedingte Rechtswahl stellt sich für die nicht-kommerziell tätige Partei bei einem außervertraglichen Schuldverhältnis mit einer kommerziell tätigen Partei als eine Rechtswahlfreiheit „durch die Hintertür" dar. Ein Schutz der schwächeren Partei allein durch verschiedene Bedingungen ist nicht möglich. Daneben wird die Parteiautonomie sowohl für die schwächere Partei (bei einem außervertraglichen Schuldverhältnis mit einer anderen nicht-kommerziell tätigen Partei) als auch für die stärkere Partei (bei einem außervertraglichen Schuldverhältnis mit einer anderen kommerziell tätigen Partei) zu stark eingeschränkt. Die Re-

gelung des Art. 4 III Rom II-VO ist nicht in der Lage, den über Art. 14 I Rom II-VO mangelnden Schutz zu kompensieren.

19. Das Günstigkeitsprinzip ist auf alle untersuchten Fallgruppen gleichermaßen anwendbar und garantiert der schwächeren Partei ein ausreichendes Maß an Schutz, ohne das die Parteiautonomie übermäßig eingeschränkt wird. Auf diesem Weg lassen sich Wertungswidersprüche in der Rom I- und II-VO in Bezug auf den Schutz der schwächeren Partei am besten vermeiden.
20. Das Günstigkeitsprinzip weist im Gegenzug zu den übrigen Rechtswahlmodellen verschiedene Probleme sowohl in theoretischer Hinsicht als auch in der praktischen Anwendung auf. Der stärkeren Partei wird eine Tätigkeit auf dem gesamten Binnenmarkt erheblich erschwert. Das Günstigkeitsprinzip generiert keine wirkliche Gerechtigkeit für die schwächere Partei. Neben der nicht eindeutigen Terminologie stellte die Frage, wie ein Günstigkeitsvergleich durchzuführen sei, die Rechtsanwendung vor erhebliche Schwierigkeiten. Daneben erfolgt ein Günstigkeitsvergleich zu Lasten der Rechtssicherheit und Vorhersehbarkeit. Schließlich ist die praktische Bedeutsamkeit der überlagerten Rechtswahl marginal, da weder die Parteien des Rechtsverhältnisses noch die Gerichte tatsächlich darauf Rücksicht nehmen. Es existieren verschiedene Ansätze, die das Günstigkeitsprinzip möglicherweise entbehrlich machen.
21. Das Günstigkeitsprinzip implementiert den Schutz der schwächeren Partei über ein „Sicherheitsnetz". Ein solcher Günstigkeitsvergleich ist sowohl für Reisende, Verbraucher als auch die nicht-kommerziell tätige Partei möglich. Die aufgezeigten Wertungswidersprüche lassen sich durch eine einheitliche Anwendung eines Günstigkeitsvergleichs vermeiden.
22. Die gemachten Ausführungen lassen nur einen Schluss zu: Die aktuellen Regelungen in der Rom I- und II-VO bedürfen einer Überarbeitung. Ein Alternativvorschlag für die Rechtswahlbeschränkungen zum Schutz der schwächeren Partei in der Rom I- und II-VO muss sich am Günstigkeitsprinzip orientieren. Für Art. 5 und 7 Rom I-VO sind die Formulierungen des Art. 6 II und 8 I Rom I-VO zu übernehmen. Für die nicht-kommerziell tätige Partei ist hingegen auf den Ort des Schadenseintritts abzustellen, da ein Mindestschutz über das Recht des gewöhnlichen Aufenthalts der nicht-kommerziell tätigen Partei diese übervorteilt.

Literaturverzeichnis

Adomeit Klaus, „Über einige Schwierigkeiten, ein Arbeitsrechtler zu sein“ in: Dieterich, Thomas / Gamillscheg, Franz / Wiedemann, Herbert, Festschrift für Marie Luise Hilger und Herrmann Stumpf, München 1983, 1

Akerlof, George, The Market for “Lemons”: Quality Uncertainty and the Market Mechanism, Quart. J. Econ. 1970, 488

Alexander, Christian, Verbraucherschutzrecht, München 2015

Ambrosius, Gerold, „Internationaler Regulierungswettbewerb im 19. Jahrhundert - Das Beispiel des Arbeitsschutzes“ in: Stahl, Thomas, Historische Streiflichter - Festschrift für Ingeborg Koza zum 65. Geburtstag, Berlin u.a. 2004, 5

Andrae, Marianne, Zum Beitritt der EG zum Haager Protokoll über das Unterhaltskollisionsrecht, GPR 2010, 196

Andrae, Marianne, Internationales Familienrecht, Baden-Baden 2014

Armbrüster, Christian, „Das IPR der Versicherungsverträge in der Rom I-Verordnung“ in: Kronke, Herbert / Thorn, Karsten, Grenzen überwinden - Prinzipien bewahren. Festschrift für Bernd von Hoffmann zum 70. Geburtstag, Bielefeld 2011, 23

Arthurs, Harry, „Labour Law After Labour“ in: Davidov, Guy / Langille, Brian, The Idea of Labour Law, Oxford 2011, 13

Huber, Peter, Rome II Regulation. Pocket Commentary, München 2011

Bamberger, Heinz Georg / Roth, Herbert, Kommentar zum Bürgerlichen Gesetzbuch: BGB, München 2016

Basedow, Jürgen, Der Transportvertrag, Tübingen 1987

Basedow, Jürgen, „Internationales Verbrauchervertragsrecht - Erfahrungen, Prinzipien und europäische Reform“ in: Mansel, Heinz-Peter / Pfeiffer, Thomas / Kronke, Herbert / Kohler, Christian / Hausmann, Rainer, Festschrift für Erik Jayme, München 2004, 3

Basedow, Jürgen, „Der Versicherungsbinnenmarkt und ein optionales europäisches Vertragsgesetz“ in: Wandt, Manfred / Reiff, Peter / Looschelders, Dirk / Bayer, Walter, Kontinuität und Wandel des Versicherungsrechts. Festschrift für Egon Lorenz, Karlsruhe 2004, 93

Basedow, Jürgen, Theorie der Rechtswahl oder Parteiautonomie als Grundlage des Internationalen Privatrechts, RabelsZ 75 (2011), 32

Basedow, Jürgen, „Kohärenz im Internationalen Privat- und Verfahrensrecht der Europäischen Union: Eine einleitende Orientierung“, in: von Hein, Jan / Rühl, Giesela, Kohärenz im Internationalen Privat- und Verfahrensrecht der Europäischen Union, Tübingen 2016, 3

Basedow, Jürgen / Scherpe, Jens, „Das internationale Versicherungsvertragsrecht und Rom I" in: Lorenz, Stephan / Trunk, Alexander / Eidenmüller, Horst / Wendehorst, Christiane / Adolff, Johannes, Festschrift für Andreas Heldrich zum 70. Geburtstag, München 2005, 511

Beil, Lydia / Kühn, Sandra, Kohärenz im Europäischen Internationalen Privat- und Verfahrensrecht – Tagung in Freiburg im Breisgau am 10. und 11. Oktober 2014, ZeuP 664

Beitzke, Günther, „EWG-Kollisionsnormen zum Arbeitsverhältnis" in: Hueck, Götz / Richardi, Reinhard, Gedächtnisschrift für Rolf Dietz, München 1973, 127

Birk Rolf, Perspektiven des Internationalen Arbeitsrechts, ZIAS 2007, 91

Bitterich, Klaus, Kollisionsrechtlicher Verbraucherschutz, Eingriffsnormen und Binnenmarktstandards: Bestandsaufnahme und Ausblick auf den Rom I-Vorschlag, GPR 2006, 161

Böhm, Barbara, Verbraucherschutz im internationalen Privatrecht - Die Reichweite des Art. 29 EGBGB an Hand ausgesuchter Fälle, Bayreuth 1993

Brand, Peter-Andreas, Grenzüberschreitender Verbraucherschutz in der EU - Ungereimtheiten und Wertungswidersprüche im System des europäischen Kollisions- und Verfahrensrecht, IPRax 2013, 126

Bratvogel, Katharina, Rechtswahlfreiheit – Die historische Entwicklung der Rechtswahlfreiheit mit Blick auf den Wahlmechanismus im Vorschlag für eine Verordnung des Europäischen Parlaments und des Rates über ein Gemeinsames Europäisches Kaufrecht, Jena 2016

Briggs, Adrian, Agreements on Jurisdiction and Choice of Law, Oxford 2008

Bröcker, Marion, Verbraucherschutz im europäischen Kollisionsrecht, Frankfurt am Main 1998

Bumke, Christian, Rechtsdogmatik – Überlegungen zur Entwicklung und zu den Formen einer Denk- und Arbeitsweise der deutschen Rechtswissenschaft, JZ 2014, 641

Bydlinski, Franz, Arbeitsrechtskodifikaton und allgemeines Zivilrecht, Wien u.a. 1969

Bydlinski, Franz, System und Prinzipien des Privatrechts, Wien u.a. 1996

Calliess, Gralf-Peter, Nach der Schuldrechtsreform: Perspektiven des deutschen, europäischen und internationalen Verbrauchervertragsrecht, AcP 2003, 575

Calliess, Gralf-Peter, Grenzüberschreitende Verbraucherverträge. Rechtssicherheit und Gerechtigkeit auf dem elektronischen Weltmarktplatz, Tübingen 2006

Calliess, Gralf-Peter, Rome Regulations: Commentary on the European Rules of the Conflict of Laws, Alphen aan den Rijn 2015

Canaris, Claus-Wilhelm, Systemdenken und Systembegriff in der Jurisprudenz. Entwickelt am Beispiel des deutschen Privatrechts, Berlin 1983

Clausnitzer, Jochen / Woopen, Herbert, Internationale Vertragsgestaltung - Die neue EG-Verordnung für grenzüberschreitende Verträge (Rom I-VO), BB 2008, 1798

Crawford, Elizabeth B. / Carruthers, Janeen M., Connection and Coherence Between and Among European Instruments in the Private International Law of Obligations, ICLQ 63 (2014), 1

Däubler, Wolfgang, Probleme des internationalen Arbeitsrechts, AWD/RIW 1972, 1

Däubler, Wolfgang, Das neue Internationale Arbeitsrecht, RIW 1987, 249

de Boer, Theodorus Martinus, Party Autonomy and its Limitations in the Rome II Regulation, Yb. Priv. Int'l L. 2007, 19

de Vries, Sybe, Consumer protection and the EU Single Market rules - The search for the paradigm consumer, euvr 2012, 228

Deakin, Simon, „Labour Law and Development" in: Davidov, Guy / Langille, Brian, The Idea of Labour Law, Oxford 2011, 156

Deinert, Olaf, Neues Internationalen Arbeitsvertragsrecht, RdA 2009, 144

Deinert, Olaf, Internationales Arbeitsrecht. Deutsches und europäisches Arbeitskollisionsrecht, Tübingen 2013

Dichtl, Erwin / Berekoven, Ludwig, Verbraucherschutz in der Marktwirtschaft, Berlin 1975

Dick, Hans, Das Verbraucherleitbild der Rechtsprechung: Der Einfluß von Verbraucherschutzkonzeptionen auf die Gerichtsbarkeit am Beispiel der Rechtsprechung zur Verbraucherverschuldung und zur Verbraucherinformation, München 1995

Dickinson, Andrew, The Rome II Regulation: The Law Applicable to Non-Contractual Obligations, Oxford 2008

Dreher, Meinrad, Die Versicherung als Rechtsprodukt. Die Privatversicherung und ihre rechtliche Gestaltung, Tübingen 1991

Dreher, Meinrad, Der Verbraucher - Das Phantom in den opera des europäischen und deutschen Rechts?, JZ 1997, 167

Ehle, Bernd, Wege zu einer Kohärenz der Rechtsquellen im Europäischen Kollisionsrecht der Verbraucherverträge, Frankfurt am Main u.a. 2002

Ehrenberg, Victor, Privatversicherungsrecht, Berlin 1923

Eickhoff, Birgit, Duden - das Synonymwörterbuch. Ein Wörterbuch sinnverwandter Wörter, Berlin 2014

Einsele, Dorothee, Rechtswahlfreiheit im Internationalen Privatrecht, RabelsZ 60 (1996), 417

Engel, Martin / Stark, Johanna, Verbraucherrecht ohne Verbraucher?, ZEuP 2015, 32

Engels, Gerd, Arbeitsrecht in Europa, RdA 1978, 52

Ferid, Murad / Böhmer, Christof, Internationales Privatrecht. Das neue Recht – ein Leitfaden für Praxis und Ausbildung, Frankfurt am Main 1986

Ferrari, Franco / Leible, Stefan, Rome I Regulation: The Law Applicable to Contractual Obligations in Europe, München 2009

Fleischer, Holger, Informationsasymmetrie im Vertragsrecht. Eine rechtsvergleichende und interdisziplinäre Abhandlung zu Reichweite und Grenzen vertragsschlußbezogener Aufklärungspflichten, München 2001

Flessner, Axel, Interessenjurisprudenz im internationalen Privatrecht, Tübingen 1990

Fricke, Martin, Kollisionsrecht im Umbruch - Perspektiven für die Versicherungswirtschaft, VersR 2005, 726

Fricke, Martin, Das Versicherungs-IPR im Entwurf der Rom I-Verordnung - ein kurzer Blick über die Änderungen, VersR 2006, 745

Fricke, Martin, Das Internationale Privatrecht der Versicherungsverträge nach Inkrafttreten der Rom-I-Verordnung, VersR 2008, 443

Fröhlich, Claus Wilhelm, The Private International Law of Non-Contractual Obligations According to the Rome-II Regulation. A Comparative Study of the Choice of Law Rules in Tort under European, English and German Law, Hamburg 2008

Fuchs, Angelika, Zum Kommissionsvorschlag einer „Rom II"-Verordnung, GPR 2004, 100

Fuchs, Maximilian / Marhold, Franz, Europäisches Arbeitsrecht. Handbuch, Wien 2014

Furgler, Dominik, Die Anknüpfung der Vertragsform im internationalen Privatrecht - Der Ausgleich zwischen Parteiautonomie und Schutz des Schwächeren insbesondere im schweizerischen IPR-Entwurf, Zürich 1985

Galbraith, John Kenneth, Economics and the Public Purpose, Boston 1973

Galbraith, John Kenneth, The Affluent Society, Boston 1984

Gamillscheg, Franz, Zu einigen Fragen des internationalen Arbeitsrechts, AcP 1956, 49

Gamillscheg, Franz, Internationales Arbeitsrecht. Arbeitsverweisungsrecht, Berlin 1959

Gamillscheg, Franz, Intereuropäisches Arbeitsrecht - Zu zwei Vorschlägen der EWG zum Internationalen Arbeitsrecht, RabelsZ 37 (1973), 284

Gamillscheg, Franz, Zivilrechtliche Denkformen und die Entwicklung des Individualarbeitsrechts - Zum Verhältnis von Arbeitsrecht und BGB, AcP 1976, 197

Gamillscheg, Franz, Neue Entwicklungen im englischen und europäischen internationalen Arbeitsrecht, RIW 1979, 225

Gamillscheg, Franz, Ein Gesetz über das internationale Arbeitsrecht, ZfA 1983, 307

Ganglberger, Martina, Der Übergang vom IPRG zum EVÜ bei Arbeitsverhältnissen mit Auslandsbezug, Wien 2001

Garcimartín Alférez, Francisco José, The Rome II Regulation: On the Way Towards a European Private International Law Code, EuLF 2007, I-77

Garcimartín Alférez, Francisco José, The Rome I Regulation: Much ado about nothing? The European Legal Forum, EuLF 2008, I-62

Gasteiger, Nepomuk, Der Konsument. Verbraucherbilder in Werbung, Konsumkritik und Verbraucherschutz 1945–1989, Frankfurt am Main 2010

Geppert, Walter, Arbeitsverhältnis und arbeitsbezogene Vorschriften im Internationalen Privatrecht (I) Ein Beitrag zum österreichischen Arbeitsverweisungsrecht, DRdA 1970, 124

Gruber, Urs Peter, „Der Schutz schwächerer Personen im Familien- und Erbrecht" in: von Hein, Jan / Rühl, Giesela, Kohärenz im Internationalen Privat- und Verfahrensrecht der Europäischen Union, Tübingen 2016, 336

Grundmann, Stefan, „Funktionaler Verbraucherschutz" in: Ackermann, Thomas / Köndgen, Johannes, Privat- und Wirtschaftsrecht in Europa – Festschrift für Wulf-Henning Roth zum 70, Geburtstag, München 2015, 181

Gsell, Beate / Krüger, Wolfgang / Lorenz, Stephan / Mayer, Jörg, beck-online – Großkommentar, München 2015

Gutzwiller, Max, Der Einfluß Savignys auf die Entwicklung des Internationalprivatrechts, Freiburg 1923

Haak, Krijn, Haftung bei der Personenbeförderung - Rechtliche Entwicklungen im Bereich der internationalen Personenbeförderung, TransportR 2009, 162

Hahn, Volker, Die „europäischen" Kollisionsnormen für Versicherungsverträge. Untersuchung der Art. 7 ff. EGVVG unter besonderer Berücksichtigung des zwingenden Rechts, Karlsruhe 1992

Hanau, Peter, „Freiheit und Gleichheit bei der Gestaltung des Arbeitsrechts" in: Festschrift der Rechtswissenschaftlichen Fakultät zur 600-Jahr-Feier der Universität Köln, Köln 1988, 183

Hartenstein, Olaf, Rom I-Entwurf und Rom II-Verordnung: Zur Bedeutung zukünftiger Änderungen im Internationalen Privatrecht für das Seerecht, TransportR 2008, 143

Hasche, Christoph, Das IPR der Passagierbeförderung, TransportR 2010, 282

Haupt, Stefan, An Economic Analysis of Consumer Protection in Contract Law, Germ. L. J. 2003, 1137

Heinz, Uwe, Die Rechtsstellung des Reisenden nach Inkrafttreten der Reisevertragsnormen, Frankfurt am Main 1983

Heiss, Helmut, Das Kollisionsrecht der Versicherungsverträge nach Rom I und II, VersR 2006, 185

Heiss, Helmut, Reform des internationalen Versicherungsvertragsrechts, ZVersWiss 2007, 503

Heiss, Helmut, „Versichersicherungsverträge in „Rom I": Neuerlicheres Versagen des europäischen Gesetzgebers" in: Baetge, Dietmar / von Hein, Jan / von Hinden,

Michael, Die richtige Ordnung. Festschrift für Jan Kropholler zum 70. Geburtstag, Tübingen 2008, 459

Heiss, Helmut / Loacker, Leander, Die Vergemeinschaftung des Kollisionsrechts der außervertraglichen Schuldverhältnisse durch Rom II-VO, JBL 2007, 613

Hergenröder, Curt Wolfgang, Internationales Arbeitsrecht im Konzern - Gedanken zur gleichnamigen Monographie von Abbo Junker, ZfA 1999, 1

Herrfeld, Patricia, Die Abhängigkeit des Franchisenehmers. Rechtliche und ökonomische Aspekte, Wiesbaden 1998

Hill, Jonathan, Cross-border Consumer Contracts, Oxford u.a. 2008

Hromadka, Wolfgang, Arbeitnehmerbegriff und Arbeitsrecht, NZA 1997, 569

Hüßtege, Rainer / Mansel, Heinz-Peter, Bürgerliches Gesetzbuch. Rom-Verordnungen zum Internationalen Privatrecht, Band 6, Baden-Baden 2015

Jayme, Erik, Entwurf eines EU-Übereinkommens über das auf außervertragliche Schuldverhältnisse anzuwendende Recht - Tagung der Europäischen Gruppe für internationales Privatrecht in Luxemburg, IPRax 1999, 298

Joerges, Christian, Verbraucherschutz als Rechtsproblem. Eine Untersuchung zum Stand der Theorie und zu den Entwicklungsperspektiven des Verbraucherrechts, Heidelberg 1981

Joerges, Christian, Franchise-Verträge und europäisches Wettbewerbsrecht, ZHR 1987, 195

Juenger, Friedrich K., Zum Wandel des internationalen Privatrechts, Karlsruhe 1974

Junker, Abbo, Internationales Arbeitsrecht im Konzern, Tübingen 1992

Junker, Abbo, Die freie Rechtswahl und ihre Grenzen - Zur veränderten Rolle der Parteiautonomie im Schuldvertragsrecht, IPRax 1993, 1

Junker, Abbo, Vom Citoyen zum Consommateur - Entwicklungen des internationalen Verbraucherschutzrechts, IPRax 1998, 65

Junker, Abbo, Internationales Arbeitsrecht in der geplanten Rom I-Verordnung, RIW 2006, 401

Junker, Abbo, „Arbeitsverträge" in: Ferrari, Franco / Leible, Stefan, Ein neues Internationales Vertragsrecht für Europa, München 2007, 111

Junker, Abbo, Die Rom II-Verordnung: Neues Internationales Deliktsrecht auf europäischer Grundlage, NJW 2007, 3675

Junker, Abbo, Das Internationale Privatrecht der Straßenverkehrsunfälle nach der Rom II-Verordnung, JZ 2008, 169

Junker, Abbo, Der Reformbedarf im Internationalen Deliktsrecht der Rom II-Verordnung drei Jahre nach ihrer Verabschiedung, RIW 2010, 257

Kadner Graziano, Thomas, Gemeineuropäisches internationales Privatrecht. Harmonisierung des IPR durch Wissenschaft und Lehre (am Beispiel der außervertraglichen Haftung für Schäden), Tübingen 2002

Kadner Graziano, Thomas, Europäisches internationales Deliktsrecht. Ein Lehr- und Studienbuch, Tübingen 2003

Kadner Graziano, Thomas, Das niederländische „Gesetz zum Kollisionsrecht der unerlaubten Handlung“, IPRax 2004, 137

Kadner Graziano, Thomas, „Freedom to Choose the Applicable Law in Tort - Articles 14 and 4(3) of the Rome II Regulation“ in: Ahern, John / Binchy, William, The Rome II Regulation on the Law Applicable to Non-Contractual Obligations. A New International Litigation Regime, Leiden u.a. 2009, 113

Kadner Graziano, Thomas, Das auf außervertragliche Schuldverhältnisse anzuwendende Recht nach Inkrafttreten der Rom II-Verordnung, RabelsZ 73 (2009), 1

Karsten, Jens, Passagierrechte und der Passagierbegriff im Gemeinschaftsrecht und die Überarbeitung des Gemeinschaftlichen Besitzstandes im Verbraucherrecht, VuR 2008, 201

Karsten, Jens, Im Fahrwasser der Athener Verordnung zum Seereisenden: Neuere Entwicklungen des europäischen Passagierrechts, VuR 2009, 213

Karsten, Jens, Entwicklungen im EU-Passagierrecht 2011/2012 - Teil I, VuR 2012, 463

Kaskel, Walter, Das neue Arbeitsrecht – Eine systematische Einführung, Berlin 1922

Kegel, Gerhard, „Begriffs- und Interessenjurisprudenz im internationalen Privatrecht“ in: Gerwig, Max / Simonius, August, Festschrift für Hans Lewald, Basel 1953, 259

Kegel, Gerhard / Schurig, Klaus, Internationales Privatrecht, München 2004

Keiler, Stephan / Binder, Kathrin, Reisen nach Brüssel, Rom und Luxemburg, RRa 2009, 210

Keim, Christopher, „Die Wahl ausländischen Rechts im Familien- und Erbrecht“ in: Roth, Andreas, Die Wahl ausländischen Rechts im Familien- und Erbrecht, Baden-Baden 2013, 67

Keller, Max, „Schutz des schwächeren im Internationalen Privatrecht“ in: Böckli, Peter / Eichenberger, Kurt / Hinderling, Hans / Tschudi, Hans Peter, Festschrift für Frank Vischer zum 60. Geburtstag, Zürich 1983, 175

Kempen, Otto Ernst / Zachert, Ulrich, TVG- Tarifvertragsgesetz, Kommentar für die Praxis, Frankfurt am Main 2014

Kessedjian, Catherine, „Party Autonomy and Characteristic Performance in the Rome Convention and the Rome I Proposal“ in: Basedow, Jürgen / Baum, Harald / Nishitani, Yuko, Japanese and European Private International Law in Comparative Perspective, Tübingen 2008, 105

Kieninger, Eva-Maria, „Der Schutz schwächerer Personen im Schuldrecht“ in: von Hein, Jan / Rühl, Giesela, Kohärenz im Internationalen Privat- und Verfahrensrecht der Europäischen Union, Tübingen 2016, 307

Kieninger, Eva-Maria, „Der grenzüberschreitende Verbrauchervertrag zwischen Richtlinienkollisionsrecht und ROM I-Verordnung“ in: Baetge, Dietmar / von Hein, Jan / von Hinden, Michael, Die richtige Ordnung. Festschrift für Jan Kropholler, Tübingen 2008, 499

Kind, Sandra, Die Grenzen des Verbraucherschutzes durch Information - aufgezeigt am Teilzeitwohnrechtegesetz, Berlin 1998

Klauer, Stefan, Das europäische Kollisionsrecht der Verbraucherverträge zwischen Römer-EVÜ und EG-Richtlinien, Tübingen 2002

Kluth, David, Die Grenzen des kollisionsrechtlichen Verbraucherschutzes. Eine vergleichende Untersuchung der Regelungen der Art. 29, 29a EGBGB und des Art. 6 der Rom I-Verordnung, München 2009

Knöfel, Oliver, Kommendes Internationales Arbeitsrecht - Der Vorschlag der Kommission der Europäischen Gemeinschaften vom 15.12.2005 für eine „Rom I“-Verordnung, RdA 2006, 269

Kocher, Eva, „Private Macht im Arbeitsrecht“ in: Möslein, Florian, Private Macht und privatrechtliche Gestaltungsfreiheit, Tübingen 2016, 241

Kohler, Christian, Zur Gestaltung des europäischen Kollisionsrechts für Ehesachen: Der steinige Weg zu einheitlichen Vorschriften über das anwendbare Recht für Scheidung und Trennung, FamRZ 2008, 1673

Körber, Torsten, Grundfreiheiten und Privatrecht, Tübingen 2004

Köthe, Jens, Schranken der Parteiautonomie im internationalen Deliktsrecht, Berlin u.a. 2008

Kreuzer, Karl, „Die Vergemeinschaftung des Kollisionsrechts für außervertragliche Schuldverhältnisse (Rom II)“ in: Reichelt, Gerte / Rechberger, Walther, Europäisches Kollisionsrecht, Wien 2004, 13

Kreuzer, Karl, Die Vollendung der Kodifikation des deutschen Internationalen Privatrechts durch das Gesetz zum Internationalen Privatrecht der außervertraglichen Schuldverhältnisse und Sachen vom 21.5.1999, RabelsZ 65 (2001), 383

Kreuzer, Karl, „Tort Liability in General“ in: Malatesta, Alberto, The Unification of Choice of Law Rules on Torts and Other Non-Contractual Obligations in Europe, Mailand 2006, 45

Kroeger, Helga Elizabeth, Der Schutz der „marktschwächeren“ Partei im internationalen Privatrecht, Frankfurt am Main 1984

Kroll-Ludwigs, Kathrin, Die Rolle der Parteiautonomie im europäischen Kollisionsrecht, Tübingen 2013

Krohn, Wolfgang, „Francis Bacon“ in: Kreimendahl, Lothar, Die Philosophen des 17. Jahrhunderts, Darmstadt 1999, 23

Kronke, Herbert, Rechtstatsachen, kollisionsrechtliche Methodenentfaltung und Arbeitnehmerschutz im internationalen Arbeitsrecht. Eine vergleichende Betrachtung unter besonderer Berücksichtigung des deutschen, italienischen und niederländischen Rechts, Tübingen 1980

Kronke, Herbert, Europäische Vereinheitlichung des Arbeitkollisionsrechts als Wirtschafts- und Sozialpolitik, RabelsZ 45 (1981), 301

Kropholler, Jan, Das kollisionsrechtliche System des Schutzes der schwächeren Vertragspartei, RabelsZ 42 (1978), 634

Kropholler, Jan, Internationales Privatrecht. Einschließlich der Grundbegriffe des Internationalen Zivilverfahrensrechts, Tübingen 2006

Krüger, Wolfgang / Rauscher, Thomas, Münchener Kommentar zur Zivilprozessordnung, München 2013

Lando, Ole, The EC Draft Convention on the Law Applicable to Contractual and Non-Contractual Obligations, RabelsZ 38 (1974), 6

Lando, Ole / Nielsen, Peter Arnt, The Rome I Proposal, J. Priv. Int'l L. 2007, 29

Larenz, Karl / Canaris, Claus-Wilhelm, Methodenlehre der Rechtswissenschaft, Berlin u.a. 1995

Lehmann, Matthias, „Auf der Suche nach dem Sitz des Rechtsverhältnisses: Savigny und die Rom I-Verordnung" in: Bernreuther, Jörn, Festschrift für Ulrich Spellenberg, München 2010, 245

Leible, Stefan, Außenhandel und Rechtssicherheit, ZVglRWiss 97 (1998), 286

Leible, Stefan, „Parteiautonomie im IPR - Allgemeines Anknüpfungsprinzip oder Verlegenheitslösung?" in: Mansel, Heinz-Peter / Pfeiffer, Thomas / Kronke, Herbert / Kohler, Christian / Hausmann, Rainer, Festschrift für Erik Jayme, München 2004, 485

Leible, Stefan, „Verbesserung des kollisionsrechtlichen Verbraucherschutzes" in: Leible, Stefan, Das Grünbuch zum Internationalen Vertragsrecht - Beiträge zur Fortentwicklung des Europäischen Kollisionsrechts der vertraglichen Schuldverhältnisse, München 2004, 133

Leible, Stefan, „Der Beitrag der Rom II-Verordnung zu einer Kodifikation der allgemeinen Grundsätze des Europäischen Kollisionsrechts" in: Reichelt, Gerte, Europäisches Gemeinschaftsrecht und IPR - ein Beitrag zur Kodifikation der allgemeinen Grundsätze des europäischen Kollisionsrechts, Wien 2007, 31

Leible, Stefan, Rechtswahl im IPR der außervertraglichen Schuldverhältnisse nach der Rom II-Verordnung, RIW 2008, 257

Leible, Stefan, Was tun mit dem Gemeinsamen Referenzrahmen für das Europäische Vertragsrecht?, BB 2008, 1469

Leible, Stefan / Engel, Andreas, Der Vorschlag der EG-Kommission für eine Rom II-Verordnung - Auf dem Weg zu einheitlichen Anknüpfungsregeln für außervertragliche Schuldverhältnisse in Europa, EuZW 2004, 7

Leible, Stefan / Lehmann, Matthias, Die neue EG-Verordnung über das auf außervertragliche Schuldverhältnisse anzuwendende Recht („Rom II"), RIW 2007, 721

Leible, Stefan / Lehmann, Matthias, Die Verordnung über das auf vertragliche Schuldverhältnisse anzuwendende Recht („ROM I"), RIW 2008, 528

Herberger, Maximilian / Martinek, Michael / Rüßmann, Helmut / Weth, Stephan / Würdinger, Markus, juris Praxiskommentar BGB – Band 6 Internationales Privatrecht, Saarbrücken 2013

Loacker, Leander D., Der Verbrauchervertrag im internationalen Privatrecht – Zum Anwendungsbereich von Artikel 5 des Europäischen Schuldvertragsübereinkommens aus österreichischer und deutscher Sicht, München 2006

Looschelders, Dirk / Smarowos, Kristin, Das internationale Versicherungsvertragsrecht nach Inkrafttreten der Rom-I-Verordnung, VersR 2010, 1

Lorenz, Egon, Die Rechtswahlfreiheit im internationalen Schuldvertragsrecht, RIW 1987, 569

Lorenz, Egon, „Zum neuen Internationalen Vertragsrecht aus versicherungsvertraglicher Sicht" in: Musielak, Hans-Joachim / Schurig, Klaus, Festschrift für Gerhard Kegel zum 75. Geburtstag, Stuttgart u.a. 1987, 303

Lorenz, Egon, „Die allgemeine Grundregel betreffend das auf die außervertragliche Schadenshaftung anzuwendende Recht" in: von Caemmerer, Ernst, Vorschläge und Gutachten zur Reform des deutschen internationalen Privatrechts der außervertraglichen Schuldverhältnisse, Tübingen 1983, 97

Lüscher, Christoph, Zur Konzeptualisierung von Verbrauchervertragsrecht unter besonderer Berücksichtigung des schweizerischen und europäischen Verbrauchervertragsrechts. Eine Untersuchung im Schnittfeld von Vertragsrecht, Systemtheorie und Ökonomie, Baden-Baden 2011

Magnus, Ulrich, Die Rom I-Verordnung, IPRax 2010, 27

Makarov, Alexander, Grundriß des internationalen Privatrechts, Frankfurt am Main 1970

Mandery, Maya, Party Autonomy in Contractual and Non-Contractual Obligations – A European and Anglo-Commom Law perspective on the freedom of choice of law in the Rome I Regulation on the law applicable to contractual obligations and the Rome II Regulation in the law applicable to non-contractual obligations, Frankfurt am Main 2014

Mankowski, Peter, Nationale Erweiterungen der Rechtswahl im neuen Internationalen Versicherungsvertragsrecht - Konzept, Methodik und Inhalt des Art. 10 Abs. 3 EGVVG, VersR 1993, 154

Mankowski, Peter, Seerechtliche Vertragsverhältnisse im internationalen Privatrecht, Tübingen 1995

Mankowski, Peter, Das Grünbuch zur ROM I-Verordnung, ZEuP 2003, 483

Mankowski, Peter, „Gemischte" Verträge und der persönliche Anwendungsbereich des Internationalen Verbraucherschutzsrechts, IPRax 2005, 503

Mankowski, Peter, „Internationale Zuständigkeit und anwendbares Recht – Parallelen und Divergenzen" in: Lorenz, Stefan / Heldrich, Andreas, Festschrift für Andreas Heldrich zum 70. Geburtstag, München 2005, 867

Mankowski, Peter, Der Vorschlag für eine Rom I-Verordnung, IPRax 2006, 101

Mankowski, Peter, Art. 5 des Vorschlags für eine Rom I-Verordnung - Revolution im Internationalen Verbrauchervertragsrecht?, ZVglRWiss 105 (2006), 120

Mankowski, Peter, Die Rom I-Verordnung - Änderungen im europäischen IPR für Schuldverträge, IHR 2008, 133

Mankowski, Peter, Neues aus Europa zum Internationalen Privatrecht für Transportverträge: Art. 5 Rom I-VO, TransportR 2008, 339

Mankowski, Peter, Finanzverträge und das neue Internationale Verbrauchervertragsrecht des Art. 6 Rom I-VO, RIW 2009, 98

Mankowski Peter, Die Rom I-Verordnung - Das neue europäische IPR für Schuldverträge und seine Bedeutung insbesondere aus Schweizer Sicht, EuZ 2009, 2

Mankowski, Peter, Ausgewählte Einzelfragen zur Rom II-VO: Internationales Umwelthaftungsrecht, internationales Kartellrecht, renvoi, Parteiautonomie, IPRax 2010, 389

Mankowski, Peter, Pauschalreisen und europäisches Internationales Verbraucherschutzrecht, TransportR 2011, 70

Mankowski, Peter, Interessenpolitik und europäisches Kollisionsrecht - Rechtspolitische Überlegungen zur Rom I- und zur Rom II-Verordnung, Baden-Baden 2011

Mankowski, Peter, Rechtswahlklauseln in Luftbeförderungs-AGB auf dem Prüfstand, RRa 2014, 118

Markovska, Violeta, Zwingende Bestimmungen als Schranken der Rechtswahl im Arbeitskollisionsrecht, RdA 2007, 352

Martens, Klaus-Peter, Die existentielle Wirtschaftsabhängigkeit. Eine Untersuchung im Spannungsfeld von Konzern- und Wettbewerbsrecht, Köln u.a. 1979

Martinek, Michael, „Unsystematische Überregulierung und kontraintentionale Effekte im Europäischen Verbraucherschutz oder: Weniger wäre mehr" in: Grundmann, Stefan, Systembildung und Systemlücken in Kerngebieten des Europäischen Privatrechts: Gesellschafts-, Arbeits- und Schuldvertragsrecht, Tübingen 2000, 511

Martiny, Dieter, Europäisches Internationales Vertragsrecht vor der Reform, ZEuP 2003, 590

Martiny, Dieter, Europäisches Internationales Vertragsrecht in Erwartung der Rom I-Verordnung, ZEuP 2008, 79

Martiny, Dieter, Europäisches Internationales Schuldrecht – Rom I- und Rom II-Verordnungen in der Bewährung, ZEuP 2015, 838

Mäsch, Gerald, Rechtswahlfreiheit und Verbraucherschutz. Eine Untersuchung zu den Art. 29 I, 27 III und 34 EGBGB, Berlin 1993

Maultzsch, Felix, Rechtswahl und ius cogens, RabelsZ 75 (2011), 60

Morse, C.G.J., Consumer Contracts, Employment Contracts and the Rome Convention, ICLQ 41 (1992), 1

Mosbach, Sinah, „Diskussionsberichte" in: von Hein, Jan / Rühl, Giesela, Kohärenz im Internationalen Privat- und Verfahrensrecht der Europäischen Union, Tübingen 2016, 379

Nawrocki, Joachim, Komplott der ehrbaren Konzerne. Marktmanipulation, Wettbewerbsverzerrung, Preisdiktate, Hamburg 1973

Nehne, Timo, Methodik und allgemeine Lehren des europäischen Internationalen Privatrechts, Tübingen 2012

Nemeth, Kristin, Kollisionsrechtlicher Verbraucherschutz in Europa. Art 5 EVÜ und die einschlägigen Verbraucherschutzrichtlinien, Wien 2000

Neuhaus, Paul, Grundbegriffe des internationalen Privatrechts, Tübingen 1976

Neumann, Daniela, Europäisches Arbeitsrecht. Richtlinien, Verordnungen, Übereinkommen, München 2003

Nygh, Peter, Autonomy in International Contracts, Oxford 1999

Odendahl, Tim, Internationales Deliktsrecht der Rom II-VO und die Haftung für reine Vermögensschäden, Frankfurt am Main u.a. 2012

Ofner, Helmut, Die Rom II-Verordnung - Neues Internationales Privatrecht für außervertragliche Schuldverhältnisse in der Europäischen Union, ZfRV 2008, 13

Packard, Vance, The Waste Makers, Harmondsworth u.a. 1971

Packard, Vance, Die geheimen Verführer. Der Griff nach dem Unbewussten in Jedermann, Düsseldorf 1992

Palandt, Otto / Bassenge, Peter u.a., Palandt. Bürgerliches Gesetzbuch, München 2016

Paefgen, Walter, Kollisionsrechtlicher Verbraucherschutz im Internationalen Vertragsrecht und europäischen Gemeinschaftsrecht, ZEuP 2003, 266

Perner, Stefan, Das Internationale Versicherungsvertragsrecht nach Rom I, IPRax 2009, 218

Pfütze, Alexander, Die Inhaltskontrolle von Rechtswahlvereinbarungen im Rahmen der Verordnungen Rom I bis III, ZEuS 2011, 35

Plender, Richard, / Wilderspin, Michael, The European Private International Law of Obligations, London 2015

Rauscher, Thomas, Europäisches Zivilprozess- und Kollisionsrecht. EuZPR/EuIPR, München 2011

Rebhahn, Robert, Der Arbeitnehmerbegriff in vergleichender Perspektive, RdA 2009, 154

Rebhahn, Robert, Arbeitnehmerähnliche Personen – Rechtsvergleich und Regelungsperspektive, RdA 2009, 236

Rehbinder, Manfred, Entwicklungstendenzen im Recht der Gegenwart, SJZ 1971, 373

Reich, Norbert, Zivilrechtstheorie, Sozialwissenschaften und Verbraucherschutz, ZRP 1974, 187

Reich, Norbert, „Verbraucherrechte als - unverzichtbare - subjektive Rechte passiver Marktbürger" in: Grundmann, Stefan, Systembildung und Systemlücken in Kerngebieten des Europäischen Privatrechts: Gesellschafts-, Arbeits- und Schuldvertragsrecht, Tübingen 2000, 481

Reichert-Facilides, Fritz, „Einführung in die Thematik Internationales Verbraucherschutzrecht" in: Schnyder, Anton / Heiss, Helmut / Rudisch, Bernhard, Internationales Verbraucherschutzrecht - Erfahrungen und Entwicklungen in Deutschland, Liechtenstein, Österreich und der Schweiz - Referate und Diskussionsberichte des Kolloquiums zu Ehren von Fritz Reichert-Facilides, Tübingen 1995, 1

Reichert-Facilides, Fritz, „Europäisches Versicherungsvertragsrecht?" in: Basedow, Jürgen/Hopt, Klaus/Kötz, Hein, Festschrift für Ulrich Drobnig zum siebzigsten Geburtstag, Tübingen 1998, 119

Reithmann, Christoph / Martiny, Dieter, Internationales Vertragsrecht, Köln 2010

Remien, Oliver, „Tourism, Conflict of Laws and the Rome I Regulation" in: Boele-Woelki, Katharina / Siehr, Kurt, Convergence and Divergence in Private International Law – Liber amicorum Kurt Siehr, Zürich/Den Haag 2010, 497

Renner, Moritz, „Ordre Public und Eingriffsnormen – Konvergenzen und Divergenzen zwischen IPR und IZVR" in: von Hein, Jan / Rühl, Giesela, Kohärenz im Internationalen Privat- und Verfahrensrecht der Europäischen Union, Tübingen 2016, 359

Richters, Patrick, Dienstleistungsfreiheit als Schranke des Internationalen Privatversicherungsrechts: Zur Primärrechtskonformität der Rom I-, Rom II- und Brüssel I -VO in Versicherungssachen, Jena 2012

Riesenhuber, Karl, Europäisches Arbeitsrecht. Eine systematische Darstellung, Heidelberg 2009

Riesenhuber, Karl, System und Prinzipien des europäischen Vertragsrechts, Berlin 2003

Riesenhuber, Karl, „Von der Vertrauensschutzordnung zur Wettbewerbsordnung – Für die Abschaffung des Günstigkeitsprinzips im kollisionsrechtlichen Verbraucherschutz" in: Witzleb, Normann / Ellger, Reinhard / Mankowski, Peter / Merkt, Hanno / Remien, Oliver, Festschrift für Dieter Martiny zum 70. Geburtstag, Tübingen 2014, 531

Rohe, Mathias, Zu den Geltungsgründen des Deliktsstatuts: Anknüpfungsgerechtigkeit unter Berücksichtigung rechtshistorischer und rechtsvergleichender Erkenntnisse mit Einschluß gegenwärtiger Reformvorschläge, Tübingen 1994

Roth, Wulf-Henning, „Internationales Versicherungsvertragsrecht in der Europäischen Union - Ein Vorschlag zu seiner Neuordnung" in: Wandt, Manfred / Reiff, Peter / Looschelders, Dirk / Bayer, Walter, Kontinuität und Wandel des Versicherungsrechts. Festschrift für Egon Lorenz, Karlsruhe 2004, 631

Roth, Wulf-Henning, „Grundfragen im künftigen internationalen Verbrauchervertragsrecht der Gemeinschaft" in: Coester, Michael / Martiny, Dieter / Prinz von Sachsen Gessaphe, Karl August, Privatrecht in Europa - Vielfalt, Kollision, Kooperation, München 2004, 591

Roth, Wulf-Henning, Internationales Versicherungsvertragsrecht. Das Versicherungsverhältnis im internationalen Vertragsrecht; zugleich ein Beitrag zum Schutz des schwächeren Vertragspartners im IPR und zur Dienstleistungsfreiheit in der Europäischen Gemeinschaft, Tübingen 1985

Rugullis, Sven, Die antizipierte Rechtswahl in außervertraglichen Schuldverhältnissen, IPRax 2008, 319

Rühl, Giesela, Die Kosten der Rechtswahlfreiheit: Zur Anwendung ausländischen Rechts durch deutsche Gerichte, RabelsZ 71 (2007), 559

Rühl, Giesela, „Party Autonomy in the Private International Law of Contracts: Transatlantic Convergence and Economic Efficiency" in: Gottschalk, Eckart / Michaels, Ralf / Rühl, Giesela / von Hein, Jan, Conflict of Laws in a Globalized World, Cambridge/New York 2007, 153

Rühl, Giesela, „Rechtswahlfreiheit im europäischen Kollisionsrecht" in: Baetge, Dietmar / von Hein, Jan / von Hinden, Michael, Die richtige Ordnung: Festschrift für Jan Kropholler, Tübingen 2008, 187

Rühl, Giesela, Consumer Protection in Choice of Law, Cornell Int'l L.J. 2011, 569

Rühl, Giesela, „Der Schutz des „Schwächeren" im europäischen Kollisionsrecht" in: Kronke, Herbert / Thorn, Karsten, Grenzen überwinden - Prinzipien bewahren. Festschrift für Bernd von Hoffmann, Bielefeld 2011, 364

Rühl, Giesela, Statut und Effizienz - Ökonomische Grundlagen des Internationalen Privatrechts, Tübingen 2011

Rühl, Giesela, The Protection of Weaker Parties in the Private International Law of the European Union: A Portrait of Inconsistency and Conceptual Truancy, J. Priv. Int'l L. 2014, 335

Rühl, Giesela, „Private Macht im Internationalen Privatrecht" in: Möslein, Florian, Private Macht und privatrechtliche Gestaltungsfreiheit, Tübingen 2016, 475

Sachse, Kathrin, Der Verbrauchervertrag im Internationalen Privat- und Prozeßrecht, Tübingen 2006

Säcker, Franz-Jürgen, Gruppenautonomie und Übermachtkontrolle im Arbeitsrecht, Berlin 1972

Säcker, Franz Jürgen / Rixecker, Roland, Münchener Kommentar zum Bürgerlichen Gesetzbuch, Band 10, Internationales Privatrecht. Einführungsgesetz zum Bürgerlichen Gesetzbuche (Art. 1–24), München 2015

Savigny, Friedrich Karl von, System des heutigen römischen Rechts, Band 8, Aalen 1981

Schäfer, Hans-Bernd, „Grenzen des Verbraucherschutzes und adverse Effekte des Europäischen Verbraucherrechts" in: Grundmann, Stefan, Systembildung und Systemlücken in Kerngebieten des Europäischen Privatrechts: Gesellschafts-, Arbeits- und Schuldvertragsrecht, Tübingen 2000, 559

Schaub, Renate, Die Neuregelung des Internationalen Deliktsrechts in Deutschland und das europäische Gemeinschaftsrecht, RabelsZ 66 (2002), 18

Schilling, Johannes, Das Internationale Privatrecht der Transportverträge – Die Bestimmung des Beförderungsvertragsstatuts im Spannungsfeld von Art. 5 Rom I-VO und materiellem Einheitstransportrecht, Tübingen 2016

Schlachter, Monika, Grenzüberschreitenden Arbeitsverhältnisse, NZA 2000, 57

Schnitzer, Adolf, Handbuch des internationalen Privatrechts II, Basel 1958

Schnitzler, Elmar, Das Günstigkeitsprinzip im internationalen Arbeitsrecht, Düsseldorf 1975

Schnorr von Carolsfeld, Ludwig, Arbeitsrecht, Göttingen 1954

Schröder, Christian, Das Günstigkeitsprinzip im internationalen Privatrecht, Frankfurt am Main u.a. 1996

Schulze, Reiner / Dörner, Heinrich / Ebert, Ina / Hoeren, Thomas / Kemper, Rainer / Saenger, Ingo / Schreiber, Klaus / Schulte-Nölke, Hans / Staudinger, Ansgar, Bürgerliches Gesetzbuch: BGB. Handkommentar, Baden-Baden 2014

Schurig, Klaus, Kollisionsnorm und Sachrecht, Berlin 1981

Schurig, Klaus, Zwingendes Recht, „Eingriffsnormen" und neues IPR, RabelsZ 54 (1990), 217

Seatzu, Francesco, Insurance in Private International law. A European perspective, Oxford u.a. 2003

Seifert, Achim, Das europäische Arbeitsrecht im Gesamtgefüge des europäischen Privatrechts, ZEuP 2015, 241

Solomon, Dennis, „Verbraucherverträge" in: Ferrari, Franco / Leible, Stefan, Ein neues Internationales Vertragsrecht für Europa, München 2007, 89

Sonnentag, Michael, Zur Europäisierung des Internationalen außervertraglichen Schuldrechts durch die geplante Rom II-Verordnung, ZVglRWiss 105 (2006), 256

Staudinger, Ansgar, „Internationales Versicherungsvertragsrecht – (k)ein Thema für Rom I?" in: Ferrari, Franco / Leible, Stefan, Ein neues Internationales Vertragsrecht für Europa, München 2007, 225

Staudinger, Ansgar, „Anknüpfung von Gerichtsstandsvereinbarungen und Versicherungsverträgen" in: Leible, Stefan, Das Grünbuch zum Internationalen Vertragsrecht, München 2004, 37

Staudinger, J. von, Kommentar zum Bürgerlichen Gesetzbuch: Staudinger BGB - EGBGB/IPR Einführungsgesetz zum Bürgerlichen Gesetzbuche, IPR. Einleitung zur Rom I-VO; Art 1–10 Rom I-VO (Internationales Vertragsrecht 1), München 2011

Ferrari, Franco / Kieninger, Eva-Maria / Mankowski, Peter, Internationales Vertragsrecht. Kommentar zu ROM I-VO, CISG, CMR und FactÜ, München 2012

Stehl, Kolja, Die Überwindung der Inkohärenz des Internationalen Privatrechts der Bank- und Versicherungsverträge, Tübingen 2008

Streinz, Rudolf, EUV/AEUV. Vertrag über die Europäische Union und Vertrag über die Arbeitsweise der Europäischen Union, München 2012

Sujecki, Bartosz, Die Rom II-Verordnung, EWS 2009, 310

Symeonides, Symeon C., Rome II and Tort Conflicts: A Missed Opportunity, Am. J. Comp. L. 56 (2008), 173

Symeonides, Symeon C., American Private International Law, Alphen aan den Rijn u.a. 2008

Tamm, Marina, Verbraucherschutzrecht. Europäisierung und Materialisierung des deutschen Zivilrechts und die Herausbildung eines Verbraucherschutzprinzips, Tübingen 2011

Tscherner, Eva Maria, Arbeitsbeziehungen und europäische Grundfreiheiten, München 2012

Twigg-Flesner, Christian / Schulze, Reiner, „Protection Rational Choice: Information and the Right of Withdrawel" in: Howells, Geraint / Ramsay, Ian / Wilhelmsson, Thomas, Handbook of Research on International Consumer Law, Cheltenham/Northampton 2010, 130

Uebersax, Hans-Rudolf, Der Schutz der schwächeren Partei im internationalen Vertragsrecht, Basel 1976

Valdini, Daniel, Der Schutz der schwächeren Vertragspartei im Internationalen Vertriebsrecht, Jena 2013

Van Calster, Geert, European Private International Law, Oxford/Portland 2013

Vogeler, Andreas, Die freie Rechtswahl im Kollisionsrecht der außervertraglichen Schuldverhältnisse, Tübingen 2013

von Gierke, Otto Friedrich, Die soziale Aufgabe des Privatrechts. Vortrag, gehalten am 5. April 1889 in der juristischen Gesellschaft zu Wien, Berlin 1889 *von Hein, Jan*, Rechtswahlfreiheit im Internationalen Deliktrecht, RabelsZ 64 (2000), 595

von Hein, Jan, Die Kodifikation des europäischen Internationalen Deliktsrechts – Zur geplanten EUVerordnung über das auf außervertragliche Schuldverhältnisse anzuwendende Recht, ZVglRWiss 102 (2003), 528

von Hein, Jan, Die Kodifikation des europäischen IPR der außervertraglichen Schuldverhältnisse vor dem Abschluss? – Zum gegenwärtigen Stand der Arbeiten an der Rom II-Verordnung, VersR 2007, 440

von Hein, Jan, Something Old and Something Borrowed, but Nothing New? Rome II and the European Choice-of-Law Evolution, Tul. L. Rev. 2007/2008, 1663

von Hein, Jan, Europäisches Internationales Deliktsrecht nach der Rom II-Verordnung, ZEuP 2009, 6

von Hippel, Eike, Der Schutz des Schwächeren, Tübingen 1982

von Hippel, Eike, Verbraucherschutz, Tübingen 1986

von Hoffmann, Bernd, Über den Schutz des Schwächeren bei internationalen Schuldverträgen, RabelsZ 38 (1974), 396

von Hoffmann, Bernd, Consumer Contracts and the 1980 Rome EC Convention on the Law Applicable to Contractual Obligations, J. Consum. Pol. 1992, 365

von Hoffmann, Bernd, Rechtswahlfreiheit im Internationalen Deliktsrecht, RabelsZ 64 (2000), 595

Wagner, Gerhard, Internationales Deliktsrecht, die Arbeiten an der Rom II-Verordnung und der Europäische Deliktsgerichtsstand, IPRax 2006, 372

Wagner, Gerhard, Die neue Rom II-Verordnung, IPRax 2008, 1

Wagner, Gerhard, Die EG-Verordnungen Brüssel I, Rom I und Rom II aus der Sicht des Transportrechts, TransportR 2009, 281

Wagner, Gerhard, Normenkonflikte zwischen den EG-Verordnungen Brüssel I, Rom I und Rom II und transportrechtlichen Rechtsinstrumenten, TransportR 2009, 103

Wagner, Rolf, Ein neuer Anlauf zur Vereinheitlichung des IPR für außervertragliche Schuldverhältnisse auf EU-Ebene, EuZW 1999, 709

Wagner, Rolf, EG-Kompetenz für das Internationale Privatrecht in Ehesachen?, RabelsZ 68 (2004), 119

Wagner, Rolf, Neue kollisionsrechtliche Vorschriften für Beförderungsverträge in der Rom I-Verordnung, TransportR 2008, 221

Wallis, Diana, „Introductory Speech" in: Malatesta, Alberto, The Unification of Choice of Law Rules on Torts and Other Non-Contractual Obligations in Europe, Mailand 2006, 3

Wandt, Sandra, Rechtswahlregelungen im Europäischen Kollisionsrecht – Eine Untersuchung der Hauptkodifikationen auf Kohärenz, Vollständigkeit und rechtstechnische Effizienz, Frankfurt am Main 2014

Wank, Rolf, Arbeitnehmer und Selbständige, München 1988

Weatherill, Stephen, EU Consumer Law and Policy, Northampten 2013

Weber, Susanne, Die Parteiautonomie außerhalb des internationalen Schuldvertragsrechts unter Berücksichtigung der Rechtslage in Österreich und der Schweiz, Hamburg 2012

Weitnauer, Herrmann, Der Schutz des Schwächeren im Zivilrecht, Karlsruhe 1975

Wendenburg, Felix, Der Schutz der schwächeren Partei in der Mediation, Tübingen 2013

Wiedemann, Herbert, Das Arbeitsverhältnis als Austausch- und Gemeinschaftsverhältnis, Karlsruhe 1966

Wieser, Felix, Auf dem Weg zur Europapolizze?, ZfV 2006, 53

Wilderspin, Michael, The Rome II Regulation - Some Policy Observations, NIPR 2008, 408

Winkler von Mohrenfels, Peter, „Die Rom III-VO und die Parteiautonomie" in: Kronke, Herbert / Thorn, Karsten, Grenzen überwinden - Prinzipien bewahren. Festschrift für Bernd von Hoffmann, Bielefeld 2011, 527

Winkler von Mohrenfels, Peter, Die Rom III-Verordnung - Teilvereinheitlichung des europäischen internationalen Scheidungsrechts, ZEuP 2013, 699

Winkler von Mohrenfels, Peter, Franchise- und Vertriebsverträge im internationalen Privatrecht, ZVertriebsR 2014, 281

Woopen, Herbert, Banken und Versicherungen im Binnenmarkt - will die EU ihren Bürgern die Märkte wirklich öffnen?, EuZW 2007, 495

Ziegler, Katharina, Arbeitnehmerbegriffe im europäischen Arbeitsrecht, Baden-Baden 2011

Zöllner, Wolfgang, Privatautonomie und Arbeitsverhältnis - Bemerkungen zu Parität und Richtigkeitsgewähr beim Arbeitsvertrag, AcP 1976, 221

Zweigert, Konrad, Zur Armut des internationalen Privatrechts an sozialen Werten, RabelsZ 37 (1973), 435

www.ingramcontent.com/pod-product-compliance
Ingram Content Group UK Ltd.
Pitfield, Milton Keynes, MK11 3LW, UK
UKHW021235031026
15588UKWH00001B/91

9 783631 698846